Preise dein Glücke, gesegnetes Sachsen
DRESDNER MUSIKFÜHRER

Wir danken

für fachliche Hinweise bzw. Zusatzbeiträge: Marietheres Eicker, Ina Kronesser und Johanna Wolter sowie Karlheinz Drechsel, Prof. Matthias Drude, Uwe Grüner, Prof. Dr. Dieter Härtwig und Prof. Dr. Hans John,

für Autorenschaften aktueller bzw. Bearbeitungen historischer Abbildungen sowie für Unterstützung bei der Bildbeschaffung: Cornelia Weise, Kerstin Delang, Bettina Erlenkamp, Elke Kilian, Wladimir Artimowitsch und Lars Klünder,

für Anzeigenschaltungen: Dresdner Kreuzchor, Dresdner Musikfestspiele, Dresdner Philharmonie, Dresdner Verlag, Europäisches Zentrum der Künste Hellerau, Grafikstudio Jörg R. Oesen, Heinrich-Schütz-Konservatorium Dresden e.V., Konzert-Duo »akkordeon virtuosi«, Orgelbau- und Restaurierungswerkstatt Rainer Wolter, Spezialeinrichtung »articolo«, Werbeagentur Löser & Partner, Werbeagentur Z & Z, UNION Druckerei Dresden.

Preise dein Glücke, gesegnetes Sachsen
DRESDNER MUSIKFÜHRER

Herausgegeben von Andrea Wolter und Heinz Weise

Verlags- und Publizistikhaus

Inhalt Dresdner Musikführer

Vorspruch ... 10

Dresdens musikalische Anfänge ... 12
Die Musik an den Kirchen ... 13
Musik seit dem 14. Jahrhundert ... 13
»Kirche des Kreuzes« gab den Ton an ... 16
Solo: Kreuzkantoren und -organisten ... 18
Sophienkirche mit Doppelfunktion ... 21
Solo: Die Organisten der Sophienkirche ... 23
Drei Könige als Namensgeber ... 24
Zentrum der Chor- und Orgelkunst ... 26

Der Aufstieg des Kreuzchores ... 29
Lehrer werden Chorerzieher ... 29
Kirchenmusik wird populär ... 30
Solo: Die späteren Kreuzorganisten ... 31
Der Kreuzchor erlangt Weltruhm ... 33
Solo: R. Mauersberger, M. Flämig – Kantoren-Legenden ... 34
Aufbruch in eine neue Zeit ... 36
Im Fadenkreuz von Staat und Kirche ... 37
Wechsel als »Normalität« ... 38
Solo: Kreuzkantor R. Kreile – Kontinuität seit 1997 ... 40

Die Kirchenmusik im 20. Jahrhundert ... 41
Ein neuer Berufsstand ... 41
Chorkonzerte, Orgelspiel ... 42
Zerstörung, Wiederaufbau ... 43
Von der Stadt- zur Domkirche ... 44
Begehrter Konzertort ... 45
Russische Kirchenmusik ... 47
Offenes Singen, Tanz, Improvisation ... 48
Erstmals freiwillig ... 48
Geistliche Musik mit heilender Kraft ... 49
Solo: Musik an der Katholischen Hofkirche ... 50
Kurrende, Singschule ... 52

Musiker in städtischen Diensten ... 54
Der Weg der Dresdner Philharmonie ... 55
Stadtpfeifer und Stadtmusikcorps ... 55
Gewerbehauskapelle ... 58
Erste philharmonische Konzerte ... 59
Per Dampfer nach Amerika ... 60
Endgültig: »Dresdner Philharmonie« ... 61
Paul van Kempen: neue Maßstäbe ... 62
Krieg, Nachkriegszeit, Neubeginn ... 63

Solo: Philharmonische Kammermusikpflege — 64
Aufbauarbeit unter Heinz Bongartz — 66
Mit Kurt Masur im Kulturpalast — 67
Herbert Kegel: Zeitgenössisches — 69
Jörg-Peter Weigle: Wendezeiten — 70
Plassons französische Impulse — 71
Marek Janowski: mit Präzision — 72
Hoffnungsträger Frühbeck de Burgos — 74

Dilettanten und Liebhaber — 75
Unterhalten, Präsentieren — 75
Oper im Wohnzimmer — 76
Solo: J. G. Naumann – Promi hilft Laien — 78
Laienchor »Singakademie« — 80
Solo: Seconda und die »Freien« — 82
Domäne der Männer — 84
Die deutschen Sängerfeste — 85
Mit dem schönen Geschlecht — 86
Arbeiter wählen Kultur — 88
Musikalische Volksbildung — 89
Unter staatlicher Obhut — 90
Neue Vielfalt: Laienmusik heute — 92
Gemeinsam auf dem Podium — 92

Der sächsische Hof und seine Kapelle — 94
Die Hofkapelle: der Beginn — 95
»Hofcantorey« spielt zu Festen auf — 96
Solo: Heinrich Schütz – auf Lebenszeit — 100
Nach dem Dreißigjährigen Krieg — 102

Anfänge der Oper in Dresden — 105
Und immer wieder »Dafne« — 106
»Italien« etabliert sich — 107
Ein Opernhaus für den Hof — 108
»Deutsche Musicalische Opera« — 109
Bühne frei für die Primadonna — 111

Musik im Augusteischen Zeitalter — 113
Königliche Repräsentation — 114
»Vermischter Geschmack« — 117
Die Kurprinzen-Hochzeit — 118
Die Hofkirchenmusik blüht auf — 120
Ein Künstlerpaar: Vorbote des Neuen — 121
Solo: J. A. Hasse – Fest-Mittelpunkt »Oper« — 122
Höfische Feste im Rokoko — 124
Die Hofkirche und ihre Musik — 125
Solo: Maria Antonia – Kurfürstin und Komponistin — 126

Mühsal nach dem Kriegsende 127
Kirchenmusik und Hofkirchenstil 129
Späte Blüte der italienischen Oper 130
Nach 1813: die Hofkapelle in Gefahr 130

Hofoper und Hofkapelle – von Weber bis Schuch 131
Die Deutsche Oper etabliert sich 132
Repertoireentscheidungen 133
Ein deutsches Ensemble entsteht 134
Webers Ära – glanzvoll 136
Weitsichtige Personalpolitik 137
Solo: C. M. von Weber, der Erneuerer 138
Auflösung der Italienischen Hofoper 141
Solo: C. G. Reißiger – Gewinn für Dresden 142
Solo: Richard Wagner, der Vollender 143
Schuch kommt nach Dresden 145

Staatsoper und Staatskapelle 149
Gescheiterte Pläne mit Strauss 149
Solo: A. Mingotti – frühe Selbständigkeits-Probe 152
Liebe auf den ersten Blick: Busch 154
Interesse wecken durch Niveau 155
Solo: Robert Sterl zeichnet Musiker 156
Busch-Boykott – ein Drama 158
Uraufführungen unter Karl Böhm 159
… trotz politischer Depression 161
Zwei Niederlagen: Krieg und Kultur 162
Opernbetrieb beginnt wieder 163
Wege zur modernen Opernregie 164
Fluktuation in DDR-Zeiten 166
Das große Regietheater 167
Solo: T. Adam und P. Schreier – auf Sangesflügeln 168
Oper offen für die Welt 171
Zum Wesen der Stadt gehörend 172

Vom Hof- zum Opernballett 175
Die Zusammenkunft der Künste 176
Der Weg zur barocken Oper 177
Webers Aufforderung zum Tanz 178
Der Schleier der Romantik 179
Welterfolge und Hausmannskost 179
Musikalischer Anspruch 181
Fortsetzung nach dem Neuanfang 182
Zeit-Fragen – Zeit-Kritik 183
Zurück in die Semperoper 184
Ballett am Wendepunkt 186
Derevianko. Oder: Eine neue Ära 187
Solo: »Tanzplan Dresden« 188

Vielseitigkeit mit Blick nach vorn	189
Terpsichore wird weitertanzen	191

Jenseits der Hof- und Staatsoper — 192

Volkstheater in Dresden — 193

Reiseensembles werden sesshaft	194
Die Operette erobert Dresden	195
Neue Ära, neue Theaterbauten	197
Die »goldene« Operettenzeit	199
»Silberne Operette« vor 1914	201
Privilegien und Lustbarkeitssteuer	202
Operette unterm Hakenkreuz	205
Theater zwischen Trümmern	207
Solo: Ablenkung »Unterhaltung«	210
Operette – ernst genommen?	211
Eintritt ins Wunderland: das Musical	212
Stövesands Staatsoperette	214
Irritation und Erneuerung	216

Die Freie Dresdner Tanzszene — 219

Mary Wigmans Initialzündung	221
Paluccas Anspruch und Auftrag	224
Die neuen Mittelpunkte	226
DDR – der unfreie Freie Tanz	229
Besinnung auf eigene Wurzeln	230
Befreit von Konventionen	232

Musik zum Anfassen — 234

Die musikalischen Sammlungen — 235

Handschriften und Alte Drucke	235
Die Sammlung Neue Drucke	247
Bestandserschließung im Wandel	248
Katalogisiertes Musik-Schrifttum	248
Kupferstichkabinett – Mediathek	249
Sammlung Hauptstaatsarchiv	253
Musikbibliothek der »Städtischen«	254
Vater der Musikbücherei	254
Das bibliothekarische EDV-Zeitalter	256
Neue musikalische Öffentlichkeit	258

Orgeln, Glocken, andere Instrumente — 259

»Venetianisch Zipreßen« in Dresden	260
Kleinod »Pillnitzer Sammlung«	262
Altes Cembalo, wertvolle Theorbe	263
Solo: Die Dresdner Schlosskapelle	264
Dresdens reicher Orgel-Fundus	267

Frauenkirche mit ältester Glocke	272
Solo: L. Güttler, J. Vogler – Meister der Instrumente	274
Glockenspiele – auch am Elbufer	277

Zwischen Tradition und Neuzeit — 278

Von Musikfesten zu den Musikfestspielen — 279

Der Süden und die Feier-Lust	279
Ein Kunstfest per Dekret	282
Opern in der Stadt der Oper	286
Die »90er«: Aufbruch, Umbruch	288
Solo: Festspiel-Besonderheiten	291
Für Publikum und Wirtschaft	292
Die Musikfestspiele heute	294

Musikalische Moderne und Neue Musik — 297

»Hellerau« und die Musik-Folgen	297
Ein Dadaist auf »Kurzbesuch«	298
Weite Welt im Salon	300
Komponisten bis in die »30er«	302
»Machtergreifung« und Stagnation	303
Unpolitische und Karrieristen	305
Solo: Hellerau – Raum-Musik und Raum für Musik	306
Die verpasste Stunde Null	308
Wider den »Formalismus«	309
Die »älteren« Komponisten	310
Kulturelle Lockerung nach 1970	312
Die Mühen der Ebene	314
Neue Musik an der Hochschule	316
»70er« und »80er«: Brücken der Musik	317
Jenseits der staatlichen Kontrolle	319
Nach der Freiheit: Freie Szene	321
Das »zeitgenössische Zentrum«	323

Dixieland und Modernjazz — 325

»Nachkriegsjazz im ›Roten Kakadu‹«	325
Der Jazz etabliert sich	330
»KGD-Jazz« im Hygienemuseum	332
Solo: Jazz visuell	334
Hauptstadt des Dixieland	337
Jazz-Wende zur politischen Wende	342
Neue Angebote in der Neustadt	345
Der gute Ruf der Dresdner Musiker	346

Rock von »Punk« bis »Funk« — 351

Tonangebend: »Sachsendreier«	351
Rockschuppen – heute vergessen	354
Kunst und Kunsthaftigkeit	355

Banddebüts lassen aufhorchen 356
Post-Rock als Vorahnung 358
Andere Welt: Blue Jay Fun Cayz 359
Neue Zeit – neue Locations 359

Die Stars von morgen 362
Musikalische Bildungseinrichtungen 363
»...nach Hof-Capellen Art« 363
Die Hochschule für Musik 364
Schule oder Konservatorium? 367
Aus Tanzschule wird Tanzabteilung 367
Die Hochschule für Kirchenmusik 372
Solo: Musikvereine und -verbände 374
Das Landesgymnasium für Musik 376
Erziehung der Sinne – die Reform 379
Heinrich-Schütz-Konservatorium e. V. 380

Anhang 385
Zeittafel 386
Personenregister 396
Die Autoren 410
Literaturverzeichnis 416
Bildnachweis 422
Verlagsannotation 424

Vorspruch

Als Johann Sebastian Bach am Abend des 5. Oktober 1734 seine Kantate »Preise dein Glücke, gesegnetes Sachsen« vor Leipzigs Apelschem Hause auffführte, huldigte er damit »Landesvater« Friedrich August II. Und Ihr. Majestät – von Dresden aus zur Michaelismesse angereist und am Markt abgestiegen – gefiel das anlässlich des ersten Jahrestages seiner Wahl zum König von Polen komponierte Vokalwerk so »hertzlich«, dass er es anschließend auch in seiner Residenzstadt »gnädigst angehöret«. Und weil jene Kantate in Dresden zuweilen noch heute erklingt, lag es nahe, ihre Eingangszeile diesem Musikführer voran zu stellen.

Dies umso mehr, als sie anklingen lässt, wie weit Dresdens Renommee als Musikstadt zurück reicht. Musikwissenschaftler, -historiker wie Literaten widmen sich ihm denn auch seit Jahrhunderten. Die geläufigsten Stichworte stellen sich dabei fast von selbst ein: Semperoper, Staatskapelle, Dresdner Philharmonie, Kreuzchor. Daneben finden sich Namen von Musikern oder Komponisten wie Heinrich Schütz, Richard Strauss, Carl Maria von Weber und Richard Wagner und solchen der jüngeren Vergangenheit wie Rudolf Mauersberger oder Herbert Collum, derer insbesondere die Dresdner selbst bis heute sehnsuchtsvoll gedenken. Und große Werke des Musiktheaters wie etwa »Elektra«, »Salome« und »Rosenkavalier«,

die hier ihre Uraufführung erlebten, sind für Musikliebhaber aus aller Welt untrennbar mit dem Namen Dresden verbunden.

Kurzum: Es ist ein eindrucksvolles Register, das indes das Dresdner Musikleben nur schlaglichtartig beleuchtet, aber es liegt auf der Hand, dass das musikalische Flair der Stadt auf breiterer Basis beruht.

Sie erkunden zu helfen ist das Anliegen dieses Musikführers, der nicht von Ort zu Ort fortschreitet, sondern den Weg entlang an markanten historischen Situationen und Institutionen weist. Entstanden ist eine Anthologie, die Dresdens Musikszene erstmals in ihrer einzigartigen Verbindung aus gegenwärtiger Vielfalt und lebendig erhaltener Vergangenheit darstellen soll. Sie entfaltet ein Panorama der Dresdner Musikhistorie von den Ursprüngen im kirchlichen, städtischen und höfischen Musikleben früher Jahrhunderte bis in die Gegenwart und lenkt den Blick auf all jene Erscheinungsformen von Musikpraxis und Musik-Erleben, die bis heute das musische Klima der Stadt ausmachen.

Damit darf das Buch als editorisches Unikat gelten, und dies nicht zuletzt auch deshalb, weil es den neuesten Stand von Musikforschung und gelebter Musikkultur berücksichtigt und eine Darstellungsweise versucht, die den an Kultur interessierten Leser gleichermaßen informiert, bildet und unterhält. Andrea Wolter/Heinz Weise

Dresdens musikalische Anfänge

Die Musik an den Kirchen

Wolfgang Eckhardt

Bis heute gehören neben Residenzschloss und Zwinger, den berühmten Dresdner Museen und den Preziosen des »Grünen Gewölbes« auch Institutionen wie die Sächsische Staatskapelle, die Semperoper und die Kapellknaben in der Katholischen Hofkirche (der heutigen Kathedrale) zum Erbe der einst glanzvollen Hofhaltung des Herrscherhauses der Wettiner. Ihm verdankt Dresden zweifellos in besonderer Weise seinen Ruhm als Musikstadt.

Die ältesten Zeugnisse der Musikpflege in der Elbestadt stehen jedoch nicht in Verbindung mit dem Hof, sondern finden sich an Orten, zu denen auch städtische Bevölkerung Zugang hatte: in den Kirchen der Stadt, deren Kantoren, Organisten, Chöre und Chorschulen die Struktur des Musiklebens über Jahrhunderte bestimmt haben.

Musik seit dem 14. Jahrhundert

Die Frauenkirche ist nicht nur die bekannteste, sondern auch die älteste Kirche Dresdens. Ihre Entstehungszeit muss vermutlich mit Ende des 10. Jahrhunderts angegeben werden. Als steinerne Basilika »Zu unserer lieben Frau« war sie um 1150 Teil der sorbischen Siedlung Drežďany am linken Elbufer. Bis 1539 war sie als Pfarrkirche der Nikolaikirche – der späteren Kreuzkirche – übergeordnet, von da an gehörte sie zur Pfarrei der Kreuzkirche, die im selben Jahr zur Hauptkirche aufstieg. Nach der Stadterweiterung 1547 wurde sie Stadtkirche. 1726 erbaute George Bähr an Stelle der baufällig gewordenen alten Frauenkirche den berühmten Rundbau, an dessen Wiedereinweihung im

Erstmals Vespern

Den bis zum ersten Weltkrieg bestehenden Knabenchor gründete der erste Kantor Friedrich August Bruchmann (Amtszeit 1897–1899). Sein Nachfolger Alfred Paul Schöne (Amtszeit 1899–1924) richtete Vespern ein. Eigene Organisten – die bis 1695 auch den Orgeldienst an der Sophienkirche versehen mussten – besaß die Frauenkirche jedoch bereits seit 1601. Unter ihnen ist besonders der spätere Kreuzkantor Gottfried August Homilius (Amtszeit 1742–1755) hervorgetreten.

Echo aus der Kuppel
Den Vorzug der »Steinernen Glocke« hatte bereits Reinhold in seiner »Vokal- und Instrumental-Music« zur Weihe der Orgel im Jahre 1736 genutzt, in der, wie ein zeitgenössischer Bericht beschrieb, »ein wohlcomponirtes Echo aus der obersten Kuppel der Kirchen nicht ohne besondere Gemüths-Ergötzung erschallete.« Später inspirierte die Kuppel auch Richard Wagner bei der Komposition seines 1843 uraufgeführten Werkes »Das Liebesmahl der Apostel«.

Oktober 2005 die Weltöffentlichkeit Anteil nahm, und zehn Jahre später konnte darin die große Orgel Gottfried Silbermanns geweiht werden.

Erste musikalische Verpflichtungen im Gottesdienst der Frauenkirche lassen sich seit dem frühen 14. Jahrhundert nachweisen. Nach der Reformation wurde die Kirchenmusik von 1559 bis 1896 durch die Alumnen der Kreuzschule und die Stadtpfeifer unter Leitung des Kreuzkantors oder eines anderen Lehrers versehen. Erst 1897 erhielt die Kirche ein eigenständiges Kantorat.

Die lange bestehende Abhängigkeit der Kirchenmusik der Frauenkirche von Kreuzkantor und Kreuzchor zeigte sich auch in der Tatsache, dass es der Kreuzkantor Theodor Christlieb Reinhold war, der die (heute nicht mehr erhaltenen) Festkantaten zur Grundsteinlegung für den George-Bähr-Bau 1726, zur Weihe des fertiggestellten Gotteshauses 1734 und zur Orgelweihe 1736 schrieb. Zu diesen Anlässen war – hier ebenso wie in der Sophienkirche nur zu besonderen kirchlichen Feiertagen üblich – auch der Kreuzchor zu hören. Nach der Zerstörung der Kreuzkirche beim Beschuss durch die preußischen Truppen im Jahre 1760

An der Frauenkirche (Mitte) mit Pulverturm, um 1680

Die Musik an den Kirchen Dresdens musikalische Anfänge

Bernardo Belotto, genannt Canaletto, die Frauenkirche um 1750, Ausschnitt aus der »Ansicht des Neumarktes zu Dresden«

jedoch wurde die Frauenkirche für 32 Jahre zur Hauptwirkungsstätte des Kreuzchors. Außerhalb dieser Zeit spielte sie in dieser Hinsicht keine herausragende Rolle; ihr Renommee verdankte sie in erster Linie ihrer eindrucksvollen Architektur und der einzigartigen Akustik, die besondere klangliche Effekte etwa beim Gesang aus der Kuppel erlaubte.

Im weiteren Verlauf des 19. Jahrhunderts spielte weltliche Vokalmusik in den Konzerten in der Frauenkirche keine Rolle mehr. Aber wie auch andernorts in Dresden wurden hier, eingebettet in ein Repertoire, in dem neben Messen von Haydn und Mozart Werke von Homilius, Hauptmann, Schicht und Hiller standen und zu besonderen Gelegenheiten das »Te Deum« von Hasse erklang, Werke Johann Sebastian Bachs einer breiteren Öffentlichkeit wieder zugänglich gemacht. So fand anlässlich des 100. Todestages des Komponisten 1850 in der Frauenkirche zugunsten einer Bach-Stiftung ein Konzert mit Werken Bachs und anderer

Orgelbuch
In der Musikbibliothek der Yale Universität in New Haven (Connecticut, USA) befindet sich ein mit der Jahreszahl 1688 und den Initialen E. B. versehener Sammelband von Orgelstücken verschiedener Provenienz, der Emanuel Benisch zugeschrieben wird. Emanuel Benisch war von 1669–1725 Organist der Kreuzkirche. Sein Sohn Emanuel Benisch jun. folgte ihm im selben Amt von 1726–1742.

Die Reliquie

Der spätere Name »Kreuzkirche« geht auf die Stiftung einer Reliquie – einem Splitter vom Kreuz Christi – nach 1234 durch Markgraf Heinrich den Erlauchten zurück. Seit dem 14. Jahrhundert wurde der Name der zur Verehrung der Reliquie angebauten Kreuzkapelle nach und nach für die Kirche und die Chorschule angewendet.

Figuralmusik

Figuralmusik – mehrstimmige, auch instrumental begleitete Kirchenmusik im Gegensatz zum einstimmigen gregorianischen Choral oder Gemeindegesang – erklang in den sonntäglichen Hauptgottesdiensten, zu den Wochenpredigten in der Sophien- und Kreuzkirche, bei musikalischen Vespern, aber auch Beerdigungen, Hochzeiten, Prozessionen, geistlichen Spielen und anderen Feierlichkeiten. Ein herausragender Anlass zur Darbietung figuraler Kirchenmusik war der erste lutherische Gottesdienst am 6. Juli 1539, in dem verschiedene Messgesänge erklangen.

Komponisten statt. Aufführungen der »Matthäuspassion« in den Jahren 1877 und 1878 erscheinen im Rückblick als Höhepunkte im kirchenmusikalischen Leben der Stadt.

»Kirche des Kreuzes« gab den Ton an

Die Kreuzkirche ist die zweitälteste Kirche Dresdens. Sie wurde vermutlich im letzten Viertel des 12. Jahrhunderts als Marktkirche zu St. Nikolai einer neu entstandenen Kaufmannssiedlung neben der sorbischen Siedlung gegründet. Bis zur Einführung der Reformation in Dresden 1539 war sie als Stadt- und Filialkirche der Frauenkirche von dieser abhängig. Der Name Kreuzkirche geht auf die Stiftung einer Reliquie – eines Splitters vom Kreuz Christi – nach 1234 durch Markgraf Heinrich den Erlauchten zurück. Durch ihre zentrale Lage am Markt war sie eng mit dem Geschehen der Stadt verbunden und Mittelpunkt des städtischen Gemeindelebens.

Die ersten dokumentarisch belegten Anfänge der Kirchenmusik finden sich ab 1398 in Form des Salve-Singens, bei dem die Knaben der Chorschule bei Sonnenuntergang im Vespergottesdienst das »Salve Regina« und »O crux ave spes unica« sangen. Diese durch eine Stiftung ermöglichte Tradition endete erst 1539 mit der Einführung der Reformation in Dresden. Bis zu diesem Zeitpunkt wurde der Gesang auch vom Rektor und dessen Mitarbeitern (collaboratores) geleitet. Der Schulmeister war somit zugleich Kreuzkantor. Seit 1539 trat die Bezeichnung »Cantor« in Verbindung mit einer eigenen Lehrerstelle auf, wobei zu den Pflichten des Cantors auch der Latein- und Musikunterricht gehörte. Erst ab 1875 wurde er als außerordentliches Mitglied des Lehrerkollegiums besoldet und von außermusikalischen Verpflichtungen entbunden.

Die Hauptaufgabe des Kreuzkantors war in erster Linie die Leitung und Pflege der schon vor 1500 eingesetzten Figuralmusik an den drei evangelischen Hauptkirchen

Die Musik an den Kirchen Dresdens musikalische Anfänge

Dresdens. Angesichts der Fülle seiner Verpflichtungen war der Kreuzkantor lange Zeit faktisch Musikdirektor der Stadt Dresden, wenngleich sich erst Theodor Christlieb Reinhold (Amtszeit 1720–1755) offiziell »director musices« nennen durfte.

Die weiteren tragenden Säulen der Kirchenmusik waren neben dem Kantor der Kreuzorganist, dessen Amt erstmals 1370 genannt wurde, sowie die Alumnen und Kurrendaner der Kreuzschule. Deren Gründungsjahr ist nicht bekannt; Erwähnung fand allerdings im Jahre 1300 ihr erster Rektor, Cunradus. Die Kreuzschule sicherte mit musikalischer Ausbildung und Lateinunterricht die Grundlagen des liturgischen Gottesdienstes und wurde damit zum Zentrum der wissenschaftlichen Bildung und der Musikpflege in Dresden. Die mehr als vierhundert

Bernardo Belotto:
Die Kreuzkirche zu
Dresden, 1749

Solo: Kreuzkantoren und -organisten

Wolfgang Eckhardt

Unter den Kreuzkantoren befand sich eine Reihe bedeutender Persönlichkeiten, die als Komponisten oder geschickte Organisatoren der Belange von Kreuzschule und Chor hervorgetreten sind. Samuel Rühling (Amtszeit 1612–1615), der die Fürstenschule Grimma und die Leipziger Universität besucht hatte, galt als einer der gelehrtesten Kantoren des 17. Jahrhunderts und hatte enge Beziehungen zur Familie Schütz. Er komponierte einige Motetten. Christoph Neander

Kreuzkantor Gottfried August Homilius, 1782

(Amtszeit 1615–1625) war ein Schüler von Seth Calvisius. Unter seiner Leitung führte der Chor 12- bis 16-stimmige mehrchörige Motetten und Gesänge auf. Von Michael Lohr (Amtszeit 1625–1654) erschienen mehrere Motettensammlungen, die – wie viele Anerkennungsschreiben verdeutlichen – in Dresden sehr viel Anklang fanden. Jacob Beutel (Amtszeit 1654–1694) konnte 1655 beim Rat der Stadt die Einrichtung zweier »Ratsdiskantistenstellen« durchsetzen, die in der Zeit nach dem Dreißigjährigen Krieg die Verfügbarkeit von Knabensolisten gewährleisten sollten. Die Ratsdiskantisten waren vom Kurrendesingen und den weiteren Verpflichtungen des Chores ausgenommen. Unter den Schülern Beutels war auch der spätere Thomaskantor Johann Kuhnau. Johann Zacharias Grundig war vor seiner Amtszeit als Kreuzkantor (1713–1720) Altist in der Hofkapelle. Seine Beziehungen zum Hof haben vermutlich den Einsatz des Kreuzchors als Opernchor begünstigt. Zu seinen Schülern zählen der spätere preußische Hofkapellmeister Carl Heinrich Graun (selbst ein ehemaliger Ratsdiskantist) und dessen Bruder Johann Gottlieb. Aus dem Schaffen Theodor Christlieb Reinholds (Amtszeit 1720–1755) sind neben den oben erwähnten Festkantaten für die

Frauenkirche Kompositionen zur Rückkehr des Königs 1727 von einer Polenreise und zu seinem Tod im Jahre 1733 verbürgt. Gottfried August Homilius schrieb in seiner dreißigjährigen Amtszeit (1755–1785) zahlreiche Kompositionen, deren weite Verbreitung ihn als einen der beliebtesten Komponisten evangelischer Kirchenmusik in der zweiten Hälfte des 18. Jahrhunderts ausweist.

Christian Ehregott Weinlig begann seine Laufbahn als Extraner an der Kreuzschule und betätigte sich schon früh als Komponist. Während seiner Amtszeit (1785–1813) wirkte der Kreuzchor an der Dresdner Erstaufführung von Haydns Oratorium »Die Schöpfung« im Jahre

*Kreuzkantor
Ernst Julius Otto,
1828–1873*

1800 mit. Außerdem führte er in Dresden Kirchenkonzerte ein und konnte dank seiner Verbindung zur Hofkapelle – wo er früher eine Akkompagnisten-Stelle inne gehabt hatte – für größere Aufführungen Sänger und Instrumentalisten dieses Instituts verpflichten. Die Zusammenarbeit bedeutender Künstler mit dem Kreuzchor blieb von da an erhalten und erstreckte sich beispielsweise auch auf die Vespern am Sonntagnachmittag in der Frauenkirche, in denen häufig auch auswärtige Musiker auftraten.

Der Neffe Weinligs, Christian Theodor, wirkte nur drei Jahre (1814–1817) als Kreuzkantor, war aber aufgrund seiner späteren Tätigkeiten als Leiter der Dreyßigschen Singakademie und ab 1823 als Thomaskantor in Leipzig für die Region von Bedeutung. Unter seinen Schülern waren Richard Wagner, Clara Wieck und der spätere Kreuzkantor Julius Otto. Dieser übte sein Amt ungewöhnlich lange (1828–1875) aus und war für einige Zeit auch Leiter der Dresdner Liedertafel und der Dreyßigschen Singakademie. Auch unter den Kreuzorganisten gab es namhafte Persönlichkeiten. Alexander Hering (1650–1695) war mit Heinrich Schütz befreundet und betätigte sich auch als Kopist von dessen Werken. Darüber hinaus gab er zusammen mit dem Schütz-Schüler und Dresdner Hoforganisten Johann Klemm Kompositionen von Schütz heraus. Emanuel Benisch (Amtszeit 1696–1725) war der Gesangslehrer von Carl Heinrich Graun, über seine Tätigkeit als Kreuzorganist gibt es keine näheren Nachrichten. Gustav Merkel (1859–1864) gehörte bereits zu Lebzeiten zu den am meisten gespielten Orgelkomponisten. Er war Mitglied des Tonkünstlervereins, Orgellehrer am Dresdner Konservatorium und wurde 1864 als Organist an die Katholische Hofkirche berufen.

Dresdens musikalische Anfänge Die Musik an den Kirchen

Das alte Gymnasium »Zum Heiligen Kreuz«, 1845, Domizil für Schule und Chor bis 1874

Noteninventar
Ein Noteninventar des Kreuzchores aus dem Jahre 1575 führt neben den mehrstimmigen Werken auch noch die einstimmigen Choralgesänge auf. Ein weiteres Inventar der Bücher und Musikalien der Kreuzkirche verfasste Kreuzkantor Samuel Rüling 1615.

Schwarzröcke
»In knappen, schwarzen Fracks und überhaupt schwarz gekleidet, etwa 30 an der Zahl, gingen diese Chorschüler, immer vier Mann hoch, Arm in Arm, mit großen Stürmern auf den Köpfen, durch die Straßen, der Präfekt voraus.« Johann Wolfgang von Goethe, 1813.

Jahre bestehende Einheit von Kreuzschule und Kreuzchor begann sich erst im 18. Jahrhundert aufzulösen, als die Kreuzschule auch Schüler aufnahm, die als sogenannte »Extraner« nicht zum Chor gehörten und bald die Mehrheit der Schülerschaft stellten. 1819 wurde die Kreuzschule von einer Lateinschule in ein Gymnasium umgewandelt.

Ursprünglich waren die Kreuzschüler auf mehrere Chöre aufgeteilt. Im Jahr 1568 stellten beispielsweise die »Alumnen« (die auswärtigen Schüler, die in der Schule wohnten) wahrscheinlich zwei, die »Kurrendaner« (die in der Stadt wohnenden Kreuzschüler) vermutlich drei Chöre. Besonders die »pauperes«, die ärmeren Schüler, mussten sich ihren Unterhalt und ihre Ausbildung durch das Kurrende-Singen auf den Straßen der einzelnen Stadtviertel verdienen. Dieser Brauch wurde 1848 abgeschafft.

Zu den Verpflichtungen des Kreuzchores gehörten neben Kirchenmusik und Kurrende-Singen die musikalische Ausschmückung von schulischen Andachten oder Entlassungsfeiern. Kantor und Chorknaben wurden seit 1559 durch erwachsene Sänger aus der Bürgerschaft unterstützt. Seit Beginn des 17. Jahrhunderts wirkten auch die Stadtpfeifer an der Kirchenmusik mit.

Der Einsatz der Schüler war jedoch nicht ausschließlich auf den städtischen Bereich beschränkt. Schon für die Zeit nach 1470 lässt sich auch eine Beteiligung von Kreuzkantor und Kreuzchor am musikalischen Geschehen bei Hofe nachweisen.

Die Musik an den Kirchen Dresdens musikalische Anfänge

Das dritte Gebot aus dem »Zehn-Gebote-Zyklus« des Meisters Hans aus der Kreuzkirche, um 1528/29

Bach im Programm
Bereits 1833 war der Kreuzchor zusammen mit der Hofkapelle und anderen Schulchören an der Aufführung der »Matthäuspassion« beteiligt. 1850 fand in der Kreuzkirche die Dresdner Erstaufführung der H-Moll-Messe, 1879 die der »Johannespassion« statt. Aber auch das »Weihnachtsoratorium« und das »Magnificat« standen jetzt auf dem Programm. 1875 begann der Kreuzchor die kontinuierliche Bachpflege.

Sophienkirche mit Doppelfunktion
Die Sophienkirche entstand als Kirche des 1265 von Heinrich dem Erlauchten gestifteten Franziskanerklosters. Nach der Auflösung des Klosters 1539 diente der neben Zwinger und Taschenbergpalais zentral in der Altstadt gelegene Bau nicht länger kirchlichem Zweck, sondern er wurde als Zeughaus und Getreidespeicher genutzt. Erst 1599 fanden hier dank der finanziellen Hilfe von Kurfürstin Sophie wieder städtische Gottesdienste statt, und 1602 wurde die Kirche im Hinblick auf die gewährte Unterstützung als protestantische Sophienkirche neu geweiht. Wegen der Renovierungsarbeiten im Schloss fanden bis 1604 auch die evangelischen Hofgottesdienste in der Sophienkirche statt. Nach der Aufhebung der evangelischen Schlosskapelle im Jahre 1737 wurde der

Kirchenkleinod
Bis zur Zerstörung 1945 war die Sophienkirche die einzige aus vorreformatorischer Zeit erhaltene Kirche Dresdens.

Kurfürstin Sophie

Das Franziskanerkloster 1550, Kupferstich um 1840

Busmannkapelle
Die Ende des 14. Jahrhunderts am Südchor der Sophienkirche errichtete Busmannkapelle besaß als kostbarstes figurales Werk die Konsolenfiguren mit den Bildbüsten der Stifter aus dem ersten Jahrzehnt des 15. Jahrhunderts. Sie waren die frühesten Dresdner Bildwerke von Bedeutung.

Die Sophienkirche, kolorierter Stich um 1800

evangelische Hofgottesdienst endgültig in die Sophienkirche verlegt, die damit erneut eine Doppelfunktion als Stadtkirche und evangelische Hofkirche erhielt.

Mehrstimmige Kirchenmusik erklang in der Sophienkirche wahrscheinlich erst nach ihrer Wiedereinweihung 1602. Nachdem die Kurfürstin die Sophienkirche 1610 an den Rat der Stadt zurückgegeben hatte, wurde die figurale Kirchenmusik im Sonntagsgottesdienst vom Kreuzkantor oder einem anderen Lehrer der Kreuzschule und dem Kreuzchor besorgt. Nach der Neuregelung der Kirchenmusik an den Stadtkirchen im Jahre 1651 war Figuralmusik auf die höchsten kirchlichen Feiertage (Ostern, Pfingsten und Weihnachten) beschränkt.

Solo: Die Organisten der Sophienkirche

Wolfgang Eckhardt

Der 1720 von Gottfried Silbermann erbauten Orgel waren mehrere ältere Orgelbauten vorausgegangen. Nach 1601 hatte die Sophiengemeinde zunächst keinen eigenen Organisten, sondern der Orgeldienst wurde vom Organisten der Frauenkirche versehen. Erst 1695 wurde ein von der Stadt besoldeter Organist für die Sophienkirche angestellt. 1696 übernahm Christian Pezold (1696–1733) dieses Amt; daneben war er ab 1697 als Hoforganist, ab 1709 außerdem als Kammerorganist und Cembalist am Hof angestellt. Pezold trat auch als Komponist hervor. Zur Einweihung der neuen Orgel 1720 kam ein doppelchöriges Werk von ihm zur Aufführung.

Die Personalunion von Sophien- und Hoforganist wurde mit Pezolds Nachfolger aufgehoben: Wilhelm Friedemann Bach, ältester Sohn Johann Sebastian Bachs, hatte das Organistenamt von 1733 bis 1746 inne, stand aber nicht mehr im Hofdienst.

Sophienkirche, um 1939 (l.), Blick vom Altarraum zur Orgelempore mit der Silbermann-Orgel von 1720

Der bedeutendste evangelische Hoforganist des 19. Jahrhunderts war Johann Gottlob Schneider (Amtszeit 1825–1864), der seine Stelle in Dresden nach Studium und mehrjähriger Organistentätigkeit in Leipzig und Görlitz antrat. Unter seiner Leitung wurde ein Knabenchor mit 18 Sängern gegründet, der sich bald in der Stadt etablierte. Berühmt wurde Schneider vor allem durch mehrere Orgelkonzerte in der Sophienkirche 1827 und 1830, bei denen auch Persönlichkeiten des Hofes anwesend waren. Von 1830 bis 1856 war Schneider außerdem Leiter der Dreyßigschen Singakademie.

Dresdens musikalische Anfänge Die Musik an den Kirchen

Mehrfacheinsatz
Die Chorschüler der Dreikönigskirche nahmen ebenso wie die Kreuzschüler am Kurrendesingen teil und standen Ende des 18. Jahrhunderts auch für den Opernchor im Theater auf dem Linckeschen Bade in der heutigen Neustadt zur Verfügung.

Der Dresdner Totentanz, 1535 von Christoph Walter für das Schloss geschaffen, wurde als ein wichtiges Zeugnis vorreformatorischer Frömmigkeit bei der Erneuerung der Dreikönigskirche unter der Orgel eingefügt

Drei Könige als Namensgeber

Die Neustädter Dreikönigskirche wurde zu Beginn des 15. Jahrhunderts als Pfarrkirche »Zu den Heiligen Drei Königen« in Altendresden, der heutigen Neustadt, erbaut. Ursprünglich gehörte das Dorf Altendresden zur Pfarrgemeinde der Frauenkirche. 1403 erhielt es mit dem Stadtrecht zunächst ein von Markgraf Wilhelm I. gestiftetes Augustinerkloster und schließlich eine eigene Kirche, der eine Chorschule angegliedert war. Auch nach der Eingemeindung in die Residenzstadt im Jahre 1549 blieb die Kirchgemeinde der Dreikönigskirche selbständig. 1731 entstand der von Daniel Pöppelmann und George Bähr errichtete Barockbau.

Ab 1465 waren die Schüler ähnlich in der Kreuzschule durch eine Stiftung zum täglichen Singen des »Salve Regina« verpflichtet. Nach 1539 wurde die Schule eine städtische Lateinschule, an der seit 1543 neben dem Rektor noch ein Kantor und seit 1544 ein Organist angestellt waren. 1877 wurde das Kantorat von der Schule getrennt. In der Literatur über die Dresdner Kirchenmusik gegen Ende des 19. Jahrhunderts finden immer wieder Aufführungen von Werken Bachs Erwähnung; in der Dreikönigskirche waren dies im Jahre 1874 die »Matthäuspassion« und 1885, gemeinsam mit der Dreyßigschen Singakademie, der Robert-Schumannschen Singakademie und dem Neustädter Chorgesangsverein, die »Johannespassion«. Der erste Schulmeister der

Die Musik an den Kirchen Dresdens musikalische Anfänge

Die Dreikönigskirche, Innenansicht nach dem Altar, 1717

Dreikönigsschule wird 1431 erwähnt. Der Name eines späteren Rektors, Paul Pre(tz)scher (um 1538–1593), geht aus mehreren mitteldeutschen Handschriften hervor, in denen seine Motetten überliefert sind. Zu den bemerkenswerten Kantoren der Dreikönigskirche gehörten vor allem Joseph Schlegel (1529–1593), der eine deutschsprachige Passion und mehrere 1578 im Druck erschienene Motetten komponierte, der spätere Kreuzkantor Theodor Christlieb Reinhold,

Die wiederaufgebaute Dreikönigskirche

Kurfürstin Anna
Die Annenkirche wurde nicht von ungefähr nach Kurfürstin Anna benannt. Denn die Tochter des Dänenkönigs Christian II. und Mutter von 15 Kindern machte zusammen mit ihrem Gatten, Kurfürst August, Sachsen zu einem wahren Musterland im Deutschen Reich.

der 1707–1720 an der Dreikönigskirche wirkte und im 19. Jahrhundert der vor allem als Musikhistoriker bekannt gewordene Ludwig Otto Kade, der dasselbe Amt 1853–1860 innehatte.

Zentrum der Chor- und Orgelkunst

Das im 13. Jahrhundert gegründete Heilig-Geist-Hospital besaß seit dem 14. Jahrhundert eine Bartholomäuskapelle, die 1519 durch einen Neubau ersetzt wurde. Dort standen eine Sängerempore und ein Orgelpositiv zur Verfügung. Nachdem die Kapelle für die Kirchgänger zu klein geworden war, entstand schließlich als selbständige Pfarrkirche für die vier Vorstadtgemeinden vor dem Wilsdruffer Tor 1578 die nach der Kurfürstin Anna benannte Annenkirche. Zu ihrer Einweihung führte der Kreuzchor zusammen mit den Stadtpfeifern das sechsstimmige »Jubilate Deo« von Clemens non Papa und Orlando di Lassos ebenfalls sechsstimmiges »Te Deum« auf. 1727 erklang bei der Weihe des Altars aus der alten Frauenkirche eine mehrchörige Komposition des

Kantors Johann Christian Gerstner. 1769 wurde der Barockbau von Johann Georg Schmidt geweiht. Durch die Eingemeindung der Dresdner Vorstädte wurde die Annenkirche schließlich 1835 Stadtkirche.

1563 wurde durch den Rat der Stadt eine zum Hospital gehörige Schule zunächst als deutsche Schule gegründet. Bereits 1579, ein Jahr nach dem Bau der Kirche, verfügte die Schule über 25 bis 30 Sänger, die von einem Lehrer unterrichtet wurden, der zugleich Kantor, Organist, Kirchner und Glöckner war. 1618 wurde aufgrund der wachsenden Schülerzahl ein Schulgebäude errichtet, und die Schule wurde städtische Lateinschule. Etwa zu derselben Zeit wurde wohl auch das Organistenamt vom Kantorat getrennt und eine Organistenstelle geschaffen. Nach 1828 erfolgte allmählich eine Trennung von Annenkirche und Annenschule, bis schließlich der Chor zum selbständigen Unternehmen der Gemeinde wurde. Die Mitglieder wurden

Die Annenkirche heute

Funeralsingen
Ähnlich wie in der Kreuzschule gab es auch in der Annenkirche ein Alumnat. Die Aufgaben der Schüler umfassten das bisher von den Kreuzschülern besorgte sogenannte »Funeralsingen« auf dem Bartholomäifriedhof, das Kurrendesingen, aber auch den Gesang im Gottesdienst. Nach 1828 fielen Funeral- und Kurrendesingen weg, und der Einsatz der Schüler blieb auf die gottesdienstliche Musik beschränkt.

*J. Kniebuber:
Franz Liszt, 1839,
Lithografie*

hierfür vom Kantor angeworben, die Chorkinder kamen aus den Volksschulen. Neben dem Kantor Christian Gerstner haben sich auch Organisten der Annenkirche – unter denen sich auch der spätere Kreuzkantor Reinhold befand – als Komponisten betätigt. Zur Wiedereinweihung der Kirche 1769 wurde mit 36 Musikern unter der Leitung des Kantors Ehrenfried Weber (Amtszeit 1762–1780) eine Kantate des Organisten Christoph Ludwig Fehre (Amtszeit 1757–1772) aufgeführt. Zwischen 1864 und 1880 wirkte Carl August Fischer, ein Schüler des Hofkapellmeisters Reißiger, als Organist an der Annenkirche. Ihn besuchten unter anderem Franz Liszt und Anton Rubinstein, um ihn spielen zu hören. Fischer durfte um 1850 auch auf der Festung Königstein vor der königlichen Familie ein Orgelkonzert geben. 1880–1892 war er Organist an der Dreikönigskirche.

*Altarraum der
Annenkirche*

Der Aufstieg des Kreuzchores

Annett Schmerler

Im letzten Drittel des 19. Jahrhunderts erlebte der Kreuzchor einen Aufschwung, der eng mit dem Namen Oskar Wermann verbunden ist. Wermann führte zahlreiche Neuerungen ein, deren Auswirkungen auf das musikalische Niveau des Chores nicht unbemerkt blieben. Binnen kurzer Zeit wuchs der Besuch der musikalischen Vespern auf das Hundertfache an. Chroniken dokumentieren stattliche Rekordzahlen mit drei- bis viertausend Zuhörern. Dies war der Beginn einer Entwicklung, die, von Wermanns Nachfolgern weitergeführt, im 20. Jahrhundert über die Fährnisse zweier politischer Diktaturen hinweg die christliche Bindung des Kreuzchores erhielt und seine fortwährende künstlerische Profilierung trug.

Lehrer werden Chorerzieher

Wermann leitete den Chor von 1875 bis 1906. Er wurde als Lehrer vom außermusikalischen Unterricht entbunden und konnte sich daher ganz auf die Chorarbeit konzentrieren. Die Leitung der Chorproben, die bis zu seinem Amtsantritt in den Händen ausgewählter Schüler gelegen hatte, übernahm er selbst, und gleichzeitig führte er Einzel- und Gruppenproben sowie Stimmbildung ein.

Um auch solche Werke in die Programme des Kreuzchores aufnehmen zu können, für die nach dem Verständnis des 19. Jahrhunderts eine umfangreichere Chorbesetzung unerlässlich war, erweiterte Wermann die Zahl der Kruzianer auf 66. Auf diese Weise wurden Bachs »Johannespassion« und »Matthäuspassion« sowie die H-Moll-Messe in der Kreuzkirche zum ersten Mal aufgeführt und

Programmzettel
Auf Wermann geht auch der Druck von Programmzetteln zurück, anhand derer sich das erstaunlich umfangreiche Repertoire des Chores ablesen lässt. Nicht selten findet man dort die Bezeichnung »z.1.M.« [zum ersten Mal]. Wermann berücksichtigte neben modernen Kompositionen auch die Musik alter Meister, namentlich von Heinrich Schütz und Johann Sebastian Bach.

Oskar Wermann

Das Theodor-Körner-Denkmal vor der Kreuzschule am Dohnaischen Platz, dem späteren Georgplatz, um 1900

die Pflege oratorischer Werke Bachs in der evangelischen Hauptkirche Dresdens begründet.

Uraufführungen
Obwohl unter der Ägide Otto Richters zeitgenössische Werke hinter denen der alten Meister und des 19. Jahrhunderts zurücktraten, fanden auch einige bemerkenswerte Uraufführungen statt. Zu den Komponisten, die ihre Werke dem Kreuzchor widmeten, zählten Max Bruch, Max Reger und Arnold Mendelssohn.

Kirchenmusik wird populär

Unter Kreuzkantor Otto Richter (1908–1930) fanden Aufführungen von Werken Bachs noch größere Beachtung. Richter legte sein Augenmerk stärker auf Historisches, beschäftigte sich mit aufführungspraktischen Fragen und orientierte sich am neuesten Stand der Musikforschung. Angeregt durch die Schriften bedeutender Musikhistoriker musizierte er die Werke Bachs nun nicht mehr in Bearbeitungen, sondern nach den Originalfassungen. Bachs ungekürzte »Matthäuspassion«

Solo: Die späteren Kreuzorganisten

Annett Schmerler

Dresdner Kreuzchor und Dresdner Philharmonie während der Aufführung des »Weihnachtsoratoriums« in der Kreuzkirche, Dezember 1965. Am Cembalo Kreuzorganist Herbert Collum

Wie der Kreuzchor, so wirkten auch viele Kreuzorganisten über die Kirche am Altmarkt hinaus. Zu Beginn des 20. Jahrhunderts nahm die Karriere des jungen Orgelvirtuosen Alfred Sittard (Kreuzorganist 1903–1912) hier ihren Anfang. Er konzertierte in ganz Europa und gewann durch seine Interpretationen des Bach'schen Orgelwerks internationalen Ruf. Als er an die neugeweihte Michaeliskirche in Hamburg wechselte, nahm der blinde Bernhard Pfannstiehl seinen Platz ein (1912–1935). Pfannstiehl begann seine Laufbahn bereits mit 13 Jahren als Klaviervirtuose und wechselte auf Anregung von Franz Liszt zur Orgel. Mit Hilfe einer Blindennotenschrift und seines ausgezeichneten Gedächtnisses erarbeitete er sich, jedes Orgelstück Stimme für Stimme auswendig lernend, ein umfangreiches Repertoire von den Anfängen der Orgelmusik bis zur Moderne. Herbert Collum, der 1935 als 21-Jähriger zum Kreuzorganisten berufen wurde, trug wesentlich zum Ruf Dresdens als »Bachstadt« bei. Unvergessen bleibt seine rege Konzerttätigkeit nach dem Zweiten Weltkrieg. Neben seinem Organistenamt organisierte und leitete er die sogenannten »Collum-Konzerte« mit dem von ihm gegründeten »Collum-Chor«, die stets großes Interesse fanden. Wie Herbert Collum engagierte sich auch sein Nachfolger Michael-Christfried Winkler (Kreuzorganist 1983–2001) für die zeitgenössische Musik, darüber hinaus aber für eine neue, durch musik- und geistesgeschichtliche Studien vermittelte Sicht auf die Werke Bachs und der alten Orgelmeister. Nachdem Martin Schmeding das Amt inne hatte, überzeugt seit 2004 Holger Gehring Gottesdienstbesucher wie Konzertpublikum durch sein sensibles und hochvirtuoses Spiel.

Kruzianer mit Kantor Rudolf Mauersberger (r.) 1935 auf dem Empire State Building in New York

Auf Schallplatte
Seit 1934 verpflichteten renommierte Plattenfirmen den Chor für regelmäßige Aufnahmen. Davon zeugen zahlreiche Tondokumente, wie beispielsweise die weltweit ersten Gesamtaufnahmen der »Geistlichen Chormusik« und der »Cantiones sacrae« von Heinrich Schütz.

wurde zum alljährlichen kirchenmusikalischen Höhepunkt in der Karwoche. Richter stellte die kirchenmusikalischen Werke in Beziehung zum Ablauf des Kirchenjahres, etablierte innerhalb der Vesperprogramme einen logischen Ablauf und gestaltete thematische Vespern an Gedenktagen für berühmte Komponisten. Um bei seinen Hörern das Verständnis der Werke und der Programmidee zu fördern, verfasste er Einführungstexte.

Der Erste Weltkrieg ging auch am Kreuzchor nicht spurlos vorüber. Dank Richters unermüdlichem Einsatz wurde die Chorarbeit trotz Einschränkungen weitergeführt und die Auflösung des Alumnats verhindert. Doch als die Geldentwertungen der Nachkriegszeit dem Chor die finanzielle Grundlage entzog, stand das Weiterbestehen erst recht in Frage. Aus dieser Not heraus unternahm der Chor 1920 eine sehr erfolgreiche Konzertreise nach Schweden – die erste Auslandsreise eines deutschen Knabenchores überhaupt. Der starke Eindruck, den die Kruzianer hinterließen, führte u. a. zur Gründung des Knaben-Domchores in Uppsala.

Doch auch auf andere Weise erzielte der Kreuzchor unter Otto Richter eine große Ausstrahlung: erstmals in seiner Geschichte standen »weltliche« Konzerte auf der Tagesordnung, z. B. bei Kongressen, Tagungen oder beim 12. Deutschen Bachfest 1924 in Stuttgart.

Der Kreuzchor erlangt Weltruhm

Die Konzertreisen des Kreuzchores fanden auch unter Kreuzkantor Rudolf Mauersberger (1930–1970) ihre Fortführung. Die Kruzianer wurden sowohl in Skandinavien als auch in Amerika enthusiastisch gefeiert. Mauersberger verstand es, den Kreuzchor zu künstlerischen Höchstleistungen zu führen. Unter Mauersberger, der sich stark für zeitgenössische Werke einsetzte und auch während der NS-Zeit Stücke unerwünschter Komponisten aufführte, etablierte sich eine Klangkultur, deren Klarheit, Reichtum und Homogenität zahlreiche aus dem Kreuzchor hervorgegangene Musiker geprägt hat.

Hanna Hausmann-Kohlmann: Rudolf Mauersberger, Scherenschnitt 1942

Christvesper in der Kreuzkirche

Solo: **Rudolf Mauersberger, Martin Flämig – Kantoren-Legenden**

Annett Schmerler/Heinz Weise

Rudolf Mauersberger, der 25. evangelische Kreuzkantor, trat sein Dresdner Amt am 1. Juli 1930 an. 1869 in Mauersberg bei Marienberg geboren, erhielt er seine erste wichtige musikalische Ausbildung von 1912 bis 1914 am Leipziger Konservatorium. Seine eigentliche kirchenmusikalische Laufbahn begann dann in Aachen, wo er von 1919 bis 1925 als Organist, Crembalist, Pianist und Chorleiter bei großen Aufführungen mitwirkte, bevor er zum Landeskirchenmusikwart für Thüringen und Kantor an St. Georgen in Eisenach ernannt wurde. Da sein Ruf als Kirchenmusiker bald über die Luther- und Bachstadt

Kreuzkantor Rudolf Mauersberger mit den Kruzianern Jochen Schmidt (l.) und Peter Schreier

hinaus drang, wurde Mauersberger das neu zu besetzende Dresdner Kreuzkantorat anvertraut. Dass man ihn hier schon 1931 zum Kirchenmusikdirektor und 1938 zum Professor ernannte, war Ausdruck der Verdienste, die er sich in kurzer Zeit erworben hatte. Denn Mauersberger vertiefte nicht nur die Schütz-, sondern auch die Pflege zeitgenössischer Musik des Kreuzchores. So ließ er alle noch erreichbaren Werke Heinrich Schütz' aufführen und die Passionen, die H-Moll-Messe und das »Weihnachtsoratorium« von J. S. Bach sowie andere chorsinfonische Werke der Weltliteratur zu musikalischen Höhepunkten werden. Bei nahezu jeder Kreuzchorvesper wartete er mit einer Ur- oder Erstaufführung auf und verschaffte so Komponisten wie Willy Burkhard, Hugo Distler, Benjamin Britten, Kurt Hessenberg und Heinz Werner Zimmermann in Dresden Gehör. Mauersbergers ausgeprägter Sinn für Klanglichkeit zeigte sich dabei im Experimentieren mit der Einbeziehung räumlicher Spannung durch getrennt aufgestellte

Chöre, mit variablen Besetzungsgruppen beim mehrchörigen Musizieren und im Zusammenspiel mit historischen Instrumenten. Als Rudolf Mauersberger am 22. Februar 1971 heimgerufen wurde, vermisste man zunächst seine musikalische Vielseitigkeit; darunter auch seine Tonsetzertätigkeit, die ihn unter anderem den Trauerhymnus an das Inferno von 1945 »Wie liegt die Stadt so wüst« komponieren ließ und der, vor Beginn des »Dresdner Requiems« aufgeführt, mahnen wie Mut machen sollte für eine bessere Zeit.

Nach Rudolf Mauersbergers Ableben berief der Rat der Stadt Dresden am 1. April 1971 Martin Flämig zum Leiter des Dresdner

Kreuzkantor Martin Flämig mit Kruzianern bei Proben

Kreuzchores. Zugleich bestätigte die Kreuzkirchgemeinde ihn als Kreuzkantor, bevor kurz danach seine Ernennung zum Generalmusikdirektor erfolgte. Am 19. August 1913 in Aue geboren, hatte er nach dem Abitur 1934 das kirchenmusikalische Studium in Dresden aufgenommen und es am Kirchenmusikalischen Institut der Hochschule für Musik in Leipzig fortgesetzt. Von 1936 bis 1947 wirkte er dann als Kantor und Organist in Leisnig und wurde nach dem Krieg außerdem nebenamtlich für das Fach Chordirigieren an die Akademie für Musik und Theater in Dresden verpflichtet. 1948 erfolgten dann seine Berufungen zum Landeskirchenmusikdirektor und Leiter der Dresdner Kirchenmusikschule, bevor er 1953 als Professor für Chordirigieren an die Hochschule für Musik Dresden wechselte und umfangreiche Ausbildungs-Verpflichtungen in der Schweiz übernahm.

Kennzeichnend für Flämigs Kreuzchor-Kantorat bis 1991 war dabei seine kontinuierliche Weiterverfolgung des von Mauersberger eingeschlagenen Weges. Doch der Chor brachte auch Kompositionen unter anderem von Paul Hindemith, Igor Strawinsky, Udo Zimmermann, Siegfried Köhler und Paul Dessau und vorher nicht berücksichtigte klassische und romantische Chorwerke zur Aufführung. Dabei pflegte Flämig eine Musizierhaltung, die der Veräußerlichung zugunsten der Aufspürung des Wesentlichen eines Werkes entsagte. Zugleich nahm Flämig im Kreuzchor einige organisatorische und strukurelle Änderungen vor. So erfolgte die Aufnahme in den Chor von nun an bereits im vierten Schuljahr.

Die am 13. Februar 1945 zerstörte Kreuzkirche

Aufbruch in eine neue Zeit

Nach der verheerenden Bombennacht am 13. Februar 1945 stand der Kreuzchor vor einem völligen Neuanfang. Die Kreuzkirche war ausgebrannt, die Kreuzschule zerstört, und elf Kruzianer waren darin ums Leben gekommen. Doch bereits am 4. August 1945 fand in der Ruine der Kreuzkirche die erste Nachkriegsvesper statt. Bis zum Dezember desselben Jahres absolvierte der Kreuzchor 95 Auftritte in den umliegenden erhaltenen Kirchen – ein bewundernswertes Pensum für die Kruzianer, auf deren Tagesordnung nun für mehrere Jahre auch das Abschreiben von Noten stehen sollte, weil dem Angriff auf Dresden der gesamte Notenbestand des Kreuzchores zum Opfer gefallen war.

1955 konnte die Kreuzkirche als Heimstatt des Kreuzchores wieder eingeweiht werden. Fortan veranstaltete Mauersberger jährliche Schütz-Tage des Kreuzchores. Zudem stiftete er der Kreuzkirche die bis heute einzige Gedenkstätte für den ehemaligen Dresdner Hofkapellmeister Heinrich Schütz. Den liturgischen Dienst betrachtete Mauersberger als festen Bestandteil der Chorarbeit.

Schützkapelle

Die sogenannte »Schütz-Kapelle« in der Kreuzkirche enthält Buntglasfenster, auf denen das Dresdner Wohn- und Sterbehaus von Schütz zu sehen sind, ein Relief, Gedenktafeln und eine Chororgel.

Ergänzend initiierte er die noch heute beliebten, auf mittelalterlicher Tradition beruhenden Mettenspiele für Ostern und Weihnachten, begründete die Christvespern und führte die Kurrendetracht ein. Seine musikalische Vielseitigkeit spiegelt sich auch in seinen Kompositionen wider, von denen neben der Motette »Wie liegt die Stadt so wüst« das »Dresdner Requiem« am bekanntesten geworden ist. Beide Werke werden bis heute häufig am Gedenktag der Zerstörung Dresdens aufgeführt.

Matthias Eisenberg

Im Fadenkreuz von Staat und Kirche

Von 1971 bis 1991 führte Martin Flämig die bewährten Traditionen des Kreuzchores fort. Anders als seine Vorgänger legte er größeres Gewicht auf die Pflege chorsinfonischer Kompositionen, betrachtete aber dennoch den A-cappella-Gesang als Krone aller Chorarbeit. Schütz, Bach und die Moderne blieben wichtige Komponenten in einem Repertoire, das unter seiner Ägide zu exemplarischer Breite erweitert wurde. Auf dieser Grundlage wurden die sonnabendlichen Vespern nahezu ausschließlich vom Kreuzchor gestaltet, hinzu kamen Konzerte zu verschiedensten Gelegenheiten sowie zahlreiche Gastspielreisen.

Die kirchliche Anbindung des Chores war in der DDR zwar geduldet, nicht aber gefördert, und auch die Arbeit des Kreuzchores

Berühmte Interpreten
Der Dresdner Kreuzchor eröffnet seit jeher zahlreichen jungen Menschen das Tor zur Welt der Musik. Aus seinen Reihen sind immer wieder namhafte Interpreten mit internationaler Ausstrahlung hervorgegangen. Zu ihnen gehören unter anderem Theo Adam, Peter Schreier, Karl Richter, Hans Thamm, Hartmut Haenchen, Udo Zimmermann, Matthias Eisenberg, Olaf Bär, Andreas Scheibner, Egbert Junghanns, Hans-Christoph Rademann und René Pape. In jüngerer Zeit wurden zum Beispiel Marcus Ullmann und Stephan Loges mit internationalen Musikpreisen ausgezeichnet.

Christmette der Kruzianer am 1. Weihnachtsfeiertag

hatte sich staatlichen Vorgaben anzupassen. Umso mehr setzte sich Flämig dafür ein, dass Gottesdienste und Vespern der Mittelpunkt der Chorarbeit blieben. Die ideologisch motivierte Sprachregelung forderte dennoch zu Spekulationen heraus: Sollte als Nachfolger Flämigs ein »Chorleiter« an Stelle eines »Kantors« eingesetzt werden, hätte dies wahrscheinlich die endgültige Loslösung des Chores von der Kirche bedeutet …

Wechsel als »Normalität«

1989 hat schließlich die politische »Wende« alle Sorgen um die kirchliche Bindung des Kreuzchores aufgehoben.

Nach Flämigs Ausscheiden 1991 erlebte der Chor innerhalb relativ kurzer Zeit mehrere Chorleiterwechsel. Zunächst führte Kantor Ulrich Schicha, der bereits während Flämigs Amtszeit sämtliche Einstudierungen besorgt hatte, die Geschicke des Chores. Von 1991 bis 1994 lag die Leitung des Kreuzchores in den Händen von Gothart Stier, der seine Erfahrungen als gefragter Gesangssolist in seine Tätigkeit einbrachte, jedoch auch vor völlig neuen Herausforderungen stand. Denn vieles, was dem Kreuzchor bis 1990 besondere Attraktivität verliehen hatte (Abitur,

»Wir sind das Volk!« skandierten die Dresdner im Herbst 1989 vor der Ruine der Frauenkirche

Der Aufstieg des Kreuzchores Dresdens musikalische Anfänge

Reisemöglichkeit, außergewöhnliche musische Ausbildung), hatte unterdessen an Zugkraft eingebüßt. Nun mangelte es an geeignetem Nachwuchs, das Schulsystem befand sich im Umbruch, und hinzu kamen finanzielle Unsicherheiten. In dieser Situation bewährte sich Matthias Jung als kommissarischer Leiter des Kreuzchores von 1994–1996. Seit 1997 hat die Chorarbeit durch Kreuzkantor Roderich Kreile wieder an Kontinuität gewonnen.

Heute zählt der Kreuzchor etwa 150 Kruzianer im Alter von 9 bis 19 Jahren, die in den Gottesdiensten nach altem Brauch Evangelium, Epistel und Psalm musikalisch verkünden. Zum Introitus singt eine kleine Schola in Kurrendetracht vor dem Altar im Wechsel mit dem Chor auf der Empore. Bei Dresdnern und Auswärtigen sind die Kreuzchorvespern beliebt, die ein- bis zweimal monatlich sonnabends stattfinden. Besonders vor hohen kirchlichen Festtagen werden sie zu Höhepunkten im Musikleben der Stadt, ebenso wie Weihnachtsliederabende und Oratorien zur Weihnachts- und zur Passionszeit. Zu den besonderen Erlebnissen gehören die von den Kruzianern musikalisch und szenisch gestalteten Metten am 1. Weihnachtsfeiertag und am Ostersonntag.

Tradition und Moderne vereint: Die israelische Komponistin Chaya Czernowin schrieb »Pilgerfahrten« für den Dresdner Kreuzchor, der das Werk am 1. Oktober 2006 beim Eröffnungskonzert der 20. »Dresdner Tage der zeitgenössischen Musik« im rekonstruierten Festspielhaus Hellerau zur Uraufführung brachte

Solo: **Kreuzkantor Roderich Kreile – Kontinuität seit 1997**

Uwe Grüner

Bis in die Gegenwart zählt das Amt des Kreuzkantors zu den ehrenvollsten und renommiertesten der evangelischen Kirchenmusik. Als 28. Kreuzkantor nach der Reformation wirkt seit 1997 Roderich Kreile. Er wurde 1956 geboren und studierte in München Kirchenmusik und Chorleitung. Als Kirchenmusiker erlangte er schnell überregionale Aufmerksamkeit. Er unterrichtete von 1989 bis 1996, zuletzt als Professor, an der Musikhochschule München und leitete zwei Hochschulchöre. 1994 übernahm er ferner die Leitung des Philharmonischen Chores München. Als Organist und Dozent folgte er Einladungen aus dem In- und Ausland.

Kreuzkantor Roderich Kreile

Kreuzkantor Roderich Kreile leitet alle kirchenmusikalischen Aufführungen sowie die Konzerte und Tourneen des Dresdner Kreuzchores, die in den letzten Jahren wiederholt nach Asien, in die USA, nach Lateinamerika und in viele Länder Europas führten. Dabei erarbeitet der Kantor mit den Kruzianern ein breit gefächertes Repertoire geistlicher und weltlicher Chorwerke der Musikgeschichte. Viele Kompositionen brachte er in den zurückliegenden Jahren zur Uraufführung. Ebenso intensivierte er die Zusammenarbeit mit renommierten Orchestern und produzierte zahlreiche Rundfunk- und CD-Aufnahmen. Konzentrierte sich das Aufgabengebiet des Kreuzkantors in früheren Jahrhunderten maßgeblich auf die Leitung der liturgischen Dienste, so reichen die Aufgaben heute beträchtlich über die rein künstlerische Verantwortung hinaus. So obliegt Roderich Kreile als Leiter des Dresdner Kreuzchores auch die Funktion eines städtischen Intendanten.

Die Kirchenmusik im 20. Jahrhundert

Annett Schmerler

Im späten 19. und im 20. Jahrhundert zogen auch in Dresden wirtschaftliche, gesellschaftliche und politische Veränderungen eine Neuorganisation der protestantischen Kirche nach sich. Allein zwischen 1871 und 1918 entstanden hier infolge des rapiden Zuwachses der Bevölkerung 24 neue Kirchen! Als entscheidende Neuerung dieser Zeit bedeutete die verfassungsmäßige Entflechtung von Staat und Kirche und damit auch von Schule und Kirche zugleich das Ende der Ausbildung von »Lehrer-Kantoren«. Diese hatten bis dahin in den meisten Gemeinden ihren Dienst zusätzlich zu ihrer Beschäftigung als Schullehrer versehen und wurden nun allmählich von hauptamtlichen Kantoren abgelöst.

Ein neuer Berufsstand

Das Engagement des neuen Berufsstandes schlug sich nicht nur in der Gründung neuer Kantoreien und Musizierkreise, sondern auch in zahlreichen kirchenmusikalischen Veranstaltungen wie Bach-Wochen, Orgelwochen, Chortreffen und Posaunenfesten nieder. Die Kantoreien aus Schulknaben wurden allmählich durch die neu entstehenden Kirchenchöre in gemischter Besetzung abgelöst. Theologische und liturgische Erneuerungsbewegungen seit den 1920er-Jahren gaben entscheidende Impulse für neue Gottesdienstformen und neue, eingängige Lieder.

Die Bombardierung Dresdens am 13. Februar 1945 hinterließ auch im Bereich der Kirchenmusik ein Trümmerfeld. Die meisten Kirchen waren zerstört, Notenarchive verbrannt, zahlreiche Chormitglieder, aber auch

Aufführung der »Missa solemnis« von Ludwig van Beethoven durch den Kreuzchor und die Dresdner Philharmonie in der Kreuzkirche, 14. Juni 1958

Kantoren und Organisten gefallen oder in Gefangenschaft geraten. Dennoch begann sich sofort nach Kriegsende wieder kirchenmusikalisches Leben zu regen. Behelfsräume und Notkirchen wurden eingerichtet, und wo keine Orgeln mehr vorhanden waren, gewann das Singen stärkere Bedeutung.

Während um die Wende vom 19. zum 20. Jahrhundert viele neue Gemeinden und Kirchen entstanden, gibt es gegenwärtig wieder eine rückläufige Tendenz: Sparmaßnahmen nötigen die Kirchen zu Zusammenlegungen von Gemeinden. Doch sind die Kantoreien mit ihren Konzerten nicht aus dem Musikleben der Stadt wegzudenken. Im Kirchenchorwerk Dresden wirken derzeit 70 Chöre mit etwa 1 700 Sängern.

Chorkonzerte, Orgelspiel

Die Frauenkirche wurde auch im 20. Jahrhundert häufig für außergewöhnliche Veranstaltungen genutzt. Das Konzert anlässlich des 100. Geburtstags von Richard Wagner im Jahr 1913 ging ebenso in die Annalen ein wie die erste Dresdner Aufführung von Gustav Mahlers 8. Sinfonie im Oktober 1920 mit etwa 1 000 Mitwirkenden. Das musikalische Geschehen prägten nun neben namhaften Organisten auch herausragende Kantoren. Alfred Paul Schöne (Amtszeit 1899–1924) richtete die musikalischen Samstags-Vespern in der Frauenkirche ein und gründete einen

Hanns Ander-Donath, Organist der Frauenkirche

Knabenchor, der gegen Ende des Ersten Weltkrieges aufgelöst wurde. Kantor Erich Schneider (1924–1945) rief einen gemischten Chor ins Leben. Dieser veranstaltete gemeinsam mit dem legendären Organisten Hanns Ander-Donath (1936–1945) jeden Samstag Vespern. Von Ander-Donath haben sich Tonaufnahmen an der Silbermannorgel erhalten, die einen Eindruck vom Klang des gegenüber seinem ursprünglichen Zustand freilich stark veränderten Instruments vermitteln.

Zerstörung, Wiederaufbau

Zwei Tage nach dem Bombenangriff am 13. Februar 1945 brach die Kirche mit der steinernen Kuppel in sich zusammen. Ihre Trümmer mahnten die nächsten vier Jahrzehnte als Symbol gegen Krieg und Gewalt und bildeten zugleich eine Stätte des Gedenkens, an der sich jährlich am 13. Februar große Teile der Bevölkerung versammelten.

1990 wurde unter Vorsitz des Trompetenvirtuosen Ludwig Güttler ein Förderkreis zum Wiederaufbau der Frauenkirche gegründet. Seitdem unterstützten zahlreiche Dresdner und auswärtige Künstler durch regelmäßige Benefizkonzerte, die seit 1996 auch in der fertiggestellten Unterkirche stattfinden, das große, fast ausschließlich durch Spenden finanzierte Unternehmen. Eine erste Konzertwoche im rohbaufertigen Hauptraum im Dezember 2000 war Dank an alle

Die wiedererstandene Frauenkirche – Blick aus der Kuppel in den Innenraum

Der Untergang
»Plötzlich stehe ich mit meinen Kameraden allein auf weiter Flur. Dann geschieht es. Ein Furcht erregender Knall, eine ungeheure Druckwelle, der ganze Neumarkt in eine Staubwolke gehüllt. Wir werfen uns auf den Boden und erleben… den Untergang der Frauenkirche.« Aus dem Erlebnisbericht von Edgar Roschig, letzter Zeuge des Frauenkircheneinsturzes.

Spender und ein spürbarer Impuls für die noch bevorstehende Etappe des Wiederaufbaus. Ihr kam der Reinerlös aus der Konzertwoche zugute. Unterdessen wurde ein weiterer Teil der musikalischen Visionen eingelöst: Im Jahr 2004 wurden Matthias Grünert als Kantor und Samuel Kummer als Organist an die Frauenkirche berufen.

Von der Stadt- zur Domkirche
Am Ostrand des Postplatzes befand sich bis 1963 die Sophienkirche. Wie die Frauenkirche hatte sie erst spät musikalische Eigenständigkeit erlangt, und wie diese beherbergte sie eine Orgel Gottfried Silbermanns. Die vokale Kirchenmusik in den städtischen Gottesdiensten der Sophienkirche versah bis 1923 der Chor der Kreuzschule, während in den Gottesdiensten der evangelischen Hofgemeinde, die am selben Ort stattfanden, die evangelischen Hofkapellknaben sangen. Selbst als am Ende des Ersten Weltkrieges der sächsische Hof zu bestehen aufgehört

Die zerstörte Sophienkirche

hatte, wurde am Status der evangelischen Hofkirche nichts geändert. Der Hofchor mit den Kapellknaben blieb unter der Leitung von Hofkantor Paul Julius Knöbel bestehen. Nach seinem Tode 1920 berief man keinen Nachfolger, sondern betraute den amtierenden Hoforganisten Alfred Grundmann zusätzlich mit den Aufgaben des Hofkantors. Grundmann gründete 1923 einen freiwilligen Chor, der den Hofchor ablösen sollte. Erst als im Jahre 1926 die Sophienkirche den Status »Domkirche« erhielt, fand die seit Jahrhunderten bestehende Doppelfunktion der Sophienkirche als evangelische Hof- und städtische Gemeindekirche ein Ende. Während des Nationalsozialismus wurde der Status »Domkirche« auf die Frauenkirche übertragen. Ungeachtet dessen wirkten an der Sophienkirche namhafte Interpreten, wie der spätere Leipziger Thomasorganist Hans Heintze und der Kantor Erich Schneider.

Gedenktafel
Trotz heftiger Proteste der Bevölkerung wurde die bei der Bombardierung Dresdens am 13. Februar 1945 beschädigte Sophienkirche 1963 gesprengt. Lediglich der rekonstruierte Altar kann heute in der Loschwitzer Kirche betrachtet werden. Am ursprünglichen Standort erinnert eine Gedenktafel an die Kirche.

Begehrter Konzertort

Vom Postplatz aus in westlicher Richtung, am Endpunkt einer von der Frauenkirche über die ehemalige Sophienkirche hinaus verlängerten Achse, befindet sich die Annenkirche.

Ihr Kantor Paul Grützner führte 1910 regelmäßige musikalische Andachten ein. 1923 gründete er einen freiwilligen Männerchor, aus dem ein Jahr später die Kantoreigesellschaft zu St. Annen als gemischter Chor hervorging. Nach 1945 erwies sich die Annenkirche als einzige Kirche der Innenstadt, die noch benutzbar war. Bis zur Wiedereinweihung der Kreuzkirche im Jahre 1955 diente sie als Wirkungsstätte des Kreuzchores. Auch der »Collum-Chor«, gegründet vom damaligen Kreuzorganisten Herbert Collum, veranstaltete hier regelmäßig Konzerte. Mit der Einweihung der neuen Jehmlich-Orgel in der Kreuzkirche im Jahre 1963 konnte Collum sein Amt dort wieder voll wahrnehmen. In der Annenkirche entstand nun wieder eine eigene Kantorei, die bis heute Sommer- und Adventsmusiken veranstaltet. Aufgrund ihrer ausgezeichneten Akustik ist die Annenkirche auch ein bei verschiedenen Veranstaltern begehrter Konzertort.

Ankündigung zur Aufführung des »Weihnachtsoratoriums« in der Annenkirche

Die Kirchenmusik im 20. Jahrhundert Dresdens musikalische Anfänge

Kuppeln im russischen Stil des 17. Jahrhunderts: die Russisch Orthodoxe Kirche auf der Fritz-Löffler-Straße

Russische Kirchenmusik

Auf halber Strecke zwischen Hauptbahnhof und dem Universitätsviertel steht die 1874 geweihte Russisch-Orthodoxe Kirche des Ehrwürdigen Simeon zum Heiligen Berg; mit ihren farbigen Zwiebelkuppeln und dem vergoldeten russischen Kreuz ist sie leicht zu erkennen. Als einzige von ehemals vier Kirchen für ausländische Mitbürger hat sie die Zerstörung der Stadt weitgehend unbeschadet überstanden und bis heute ein aktives Gemeindeleben bewahrt.

Der Kirchenchor, im Jahr 1862 mit nur vier Sängern der Dresdner Oper gegründet, befand sich besonders nach dem Zweiten Weltkrieg auf sängerisch hohem Niveau und galt als qualitativ bester Chor der Diözese. Heute zählt die Dresdner orthodoxe Gemeinde über 1 000 Mitglieder. An Sonntagen und kirchlichen Feiertagen findet die »Göttliche Liturgie« statt, der am Vorabend die Nachtwache vorausgeht. Unter der Leitung von Kantor Igor Danyluk besteht ein kleiner Chor, zu dem auch Nicht-Russen und

Kirche der Künstler
Zur Gemeinde der Russisch–Orthodoxen Kirche gehörten einst vorübergehend zahlreiche Künstler, wie der Pianist und Komponist Sergej Rachmaninow und der Schriftsteller Fjodor Dostojewski. Rachmaninow traf Ende November 1906 in Dresden ein und lebte mit einigen Unterbrechungen zweieinhalb Jahre in einer (heute zerstörten) Villa auf der Sidonienstraße. Hier arbeitete er an seiner 2. Symphonie. Seine »Liturgie des Heiligen Chrysostomos«, Op. 31 (1910) und die »Große Nachtwache« Op. 37 aus dem Jahre 1915 gehören zu den Hauptwerken der russischen Kirchenmusik des 20. Jahrhunderts.

Angehörige anderer Konfessionen gehören. Hin und wieder finden zu besonderen Anlässen Konzerte russischer Sakralmusik statt.

Tympanon des Portals der Dreikönigskirche

Offenes Singen, Tanz, Improvisation

Auf der Neustädter Elbseite auf dem Fußgängerboulevard flanierend, gelangt man zur Dreikönigskirche. Das in der Nacht des 13. zum 14. Februar 1945 zerstörte Gebäude konnte 1991 wieder eingeweiht werden. Obgleich hier die kleinste Gemeinde Dresdens beheimatet ist, zählt diese Kirche zu den meistbesuchten Gotteshäusern der Stadt. Neben den Gottesdiensten finden pro Jahr etwa 70 Veranstaltungen statt. Als »Haus der Kirche« ist es gleichzeitig Konferenzzentrum und beliebter Konzertort hervorragender Solisten und Ensembles. Spezielle Nachmittagskonzerte für Senioren und »Offene Singen« mit Behinderten erfahren gute Resonanz, und als Besonderheit kann die Einbeziehung von künstlerischem Tanz, Improvisations- und Tanztheateraufführungen gelten.

Erstmals freiwillig

Die Gemeinde und die Kantorei der Dreikönigskirche ist seit dem Jahr 2000 mit der nahegelegenen Martin-Luther-Kirche verbunden. Diese erhielt ihren Namen 1883 anlässlich des 400-jährigen Geburtstags des großen Reformators, noch bevor die Kirche selbst vollendet wurde (1887). Mit zahlreichen musikalischen Veranstaltungen nahm die Kirche bald eine führende Stellung in der Kirchenmusik ein; hier fanden bedeutende oratorische Aufführungen statt, an denen der von Albert Römhild (Amtszeit 1887–1914) im Jahre 1887 gegründete Freiwillige Kirchenchor, der erste dieser Art in Sachsen, mitwirkte. Die Liste der Dresdner Erstaufführungen mit Werken von Bruckner, Reger, Rheinberger und anderen ist umfangreich, und einige Komponisten widmeten

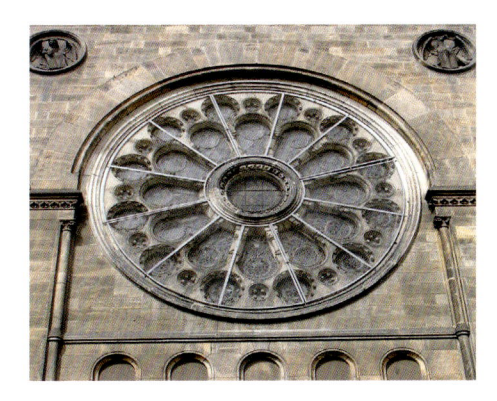

*Rosettenfenster der
Martin-Luther-Kirche*

dem Chor ihre Werke. Nachdem die Kirche den Zweiten Weltkrieg unbeschadet überstanden hatte (nur das Archiv mit dem umfangreichen Notenmaterial verbrannte), übernahm Kantor Erich Schneider das Kantorenamt (1946–1964). Schneider, der sich bereits als letzter Kantor der Frauenkirche engagiert hatte, zählte zu den profiliertesten Persönlichkeiten des Dresdner Musiklebens und trotzte nun, unter anderem unterstützt von seinem Mozart-Orchester (einem von Berufsmusikern verstärkten Laienorchester), allen Schwierigkeiten der Nachkriegszeit. Karl Frotscher (Amtszeit 1964–1991) setzte neben den regelmäßig erklingenden Oratorien und Passionen von Bach vor allem durch DDR-Erstaufführungen Akzente im Dresdner Musikleben. Heute zählt der von Markus Leidenberger geleitete Bach-Chor etwa 80 Sänger. Sein Repertoire umfasst sowohl Standardwerke als auch selten aufgeführte Kompositionen.

Erstaufführung
Zu den Höhepunkten im kirchenmusikalischen Leben der Martin-Luther-Kirche zählte im Jahre 1902 die deutsche Erstaufführung des Requiems b-Moll von Antonín Dvořák in Anwesenheit des Komponisten.

Geistliche Musik mit heilender Kraft
Gegenüber vom »schönsten Milchladen der Welt« auf der Bautzner Straße befindet sich das 1844 gegründete Dresdner Diakonissenhaus, dessen Kirche von vielfältigem liturgischen Musizieren geprägt ist. Hier erklingen in den Gottesdiensten häufig Bach-Kantaten in ihrer ursprünglichen Bestimmung als Vertonungen des Evangeliums. Den Grundstein

Solo: **Musik an der Katholischen Hofkirche**

Gerhard Poppe

Mit dem Ende der Monarchie in Sachsen wurden aus der Königlichen Hofkapelle und -oper die Sächsische Staatskapelle und -oper. In dieser Situation sprachen sich viele Musiker für die Beibehaltung des traditionsreichen Kirchendienstes aus, während es in der Öffentlichkeit Stimmen gab, die gegen die Fortführung der Musikaufführungen in der Katholischen Hofkirche votierten. Am Ende setzten sich die Befürworter durch, und außerhalb der Theaterferien erklangen etwa vierzigmal jährlich beim sonntäglichen Hochamt die traditionellen Messen mit Orchesterbegleitung, für deren Leitung weiterhin Karl Maria Pembaur, gleichzeitig Chordirektor der Oper, zuständig war. Dabei blieb das bisherige Repertoire, das jeweils etwa zur Hälfte aus für den Dresdner Hof komponierten Werken und anderer Musik bestand, in wesentlichen Teilen erhalten. Umgekehrt wirkten die 16 Kapellknaben weiter bei den Opernaufführungen mit. Den nationalsozialistischen Machthabern blieb es vorbehalten, diese Regelung mit Wirkung vom 1. Januar 1938 aufzuheben. Um die nun in ihrer Existenz bedrohten Kapellknaben bekannter zu machen, veranstalteten die Verantwortlichen jetzt öffentliche Konzerte in Dresden, Berlin und in anderen Städten. Trotzdem wurde das Internat Ende 1941 aufgelöst. In den folgenden zwei Jahren wohnten die Kapellknaben bei Familien der Hofkirchengemeinde.

In der Bombennacht des 13. Februar 1945 blieb die Katholische Hofkirche nicht von der Zerstörung verschont. Mit dem Wiederaufbau wurde auch das Kapellknabeninstitut – nun ausschließlich in kirchlicher Verantwortung – wiedereingerichtet. Zunächst wohnten die Choristen im provisorischen Pfarrhaus, bis 1956 das heutige Gebäude in der Wittenberger Straße bezogen werden konnte. Damit waren auch erstmals die Voraussetzungen gegeben, um einen Knabenchor mit eigenen Männerstimmen aufbauen zu können. Seit 1947 war das linke Seitenschiff der Hofkirche wieder benutzbar, und zu den Gottesdiensten sangen abwechselnd die Kapellknaben und der Dresdner Hofkirchenchor. Zum Instruktor der Kapellknaben und Organist wurde 1955 Konrad Wagner berufen, während Bruno Knauer, Violinist der Staatskapelle und ehemaliger Kapellknabe, ehrenamtlich den Hofkirchenchor leitete. Neben ihren Aufgaben im Gottesdienst veranstalteten Hofkirchenchor, Kapellknaben und

Musiker der Staatskapelle in den 1950er-Jahren eine ganze Reihe von Benefizkonzerten für den Wiederaufbau der Hofkirche. Am 4. Juli 1962 konnte der Hochaltar wieder eingeweiht werden, und von dieser Zeit an gibt es an den hohen Festtagen erneut regelmäßig Aufführungen von Messen mit Orchesterbegleitung. Einen nachhaltigen Einschnitt ganz anderer Art bewirkte die Liturgiereform im Gefolge des Zweiten Vatikanischen Konzils. Nach dem neuen Verständnis sollten selbst bei der Aufführung von Kirchenmusik in großer Besetzung in der Regel wenigstens Credo und Sanctus künftig von der ganzen Gemeinde gesungen werden. Inzwischen ist man

Altarraum der Kathedrale mit Kanzel

zumindest an Festtagen in der Dresdner Hofkirche (seit 1980 Kathedrale der Diözese Dresden-Meißen) wieder zur Aufführung vollständiger Messen zurückgekehrt, die sich auch in ein deutsches Hochamt gut einfügen. 1971 wurde Konrad Wagner zum Domkantor ernannt und übernahm damit auch die Leitung der Messen mit Orchesterbegleitung an den hohen Festtagen. Seit 1972 gibt es mit Hansjürgen Scholze auch wieder einen eigenen Domorganisten. Im Mittelpunkt des Dienstes der Kapellknaben, die inzwischen auf über 70 Sänger angewachsen sind, steht die Mitwirkung beim sonntäglichen Hochamt um 10.30 Uhr. Zu den Hochfesten werden sie durch den Kathedralchor verstärkt. Im Orchester musizieren nach alter Tradition Mitglieder der Sächsischen Staatskapelle.

Der Status der Kapellknaben als einer rein kirchlichen Einrichtung ermöglichte unter den DDR-Bedingungen eine sehr weitgehende Unabhängigkeit von ideologischen Vorgaben. Andererseits waren durch diese Situation Auslandsreisen und Schallplattenproduktionen wesentlich erschwert. So gab es neben den jährlichen Chorfahrten innerhalb der DDR nur wenige größere Reisen: 1977 nach Österreich, 1982 nach Assisi und Rom sowie 1985 nach Limburg und Frankreich. Nach der Wiedervereinigung sangen sie unter anderem 1995 zum Jubiläum der UNO in New York. Als Nachfolger von Konrad Wagner wurde 1997 Matthias Liebich zum Domkapellmeister ernannt. Neben dem Dienst beim sonntäglichen Hochamt in der Kathedrale bleibt es eine besondere Aufgabe, die große Tradition der Dresdner Hofkirchenmusik wenigstens in Teilen lebendig zu erhalten.

zu dieser Praxis hatte einst Pastor Fröhlich gelegt, der mit seiner Wertschätzung der Musik, insbesondere des Psalmgesangs, besonders viele Hörer erreichte. Die 1945 zerstörte Kirche wurde wieder aufgebaut und 1962 eingeweiht, und seit der Orgelweihe 1973 wirkt hier Friedrich Kircheis als Kantor und Organist, der neben der gottesdienstlichen Musik zahlreiche Orgelabende gibt sowie Kammer- und Chorkonzerte leitet.

Kurrende, Singschule

Die hier dargestellten Kirchen der Dresdner Innenstadt bilden nur eine kleine Auswahl. Auch in allen anderen Stadtteilen herrscht reges kirchenmusikalisches Leben mit anspruchsvollen und regelmäßigen Konzerten: Im Norden der Stadt lädt die Petrikirche zu sommerlichen »Orgelmusiken zur Nacht« ein.

Die Diakonissenhaus-Kirche, von Norden gesehen

Die Kirchenmusik im 20. Jahrhundert Dresdens musikalische Anfänge

In der Briesnitzer Kirche im Westen der Stadt verleiht der seit 1897 bestehende Kirchenchor der Verkündigung besondere Ausdruckskraft. Mit Kirchenkonzerten und auf Konzerttourneen erreicht die Briesnitzer Kantorei eine große Zahl von Freunden der musica sacra. 1998 wurden die Verdienste des Chores, der seinen Nachwuchs kontinuierlich in Singschule und Kurrende heranbildet, mit der Verleihung der »Zelter-Plakette« gewürdigt. In der Prüfungszeit stellt sich die Briesnitzer Kantorei für die Studenten der Hochschule für Kirchenmusik zur Verfügung, als deren ständige Aufführungsstätte die Versöhnungskirche in Striesen fungiert.

Im Süden bildet die Auferstehungskirche in Dresden-Plauen einen musikalischen Mittelpunkt. Zahlreiche Konzerte nicht nur zu kirchlichen Feiertagen bietet auch die Lukaskirche, die – zumal mit »concentus musicale« und Studentengemeinde – vor allem junge Menschen anzieht; wegen ihrer vorzüglichen Akustik wird sie seit Jahrzehnten auch als Aufnahmestudio genutzt. Die Herz-Jesu-Kirche auf der Fetscherstraße nutzt ihre Orgel aus dem Jahre 1909 neben dem Gottesdienst auch für Orgelmusiken und bietet regelmäßig weitere Konzerte an.

In der Schifferkirche »Maria am Wasser« in Dresden-Hosterwitz ist Musik unverzichtbarer Bestandteil des Gottesdienstes. An zahlreichen Aufführungen sind neben dem gemeindeeigenen Chor und dem Instrumentalensemble unter Leitung von Matthias Herbig (Dirigent) und Johannes Korndörfer (am Orgelpositiv) häufig auch Musiker aus Staatskapelle und Philharmonie beteiligt

Musiker in städtischen Diensten

Der Weg der Dresdner Philharmonie

Dieter Härtwig

Seit Jahrzehnten schon ist die Dresdner Philharmonie über den lokalen Rahmen hinaus gewachsen und durch ihre Auslandsgastspiele, durch ihre Rundfunk- und Schallplattenaufnahmen weltweit bekannt. In letzter Zeit wurde der Radius der Tourneen über Europa, über China, Japan und Südkorea hinaus auf Nord- und vor allem Südamerika sowie Israel ausgedehnt. Wo immer das Orchester konzertiert, bei großen Festivals oder vor den heimischen Musikfreunden, demonstriert es aus seiner Geschichte erwachsene Traditionen ebenso wie seine Qualität als eines der führenden deutschen Orchester der Gegenwart.

Stadtpfeifer und Stadtmusikcorps

Ihre Entstehung führt die Dresdner Philharmonie auf die Einweihung des Gewerbehaussaales zurück, den der Dresdner Gewerbeverein am 29. November 1870 an der Ostra-Allee 13, im Gelände des Herzogin Gartens, gegenüber von Zwinger und Zwingerteich eröffnete. Mit seiner Errichtung trat das bürgerliche Konzertwesen der Stadt im 19. Jahrhundert in ein neues Stadium ein. Denn in dem im Stile der Neorenaissance ausgestatteten Saal des neuen Vereinshauses fanden fortan regelmäßig Konzerte statt, für die zunächst das aus 450-jähriger Dresdner Ratsmusiktradition gewachsene »Stadtmusikcorps« verpflichtet wurde. Wenig später ging daraus die nach der Spielstätte benannte »Gewerbehauskapelle« hervor, aus der sich als Nachfolgeeinrichtung organisch das Philharmonische Orchester bildete. Die Wurzeln des städtischen Konzertorchesters reichen

Turmwohnung
Seit 1559 wirkten die Stadtpfeifer bei der Kirchenmusik in der Kreuzkirche mit. Sie hatten mit ihren Instrumenten den Gesang der Kruzianer zu »stercken und zu ziehren«. Die vier angestellten Stadtpfeifer wohnten damals auf dem Kreuzkirchenturm und mussten die Stunden melden, die Uhr aufziehen und Feuerwache halten.

Ansicht von der Terrasse des »Waldschlösschens«

Stadtmusicus

Das Berufsbild der Ratsmusiker war von handwerklich-zunftmäßigem Ethos bestimmt und in allen Details bis zur Gerichtsbarkeit streng geregelt. Seit Daniel Weber, der 1679 nach einer Prüfung durch Kreuzkantor Jacob Beutel seinen Posten erhielt und sich rühmte, »auf Zincken und Posaunen, Krummhörnern und Schalmeyen, Flöten, Violen und Viol di Gamben« Meister zu sein, hieß das Amt offiziell »Stadtmusicus«.

also bis in das 15. Jahrhundert, zu den Anfängen der Ratsmusik in Dresden zurück, denn musizierende Stadtpfeifer gab es in Dresden seit 1420.

1580 wurde der Stadtpfeifer Andreas Grünewald verpflichtet, Gesellen zu halten und Lehrjungen auszubilden. Bis in die erste Hälfte des 19. Jahrhunderts hinein war die Rats- oder Stadtkapelle die einzige Einrichtung in Dresden, in der Instrumentalisten ausgebildet wurden. Die dem Rat der Stadt unterstellten Stadtpfeifer hatten im 17. Jahrhundert endlos mit der Konkurrenz der freien Musikanten, der so genannten Stadt- und Dorffiedler zu kämpfen, die ihre Privilegien verletzten. Johann Leuterding beispielsweise, der sechs verschiedene Arten von Blasinstrumenten und außerdem noch »Geigenwerck« beherrschte, beschwerte sich, intrigierte gegen die Konkurrenten und pochte auf den Schutz, den die Statuten dem »Stadtmusicus« gewährten.

Im Laufe des 18. Jahrhunderts stieg mit den höheren musikalischen Ansprüchen an die Stadtmusikanten, deren Repertoire neben kirchenmusikalischen Werken nun aus Tänzen, Suiten, Concerti grossi, Ouvertüren, Solokonzerten und vor allem Sinfonien bestand, ihr Selbstbewusstsein als Künstler erheblich an. Stadtmusicus Traugott Schmiedel beispielsweise widerstrebte es, auf Bällen zu dirigieren und Konzerte zu veranstalten, »die blos den Wirt in Nahrung setzen«, bei denen die Leute »blaudern und die Musik überschreien«. Vielmehr wollte er in »Concerts«

und in der Kirche »seine und des Compositeurs mannigfaltige Gedanken und Ideen richtig spielen und in Ausführung bringen, was bey einer lermischten Gesellschaft nicht geschehen kann«. So erwirkte Schmiedel, dass seine Position vom Jahre 1804 an als »Kapellmeister« bezeichnet wurde.

Der als Geiger, Klarinettist und vor allem als Stadtkapellmeister hoch geschätzte Johann Gottlieb Zillmann, der dieses Amt von 1816 bis 1843 bekleidete, erwarb sich durch seine außerordentlich fleißige Arbeit ein nicht unbedeutendes Vermögen. Als der Turmdienst auf der Kreuzkirche aufgehoben wurde und die Stadtmusik sich vergrößerte, konnte er sich sogar ein eigenes Haus in der Stadt kaufen. Zillmann hielt seine Kapelle bei einer Mitgliederstärke von 24 bis 30 Musikern einschließlich der Lehrjungen, die er gründlich ausbildete, so dass etliche seiner Schüler später in der Hofkapelle aufgenommen wurden. Andererseits engagierte die Hofkapelle Zillmann und seine Musiker als Verstärkung bei repräsentativen Konzerten, so bei Aufführungen der »Matthäuspassion«, des »Messias« und des Mozartschen Requiems. Hatte sich der Kirchendienst der Stadtmusiker bislang abwechselnd auf Kreuzkirche, Frauen-, Sophien- und Dreikönigskirche erstreckt, so wurde er unter Zillmanns Nachfolger Johann Wilhelm Hartung (1843–1863), der sich erstmalig Stadtmusikdirektor nennen durfte, zusätzlich auf die Annen- und Friedrichstädter Matthäikirche ausgedehnt. Auch an den Palmsonntagskonzerten der Hofkapelle beteiligte sich Hartung mit seinen Musikern, so 1846 an der denkwürdigen Darbietung der »Neunten« unter Richard Wagner. Besonders der Musikdirektor der drei Hauptkirchen, Kreuzkantor Julius Otto, machte sich fortan, nicht zuletzt im Interesse der evangelischen Kirchenmusikpflege, um den Erhalt des Stadtorchesters verdient. Zur Auflösung des Stadtorchesters kam es erst im Jahre 1872, als der letzte Stadtmusikdirektor Moritz Erdmann Puffholdt wegen allzu mangelhaft subventionierter Stadtmusik und viel zu geringer Besoldung sein Amt kündigte und mit

Gartenkonzerte

Das Fehlen eines geeigneten Konzerthauses – wodurch die Musiker neben den Kirchen auf Hotel- und Gaststättensäle angewiesen waren – hatte im Bunde mit der landschaftlich-architektonischen Schönheit der Stadt eine Besonderheit ausgeprägt, die für einheimische wie für auswärtige Besucher außerordentliche Anziehungskraft besaß: Gartenkonzerte, die sich allergrößten Zuspruchs erfreuten.

*Der Garten des
»Linckeschen Bades«*

Musik-Konkurrenz
Das Stadtorchester bekam im Gefolge der um 1850 erfolgten Aufhebung des so genannten »Musikzwanges« die Konkurrenz von elf Dresdner Militär- und fünf Zivilkapellen zu spüren. Die Situation spitzte sich derart zu, dass bereits 1861 das Stadtorchester und damit alles zunftmäßig privilegierte Musizieren aufgelöst werden sollte.

seinem Orchester das Gewerbehaus nach einer Wintersaison wieder verließ. Dabei hatte Puffholdt im Rahmen der ihm gegebenen Möglichkeiten gute Arbeit geleistet, den Einsatz seiner Vorgänger für die Sinfonik der Wiener Klassiker verstärkt fortgeführt, die Meister der ersten Hälfte des 19. Jahrhunderts und die unmittelbaren Zeitgenossen gepflegt sowie die von ihm erwarteten Tanz- und Unterhaltungsstücke dargeboten. Zur Eröffnung des Gewerbehaussaales hatte das Stadtmusikkorps unter Puffholdt »in einer Stärke von über 50 Mann« Beethovens Ouvertüre »Die Weihe des Hauses« und Carl Maria von Webers »Jubel-Ouvertüre« gespielt. Der damals als repräsentativ empfundene, akustisch günstige Saal bot etwa 1700 Besuchern Platz. Mit ihm war endlich die in Dresden lang entbehrte Aufführungsstätte sinfonischer Musik vorhanden, die seit der Spielzeit 1871/72 auch von der Königlichen Kapelle für Sinfoniekonzerte bis zu deren Umzug in die zweite Semper-Oper 1889 genutzt wurde. Die erste Spielzeit der Stadtkapelle im neu eröffneten Gewerbehaus 1870/71 war zugleich der Anfang ihres Endes. Der Gewerbeverein beanspruchte einen Großteil der Einnahmen aus den Konzerten, was dazu führte, dass sich die Konzerte nicht rechneten und das Unternehmen ins Schwanken geriet.

Gewerbehauskapelle
Indem der Gewerbeverein ein Orchester zu ständigem Musizieren in seinem Hause verpflichtete, erhielt dieses immer mehr den

Charakter einer hauseigenen Körperschaft, einer Gewerbehauskapelle. Der Name kam um 1883 auf, obgleich es sich eigentlich mehr oder weniger um Privatunternehmen handelte, die unter dieser Flagge segelten. So auch im Falle der Kapelle Hermann Gustav Mannsfeldts, der im April 1871 mit einem aus 32 Musikern bestehenden Teil seines dortigen Orchesters aus Kassel kam und von seinem Vorgänger Puffholdt 24 Stadtmusiker übernahm, die in der neuen Spielstätte verbleiben wollten.

Der neu formierte Klangkörper setzte unter zunächst noch wechselnder Trägerschaft die Jahrhunderte alte Tradition städtischer Musikpflege, der Ratsmusik, fort. Er übernahm zunehmend sinfonische Aufgaben, ohne dabei den Unterhaltungsaspekt zu vernachlässigen. Die Berechtigung, als ein weiteres Orchester von künstlerischem Rang neben der Hofkapelle angesprochen zu werden, erwarb sich die aus bescheidenen Anfängen herauswachsende Institution allerdings nach mehrfachen Metamorphosen erst später. Gleichwohl entfaltete sich das Dresdner Konzertwesen von nun an beträchtlich, da der neue Klangkörper die Möglichkeit bot, sinfonische Musik intensiv und regelmäßig in weite Kreise der Bevölkerung zu tragen und die Kirchenmusik, insbesondere in Kreuz- und Frauenkirche, zu unterstützen.

Erste philharmonische Konzerte

Von erheblicher Bedeutung für die Gewerbehauskapelle war, dass der Berliner Konzertdirektor Hermann Wolff, der erste deutsche Musikunternehmer modernen Stils, nach dem Muster der von ihm in Berlin und Hamburg veranstalteten Philharmonischen Konzerte 1885 auch in Dresden derartige Konzerte mit hohem ästhetischem Anspruch und sozialem Prestige einrichtete. Mit diesen Konzerten, die in den ersten drei Spielzeiten unter Leitung des Komponisten und Dirigenten Jean-Louis Nicodé standen, zog

Große als Gast
Bedeutende Komponisten, Gastdirigenten und Solisten förderten den künstlerischen Aufstieg des jungen Unternehmens. In der Spielzeit 1888/89 dirigierte Peter Tschaikowski seine 4. Sinfonie. Mit dem Orchester musizierten, um nur einige Namen herauszugreifen: Johannes Brahms, Joseph Joachim, Hans von Bülow, Moritz Moszkowski, Anton Rubinstein, Antonín Dvořák, Richard Strauss, Eugen d'Albert, Teresa Carreño, Emil Sauer, Felix Mottl, Ferruccio Busoni, Sergej Rachmaninow, Artur Schnabel, Wilhelm Backhaus, Pablo de Sarasate, Eugène Isaye, Fritz Kreisler, Mischa Elman, Efrem Zimbalist, Jacques Thibaud, Carl Flesch, Marie Soldat, Bronislaw Huberman, Henri Marteau, Pablo Casals, Sergej Kussewitzky und Sangesgrößen jener Tage wie Maria Ivogün, Lotte Lehmann, Sigrid Onegin, Leo Slezak, Francisco d'Andrade sowie viele andere mehr.

Das Gewerbehausorchester

in die Geschichte des Dresdner Konzertwesens erstmalig der Begriff »philharmonisch« ein, der schließlich jener Konzertinstitution den endgültigen Namen gab, die sich allmählich aus dem Gewerbehausorchester entwickelte. In Fortsetzung dieser Konzertserien begründete 1894 der Musikverleger Franz Ries die so genannten »Philharmonischen populären Künstlerkonzerte«, die später wieder als »Philharmonische Konzerte«, ab 1908 als »Große Philharmonische Konzerte« veranstaltet wurden.

Per Dampfer nach Amerika

Obwohl das Zeitalter der reisenden Orchester noch gar nicht begonnen hatte, gastierte das Gewerbehausorchester frühzeitig im Ausland – so 1871 und 1872 in St. Petersburg, 1879 in Warschau, 1883 in Amsterdam und anderen holländischen Städten, 1907 in Prag und Kopenhagen und 1909 sogar in den USA und Kanada, wobei »The Dresden Philharmonic Orchestra« unter seinem Chefdirigenten Willy Olsen innerhalb von 60 Tagen 56 Konzerte in 30 Städten gab. Mit städtischer Finanzhilfe etablierte das

Sonderzug der Amerika-Tournee im Jahre 1909

privat geführte Gewerbehausorchester 1912 »Städtische Volkssinfoniekonzerte«. Im gleichen Jahr begann der verdienstvolle Dresdner Komponist, Dirigent, Pädagoge und Musikkritiker Paul Büttner mit der Veranstaltung erster Dresdner Jugendkonzerte, die in dieser Form bis 1933 stattfanden.

Im Kriegsjahr 1915 verlieh der österreichische Dirigent Edwin Lindner dem Klangkörper, den er als Privatunternehmer für 35 000 Goldmark käuflich von seinem Vorgänger erwarb, den ihm längst gebührenden Namen: das »Dresdner Philharmonische Orchester«. Lindner verstand es, namhafte Gäste wie seinen Lehrer Arthur Nikisch für Auftritte zu verpflichten. Gewiss waren die Kapellmeister, die vor ihm als Chefdirigenten im Gewerbehaus gewirkt hatten, mehr oder weniger tüchtige, solide Musiker gewesen, die ihr Handwerk verstanden. Doch Lindner erhob sich fraglos über diese und steigerte auch das Leistungsvermögen des Orchesters. 1921 leitete der ungarische Dirigent und Komponist Alexander László die Philharmoniker auf einer erfolgreichen Schweden-Tournee.

Endgültig: »Dresdner Philharmonie«

Nachdem das Institut immer wieder wirtschaftlich gefährdet gewesen war, brachte das Inflationsjahr 1923 größte Existenzschwierigkeiten für die Musiker. Unter der Leitung eines neuen Chefs, des Dresdner Komponisten und Dirigenten Joseph Gustav

Spitzenmusiker

Dem österreichischen Dirigenten Edwin Lindner gelang es, hervorragende Instrumentalisten an die Pulte des »Dresdner Philharmonischen Orchesters« zu holen. Zunächst engagierte er 64 Musiker, von denen 21 aus dem Gewerbehausorchester übernommen wurden, 18 ebenfalls schon in Dresden ansässig waren, während 25 von außerhalb kamen. Bald vergrößerte Lindner das Orchester auf eine Mitgliederstärke von 80 Musikern.

Mraczek, erlebten die Philharmoniker ihren in materieller Hinsicht schwersten Konzertwinter. Doch erhielt der Klangkörper nunmehr den Namen, unter dem er Weltgeltung erlangte: »Dresdner Philharmonie«. Im Jahre 1924 wurde das Orchester nach dem Vorbild der Berliner Philharmoniker auf genossenschaftliche Basis gestellt. Chefdirigent war von 1924–1929 Eduard Mörike, ein international gefragter Künstler, insbesondere Beethoven- und Wagner-Spezialist, der mit seinen Volksbühnenkonzerten und der Einführung von Schulkonzerten hervorragende künstlerische Taten vollbrachte. In Ausweitung des erzieherischen Aspektes der »Historischen Concerte«, wie sie einst Hermann Mannsfeldt 1883 im Gewerbehaus eingerichtet hatte, um musikgeschichtliche Entwicklungsprozesse beispielsweise von Bach bis Wagner für die Hörer erlebbar zu machen, und der Volkssinfoniekonzerte mit Bildungscharakter, wie sie unter Olsen eingeführt worden waren, kam Mörike zu einem neuen Konzerttypus, der später, in der Ära Heinz Bongartz, noch größere Bedeutung für die Dresdner Philharmonie erlangen sollte: Dem Konzert mit zyklischer, thematischer Programmgestaltung. 1925/26 veranstaltete er den ersten umfassenden Beethoven-Zyklus in der Geschichte des Orchesters.

Paul van Kempen: neue Maßstäbe

Als Mörikes Nachfolger fungierten Paul Scheinpflug ab 1929 bis 1932 und Werner Ladwig anschließend, ehe im Jahre 1934 der Holländer Paul van Kempen an die Spitze der Dresdner Philharmonie trat und dem Orchester Weltruhm verschaffte. Van Kempen war ein Probenfanatiker, ein leidenschaftlicher Musikant, der neue Maßstäbe hinsichtlich Klangdifferenzierung und Zusammenspiel setzte. Auch setzte er die laufende Erhöhung der städtischen Subventionen durch. Im Oktober 1936 wurde die Genossenschaft mbH aufgelöst, stattdessen eine

Paul van Kempen

»Stiftung zur Förderung der Dresdner Philharmonie« ins Leben gerufen, womit die städtische Verwaltung in stärkerem Maße als bisher Träger des Ganzen wurde.

Schikanen der örtlichen Nazibehörden veranlassten Paul van Kempen jedoch 1942, sein Dresdner Amt niederzulegen. Von dem künstlerischen Höchststand, den sich das Orchester unter seiner Leitung erarbeitet hatte, künden zahlreiche Schallplattenaufnahmen von inzwischen historischer Bedeutung, die von den Philharmonikern seit 1937 eingespielt wurden.

Krieg, Nachkriegszeit, Neubeginn

Nach van Kempens Weggang aus Dresden teilten sich vornehmlich Carl Schuricht, Otto Matzerath, Bernardino Molinari und Kurt Eichhorn in die Leitung der Konzerte. Im Juli 1944 wurde Carl Schuricht, seit 1942 Chef-Gastdirigent, der sich gleichsam kommissarisch um die Leitungsgeschäfte gekümmert hatte, als neuer Chefdirigent berufen. Jedoch konnte sich dieses Engagement nicht mehr auswirken, da die Dresdner Philharmonie im September 1944 im Zuge des »totalen Krieges« aufgelöst wurde. Zudem zerstörten die ersten Bomben, die am 7. Oktober 1944 auf Dresdens Innenstadt fielen, den Gewerbehaussaal. Schuricht verließ Deutschland und ließ sich in der Schweiz nieder.

Und doch waren die Philharmoniker, obwohl sie ihren Konzertsaal, die Notenbibliothek, das Archiv sowie einen bedeutenden Teil ihrer Instrumente und ihre Geschäftsräume im Zweiten Weltkrieg verloren hatten, unter den ersten, die in der zerstörten Elbestadt das Musikleben wieder in Gang brachten. Bereits einen Monat nach Kriegsende trat das Orchester wieder in einem einigermaßen heil gebliebenen Interimssaal in einem Dresdner Vorort auf. Im Deutschen Hygiene-Museum fanden die Philharmoniker schließlich für mehr als zwei Jahrzehnte eine neue ständige Wirkungsstätte.

Meister des Taktstocks

Hatten schon vor van Kempen immer wieder bedeutende Gastdirigenten in näherer Verbindung zu den Dresdner Philharmonikern gestanden, vor allem Siegfried Wagner, Max von Schillings, Erich Kleiber, Hermann Abendroth und Fritz Busch, erschienen nun neben dem Chefdirigenten Meister des Taktstocks wie Carl Schuricht, Willem Mengelberg, Eduard van Beinum, Hermann Scherchen und Eugen Jochum häufig am Pult des Orchesters, das ebenso hervorragende Solisten, darunter Wilhelm Kempff, Edwin Fischer, Walter Gieseking, Enrico Mainardi und Georg Kulenkampff, regelmäßig bei sich begrüßen konnte.

Solo: Philharmonische Kammermusikpflege

Dieter Härtwig

Das Bild der reichen Konzerttätigkeit der Dresdner Philharmonie, wie es sich in jeder Spielzeit in den traditionellen Philharmonischen, Zyklus- und Außerordentlichen Konzerten des Klangkörpers darbietet, rundet sich durch die Kammermusikpflege. Diese ist ja nicht nur eine gute Übung für exaktes, reaktionsbereites Zusammenspiel der Musiker, für Deutlichkeit im interpretatorischen Detail, für intensive ausdrucksmäßige Durchdringung einer Komposition. Sie befördert zugleich die Klangkultur des Orchesters und stellt eine wesentliche Bereicherung des Musiklebens dar, indem sie den Hörern die Begegnung mit bekanntem und unbekanntem Repertoire vom Barock

Blick in den Festsaal des Stadtmuseums

bis zur Gegenwart, nicht zuletzt mit Uraufführungen aktueller Novitäten, im kleineren Rahmen ermöglicht.

Da gibt es zahlreiche Vereinigungen in verschiedensten Besetzungen, Streicher, Bläser, Klavier, Harfe, Schlagzeug, hier getrennt, dort vermischt. Vom Duo, Trio über Quartett, Quintett, Sextett und Septett bis hin zum Kammerorchester, vom Spiel Alter Musik, teilweise auf historischen Instrumenten, über die Pflege klassisch-romantischer Kammermusik bis hin zur speziellen Formation für zeitgenössische Musik reicht die Palette. Mehrere Ensembles, die sich über die Jahre bildeten, haben sich längst im internationalen Maßstab bewährt. Und immer wieder finden sich aber auch neue Konstellationen von Musikern zusammen, um Repertoireerweiterungen vorstellen zu können.

Hervorgehoben seien hier das Philharmonische Kammerorchester unter der Leitung des überaus aktiven Ersten Konzertmeisters Prof. Wolfgang Hentrich, der zudem ein eigenes Quartett führt und tatkräftig im Carus-Ensemble mitwirkt. Ferner seien genannt das Dresdner Bläserquintett, das Courtois-Posaunenquartett Dresden und das Freie Ensemble.

Seit 1959 sind Kammermusikabende fester Bestandteil des alljährlichen Konzertplanes der Dresdner Philharmonie. Vorher fanden sie

Das Philharmonische Kammerorchester

Kronensaal im Schloss Albrechtsberg

sporadisch statt. Mit Beginn der Saison 1968/69 wurden die Kammerkonzerte aus dem heute wieder zur Eingangshalle mutierten ehemaligen Steinsaal des Deutschen Hygiene-Museums als »Landhauskonzerte« in den Festsaal des Stadtmuseums verlegt, 1982 in das wiederaufgebaute Blockhaus. Seit 1991 ist der beeindruckend restaurierte Kronensaal des Schlosses Albrechtsberg der glänzende äußere Rahmen für das gleichermaßen intime wie festliche Musizieren innerhalb der philharmonischen Kammerkonzerte. Der Saal wurde spontan sowohl vom Publikum als auch von den Künstlern angenommen, denen er ausgezeichnete Bedingungen bietet.

Hohes Können
So häufig wie nie zuvor legte das Orchester, das von 1950 bis zum Ende der DDR ein staatliches Institut war, erfolgreiche internationale Bewährungsproben ab bei ausgedehnten, zum Teil wiederholten Tourneen in der Bundesrepublik, in Frankreich, Rumänien, Italien, Spanien, Portugal, in der Schweiz, in Polen, Jugoslawien, Bulgarien, in der ČSSR, in China (als erstes deutsches Orchester), im Libanon und in Ägypten.

Zerstörtes Gewerbehaus

Aufbauarbeit unter Heinz Bongartz

Mit Heinz Bongartz übernahm 1947 ein Generalmusikdirektor die künstlerische Leitung der Dresdner Philharmonie, in dessen 17-jähriger Amtszeit eine überaus tatkräftige Aufbauarbeit geleistet wurde. Ihm, dem jeder äußerlichen »Schau« abholden Kapellmeister der alten Schule, war es zu danken, dass der Klangkörper die Kriegswunden bald überwand und zu neuer Leistungsfähigkeit gelangte.

Bongartz' Wille zur Ensemblebildung – selten geworden in einer Zeit der reisenden Stardirigenten –, die Beständigkeit und Systematik in der Erziehung des Orchesters zeitigten reiche Früchte. An die Stelle des Zufälligen, Improvisierten, wie es die Not der Nachkriegszeit diktiert hatte, trat wieder Planmäßigkeit in allen Tätigkeitsbereichen der Dresdner Philharmonie. 1960 war eine Mitgliederzahl von etwa 100 Musikern erreicht. Den philharmonischen Traditionen hinsichtlich einer intensiven Pflege der Werke Beethovens, Brahms', Bruckners, Tschaikowskis, Mahlers fügte Bongartz weitere hinzu. Werke von Schumann, Dvořák und Max Reger wurden nun regelmäßig gespielt. 1966

Wilhelm Rudolph: Professor Heinz Bongartz, 1960, Öl auf Leinwand

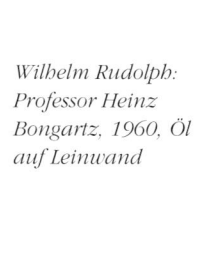

wurde Bongartz für seine Verdienste um das Schaffen Gustav Mahlers mit der Goldenen Mahler-Medaille der Internationalen Mahler-Gesellschaft Wien geehrt.

»Musterkonzerte«

Das erste ausgearbeitete Konzertprogramm nach dem Krieg, der Spielplan von 1947/48, wurde mit seiner Dreiteilung in Philharmonische Konzerte, in Zyklus- und Außerordentliche Konzerte zum Muster für alle nachfolgenden bis heute. Für einen umfassenden Dvořák-Zyklus wurde das Orchester 1961 zum Gründungsmitglied der Prager Dvořák-Gesellschaft ernannt.

Mit Kurt Masur im Kulturpalast

Als Nachfolger von Heinz Bongartz wirkte von 1964 bis 1967 der aus dem Orchester hervorgegangene Horst Förster, ohne jedoch tiefer gehende Spuren hinterlassen zu können. Mit Schallplatten- und Rundfunkaufnahmen setzte er immerhin die diesbezügliche umfangreiche Arbeit seines Vorgängers fort. In besonderer Weise prägend war aber das Wirken des nächsten Chefdirigenten, der mit Beginn der Saison 1967/68 sein Amt antrat und seit 1970 zugleich Gewandhauskapellmeister in Leipzig war: Kurt Masur. Bereits zehn Jahre zuvor hatte er unter seinem Lehrmeister Bongartz überaus erfolgreich als zweiter Dirigent bei der Dresdner Philharmonie gearbeitet. Masur führte sogleich einen neuen Aufschwung in der Orchesterarbeit herbei und prägte dem Klangkörper binnen kurzem den Stempel seiner

Zweite Reihe

Den Chefdirigenten standen von 1947 bis 1983 als Zweite Dirigenten zur Seite: Wolfgang Rößler (1947/1948), Paul Dörrie (1949), Walter Stoschek (1950/1951), Siegfried Leistner (1951/1952), Franz Jung (1953/1954), Kurt Masur (1955–1958), Siegfried Geißler (1958–1962), Gerhard Rolf Bauer (1962–1965), Lothar Seyfarth (1967–1973), Hartmut Haenchen (1973–1976), Johannes Winkler (1976–1983)

Kurt Masur, 1985

Zur Eröffnung des Kulturpalastes: Beethovens »Neunte« unter Kurt Masur mit den neugegründeten Philharmonischen Chören

vitalen, energiegeladenen Persönlichkeit auf. Unter Masur erfolgte 1969 mit Beethovens »Neunter« die Eröffnung des Dresdner Kulturpalastes, der neuen Heimstatt des Klangkörpers. In seiner Besetzung auf 120 »Planstellen« verstärkt, (die allerdings im gegenwärtigen Sparregime wieder auf 116 reduziert wurden), weihte das Orchester zu Beginn seiner 99. Spielzeit den größten Konzertsaal ein, den es bis dahin hatte.

Nachdem Kurt Masur 1972 endgültig als Gewandhauskapellmeister nach Leipzig gegangen war, wurde Günther Herbig Künstlerischer Leiter der Dresdner Philharmonie. Der Repräsentant eines mehr intellektuell-analytischen Dirigententypus – nacherlebbar beispielsweise beim Anhören seiner Schallplatteneinspielungen sämtlicher Londoner Sinfonien Haydns mit den Philharmonikern – verstärkte von Jahr zu Jahr die internationale Tätigkeit der Philharmonie, die 1976 unter seiner Leitung erstmalig in Japan gastierte und inzwischen zum wiederholten Mal in dem fernöstlichen Land Triumphe feierte. Von 1993–2003 verbanden den Künstler wieder regelmäßige Gastspielverpflichtungen mit seinem einstigen Orchester.

Der Weg der Dresdner Philharmonie Musiker in städtischen Diensten

Der Kulturpalast, heutige Heimstatt der Dresdner Philharmonie

Herbert Kegel: Zeitgenössisches

Von 1977 bis 1985 war Herbert Kegel Chefdirigent, der dank seiner unerbittlichen Probenarbeit das technische Niveau des Orchesters weiter zu heben vermochte und sich besondere Verdienste – nicht zuletzt bei den seit 1978 veranstalteten Dresdner Musikfestspielen – mit exemplarischen Interpretationen von Großwerken der Chorsinfonik und der Oper erwarb.

Mit George Gershwins Erfolgswerk »Porgy and Bess«, das er erstmalig in der Elbestadt vorstellte, setzte Herbert Kegel 1984 die von ihm geschaffene Tradition konzertanter Opernaufführungen mit der Dresdner Philharmonie fort. 1986 wartete er – bereits als Gastdirigent – mit der von 25 ausländischen Rundfunkstationen original übertragenen DDR-Erstaufführung von Arnold Schönbergs »Gurreliedern« auf. Seine reichen Erfahrungen in der Schallplattenpraxis bewirkten zudem eine erhebliche Zunahme der Arbeit für dieses Medium. Unter seiner Leitung spielten die Philharmoniker unter anderem Werke von Beethoven, Brahms, Berlioz, Mahler, Schönberg, Hindemith, Strawinsky,

Kulturpalast

Mit der Eröffnung des Kulturpalastes 1969 konnten pro Abend 2 400 Hörer einem Philharmonischen Konzert beiwohnen. Mit dem neuen Haus war der repräsentative Rahmen für die Hundertjahrfeier der Dresdner Philharmonie 1970 und die bemerkenswerten künstlerischen Ereignisse der Jubiläumsspielzeit gegeben, zu denen hervorragende Künstler wie der japanische Dirigent Seiji Ozawa und eine internationale Solistenelite beitrugen.

Herbert Kegel

Höhepunkte

1979 bot Herbert Kegel mit einer sensationell erfolgreichen Wiedergabe die erste Dresdner »Parsifal«-Aufführung nach 1945. In einer Gemeinschaftsproduktion des DDR-Fernsehens mit BBC Welsh führte er im Mai 1980 Benjamin Brittens »War Requiem« in der Dresdner Kathedrale auf. Im folgenden Jahr schuf der Dirigent mit Mahlers »Sinfonie der Tausend« einen denkwürdigen Höhepunkt der Musikfestspiele. Das Werk war 50 Jahre nicht in Dresden erklungen.

Blacher, Penderecki, Siegfried Matthus, Manfred Weiss ein. Die Produktion sämtlicher Beethoven-Sinfonien war die erste digitale Gesamteinspielung dieser Werke überhaupt, die 1983 zugleich auf drei Tonträgern vorlag: auf CD, Langspielplatte und Kassette. Die Repertoiregestaltung des Orchesters erhielt neue Akzente durch Kegels Neigung zu Meisterwerken des 20. Jahrhunderts, denen er ein besonders engagierter, sachgemäßer Interpret war.

Weitere Tourneen

Jörg Peter Weigle setzte die Tournee- und Schallplattentätigkeit des Orchesters erfolgreich fort. Auch interessante Beiträge zu den Musikfestspielen steuerte er bei, so unter anderem Franz Schmidts Oratorium »Das Buch mit sieben Siegeln« (1990), Giacomo Meyerbeers Oper »Il Crociato in Egitto« (1991) und Berlioz' »Grande messe des morts« (1993).

Jörg-Peter Weigle: *Wendezeiten*

In den Jahren 1986 bis 1994 stand mit Jörg-Peter Weigle wieder ein ausgewiesener Chorsinfoniker am Chefpult der Dresdner Philharmonie, der wie sein Vorgänger sowohl mit den Philharmonischen Chören als auch mit verschiedenen Berufschören zusammen arbeitete. Der 1988 zum Generalmusikdirektor Ernannte hatte das »Orchesterschiff« durch die unruhigen Wende- und Nachwendezeiten, durch mancherlei Irritationen und Gefährdungen im Gefolge der deutsch-deutschen Vereinigung von 1990 zu steuern. Er vermied ausgetretene Pfade in der Programmgestaltung, bewies Mut zum Unbekannten, Neuen, zeigte Entdeckerfreudigkeit und gefiel durch die Frische und

Formbewusstheit seiner Musizierweise. Unter Weigles thematischen Konzertreihen ragten 1990/91 ein Jean-Sibelius- und 1992/93 ein Edvard-Grieg-Zyklus als Besonderheiten heraus. Mit »Spätwerken großer Meister« verabschiedete sich der Künstler in der Spielzeit 1993/94 aus dem Amt des Chefdirigenten.

Plassons französische Impulse

1990 hatte die Dresdner Stadtverwaltung wieder die verantwortliche Trägerschaft der Philharmonie übernommen. Im Zusammenhang mit der 1992 neu geschaffenen Position eines Intendanten, in die als erster der Franzose Olivier von Winterstein berufen wurde, war es gelungen, mit Michel Plasson 1994 einen renommierten Dirigenten Frankreichs als neuen Chefdirigenten zu gewinnen.

Doch blieb es nicht aus, dass berühmte Gäste aus aller Welt, wie sie dem Rang des Klangkörpers entsprachen, zeitweilig stärker das Profil der philharmonischen Konzerte bestimmten als der Chefdirigent selbst –

»Klangregisseur«

Mit seinem emotionalen, temperamentbestimmten, auf Emphase und Pathos zielenden Musizierwillen erwies sich Michel Plasson als beeindruckender »Klangregisseur« und als Schallplattenspezialist. Als solcher hatte er sich bereits als langjähriger Leiter des Orchestre National du Capitole de Toulouse, das er auch in seinen Dresdner Jahren nicht vernachlässigte, Verdienste erworben. Zu diesem Orchester kehrte er nach seinem Weggang im Jahre 1999 wieder zurück.

Michel Plasson

Jubiläumsbeiträge
Neben Steffen Schleiermacher und dem komponierenden philharmonischen Cellisten Friedhelm Rentzsch steuerten auch Komponisten wie Siegfried Matthus, Udo Zimmermann, Wilfried Krätzschmar sowie der Spanier Cristóbal Halffter (»Memento a Dresden«) und der Russe Edison Denissov (Sinfonie Nr. 2) Auftragswerke zum Orchesterjubiläum bei.

Chefdirigenten
Heinz Bongartz ab 1947, Horst Förster ab 1964, Kurt Masur ab 1967, Günther Herbig ab 1972, Herbert Kegel ab 1977, Jörg-Peter Weigle ab 1986, Michel Plasson ab 1994, Marek Janowski ab 2001, Rafael Frübeck de Burgos ab 2004

auch wenn dieser seinen ersten Zyklus verdienstvollerweise zu Unrecht vergessenen Kompositionen aus dem 19. und 20. Jahrhundert widmete, vor allem aber mit authentischen Interpretationen französischer Musik die Kenntnis der Dresdner Konzertfreunde von der Musikkultur seines Heimatlandes ganz wesentlich bereicherte und damit zweifellos dem Musikleben der Elbestadt manche Impulse erteilte. Erwähnt sei nur die eindrucksvolle konzertante Wiedergabe der Oper »Les Dialogues des Carmelites« von Francis Poulenc.

In Plassons Amtszeit fiel 1995 das 125-jährige Jubiläum der Dresdner Philharmonie, das nicht zuletzt durch den russischen Meisterdirigenten Juri Temirkanow und durch Kurt Masur, der bereits 1994 zum Ehrendirigenten ernannt worden war, besondere Akzente erhielt. Masur leitete wie 25 Jahre zuvor als Chefdirigent die Jubiläumskonzerte, und wie seinerzeit mit der »Ode für Orchester« des Dresdner Komponisten Johannes Paul Thilman stellte er der »Festtags-Neunten« ein neues Werk als Uraufführung voran: »Puls, Farbe, Schatten« des Leipziger Avantgardisten Steffen Schleiermacher.

Marek Janowski: mit Präzision

Nachdem Marek Janowski im Dezember 1997 erstmals mit der Dresdner Philharmonie musiziert und danach weitere Gastspiele absolviert hatte, nahm er mit Jahresbeginn 2001 die vom gesamten Ensemble gewünschte Berufung als neuer Chefdirigent und Künstlerischer Leiter an. Der fordernde, strenge Orchestererzieher und am Konzertabend souverän, impulsiv, außerordentlich spannungsvoll musizierende Dirigent festigte, ja steigerte in seiner Amtszeit Ruf und Rang der Dresdner Philharmonie. Auf die materielle Basis des Institutes, auf die Repräsentanz der Solistenverpflichtungen und die Programmgestaltung nahm er spürbaren Einfluss. Nach einer aufwühlenden, erregenden Interpretation von Bruckners »Achter« am

17. Januar 2004 richtete er an die Kulturverantwortlichen die aufrüttelnde Mahnung, auch in Zeiten unabdingbarer Sparzwänge wie den heutigen die spezifische Tradition und erreichte Spitzenposition des Klangkörpers nicht durch Einschränkungen verschiedenster Art zu bedrohen oder gar ernsthaft zu gefährden.

Für seine aus einem weit gespannten Repertoire schöpfenden Konzertprogramme war der Zyklus »Die Romantik des 20. Jahrhunderts« von 2001/02, der deutlich seine Handschrift trug, besonders bezeichnend. Hier erklangen unter anderem Werke vernachlässigter Komponisten wie Max Reger, Hans Pfitzner, Paul Hindemith, aber auch bedeutende Schöpfungen moderner Meister wie Olivier Messiaen und Henri Dutilleux. Dass Marek Janowski bereits zum Jahresende 2003 die Chefposition bei der Philharmonie wieder aufgab, dem Orchester seither nur als Gastdirigent zur Verfügung steht, ist die Konsequenz eines ihm bei Amtsantritt von den Dresdner Stadtoberen zwar gegebenen, jedoch nicht eingelösten Versprechens, für einen neuen, allgemein sehnlichst erwarteten Konzertsaal zu sorgen beziehungsweise den einst als Mehrzwecksaal konzipierten Festsaal des Kulturpalastes, der heutige akustische Ansprüche nicht erfüllen kann, nach längst vorliegenden Entwürfen zu einem Konzertsaal entsprechend dem Muster der Berliner Philharmonie und des Leipziger Gewandhauses umzubauen.

Zu kurzes Kapitel

Seinen Einstand als Chef gab Marek Janowski mit einem fulminanten Bartók-Abend, in dem Barry Douglas als Solist der drei Klavierkonzerte des ungarischen Meisters brillierte, und mit Haydns »Schöpfung«. Mit dem hervorragenden Künstler, der gerade eine 16-jährige Amtszeit als Leiter des Orchestre Philharmonique de Radio France in Paris beendet, anschließend den Chefposten beim Philharmonischen Orchester Monte Carlo übernommen hatte und außerdem im Herbst 2002 in dieses Amt beim Berliner Rundfunk-Sinfonieorchester gewählt wurde, begann ein neues, leider allzu kurzes Kapitel in der Geschichte der Dresdner Philharmonie. Janowskis auf äußerste Präzision und Klarheit, auf dynamische Balance in allen Details sowie auf klangliche Homogenität bedachte Arbeitsweise führte den Klangkörper auf höchstes Interpretationsniveau.

Marek Janowski

Rafael Frühbeck des Burgos

Neues Kapitel

Zusammen mit dem seit Jahresbeginn 2005 amtierenden Intendanten Anselm Rose prägt Rafael Frühbeck de Burgos, der nach Janowski neue Qualitätsmaßstäbe setzte, das jüngste, nicht minder glänzende Kapitel der Orchestergeschichte. Die in der Amtszeit Janowskis leider unterbrochene Plattentätigkeit des Orchesters findet Fortsetzung in der eigenen CD-Edition der Dresdner Philharmonie, so zunächst mit Aufnahmen der Orchesterwerke von Richard Strauss. Dass nunmehr in nächster Zeit wenigstens der Umbau des Kulturpalastsaales Realität wird, sei vermerkt.

Hoffnungsträger Frühbeck de Burgos

Nun ist die auch von einer Initiative der Philharmoniker tatkräftig genährte und unterstützte Vision eines Konzerthauses, wie es Dresden trotz seiner einzigartigen Musikgeschichte und der großen Bedeutung seines Musiklebens bisher noch niemals besaß, auf den neuen Hoffnungsträger Rafael Frühbeck de Burgos übergegangen. Der ebenso wie sein Vorgänger international renommierte und begehrte spanische Künstler, nach Juri Temirkanow zunächst zum ersten Gastdirigenten berufen, übernahm im Herbst 2004 das Amt des Künstlerischen Leiters und Chefdirigenten, zugleich dem RAI-Orchester Turin seit 2001 vorstehend.

Überall wo der Dirigent neben weltweiten Gastverpflichtungen Cheffunktionen ausübte, unter anderem beim Spanischen Nationalorchester Madrid, bei den Düsseldorfer und Wiener Sinfonikern, an der Deutschen Oper und beim Rundfunk-Sinfonieorchester Berlin, hat er intensivst an der weiteren Verbesserung von Technik und Spielkultur der Klangkörper gefeilt. Möge die fruchtbare und harmonische Zusammenarbeit auch mit den Dresdner Musikern lange anhalten. Die vorliegenden Ergebnisse stimmen hoffnungsvoll.

Dilettanten und Liebhaber

Karsten Blüthgen

Um 1800 dominierte das Vorbild aristokratischen Kunstgeschmacks und höfischer Repräsentation die städtische Kultur Dresdens weitgehend. Doch regte sich in der Elbestadt zögernd, was in Handels- und Universitätsstädten wie Leipzig bereits seit Jahrzehnten im Gange war: Das Bürgertum emanzipierte sich und nahm stärker am öffentlichen Leben teil. Mit tatkräftigem Interesse begegnete es fortan auch jenen Erscheinungen des Musiklebens, die bis dahin eine Domäne der Hofkapelle und des Hoftheaters waren: Oper und Konzert.

Unterhalten, Präsentieren

Zu den frühesten Zeugnissen öffentlichen Laienmusizierens gehört Das Dilettantenkonzert. 1758 in der Neustädter Kleinen Meißner Gasse ins Leben gerufen und später in den Saal des Gewandhauses verlegt, existierte diese Reihe bis weit ins 19. Jahrhundert hinein. Ab etwa 1775 wurden im

Das Societaetstheater heute

Hause des Marschalls von Schönberg Donnerstags-Concerte veranstaltet, an denen sich neben Musikliebhabern auch Kapellmitglieder, Musiker der Leibgarde und Stadtmusikanten beteiligten. Das Societätstheater, eine von 1776 bis 1832 existierende Laiengesellschaft, organisierte neben Schauspielen auch Konzerte, Opern und Singspiele.

Oper im Wohnzimmer

Nachrichten über Hausmusik entziehen sich dem öffentlichen Blick naturgemäß weitgehend und sind nur spärlich überliefert. Bekannt geworden ist zuerst der kleine Zirkel, den der Dresdner Hofkapellmeister Johann Gottlieb Naumann seit den 1770er-Jahren in seiner Blasewitzer Wohnung gegründet hatte. Neben Naumann selbst, der Clavichord, Hammerklavier und Glasharmonika spielte, gehörten Mitglieder der Hofkapelle zu seinem Kreis, ebenso Freunde –

Graf Hans Moritz von Brühl

Der Körnersche Weinberg in Loschwitz, Öl 1885

wie das musikalische Ehepaar Hans Moritz und Christina von Brühl und seine Schülerin Ernestine Schäfer, mit der er 1797 »Die Ideale« aufführte, ein Gesang nach einem Text von Schiller.

Ein Kreis von Musikliebhabern verdiente schon seinerzeit besondere Erwähnung: die »Körnersche Sing-Anstalt«. Christian Gottfried

C. G. Körner, geboren am 2. Juli 1756 in Leipzig, gestorben am 12. Mai 1831 in Berlin, studierte Jura, Theologie, Ökonomie und Naturwissenschaften. Er siedelte 1785 nach Dresden über, arbeitete ab 1790 am Appellationsgericht der Residenzstadt und zog 1815 nach Berlin. Körner folgte dem klassischen Kunstideal und empfing Größen des geistig-kulturellen Lebens wie Goethe und Schiller, Mozart und Johann Gottlieb Naumann. Körnerplatz und Körnerweg sind nach ihm benannt.

Christian Gottfried Körner, Kreide 1790

Solo: Johann Gottlieb Naumann – Promi hilft Laien

Andrea Wolter

Johann Gottlieb Naumann, 1741 in Blasewitz bei Dresden geboren und damit der erste einheimische Hofkapellmeister der Dresdner Oper, hatte in Padua bei Tartini und bei Padre Martini in Bologna studiert und seine musikalische Ausbildung bei Hasse beendet, während dieser seinen letzten Urlaub vom Dresdner Hofe in Venedig verbrachte. Auf seine Empfehlung wurde Naumann 1764 neben Johann Georg Schürer als Kirchenkomponist an den Dresdner Hof berufen. Bei erneuten Aufenthalten in Italien komponierte er mehrere Opern, die in Padua, Venedig, Wien und München mit großem Erfolg aufgeführt wurden. Erst danach schloss sich auch Dresden an: Zur Hochzeit des neuen Kurfürsten am 1. Februar 1769 wurde im eigens dafür wieder hergerichteten Großen Opernhaus am Zwinger Naumanns Oper »La Clemenza die Tito« aufgefürt, ein Ereignis,

Johann Gottlieb Naumann

das an Glanzzeiten der Dresdner Oper unter Hasse erinnert haben muss. Die letzte bedeutende Premiere einer Opera seria in Dresden war zugleich die letzte Vorstellung im Großen Opernhaus; danach wurde es endgültig geschlossen und später zum Redoutensaal umgebaut. Naumanns Ruf aber veranlasste den schwedischen König, ihn zur Reorganisation der königlichen Kapelle nach Dresdner Vorbild und zum Aufbau eines modernen Opernbetriebes nach Stockholm aufzufordern. Die darauffolgenden Einladungen nach Kopenhagen und Berlin müssen dem sächsischen Kurfürsten die in der Tat überragende Bedeutung Naumanns zum Bewusstsein

Das Rathaus Blasewitz an der Naumannstraße mit einem Medaillon des Komponisten

gebracht haben, denn 1786 gewährte ihm der Hof endlich Anstellung auf Lebenszeit, großzügige Gehaltserhöhung und die Zusage ausgiebigen Urlaubs.

In den folgenden fünfzehn Jahren entstanden Werke aller Genres in reicher Zahl. Indessen ist Naumann, im Hinblick auf sein Dresdner Schaffen tatsächlich »der letzte deutsche Komponist der großen italienischen Oper« (Höntsch), nicht nur die bedeutendste Gestalt der Dresdner Musikszene zwischen Hasse und Weber, sondern zugleich eine der angesehensten Persönlichkeiten des europäischen Musiklebens am Ende des 18. Jahrhunderts. Möglicherweise stand aber gerade diese Konstellation, die vielfältigste Verpflichtungen und Interessen zur Folge hatte, jenem Ziel im Wege, das in Dresden im Kreise um Gottfried Körner nicht zuletzt im Hinblick auf eine Zusammenarbeit zwischen Naumann und Friedrich Schiller intensiv erörtert wurde: »Ich wünschte mit allen Patrioten, daß ein gutes deutsches Opern-Theater existierte…«

Körner, Vater des Dichters Theodor Körner, hatte sie ins Leben gerufen. Die Leipziger Allgemeine Musikalische Zeitung schrieb im April 1807: »Diesem Zirkel ist es um edlere, höhere Musik ein solcher Ernst, dass von fünf bis sieben … so sorgfältig ja so eigensinnig probirt wird, bis es zu allgemeiner Zufriedenheit, und so, wie es soll, herauskommt«. Der Autor nannte als »so gelungene Werke […] Mozarts Requiem, […], alle bekannten Haydnschen Messen, die Naumannsche in As-Dur u. a. m.«. Schwägerin Dora Stock berichtete 1808 in einem Brief, dass in Körners Wohnungen in der Neustadt und am Loschwitzer Elbhang auch Opern wie Mozarts »Così fan tutte« aufgeführt worden seien. Dabei verkörperte gewöhnlich eine Person mehrere Rollen, Körner selbst übernahm die Bass-Soli, das Orchester fand sein Abbild im Klavier.

»Endlich habe ich es durchgesetzt, daß auch vierstimmige Sachen im ernsten Stil durch Dilettanten bei mir ausgeführt werden«, schrieb Körner Ende 1804 an seinen Freund Schiller. Schon damals erwog er, mit seinem Singzirkel den intimen Rahmen zu verlassen: »Alle Wochen haben wir eine solche Übung, die sich vielleicht zu einem größeren Singinstitut erweitert.«

Laienchor »Singakademie«

Musikanstalt
Carl Maria von Weber schrieb am 27. September 1812: »Zur Freude aller wahren Verehrer der Kunst gedeiht eine Musikanstalt täglich mehr, die die schönste Ausbeute für die Folge verspricht, und derer sich außer Berlin wenige Städte zu rühmen haben mögen.«

Die Lust am geselligen Miteinander, am geistreichen Plausch und an schönen Tönen hatte im Laufe des 19. Jahrhunderts in Dresden eine Vielzahl an Vereinen entstehen lassen, die sich der Musik widmeten. Impulse kamen zunächst von außerhalb. Möglicherweise hat Hofkapellmeister Naumann, der bei seinen zahlreichen Reisen an die Spree auch die 1791 gegründete Berliner Singakademie kennen gelernt haben muss, die Idee eines großen gemischten Laienchores mit nach Dresden gebracht. Im Oktober 1806 veröffentlichte der Dresdner Hoforganist Anton Dreyßig ein Rundschreiben mit der Absicht, Laien-Sänger und Gesangsvereinigungen

Partiturseite aus Ludwig van Beethovens »Missa solemnis«, Autograph 1823

zusammenzuführen. Christian Gottfried Körner zählte im März 1807 zu den ersten, die das Gründungsstatut für die Dreyßigsche Singakademie unterzeichneten. Ihre Mitglieder hatten lediglich »Eifer und Liebe für die Tonkunst« und »einige gesangliche Fähigkeiten« mitzubringen, wie Paul Rachel im Dresdner Anzeiger 1903 rückblickend feststellte. Der neue Chor stand jedem offen, unabhängig von Geschlecht und sozialer Stellung.

Unter Leitung des Hoforganisten Johann Gottlob Schneider erreichte die Singakademie zwischen 1832 und 1857 ein bemerkenswertes Niveau und bewältigte anspruchsvolle Aufgaben. In diese Zeit fallen die Dresdner Erstaufführungen von Bachs »Matthäuspassion« 1833 und Beethovens »Missa solemnis« 1839. Gemeinsam mit der königlichen Kapelle wurde im Palmsonntagskonzert 1846 unter Richard Wagner Beethovens »Neunte« aufgeführt. Seitdem gelangt das Werk auch in Dresden regelmäßig zur Aufführung.

Solo: **Seconda und die »Freien«**

Andrea Wolter

Noch bevor Naumanns 1786 in Stockholm uraufgeführte Oper »Gustav Wasa« zur Nationaloper – zur schwedischen freilich – avancierte, schickte sich die deutsche Oper in Dresden an, ihren Weg über die verschiedenen privaten Spielstätten zu nehmen, die längst die offizielle, repräsentative höfische Musikbühne ergänzten. Schon seit 1746 hatte sich eine Gesellschaft Dresdner Kunstfreunde um eine Spielplangestaltung bemüht, die aus dem Französischen übersetzte bzw. deutsche Werke stärker berücksichtigen sollte. Dem damit einhergehenden Interesse am deutschen Singspiel schlossen sich auch Dresdner Kapellmeister wie Naumann, Schuster und Seydelmann an und kreierten einen quasi dresdnerischen Singspiel-Stil, der sich

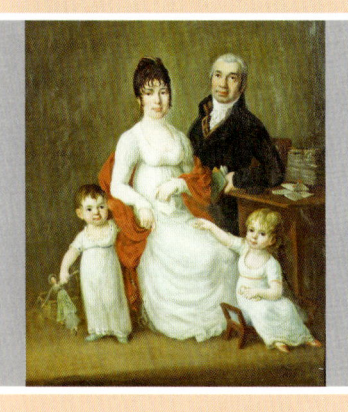

Carl Focke: Joseph Seconda und Familie, Öl auf Leinwand, 1806

durch »aufwendigere Orchestrierung, ... durch Prägnanz der Themen und melodischen Erfindungsreichtum, überzeugende Affektgestaltung und Textausdeutung« auszeichnete.

Freie Theatertruppen, allen voran diejenigen von Abel Seyler und Joseph Seconda, führten französische und deutsche Stücke auf, wofür ihnen neben dem 1779 eröffneten Societaetstheater auch das »Theater auf dem Linckeschen Bade« zur Verfügung stand, das Madame Seyler 1776 im »Theaterjournal für Deutschland« durch eine Einladung »an die Freunde der Kunst und Natur bei Eröffnung der Sommervorstellungen auf dem an der Elbe erbauten neuen deutschen Theater« über Dresden hinaus bekannt gema... .t hatte. Hier führte Seconda im Jahre 1785 Mozarts »Entführung aus dem Serail« und 1793 die »Zauberflöte« erstmals auf. Seine Gesellschaft, der 1813/14 auch E. T. A. Hoffmann angehörte, wirkte hier noch bis 1816 mit einem weitgefächerten Repertoire, das von Gluck über Mozart, Beethoven und eine Reihe zeitgenössischer französischer Opern bis zur deutschen romantischen Oper von E. T. A. Hoffmann und Weber reichte.

Von 1817 bis zur Eröffnung der ersten Semperoper im Jahre 1841 diente das »Theater auf dem Linckeschen Bade« aber auch als

Ernst Theodor Amadeus Hoffmann

Sommerspielstätte der Hofoper. Dortselbst sorgte seit 1802 Ferdinando Paer, der 1804 als neuer Hofkapellmeister fest verpflichtet wurde, mit einer Reihe von Uraufführungen bedeutender eigener Werke sowie Opern von Spontini, Cimarosa u. a. für einen Aufschwung der italienischen Oper in Dresden, an den von 1810 an Francesco Morlacchi anknüpfen konnte. Für den populären Nachruhm des letzten italienischen Hofkapellmeisters hat vor allem seine Rivalität zu Weber gesorgt. Indessen hat die Überlieferung sowohl seine Bedeutung als Kapellmeister und Orchestererzieher als auch seine maßgeblichen Beiträge zu jenem Konzept vernachlässigt, das der Oper und der Hofkapelle trotz einschneidender Sparzwänge nach der Völkerschlacht bei Leipzig und dem Einrücken verbündeter Truppen in die sächsische Residenz ihr Fortbestehen ermöglichte. Und während die neugebildete »Staatsanstalt« im Morettitheater unter Morlacchis Leitung mit Aufführungen der Originalfassung von »La clemenza die Tito«, von »Le nozze di Figaro« von Mozart und mit »Il barbiere di Seviglia« von Morlacchi selbst hervortrat, ging die Ära der Secondaschen Gesellschaft im Theater auf dem Linckeschen Bade ihrem Ende entgegen; die letzten Vorstellungen dort waren Beethovens »Fidelio« und, am 21. Oktober 1816, Webers »Silvana«. Zu diesem Zeitpunkt war das nach der Rückkehr des Königs erwirkte Dekret zur Gründung einer »Deutschen Oper« bereits ein halbes Jahr alt – und die Verhandlungen mit Carl Maria von Weber in vollem Gange.

Das Gewerbehaus
auf dem Gelände des ehemaligen Herzogin-Gartens an der Ostra-Allee hatte Bernhard Schreiber für den Dresdner Gewerbeverein entworfen. Der Vorderbau ging aus einem Wohnhaus hervor, in dem auch Richard Wagner lebte. Der Anbau enthielt einen Vortragssaal im Neorenaissance-Stil für etwa 2 000 Personen. Dank vorzüglicher Akustik wurde er als öffentlicher Konzertsaal mitgenutzt.

Domäne der Männer

Im bürgerlichen Chorwesen des 19. Jahrhunderts spielten Männerchöre die Hauptrolle. Bei Carl Friedrich Zelters Berliner Liedertafel, 1809 ins Leben gerufen, nahm eine Gründungswelle ihren Anfang, die in den folgenden Jahrzehnten ganz Deutschland erfasste. Allein in Dresden entstanden etwa fünfzig Vereine, beginnend 1834 mit dem Dresdner Orpheus. Der Name Orpheus, mit dem sich Gesangsvereine im deutschsprachigen Raum bis heute gern schmücken, ist einem jener mehrstimmigen Gesellschaftsliederbücher entlehnt, die im frühen 19. Jahrhundert in großer Zahl für geselliges Singen publiziert wurden. Zum berühmtesten Verein der Stadt stieg die Dresdner Liedertafel auf. 1839 »von Herren aus höheren Gesellschaftskreisen« gegründet und 1906 durch einen Frauenchor ergänzt, bestand die Liedertafel insgesamt 130 Jahre. Neben Laien wirkten darin auch prominente Dresdner Opernsänger mit. Ab 1882 nutzte die Dresdner Liedertafel im jungen Gewerbehaus auf der Ostra-Allee kleine Säle als eigenes Vereinslokal. Große Namen verbinden sich mit

Robert und Clara Schumann

dem Klangkörper, dessen erster »Liedermeister« Carl Gottlieb Reissiger, Musikdirektor der Oper, wurde. 1840 folgte ihm für fast zwei Jahrzehnte Kreuzkantor Julius Otto, ab 1843 für zwei Jahre Richard Wagner, Robert Schumann von 1847 bis 1848.

Die deutschen Sängerfeste

Dresden entwickelte sich bald zu einem Brennpunkt der Männerchorbewegung. Hier fanden 1842 und 1843 die ersten großen deutschen Männerchor-Festivals statt. Wagner hatte für die Uraufführung seiner biblischen Szene »Das Liebesmahl der Apostel« zum Festival 1843 ein gigantisches Aufgebot herangezogen: 1 200 Sänger verschiedener sächsischer Männerchöre und 100 Instrumentalisten der Kapelle musizierten gemeinsam in der Frauenkirche. Großveranstaltungen wie die folgende spiegelten auch überregionale politische und gesellschaftliche Ereignisse. So bekannte sich der Deutsche Sängerbund mit einem Massenereignis, das

Karl Friedrich Zelter, Bildnis um 1827

Richard Wagner: »Das Liebesmahl der Apostel, eine biblische Scene für Männerstimmen und großes Orchester«, 1. Notenseite der Partitur, Chor der Jünger, Autograph 1843

f Musiker in städtischen Diensten Dilettanten und Liebhaber

Das Linckesche Bad, benannt nach seinem Inhaber Karl Christian Lincke, zählte im späten 18. und 19. Jahrhundert zu den beliebtesten Vergnügungsstätten. Heute erinnert die Drachenschänke an die Anlage zwischen Bautzener Straße und Elbuferpromenade. Neben dem Badebetrieb bis 1860 war es ein Ort geselliger Gartenkonzerte und Tanzbälle im Saal. 1776 wurde das »Theater auf dem Linckeschen Bade« für 500 Gäste eröffnet, wo es auch Oper zu erleben gab.

an so genannte »Monstrekonzerte« wie zum Weltfriedensfest 1872 in Boston erinnerte, zur Einigung des Deutschen Reiches. Das von ihm initiierte 1. Deutsche Sängerbundfest fand 1865 an der Elbe statt, wofür man einen enormen Aufwand betrieb. Binnen weniger Monate wuchs auf der Neustädter Elbwiese eine riesige Festhalle empor. 20 000 Sängerstimmen sollten sich in dem Bau von 152 Meter Länge, 67 Meter Breite und 22 Meter Höhe vereinen. Dem Himmel über Dresden musste es wohl suspekt erschienen sein, denn am letzten Festtag fuhr ein Blitz in die Halle und richtete erheblichen Schaden an. Daraufhin trug man die Überreste rasch ab und pflanzte noch im selben Jahr eine Sänger-Eiche am Elbufer – unterhalb der Waldschlösschen-Brauerei, an der jene Tage des Männergesangs recht einträglich vorübergegangen sein dürften.

Mit dem schönen Geschlecht

Im Jahre 1884 formierte sich unter Kreuzkantor Oskar Wermann der Dresdner Lehrergesangverein mit zunächst 123 Mitgliedern; um 1910 herum waren es bereits doppelt so viele. Geselligkeit kam damals im Vereinsleben nicht zu kurz. Wöchentlich trafen sich

»In der Lehrerliedertafel«, Lithografie 19. Jahrhundert

Dilettanten und Liebhaber Musiker in städtischen Diensten

Fritz Busch    *Igor Strawinsky*    *Hermann Abendroth*

die Herren nach zwei Stunden Probe zu Bier und Wein, sie feierten Karneval und Weihnachten, organisierten Familienabende, Herrenpartien und Ferienreisen. Der Chor sang bei großen Treffen und Feiertagen mit der Dresdner Liedertafel im Dresdner Sängerbund, einem von mehren Bünden, zu denen sich Männerchöre der Stadt zusammengeschlossen hatten. Im Winter konzertierte er mit bunten, instrumental begleiteten Programmen im Gewerbehaus, im Sommer begeisterte er mit Volksliederabenden im Linckeschen Bad. Kapellmeister Fritz Busch stellte den Dresdner Lehrergesangverein 1929 erstmals als gemischten Chor öffentlich vor. So besetzt prägte er das Musikleben bis zum Zweiten Weltkrieg. Am Pult gastierten Igor Strawinsky, Hermann Abendroth, Richard Strauss und Karl Böhm.

Nach dem Krieg wurde der Verein als Volkschor Dresdner Lehrer wieder belebt.

Richard Strauss    *Karl Böhm*

Bald schrumpfte aber der Lehrer-Anteil, was 1953 erneut in einer Namensänderung mündete. Beethovenchor Dresden hieß er fortan, da Beethovens »Neunte« inzwischen fester Bestandteil im Repertoire geworden war. Ab 1985 gehörte der Chor zur Singakademie des Bezirkes Dresden; 1990 machte er sich schließlich als Verein selbstständig. Heute zählt die Singakademie Dresden e. V. mit Oratorienchor, der einen Kammerchor einschließt, mit Kinder- und Seniorenchor über 200 Mitglieder. Auf den Programmen stehen Brahms' Requiem, Orffs »Carmina Burana« und weitere Werke des traditionellen chorsinfonischen Repertoires – daneben aber auch zeitgenössische und selten aufgeführte Kompositionen.

Arbeiter wählen Kultur

In der zweiten Hälfte des 19. Jahrhunderts wandelte sich Dresden, ein bisschen später als andere Orte, zur Industriestadt. Und damit änderte sich das Sozialgefüge. Arbeiter organisierten sich in Parteien und Vereinen, um Interessen auszuleben und für eine Weile dem Alltag zu entfliehen. So mancher

Otto Griebel: »Die Destille«, Öl 1948

einst grölende Wirtshausgast wird sich Sängern mit Anspruch angeschlossen und an mehrstimmigen Gesängen Gefallen gefunden haben. Die Dresdner Arbeitermusikbewegung gipfelte in der 1900 gegründeten Volkssingakademie. Sie verfolgte weder politische noch gesellige, sondern allein künstlerische Ziele, und insofern stand sie im Gegensatz zu den meisten damaligen Arbeitergesangsvereinen, die Geselligkeit und politische Meinungsäußerung über künstlerischen Anspruch stellten. Schon in ihrem ersten Jahr stieg die Volkssingakademie mit 174 aktiven Mitgliedern zum stärksten gemischten Chor Dresdens auf, und sie zog nicht nur Interessierte aus der Arbeiterschicht an. Bis 1910 wuchs die Zahl auf 403 – mehr sangen in keinem anderen deutschen Arbeiterchor. Und auch hinsichtlich ihrer Anziehungskraft konkurrierte die Volkssingakademie mit bürgerlichen Vereinigungen, denn unter dem Wahlspruch »Kunst für das Volk« zog sie mit preiswerten Konzerten ein breites Publikum an.

Musikalische Volksbildung

So wurde Dresden zugleich Zentrum der musikalischen Volksbildung, die ja ein Ziel deutscher Arbeitervereine war. Etwa 100 verschiedene Programme gestaltete die von Kapellmeister Johannes Reichert geleitete Volkssingakademie bis zum Ersten Weltkrieg, darunter 1913 Beethovens »Missa solemnis« gemeinsam mit dem Gewerbehausorchester. 9000 Zuhörer erlebten Händels Oratorium »Samson« in der völlig überfüllten Ausstellungshalle an der Stübelallee. In den 1930er-Jahren verlieren sich die Spuren. Arbeiterchöre dieser Größe gab es danach nicht mehr, wenngleich das Singen in der Zeit zwischen den Weltkriegen nicht verstummte. Zum einen wurde es in den von ideologischer Einflussnahme freien Vereinen der Sozialdemokraten gepflegt, zum anderen in den mehr propagandistischen der Kommunisten.

Unter staatlicher Obhut

Die Tradition singender Arbeitervereine fand in der DDR ihre Fortsetzung. Ein Beispiel ist der seinerzeit nachdrücklich geförderte Bergsteigerchor »Kurt Schlosser«. Als einer der populärsten Männerchöre pflegt er bis heute traditionelle Bergsteiger-, Heimat- und Volkslieder. Er hatte sich bereits 1927 als Gesangsabteilung des Touristenvereins »Die Naturfreunde – Vereinigte Kletterabteilungen Sachsen/VKA)« formiert. Nach dem Zweiten Weltkrieg wurde der Chor der Betriebs-Sportgemeinschaft (BSG) Lokomotive Dresden angegliedert. Das war kein Sonderfall, denn größere volkseigene Betriebe (VEB) hatten Volkskunst- oder Musikensembles einzurichten, die ursprünglich allein aus Betriebsangehörigen bestehen sollten. Wenn es an Interessenten mangelte, wurden staatliche Ensembles der Obhut der Betriebe unterstellt. Dort waren sie als kulturelles Aushängeschild willkommen, zumal solche Partnerschaften dank Vater Staat auf sicheren finanziellen Füßen standen. Die Trägerschaft für die Singakademie Dresden beispielsweise hatte von 1972 bis zur politischen Wende 1989 der VEB Sachsenwerk Niedersedlitz inne. Diese Struktur erklärt die Vielfalt an musizierenden Laienensembles in

Der Bergsteigerchor singt zum Gedenken an die Opfer des Nationalsozialismus im Hinrichtungshof des ehemaligen Landgerichts am Münchner Platz 3

Chorgesang zu politischen Gedenktagen

der DDR. Ob klassischer Chorgesang oder politisches Lied, Kammermusik oder Folklore, Rock oder Jazz – es gab kaum Probleme, etwas Passendes zu finden für Betriebsfeste, Parteikonferenzen, nationale Feiertage und internationale Festivals.

Der Komponist und Musikwissenschaftler Siegfried Köhler hat Dresden in DDR-Tagen einmal eine »Singende Stadt« genannt, und das zu Recht: Alljährlich im Frühling trafen sich Dresdner Chöre, um im Zwinger miteinander zu singen. In den frühen Morgenstunden des 1. Mai zogen Hunderte Dresdner vor den Kulturpalast am Altmarkt, um den »Kampf- und Feiertag« mit Gesang zu begrüßen. Und seit 1978 lockt »Dresden singt und musiziert«, ein Volksfest im Rahmen der Dresdner Musikfestspiele, jährlich im Juni Tausende Sänger und zehntausende Hörer auf den Schlossplatz mit der Freitreppe zur Brühlschen Terrasse.

Neue Vielfalt: Laienmusik heute

Unterdessen ist Neues entstanden, doch vieles blieb erhalten vom klingenden Mosaik vergangener Tage, wenngleich sich Inhalte geändert und Träger gewechselt haben. Es gibt sie noch: das 1961 gegründete und inzwischen durch das TU-Kammerorchester ergänzte Universitätsorchester, das Kammerorchester medicanti, die 1967 gegründeten Ensembles Bläserkollegium Dresden e.V. und Kammerorchester ohne Dirigenten e.V. – beide an der Hochschule für Technik und Wirtschaft. Ebenso musizieren heute noch das Strehlener Streichorchester und das Mozart-Orchester des bereits seit 1896 bestehenden Mozart-Vereins. Der Universitätschor ist gerade 50 geworden, der Neue Chor Dresden feiert dieses Jubiläum 2007. Sylke Zimpels 1986 gegründete Chorbühne Tritonus und die seit 1995 aktiven Femmes vocales sowie der 1996 formierte dresdner motettenchor unter der Leitung von Matthias Jung bereichern die Landschaft abseits ausgetretener Pfade. Als Dachorganisationen zahlreicher Dresdner Laienchöre und Laienorchester wirken der Ostsächsische Chorverband e.V., der seit 1990 besteht, und der im Jahre 1991 gegründete Landesverband Sächsischer Liebhaberorchester e.V.

Gemeinsam auf dem Podium

Bei einigen Ensembles der freien Szene sind die Grenzen zwischen professionellem und Laienstatus fließend. Vom Standpunkt der künstlerischen Ausbildung und Leistung betrachtet, verläuft die Grenze anders als aus Sicht der Honorierung. Die Rede ist von Dresdner Kammerchor und Sächsischem Vocalensemble – beide international preisgekrönt – sowie vom Körnerschen Sing-Verein, der sich ebenfalls internationalen Ruf erarbeitet hat und dessen Name an den Singzirkel Christian Gottfried Körners erinnern soll. Im Repertoire der drei Chöre finden sich Raritäten und Wiederentdeckungen von einstigen Dresdner Hofkomponisten wie Antonio Lotti, Jan Dismas Zelenka oder Johann Gottlieb Naumann, aber auch zeitgenössische Werke wie der als Auftragswerk für den Dresdner Kammerchor geschriebene »Dankpsalm« des Dresdners Manfred Weiss, der 2000 uraufgeführt wurde.

Von der altbewährten Symbiose von Berufsmusikern und Laien profitieren aber auch etablierte Institutionen: Der Staatsopernchor benötigt bei Wagners Meistersingern die Unterstützung des Sinfoniechores, die Dresdner Philharmonie baut bei Mahlers Sinfonien auf ihre Philharmonischen Chöre, Singakademie und Sächsische Staatskapelle haben für das jährlich in der Lukaskirche aufgeführte Brahms-Requiem eine harmonische Partnerschaft entwickelt.

Für musikalischen Nachwuchs ist gesorgt: Am St.-Benno-Gymnasium, an der Kreuzschule, am Heinrich-Schütz-Konservatorium, am musischen Carl-Maria-von-Weber-Gymnasium wird er herangebildet und sammelt in eigenen Ensembles wichtige künstlerische Erfahrungen. Nicht zuletzt prägen die Kantoreien und Bläsergruppen der Kirchgemeinden das musikalische Klima Dresdens. Regelmäßig treten sie in Gottesdiensten und Kirchenkonzerten in Erscheinung und zählen zusammen nahezu zweitausend Mitglieder.

Chor der Sächsischen Staatsoper

Der sächsische Hof und seine Kapelle

Die Hofkapelle: der Beginn

Ines Burde

Bereits während der gemeinsamen Regierungszeit der Brüder Kurfürst Ernst (Regierungszeit 1464–1486) und Herzog Albrecht (Regierungszeit 1464–1500) existierte in Dresden eine Hofkantorei. Nachgewiesen für den Zeitraum zwischen 1482 und 1485, war sie für die musikalische Ausgestaltung der Hofgottesdienste zuständig. Über ihr Repertoire ist heute, da weder Inventare noch Noten erhalten geblieben sind, nichts mehr bekannt.

Nach der 1485 beschlossenen »Leipziger Teilung«, bei der das wettinische Territorium aufgeteilt und die rasch angewachsenen Hofhaltungen der Albertiner und Ernestiner getrennt wurden, fielen Albrecht als Herzog von Sachsen die Mark Meißen und einige Gebiete Thüringens sowie Dresden als Residenz zu. Sein Bruder Herzog Ernst wurde Kurfürst von Sachsen und bekam außer dem Herzogtum Sachsen-Wittenberg ebenfalls einige thüringische Gebiete. Von diesem Zeitpunkt an blieb Dresden für knapp vier Jahrhunderte die Residenzstadt der Wettiner, bis im November 1918 der letzte Sächsische König Friedrich August III. abdankte und ins Exil nach Holland ging.

Mit Ernst und seinem Hof übersiedelte wahrscheinlich auch die Hofkantorei nach Torgau. Ab 1486 von Ernsts Nachfolger Friedrich (Regierungszeit 1486–1525) neu aufgebaut, gehörte sie um 1500 neben der Wiener Hofkapelle Maximilians I. zu einer der bekanntesten in ganz Deutschland. Ihren Sitz hatte Friedrichs Kapelle bis zu ihrer Auflösung durch den Kurfürsten Johann den Beständigen (Regierungszeit 1525–1532) um 1526 in Torgau und zeitweise in den ernestinischen Residenzen Altenburg und Weimar.

»Hofcantorey« spielt zu Festen auf

Während des Schmalkaldischen Krieges (1545–1547) hatte Johann Friedrich der Großmütige (Regierungszeit 1532–1547), Sohn und Nachfolger des ernestinischen Kurfürsten Johann des Beständigen (Regierungszeit 1525–1532) 1547 in der Schlacht bei Mühlberg gegen Kaiser Karl V. eine schwere Niederlage erlitten. Das ernestinische Kursachsen war danach gezwungen, einen großen Teil seiner Gebiete samt der Kurwürde an die albertinische Linie abzugeben. Zum neuen Kurfürsten wurde der Albertiner Moritz (Regierungszeit 1547–1553) ernannt. Er wählte Dresden zu seiner Residenz und ließ daraufhin die Burg zu einer prachtvollen Schlossanlage ausbauen, das Zeughaus und den Stallhof errichten sowie die mittelalterliche Stadtmauer durch moderne Festungsanlagen ersetzen. Auch Kunst

Kurfürst Moritz

Die Hofkapelle: der Beginn Der sächsische Hof und seine Kapelle

Der Stallhof, den Kurfürst Moritz für Kampfspiele und andere mittelalterliche Zerstreuungen bei Hofe errichten ließ

und Musik fanden durch den neuen Kurfürsten eine stärkere Unterstützung: Die höfischen Kunstsammlungen und die Sächsische »Hofcantorey« wurden gegründet. Am 22. September 1548 erließ Moritz eine »Cantorey Ordenung vnd Vnderhaltung«.

Johann Walter, Sänger und Komponist der ernestinischen Kapelle in Torgau, wurde zum ersten Kapellmeister ernannt und mit dem Aufbau der Hofkantorei beauftragt. Im August 1548 erging an alle interessierten Knaben und Männer in Sachsen die Aufforderung, sich als Sänger für die neue Dresdner Kantorei zu bewerben. Die auf diese Weise rekrutierte Kantorei hatte hauptsächlich für die Musik im Hofgottesdienst sowie an der kurfürstlichen Tafel zu sorgen. Sie bestand aus elf Sängern, neun Kapellknaben, einem Organisten und einem Kapellknaben-Praeceptor, der für den Unterricht der Jungen verantwortlich war. Auf Betreiben des Kurfürsten vervollständigte bereits ein Jahr später der italienische Komponist und

»Cantorey-Ordenung«
»Von Gotts Gnaden Wir Moritz Hertzogk tzu Sachssen des Heyligenn Romischen Reichs Ertzmarschalch vnnd Churfürst, Landtgrauv in Düringen Marggrauv zu Meyssen, Bekennenn vnnd thun khunt, hiermit offentlich Nachdeme Wir kunftigk an unserem Hoffe, eine Cantorei zu halten bedacht, Vnd die Jenigenn So wir darzu brauchen werdenn, wissenn möchtenn wie wir dieselben mit besoldunge, vnnd anderem haltenn wollenn vnnd wes sie sich hinwieder verhaltenn sollen so haben Wir solchs alles, damit sie sich darnach zu richten, in eine schriefft stellenn lassenn vnd wollenn ernstlich das solcher unserer Ordenunge, von allen den Jenigen, so sie angehet, vnwegerlich nachgesatzt werde. [...]«

Gründungsurkunde der Dresdner Staatskapelle am 22. September 1546: Erste Seite der von Kurfürst Moritz erlassenen Kantoreiordnung. Sie führt die Namen der für die neugegründete Kapelle verpflichteten Sänger, des Organisten und des Kapellmeisters an und regelt die Belange des Dienstes

Musiker Antonio Scandello zusammen mit fünf weiteren italienischen Instrumentalisten die bis dahin rein vokal besetzte Kapelle. Bis 1554 stieg ihre Mitgliederzahl auf 25 Sänger sowie sieben Instrumentalisten an. Im selben Jahr beendete der Hofkapellmeister Johann Walter seinen Dienst in Dresden. Seine Nachfolger wurden 1555 Matthäus Le Maistre und 1568 Antonio Scandello, der zwölf Jahre bis zu seinem Tod in diesem Amt verblieb. Unter seiner Leitung erlebte die Dresdner Hofkapelle eine Blüte und stieg nach zeitgenössischem Urteil zur zweitbesten nach Orlando di Lassos Münchner Kapelle auf. Gehörte bis dahin ausschließlich Kirchen- und Tafelmusik zu den Aufgaben der Hofkapelle, kam nun allmählich auch die musikalische Begleitung von Hoffesten hinzu.

Nach dem Tod Scandellos im Jahre 1580 wurde das Amt des Kapellmeisters zunächst dem berühmten Komponisten Orlando di Lasso (1532–1594) angetragen. Da er ablehnte, übernahm der italienische Komponist und Sänger Giovanni Battista Pinelli (ca. 1544–1587) die Kapelle für die nächsten vier Jahre. Ihm folgte 1584 der vormalige Vizekapellmeister Georg Forster, und 1587 trat der bereits seit 1575 als Altist am Dresdner Hof angestellte Rogier Michael an seine Stelle. Im letzten Drittel seiner bis 1612 währenden Dienstjahre sank die Mitgliederzahl der Hofkapelle rapide; von 47 Sängern und Musikern, die 1606 engagiert waren, blieben zwei Jahre später nur 27 übrig, und 1611 wurde mit dem Regierungsantritt des Kurfürsten Johann Georg I. (Regierungszeit 1611–1656) die Kapelle zunächst völlig aufgelöst. Bereits ein Jahr später jedoch begann der Kurfürst mit ihrer Wiedereinrichtung, wobei er ab 1613 von Michael Praetorius unterstützt wurde. Im Herbst 1615 stellte Johann Georg I. den vormaligen Kasseler

Kurfürst Johann Georg I., Kupferstich um 1650

Fastnacht unter Kurfürst August von Sachsen 1574 im Dresdner Schloss: acht Instrumentalisten als wilde Männer und Frauen (oben), vier Zinkenisten und zwei Ziegenreiter als Affen (Mitte), Instrumentistengruppe mit Kinderpaar (unten)

Solo: Heinrich Schütz – auf Lebenszeit

Annett Schmerler

Heinrich Schütz gilt als der bedeutendste deutsche Komponist des 17. Jahrhunderts und als »Vater der deutschen Musik«. 57 Jahre stand er an der Spitze der Dresdner Hofkapelle – von allen Leitern der nachmaligen Staatskapelle damit am längsten. Doch sein Weg dahin verlief nicht geradlinig. Obwohl Schütz frühzeitig mit Musik in Berührung kam, schien es für ihn zunächst keineswegs selbstverständlich, sie zu seiner Profession zu wählen. Am 14. Oktober 1585 in eine angesehene Köstritzer Familie hineingeboren, verbrachte Schütz seine Kindheit mit zahlreichen Geschwistern dort und in Weißenfels, wo sein Vater 1591 einen Gasthof übernahm und als Bürgermeister amtierte. Hier wird er von dem städtischen Kantor und Organisten musikalisch unterrichtet worden sein, denn seine Musikalität beeindruckte den durchreisenden Landgrafen Moritz von Hessen-Kassel derart, dass er ihn als Sängerknaben für seine

Heinrich Schütz, Gemälde von Christoph Spetner, um 1650

Hofkapelle erbat. Da er Schütz eine profunde humanistische Schulbildung am Collegium Mauritianum in Aussicht stellte, willigten die zunächst ablehnenden Eltern ein, und Schütz zog 1599 an den kalvinistischen Hof nach Kassel. Neun Jahre später immatrikulierte er sich als Jurastudent an der Universität in Marburg. Erst nachdem der Landgraf dem mittlerweile 24-Jährigen aber ein Kompositionsstipendium in Italien angeboten hatte, studierte Schütz von 1609 bis 1613 bei dem berühmten Giovanni Gabrieli in Venedig. Und hier, wo der Übergang von der Spätrenaissance zum Frühbarock eine besonders starke Ausprägung fand, gewann Schütz' Begegnung mit der venezianischen Mehrchörigkeit und dem konzertierenden Stil eine grundlegende Bedeutung für seine musikalische Entwicklung.

Als Schütz 1613 nach Deutschland zurückkehrte, ernannte ihn Landgraf Moritz zum zweiten Hoforganisten und Vizekapellmeister in Kassel. Ein Jahr später fand Kurfürst Johann Georg I. Interesse an dem Musiker. Er verpflichtete Schütz 1615 als »Director Musici« zur Aushilfe, zwei Jahre später als Hofkapellmeister auf Lebenszeit in Dresden. Die meiste Zeit seiner Dresdner Jahre wurde allerdings von den Auswirkungen des Dreißigjährigen Krieges überschattet.

Der heutige Übergang vom Schloss zur Kathedrale

Auch von persönlichen Schicksalsschlägen blieb Schütz nicht verschont. Nach sechs glücklichen Ehejahren verlor er seine Frau, selbst den Tod der beiden Töchter musste er erleben. Nachdem Schütz das nachlassende Interesse des Kurfürsten an der Hofmusik verspürte, versuchte er, sich durch Reisen zu entziehen. Während seiner zweiten Italien-Reise (1628–1629) lernte Schütz die neuesten musikalischen Entwicklungen, besonders die Ausdrucksformen des Sologesangs kennen. Später (1633–1635 und 1637–1644) war Schütz in Kopenhagen als Königlich dänischer Kapellmeister tätig. Immer wieder aber kehrte er nach Dresden zurück – obgleich sich hier die Verhältnisse auch nach dem Dreißigjährigen Krieg nur langsam besserten.

Erst 1656, nach dem Tod von Johann Georg I., gewährte ihm dessen Nachfolger Johann Georg II. eine Teilpensionierung. Die Ernennung zum Ober-Kapellmeister bei gleichzeitiger Befreiung vom regelmäßigen Dienst am Hof veranlassten ihn, sein Dresdner Haus am Neumarkt 12 zu verkaufen und seinen Wohnsitz nach Weißenfels zu verlegen. Dort entstanden die Kompositionen seiner letzten Schaffensphase. Auf seinen Besuchen in Dresden nutzte Schütz fortan eine Wohnung in der Moritzstraße 10, in der er am 6. November 1672 im Alter von 87 Jahren verstarb. Das Werkeverzeichnis von Schütz zählt etwa 500 Nummern. Sein Gesamtwerk umfasst Psalmvertonungen, geistliche und weltliche Konzerte, Trauer- und Hochzeitsmusiken, Lieder, Madrigale, Ballette und theatralische Musik. Darüber hinaus gilt Schütz als Schöpfer der ersten deutschen Oper, deren Noten sich leider nicht erhalten haben.

Trauergefolge für Kurfürst Christian II., Deckfarbenmalerei von Daniel Bretschneider d. Ä., Dresden 1615

Heinrich Schütz: »Symphonia sacrae«, Teil II op. 10, Titelblatt des Stimmbuches Prima vox Buchdruck, Dresden 1647

Hoforganisten Heinrich Schütz als »Organist und Director der Musica« an, und zwei Jahre später ernannte er ihn zum Hofkapellmeister. Schütz' Aufgaben umfassten neben der sängerischen Ausbildung der Kapellknaben die Probenarbeit mit der Kapelle sowie die musikalische Leitung der Hofgottesdienste, Feste und Tafelmusiken. Für diese Anlässe musste er Kompositionen liefern und zahlreiche Sonderverpflichtungen erfüllen. Dazu gehörte neben der musikalischen Leitung von auswärtigen Feierlichkeiten auch Kompositionsunterricht.

Anlässlich der Hochzeit der Kurprinzessin Sophie mit dem Landgrafen Georg von Hessen-Darmstadt am 1. April 1627 komponierte er seine »Musicalische Comoedia« »Daphne«, die in der Musikgeschichtsschreibung lange als erste Opernaufführung am Sächsischen Hof galt.

War bislang die Musik der Niederländer und Italiener für das Repertoire der Hofmusik prägend, so übernahm nun für ein halbes Jahrhundert Heinrich Schütz mit seinen zahlreichen Kompositionen diese Stelle und machte Dresden mit seiner Kapelle zu einem der wichtigsten musikalischen Zentren Deutschlands.

Nach dem Dreißigjährigen Krieg

Am Dreißigjährigen Krieg beteiligte sich Kursachsen ab 1620 abwechselnd auf kaiserlicher und schwedischer Seite. Die Folgen des damit verbundenen allgemeinen wirtschaftlichen

Heinrich Schütz: »Historie der fröhlichen und siegreichen Auferstehung«, 1. Notenseite des sechsstimmigen Eingangschores, Buchdruck, Dresden 1623

Niedergangs machten auch vor der kursächsischen Kapelle nicht halt. Ihr Bestehen geriet durch eine stetige Abnahme der Musikerzahl immer wieder in Gefahr, und 1639 zählte sie nur noch zehn Mitglieder. Heinrich Schütz appellierte in zahlreichen Memorialen an den Kurfürsten, »unsere bishero fast gar eingegangene Music« zu retten. Er schilderte die schlechte soziale Lage der Kapellmitglieder eindringlich: »Vnd mag meinen hochgeehrten Herrn mit specificirung eine Jeglichen noht vnd schimpflichen zustandes Ich nicht molestiren, doch nur vnserm Baßisten betreffende, So vernehme Ich derselbige Stecke wie eine Saw im koben, habe kein bettwerck, liege auff stroh, hette albreit mantell und wambs versetzet.« Aber seine Bitten fanden kein Gehör. Von 1625 an blieb Johann Georg mit den Zahlungen an die Musiker immer wieder in Verzug, und die Hofmusik kam nahezu zum Erliegen. Offenbar besserte sich die Lage jedoch im Laufe der Zeit, denn 1650 konnten auf einem Dankfest anlässlich des Westfälischen Friedens und der Wiedereinnahme der Stadt

Der neue, musikliebende Kurfürst Johann Georg II.

Leipzig bereits wieder mehrchörige Musikaufführungen stattfinden.

Nach dem Tod des Kurfürsten Johann Georg I. im Jahre 1656 wurde die 1641 gegründete kurprinzliche Kapelle mit der kurfürstlichen Kapelle zusammengeführt. An der Spitze der auf diese Weise stark vergrößerten Hofkapelle standen die drei Kapellmeister Heinrich Schütz, Giovanni Andrea Bontempi, Vincenzo Albrici und der Vizekapellmeister Christoph Bernhard. Unter der Regentschaft des musikliebenden neuen Kurfürsten Johann Georg II. (Regierungszeit 1656–1680) waren die Ballett-, Opern- und Schauspielaufführungen am Dresdner Hof zahlreicher als zuvor, und anlässlich der Hochzeit der Kurprinzessin Erdmuthe Sophie mit dem Markgrafen Ernst Christian von Brandenburg-Bayreuth erlebte der Dresdner Hof am 3. November 1662 in Dresden mit Bontempis »Il Paride« erstmals die Aufführung einer Italienischen Oper.

Anfänge der Oper in Dresden

Andrea Wolter

Die Geschichte begann auf Schloss Hartenfels zu Torgau. Dorthin führte im zeitigen Frühjahr 1627 der Kurfürst Johann Georg I. in prächtigem Zuge von geschmückten Pferden und glänzenden Karossen seine älteste Tochter Sophie zum »fürstlichen Beilager«. Der Einzug der Festteilnehmer war ein Schauspiel, das die Torgauer Bürger um so mehr bewundert haben werden, als sie zu den Feierlichkeiten im Schloss selbst keinen Zutritt hatten.

In einer »Heuraths-Acta« ist verzeichnet, welche Vergnügungen den Hochzeitsgästen dort geboten wurden: englische Komödianten, Bärenhatz, Ballette, Ringrennen und Feuerwerke, und am 13. April schließlich, zwei Tage vor Abschluss der Festlichkeiten, soll die Kurfürstliche Kapelle jene Aufführung präsentiert haben, die als Geburtsstunde der deutschen Oper in die Musikgeschichte eingegangen ist: »Dafne«, das Spiel

Alles begann auf Schloss Torgau

von der Nymphe, die vom Sonnengott Apoll geliebt und von Zeus in einen Lorbeerbaum verwandelt wird. Martin Opitz hatte die Dichtung Rinuccinis zu Jacopo Peris gleichnamiger italienischer Oper ins Deutsche übertragen, Hofkapellmeister Heinrich Schütz hatte das Werk als »Musicalische Comoedia« neu komponiert. Die Musik ist längst nicht mehr auffindbar; erhalten geblieben ist nur der Text.

Übertrug »Dafne« ins Deutsche: der Rat, Dichter und polnische Geschichtsschreiber Martin Opitz, Kupferstich von Sebastian Furck, nach 1620

Und immer wieder »Dafne«

Dem lange gehegten Mythos zum Trotz ist »Dafne« sicherlich keine wirkliche Oper gewesen. Wahrscheinlich handelte es sich um ein Bühnenstück mit Sprechtexten und Musiknummern. Über die näheren Umstände der Aufführung ist nichts bekannt, Zeugnisse dafür sind nicht überliefert. Indessen ist, wie auch immer das Werk musikalisch und szenisch beschaffen gewesen sein mag, seine Signifikanz für das Wunschbild Dresdnerischer Musikgeschichte unbestritten. Denn mit Opitz' Übersetzung der »Dafne« gelangte die szenisch-dramatische Grundlage des neuen Genres in den deutschsprachigen Raum. Mit Schütz' Komposition aber, dem ersten Entwurf der musikalischen Umsetzung eines Opernlibrettos außerhalb von Italien, kam Dresden dem kaiserlichen Hof in Wien in Sachen Oper um zwei Jahre zuvor. Und wäre Schütz' Dafne tatsächlich eine Oper im Sinne einer auskomponierten und szenisch dargestellten Handlung gewesen, dürfte sich Dresden seitdem zu Recht der eigenständigen Kreation der ersten deutschen Oper rühmen …

Kritische Betrachtung der Geschichte hat unterdessen – neben verschiedenen Fragen und der Korrektur der liebgewordenen Vorstellung – vor allem eine Erkenntnis zutage gefördert: Nicht zufällig war es ausgerechnet der Dresdner Hof, dem man das Potential zur beschriebenen musikalisch-theatralischen Großtat zutraute. Denn mit der Tradition seiner musikbegleiteten Hoffeste und

Titelblatt der Oper »Dafne« von Heinrich Schütz und Martin Opitz, die 1627 in Torgau uraufgeführt wurde

einer bereits hundertjährigen Hofkapelle wirkte Dresden schon im 17. Jahrhundert als Anziehungspunkt für bedeutende Musiker, und als Sammelbecken verschiedener Strömungen europäischer Musik vermochte das Dresdner Musikleben einer schöpferischen Persönlichkeit wie Heinrich Schütz entscheidende Anregungen für künstlerische Leistungen von epochaler Bedeutung zu vermitteln.

»Italien« etabliert sich

Die Geschichte um Schütz' »Dafne« indes taugt immerhin als Metapher für das im ersten Drittel des 17. Jahrhunderts einsetzende Interesse für die Oper, das nicht nur neue Werke hervorbrachte, sondern auch das Bedürfnis nach einem vorrangig der Oper gewidmeten Aufführungsort weckte. Er stand noch nicht zur Verfügung, als am 3. November 1662 anlässlich der Hochzeit der Kurprinzessin Erdmuthe Sophie mit dem

Erstes Theatergebäude

Die Grundsteinlegung für das erste Dresdner Theatergebäude fand am 1. August 1664 statt. Nach seinem Erbauer Wolf Caspar von Klengel, der für Entwurf und Bauausführung verantwortlich war, wurde es Klengelsches Opernhaus genannt. Auf seinen Standort zwischen dem Südflügel des Residenzschlosses und dem Glockenspielpavillon des Zwingers verweist der Zusatz »am Taschenberg«. In älterer Literatur wird das Opernhaus am Taschenberg auch als »Komödienhaus am Taschenberg« bezeichnet.

Das Klengelsche Komödienhaus, das 1667 am Taschenberg errichtet wurde

Markgrafen Ernst Christian von Brandenburg-Bayreuth Giovanni Bontempis »Il Paride« aufgeführt wurde.

Doch bereits 1667 erhielt Dresden mit dem Klengelschen Theaterbau am Taschenberg sein erstes festes Opernhaus. Mit seiner beträchtlichen Bühnengröße und der entsprechenden technischen Einrichtung bot es die besten Voraussetzungen zur Entfaltung barocker Ausstattung mitsamt den erstaunlichsten Maschinenkünsten und eindrucksvollsten Bühneneffekten. Zugleich wurde die Hofkapelle für die erste Spielzeit im neuen Hause mit eigens engagierten italienischen Sängern zu einem festen Opernensemble ergänzt.

Ein Opernhaus für den Hof

Das Opernhaus am Taschenberg hat nur vierzig Jahre lang als Theater- und Opern-Spielstätte gedient. Seine Bedeutung für die Dresdner Musikgeschichte jedoch ist an diesem eher kurzen Zeitraum kaum zu ermessen. Was es von Anfang an auszeichnete war vielmehr die Tatsache, dass schon hier jene Identifikation der Dresdner Einwohnerschaft mit der Oper einsetzte, die sich im

Grunde bis heute erhalten und nicht weniger als die Institution Oper selbst Dresden zur Opernmetropole geformt hat. Bedienstete des Hofes, aber auch die »Bürger und Weiber« der Stadt konnten vom Hofmarschallamt kostenlos Einlasskarten erhalten, und nach zeitgenössischen Berichten war der Andrang der Dresdner zu den Vorstellungen groß und die Anteilnahme am Bühnengeschehen häufig so vehement, dass reglementierendes Eingreifen nötig war. Und schließlich hatte das Interesse des sächsischen Hofes und der Dresdner Bürger an der Oper bereits in der Periode zwischen der denkwürdigen Torgauer Fürstenhochzeit und der Einweihung des Opernhauses am Taschenberg jene Beständigkeit bewiesen, die später auch das Jahrzehnt von der Schließung dieser Spielstätte bis zur Einweihung eines zweiten, des sogenannten »großen Opernhauses am Zwinger« überbrücken konnte, die die Oper aus der Unterbrechung durch die im Frühjahr 1680 ausbrechende Pest in neuer Gestalt hervorgehen sowie mehrfache Auflösungen des festen Ensembles überleben ließ – und fast zweihundertfünfzig Jahre später, in der völlig zerstörten Stadt, der Oper in Dresden nicht nur ihr Fortbestehen, sondern eine höchst lebendige Wirkung und unvergleichliche Anziehungskraft bewahrt hat.

Logentheater
1691 baute Johann Georg Starke, ein Schüler Klengels, das Opernhaus am Taschenberg zu einem Logentheater mit vier Rängen um. Nach der Konversion Augusts des Starken im Jahre 1707 erfolgten ein weiterer Umbau und die Umwidmung des neugestalteten Gebäudes zur Katholischen Hofkirche. Mit der Errichtung der Katholischen Hofkirche von Chiaveri (des heutigen Doms) erhielt der katholische Hofgottesdienst ein neues Domizil, und das ehemalige Klengelsche Opernhaus wurde nun als Ballhaus genutzt. 1802 erhielt es eine klassizistische Fassade und beherbergte bis zu seinem Abriss 1889 das Hauptstaatsarchiv.

»*Deutsche Musicalische Opera*«

Zur Einweihung des Opernhauses am Taschenberg am 27. Januar 1667 wurde »Il Teseo« gegeben, eine Ballett-Pantomime mit solistischen Einlagen und Chören von Pietro Andrea Ziani, der sich damals in Dresden aufhielt und wenige Wochen später mit »La Galatea« zur Fastnacht noch eine typische venezianische Oper kreierte.

In der Folge erlebte das neue Haus eine Reihe von Aufführungen, die, zum Teil mehrmals und auch in größeren Abständen wiederholt, schon eine Art Repertoirespielplan bildeten. Zu den berühmtesten Werken

»Ballett von der Zusammenkunft und Wirkung derer VII Planeten auf Ihr. Churfl. Durchl. zu Sachsen großen Theatro gehalten den 3. Februarii Anno 1678«, Federzeichnung 1679

jener Periode gehört die »deutsche Musicalische Opera von Apollo und Dafne« von Giuseppe Peranda und Giovanni Andrea Bontempi. Letzterer bescherte Dresden mehrere Opern, deren erste, »Il Paride«, mit ihrer Folge von 39 verschiedenen Szenen die Verwandtschaft der frühen Dresdner Oper mit der alten Aufzugstechnik der Inventionen belegte. Die 1671 gemeinsam mit Peranda komponierte »Dafne« stützt sich auf das von Martin Opitz für Schütz' gleichnamiges Werk verfasste Libretto. Zur Auflockerung der in epischer Breite sich entfaltenden Haupthandlung dienten vielfältige ästhetische Zutaten wie »die Abwechslung der Reimarten, die Menge der Einfälle, die Kürze der Reden und Vielheit der Lieder, Scharfsinnigkeiten, Possen, Allegorien, Metaphern, Sprüche, Verblümungen«, kurz all jene Vorzüge, »welche (nach Bontempi) die zur Musica gerichteten Dramata haben sollen, so zur Ergetzlichkeit, und dem Genio dieser Zeit zu schmeicheln, gemacht werden.« Und geschmeichelt hat »Ihr. Churfl. Durchl. zu

Sachsen« zweifellos auch jener große repräsentative Festzyklus von 1678, den der Dresdner Bürgermeister Gabriel Tzschimmer auf Befehl Johann Georgs II. unter dem Titel »Durchlauchtigste Zusammenkunft« ausführlichst beschrieben hat. Er vereinte unter dem Motto der sieben Planeten »Aufzüge, Ritterliche Exercitien, Schau-Spielen, Schießen, Jagden, Opern, Comödien, Balletten, Masqueraden, Königreiche, Feuerwerke« und andere Denkwürdigkeiten. Sein Höhepunkt aber war das »Ballett von Zusammenkunft und Wirkung der VII Planeten«, das Christoph Bernhard, einem Schüler Heinrich Schütz' zugeschrieben wird. In weiten Teilen eine Instrumentalkomposition mit ausdrucksvollen Charaktertänzen und Pantomimen, bezog es auch ausgedehnte Gesangsnummern ein. Johann Oswald Harms, der die Dekorationen entwarf, hat die Hauptszenen des »Sing-Balletts« in Kupfer gestochen und dem in der Hofbuchdruckerei herausgegebenen Textbuch beigefügt. Dieses bis heute aufbewahrte »Aufführungsmaterial« belegt ebenso wie die detailreichen Bildrollen des Dresdner »Mahlers und Bürgers« Daniel Bretschneider, wie in den Festlichkeiten des Dresdner Hofes Musik, Tanz, Pantomime und dramatische Darstellung einander ergänzten und auf dem Wege künstlerischer Verfeinerung allmählich ihre Liaison mit der Oper vollzogen.

»Komödienhaus«

1696/97 ließ August der Starke mit dem »Kleinen Komödienhaus am Zwingerwall« ein Theater erbauen, das vor allem für französische Komödien gedacht war und ab 1707 teilweise auch das Klengelsche Opernhaus ersetzte. In der Nähe des heutigen Nymphenbades gelegen, war es den Planungen für den Zwinger im Wege und wurde bereits 1709 wieder abgerissen. Bis zur Errichtung des »Großen Opernhauses am Zwinger« durch Matthäus Daniel Pöppelmann und die Gebrüder Mauro vergingen 10 Jahre. In dieser Zeit besaß Dresden kein Theater mehr; Opernaufführungen konnten nur auf den für die Hoffeste errichteten Freilichtbühnen oder im Redoutensaal des Schlosses stattfinden.

Bühne frei für die Primadonna

Zunächst einmal entdeckte jedoch nach dem Tode Johann Georgs II. der neue Kurfürst Johann Georg III. auf einer ausgedehnten Bildungsreise durch Italien sein Faible für die italienische Oper mit all ihren Vorzüge für die Repräsentation seines Hofes und entführte kurz entschlossen die Primadonna Margarita »la bella« Salicola nach Dresden – wobei er zwar das Einverständnis der Dame hatte, das ihres Dienstherrn, des Herzogs von Mantua, freilich nicht. Zugleich beauftragte Johann Georg den Komponisten und

Entwicklung des Theaterplatzes: Grundrisse der Theaterbauten von 1589 bis 1945

Erste Primadonna

Das Drama per musica »La Gerusalemme liberata« (Das befreite Jerusalem) von Carlo Pallavicini entstand im Auftrag des sächsischen Hofes und erlebte im Jahre 1667 dort unter dem Titel «Armida» seine Premiere. Kaum einen Monat vor der Dresdner Aufführung hatte das Teatro SS. Giovanni e Paolo in Venedig das Werk herausgebracht. Wie die Musikhistorikerin Irene Alm nachgewiesen hat, hat sich Pallavicini bei der Erarbeitung der Dresdner Fassung in erster Linie von der Kunst der Margarita Salicola inspirieren lassen: ihr schrieb er die Rolle der Zauberin Armida auf den Leib, die zum Ausgangspunkt der ungewöhnlichen Karriere der ersten Primadonna assoluta der Dresdner Hofoper wurde.

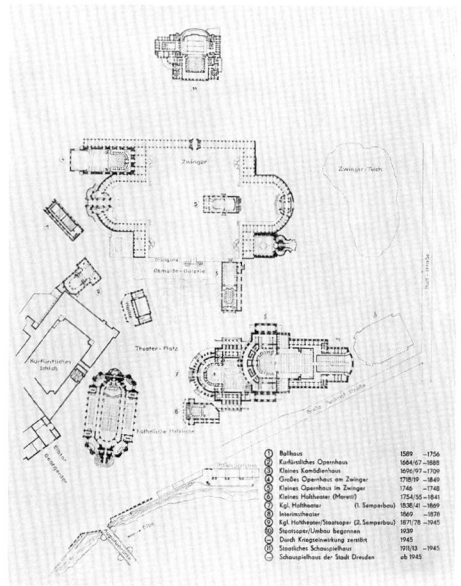

Kapellmeister Carlo Pallavicini, er möge »tüchtige Sänger und Cantatricen, da wir deren zu denen Opern, so wir präsentiren lassen möchten, gnädigst verlangen werden, mit sich bringen.« Zwei Werke solle er in Bereitschaft halten: eine »auf unsern Geburtstag, die andere aber auf Margariten.« In der Karnevalzeit 1686 stellte sie sich dem sächsischen Opernpublikum vor. Dies war das erste Mal, dass eine Sängerin die Dresdner Opernbühne betrat, und fortan agierten Sängerinnen und Kastraten gemeinsam.

1687 wurde, mit der gefeierten Margarita Salicola in der Partie der »Armida«, Carlo Pallavicinos »La Gerusalemme liberata« am Dresdner Hof aufgeführt. Die Oper zeigte den Italiener als Meister dramatischer Klangwirkungen und melodischer beseelter Charakterisierungskunst, die selbst Salicolas weniger berühmte Konkurrentin Rosana Santinelli zum Erfolg trug. Der spektakuläre Aufstieg der Salicola an der mit Pallavicinis Verpflichtung 1686 etablierten italienischen Hofoper aber illustriert die Stellung der Sänger-Stars im Opernbetrieb des heraufziehenden Augusteischen Zeitalters.

Musik im Augusteischen Zeitalter

Gerhard Poppe

Jene Epoche, die später »Augusteisches Zeitalter« genannt wurde und als glanzvollste Zeit der sächsischen Residenzstadt in die Geschichte eingehen sollte, begann zunächst recht unspektakulär. Nach dem Tod von Kurfürst Johann Georg IV. gelangte dessen jüngerer Bruder Friedrich August I. 1694 zur Regierung. Er hatte als erster Wettiner in jungen Jahren die große Kavalierstour durch die wichtigsten Länder Europas gemacht und orientierte sich an der Hofhaltung des französischen Königs Ludwig XIV. Dies entsprach seinem Willen, zunächst auf dem Wege der Repräsentation und dann auch im Kräftespiel der Mächte einen Platz unter den gekrönten Häuptern Europas zu finden.

Friedrich August I. von Sachsen, genannt August der Starke

Neue Musiker
Prägend für das Spiel der Hofkapelle war der Niederländer Jean Baptiste Woulmyer (Volumier), ein vielseitig begabter Musiker, der zunächst 1708 zusammen mit den französischen Schauspielern als Tanzmeister engagiert worden war und ab 1709 das Amt des Konzertmeisters bekleidete. Sein späterer Nachfolger Johann Georg Pisendel trat 1712 in die Kapelle ein; er galt als der beste deutsche Geiger seiner Zeit. 1710 kam der böhmische Kontrabassist Jan Dismas Zelenka hinzu, der bald als Komponist von sich reden machte und später jahrelang die Kapellmeisterstelle vertrat.

1697 bewarb sich Friedrich August I. um die Nachfolge des im Vorjahr verstorbenen polnischen Königs Jan III. Sobieski. Nach einer Doppelwahl schaffte er durch den Einmarsch seiner Truppen vollendete Tatsachen und wurde am 15. September 1697 in Krakau gekrönt. Die für die polnische Königswahl unabdingbare Konversion zur katholischen Kirche hatte er bereits vorher in Wien vollzogen. Da sich der Schwerpunkt des Hoflebens in den folgenden Jahren nach Warschau verlagerte, wurde die nunmehr Königlich-Polnische Kapelle aus Mitgliedern der Dresdner Hofkapelle und der Kapelle seines polnischen Vorgängers neu eingerichtet. Dauerhaft in Dresden blieb zunächst nur die auf eine Minimalbesetzung reduzierte Kirchenmusik für den weiterhin in der Schlosskapelle stattfindenden protestantischen Hofgottesdienst. 1737 wurde die Schlosskapelle aufgehoben, um zusätzlichen Wohnraum für die rasch wachsende königliche Familie zu schaffen. Der protestantische Hofgottesdienst fand von dieser Zeit an in der nahen Sophienkirche statt, die damit bis 1918 eine Doppelfunktion als städtische Pfarrkirche und evangelische Hofkirche innehatte.

Königliche Repräsentation

Nach dem Ausbruch des Nordischen Krieges musste August der Starke bereits 1702 Warschau verlassen. Die Kapelle wurde 1707 entlassen, nachdem die Mitglieder schon jahrelang ohne Gehalt geblieben waren. Um den Anspruch auf die königlichen Ehren vor den Augen der europäischen Höfe zu demonstrieren, veranstaltete der sächsische Kurfürst im Juni 1709 in Anwesenheit des dänischen Königs eines der größten Feste in der Geschichte des sächsischen Hofes. Dazu gehörten neben »Kampf- und Lust-Jagen, Schnepper-Schießen, Damen-Ringrennen, Fuß-Turnier, Götteraufzug und Götter-Banquet, Bauernwirtschaft« auch eine französische Oper und eine italienische Serenata. Beim »Carousell-Rennen der vier

Musik im Augusteischen Zeitalter Der sächsische Hof und seine Kapelle

Weltteile« wirkten insgesamt 60 Trompeter, 10 Paar Pauker und 108 weitere Instrumentalisten mit. Diese waren natürlich nicht ständig am Hof fest angestellt, sondern eigens für dieses Fest engagiert worden. Nach diesen Festlichkeiten wurden eine ganze Reihe von Instrumentalisten als neue Hofkapelle sowie die im Vorjahr engagierten französischen Schauspieler im Dienst behalten. Dazu kam im Herbst 1709 ein

Aus dem Nationen-Aufzug zum Cartell-Rennen im Jahr der Krönung Augusts des Starken zum König von Polen 1697

Johann Georg Pisendel

Johann David Heinichen: Titelseite der Generalbass-Schule, 1728

> **Der GENERAL-BASS in der COMPOSITION, Oder: Neue und gründliche Anweisung, Wie Ein Music-Liebender mit besonderm Vortheil, durch die Principia der Composition, nicht allein den General-Baß im Kirchen- Cammer- und Theatralischen Stylo vollkommen, & in altiori Gradu erlernen; sondern auch zu gleicher Zeit in der Composition selbst, wichtige Profectus machen könne. Nebst einer Einleitung Oder Musicalischen Raisonnement von der Music überhaupt, und vielen besondern Materien der heutigen Praxeos. Herausgegeben von Johann David Heinichen, Königl. Pohln. und Churfl. Sächs. Capellmeister. In Dreßden bey dem Autore zu finden. 1728.**

eigenes Musikensemble für die Gottesdienste in der Katholischen Hofkirche, die nach einem Umbau im ehemaligen Klengelschen Opernhaus eingerichtet und am 5. April 1708 eingeweiht worden war.

Die 1709 erfolgte Einrichtung einer Hofkapelle war zunächst eine Neugründung im Gefolge eines Hoffestes unter deutlich verbesserten politischen und finanziellen Rahmenbedingungen. Die Art der Besetzung und das Hinzukommen namhafter neuer Musiker von außerhalb ließen diese Einrichtung bald zum Anfang einer in jeder Hinsicht erfolgreichen Geschichte werden.

Zur ursprünglichen Besetzung des Orchesters mit Streichern und Holzbläsern kamen bereits 1711 die ersten beiden Hornisten Johann Adalbert Fischer und Franz Adam Samm aus Böhmen hinzu – eine zukunftsweisende Neuerung. 1714 wurde Pantaleon Hebenstreit, Spieler des nach ihm benannten hackbrettartigen Instruments, in Dresden angestellt; 1715 folgte der Flötist Pierre Gabriel Buffardin und 1718 Sylvius Leopold

Weiß, wahrscheinlich der beste Lautenist seiner Zeit. Aus den übrigen Instrumentalisten ragten Johann Christian Richter (Oboe) und Christian Pezold (Hoforganist) heraus. Die Hoftrompeter und -pauker blieben nach alter Tradition weiter als gesonderte Einrichtung bestehen. Das Ensemble der Hofmusiker und -schaupieler wurde 1715 um eine italienische Komödiantentruppe erweitert. Zu der 1716 eingerichteten kleinen polnischen Kapelle für die Reisen des Königs nach Polen gehörte unter anderem Johann Joachim Quantz als Oboist; er wechselte später zur Flöte und wurde der Lehrer Friedrichs II. von Preußen auf diesem Instrument.

»Vermischter Geschmack«

Der Dienst der Hofkapelle sowohl im französischen als auch im italienischen Stil war an den deutschen Höfen des frühen 18. Jahrhunderts eher unüblich. In Dresden bot diese doppelte Ausrichtung aber die beste Voraussetzung für den sogenannten »vermischten Geschmack«. Im Spiel der Dresdner Instrumentalisten vereinten sich französische Taktgenauigkeit und Akkuratesse mit italienischer Virtuosität zu einer unter den Zeitgenossen berühmt gewordenen Spielkultur.

Während dieser Jahre befand sich der Kurprinz auf seiner Kavalierstour durch Europa und engagierte italienische Opernsänger sowie den berühmten Komponisten

Opernhaus

Die Opernaufführungen fanden im Redoutensaal statt, während gleichzeitig italienische Baumeister, Maler und Zimmerleute unter Leitung von Pöppelmann und den Brüdern Mauro das neue Opernhaus erbauten, das allerdings erst 1719 fertiggestellt wurde.
Die Aufführungen waren keineswegs auf den Hofstaat beschränkt, sondern jedermann hatte kostenlos Zugang, sofern er »in anständiger Kleidung« erschien.

Antonio Lotti: Partiturseite aus dem »Dies irae« des Requiem in F-Dur

Der sächsische Hof und seine Kapelle Musik im Augusteischen Zeitalter

Antonio Lotti als Kapellmeister für die italienische Oper. Dazu kam der aus Krössuln bei Weißenfels stammende Johann David Heinichen, der zu einem Studienaufenthalt in Italien weilte. Sie alle trafen im Herbst 1717 in Dresden ein, und mit ihnen begann eine der glanzvollsten Epochen der Musik und des Theaters in der sächsischen Residenzstadt.

Otto-Geschichte
Das Libretto des Hofpoeten Stefano Benedetto Pallavicini erzählt die Geschichte von Otto II., der nach langen Verwirrungen und Intrigen endlich die Hand der byzantinischen Prinzessin Theophanu erringt – eine zeitübliche Anspielung auf den Entstehungsanlass des Werkes im historischen Gewand.

Die Kurprinzen-Hochzeit

Jetzt war es August dem Starken möglich, die seit langem angestrebte Heiratsverbindung zwischen den Wettinern und dem habsburgischen Kaiserhaus zu erreichen. Die Trauung des Kurprinzen mit der Tochter Kaiser Josephs I., Erzherzogin Maria Josepha, fand am 20. August 1719 in Wien statt, und am 2. September 1719 kam das Paar schließlich in Dresden an. Die folgenden, bis zum 30. September dauernden Hochzeitsfeierlichkeiten erregten die Aufmerksamkeit der höfischen Welt in ganz Europa und waren ebenso ein Anziehungspunkt für

Kurfürst Friedrich August II. von Sachen, als Friedrich August III. König von Polen. Seine Hochzeit mit der Tochter Kaiser Josephs I., Erzherzogin Maria Josepha, 1719 eröffnete den Wettinern neue Perspektiven

Maria Josepha

Künstler und Musiker aus nah und fern. Neben französischen und italienischen Schauspielen im Komödienhaus gab es Feste, die im Zeichen jeweils eines der sieben Planeten standen. Dazu kamen mehrfache Aufführungen von Opern Lottis und Serenaten Heinichens. Der Höhepunkt war die eigentliche Festoper »Teofane« von Antonio Lotti.

An die Hochzeitsfeiern schlossen sich Anfang Oktober noch mehrtägige fürstliche Jagden in Moritzburg an, die natürlich auch von Schauspielen und Musik begleitet waren. Lotti verließ mit seiner Frau Dresden bereits im Herbst 1719, während die Sänger zunächst für ein weiteres Jahr am Dresdner Hof angestellt blieben. Ein Eklat zwischen dem Kastraten Senesino und dem Kapellmeister Heinichen führte zur Entlassung aller italienischen Opernsänger zu Ostern 1720. Bis heute ist ungeklärt, ob Senesino seine Entlassung nur provozierte, um zusammen mit einigen weiteren Mitgliedern des Dresdner Ensembles zu exzellenten Bedingungen an die von Georg Friedrich Händel geleitete italienische Oper nach London zu wechseln.

Hasses »Cleofide«
Höhepunkt des Dresdner Gastspiels von Hasse war die Erstaufführung seiner Oper »Cleofide« am 13. September. Kein Geringerer als der Leipziger Thomaskantor Johann Sebastian Bach kam zu dieser Premiere nach Dresden und gab am Vorabend ein nicht weniger beachtetes Orgelkonzert in der Sophienkirche.

Zuschauerraum des Opernhauses am Zwinger während der Aufführung der Oper »Teofane« von Pallavicini und Lotti anlässlich der Vermählung des Kurprinzen, Tusche 1719

Die Hofkirchenmusik blüht auf

Die Entlassung der italienischen Sänger brachte die Oper zunächst für einige Jahre zum Schweigen, und so rückte die Kirchenmusik in den Aufgaben der Hofkapelle an die erste Stelle. Die Kurprinzessin Maria Josepha, die von ihrem heimatlichen Wiener Hof ein kirchliches Zeremoniell mit hohem musikalischen Aufwand gewohnt war, setzte sich nachdrücklich für eine reichhaltige Kirchenmusik ein. Der Hofkapellmeister Johann David Heinichen, der Compositeur der italienischen Musik Giovanni Alberto Ristori und – obwohl nur als Kontrabassist engagiert – zunehmend auch Jan Dismas Zelenka hatten in rascher Folge neue Werke zu komponieren oder Kirchenmusik fremder Komponisten für den Dresdner Gebrauch einzurichten. Während zu Hochfesten und in Anwesenheit des Herrschers oder des Prinzenpaares die Hofkapelle musizierte, hatte das kircheneigene Musikensemble die übrigen Gottesdienste zu bestreiten. Im Laufe der 1720er-Jahre stieg der musikalische Aufwand rasch: Neben der Musik zum Hochamt und zur Vesper an allen Sonntagen und Hochfesten wurden eine Reihe von Feiertagen wie Fronleichnam und das Fest des heiligen Franz Xaver (3. Dezember) mit

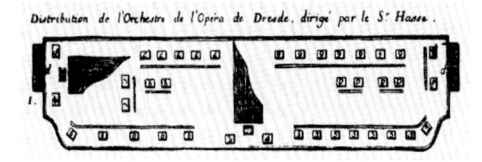

Jean Jaques Rousseau »Dictionnaire de musique«, 1767: Rousseau gibt auf einer Farbblatt-Einlage seines Werkes den Grundriss der Sitzordnung wieder, wie sie bei der Kapelle im Opernhaus am Zwinger üblich war

besonderem Aufwand begangen. In der Fastenzeit gab es die ganze Woche nachmittägliche Andachten mit musiziertem Miserere; dazu kam an den Samstagnachmittagen und den Vorabenden der hohen Feste eine Andacht mit der Lauretanischen Litanei. Auch das seit 1724 eingeführte italienische Karwochenoratorium wurde zum festen Bestandteil der Musikaufführungen in der Hofkirche. Seit Herbst 1724 standen auch wieder italienische Sänger zur Verfügung, die in Venedig auf Kosten des sächsisch-polnischen Hofes ihre Ausbildung erhalten hatten; 1730 kamen weitere hinzu.

Ein Künstlerpaar: Vorbote des Neuen

Nach dem Tod des Kapellmeisters Heinichen bemühte sich der Hof um einen Nachfolger, der über Erfahrungen in der neuesten italienischen Opernpraxis verfügen sollte. Mit Johann Adolf Hasse kam schließlich ein Musiker zum Zuge, der, aus Bergedorf bei Hamburg stammend, während eines mehrjährigen Italienaufenthaltes zu einem der führenden Opernkomponisten seiner Generation aufgestiegen war. Das Gastspiel, das Hasse im Sommer und Herbst 1731 zusammen mit seiner Frau Faustina Bordoni-Hasse nach Dresden führte, wurde zu einem umjubelten Erfolg. Doch erst nach dem Tod Augusts des Starken kam Hasse Anfang Februar 1734 nach Dresden. In der Zwischenzeit hatte Zelenka die Aufgaben des Kapellmeisters übernommen und unter anderem auch die Musik für die Trauerfeierlichkeiten komponiert.

Noch vor der Rückkehr des Königs aus Krakau von den Krönungsfeierlichkeiten war das Ehepaar Hasse in Dresden eingetroffen,

Bach-Gesuch
Am 27. Juli 1733 überreichte Johann Sebastian Bach dem Landesherrn »Kyrie« und »Gloria« seiner Messe h-moll mit der Bitte »um ein Praedicat von Dero Hoffcapelle«. Dieses Gesuch blieb mit anderen zunächst liegen, denn der Hofstaat reiste nach Polen, wo die Königskrönung am 17. Januar 1734 in Krakau stattfand. Erst 1736 erhielt Bach den begehrten Titel.

Solo: Johann Adolf Hasse – Fest-Mittelpunkt »Oper«

Andrea Wolter

Johann Adolf Hasse kam 1731 zur Uraufführung seiner Oper »Cleofide« mit seiner Frau, der Primadonna Faustina Bordoni, zum ersten Mal nach Dresden. Aber erst nach dem Tode Augusts des Starken trat er, am 1. Dezember 1733, sein Amt als Kapellmeister an. Und während die Stadt ihren Ruf als Zentrum europäischer Kultur weiter festigte, gelangte im Laufe von 30 Jahren mit Hasse die Opera seria zu höchster Entfaltung. Der in Bergedorf bei Hamburg Geborene, der sich in Neapel und Venedig als Schüler Porporas und Alessandro Scarlattis wie kein zweiter den neuen italienischen Opernstil und insbesondere eine unübertroffen virtuose und ausdrucksvolle

Johann Adolf Hasse

Behandlung der Singstimme zu eigen gemacht hatte, fand in Dresden für sein Schaffen optimale Bedingungen vor. Mehr als 25 seiner insgesamt etwa 80 Opern hat Hasse eigens für Dresden komponiert und hier auch erstmals aufgeführt. Zahlreiche im Dresdner Kupferstichkabinett und im Staatsarchiv aufbewahrte Figurinen und Szenenbilder aus seinen Opern geben Aufschluss über Details ihrer Aufführung, über Dekorationen und Kostüme, und die Namen der Sänger samt ihren Rollenporträts wecken noch heute den Nachhall legendärer Kunstfertigkeit und Ausdruckskraft.

Und so etwa mögen sie sich, glaubt man Francesco Pontes Rollenporträts, präsentiert haben: Der Protagonist steht ganz vorn an der Rampe, das Kostüm mit ausladenden Schößen prächtig bestickt, den rechten zierlich beschuhten Fuß elegant vorgesetzt. Der wallende Federbusch auf dem Kopf kennzeichnet den hohen Rang seiner

Bühnenrolle. Er ist der gefeierte Star der Oper, Domenico Annibali, Kastraten-Altist mit phänomenalem Stimmumfang, mit »glänzender Coloratur und vorzüglichem Trillo«. Und während er mit hinreißendem Pathos die Worte Regolos singt, wandelt einige der glänzenden Damen im Saal eine wonnevolle Ohnmacht an: »Ich verlasse euch. Ach – ihr weint? Lebt wohl!« Und der Chor antwortet »Du Zierde dieses Landes, lebe glücklich … Schwerlich findet wieder sich je ein Regulus«, und er meint eigentlich Johann Adolph Hasse, dessen Oper »Attilio Regolo« am 12. Januar 1750 erstmals aufgeführt wurde und manches von den Kämpfen verriet, in die der Maestro seinerseits

Faustina Hasse-Bordoni

verstrickt war. Denn Hasses musikalische Vorrangstellung am Hofe war gefährdet, seit Porpora in Dresden erschienen war und sich für seine verborgenen und systematischen Angriffe der Sängerin Regina Mingotti bediente. Diese außerordentliche Begabung stellte für Faustina Hasse-Bordoni – erstmals in ihrer Laufbahn – eine ernsthafte Konkurrenz dar. Nun stand die Mingotti als Publio neben Annibali-Regolo auf der Bühne, und auf der anderen Seite Faustina, für die »Il divino Sassone« die weit übers konventionelle Rollenprofil hinausragende Partie der Attilia komponiert hatte …

Im Zentrum von Hasses Vertonung, die während der Dresdner Musikfestspiele 1997 als konzertante Aufführung erstmals wieder am Ort ihrer Uraufführung zu hören war, stehen Melodien von unbeschreiblicher Vielfalt und Eleganz – einst musikalische und dramatische Herausforderung an die Dresdner Sängerschaft der Ära Hasse, deren Beziehungs- und Intrigenspiele in die Annalen der Dresdner Musikgeschichte eingegangen sind und bei der Uraufführung des Werkes zur Wiedereröffnung des von Giuseppe Galli-Bibiena umgebauten Großen Opernhauses zweifellos für besondere Spannung gesorgt haben.

Hasse hat Dresden bis 1763 die Treue gehalten. Als Folge der Sparmaßnahmen nach Ende des Siebenjährigen Krieges wurde die Italienische Hofoper ein weiteres Mal aufgelöst, Hasse und Faustina erhielten ihren Abschied. Künftig sollten vom Hof subventionierte private Operngesellschaften den Spielbetrieb übernehmen.

Fastenzeit-Musik
Zur Fastenzeit hatten die Musiker jeden Nachmittag in der Hofkirche Dienst, und die Königin wohnte oft den Andachten bei. Musikalischer Höhepunkt waren die italienischen Oratorien aus Hasses Feder am Abend des Karfreitags und Nachmittag des Karsamstags. Auch die Hochämter zu Ostern und Pfingsten sowie das Fronleichnamsfest mit Oktav waren mit besonders festlicher Musik ausgestattet.

und der König wurde mit einer Kantate aus der Feder des neuen Kapellmeisters begrüßt; am Karfreitag gab es ein weiteres Oratorium und im Juli dann die Wiederaufführung der bereits zwei Jahre vorher in Rom gespielten Oper »Cajo Fabriccio«. Das wohl faszinierendste Künstler-Ehepaar des Jahrhunderts erhielt eine feste Anstellung zu vorzüglichen Bedingungen, reiste aber schon im November wieder nach Italien ab, während sich der Hof nach Polen begab.

Höfische Feste im Rokoko

Der Jahresrhythmus der auch für die Öffentlichkeit zugänglichen Musikaufführungen am sächsisch-polnischen Hof ergab sich durch die allgemeinen Festzeiten, aber auch durch die Geburts- und Namenstage des Herrscherhauses. Gewöhnlich kamen in der Zeit des Karnevals ein oder zwei Opern Hasses auf die Bühne, die natürlich jeweils mehrere Wiederholungen erlebten.

Aufführungen von Opern oder größeren italienischen Kantaten fanden regelmäßig am 3. August (Namenstag des Königs) und 8. Dezember (Geburts- und Namenstag der Königin) statt. Der 7. Oktober (Geburtstag des Königs) wurde dagegen oft mit entsprechenden Aufführungen auf Schloss Hubertusburg begangen; das Herrscherpaar verband dies zumeist mit dem vorhergehenden Besuch der Michaelismesse in Leipzig und

Schloss Hubertusburg

dem anschließenden Beginn der Jagdsaison. Alle zwei Jahre reiste der Hof für einige Monate nach Warschau; in diesem Fall fuhren einige Gesangs- und Instrumentalsolisten mit, um die dortige Kapelle zu verstärken. Zu diesen »normalen« Anlässen kamen besondere Ereignisse wie die Geburt eines Prinzen oder einer Prinzessin (insgesamt 14!), die Anwesenheit fremder Herrscher, Friedensschlüsse oder Hochzeiten des königlichen Hauses. So heiratete 1738 die Prinzessin Maria Amalia den König Karl von Sizilien, und 1747 gab es gar eine Doppelhochzeit mit dem Hause Wittelsbach: Zu den Feierlichkeiten musizierte nicht nur die Hofkapelle, sondern auch eine reisende Operntruppe begeisterte mit einigen Vorstellungen. Unter den Musikern befand sich der junge Christoph Willibald Gluck, der seine Serenata »La nozze d'Ercole e d'Ebe« zur Aufführung brachte.

Die Hofkirche und ihre Musik

Das 1708 zur ersten Katholischen Hofkirche Sachsens nach der Reformation umgebaute alte Opernhaus am Taschenberg war ein Provisorium geblieben, doch wurde erst 1739 der Grundstein zu einer neuen großen Hofkirche gelegt. Nach manchen Querelen zwischen dem Architekten Gaëtano Chiaveri und den sächsischen Baubehörden konnte sie am Fest Peter und Paul (29. Juni) 1751 eingeweiht werden.

Mit der Fertigstellung der Kirche und der Orgel hatten sich die Bedingungen für die Musikaufführungen zu den Gottesdiensten geändert. Für den neuen Raum war eine größere Anzahl von Sängern erforderlich, zu denen jetzt regelmäßig auch die Kapellknaben kamen. Der berühmt-berüchtigte Nachhall zwang die Komponisten, ihre Werke auf die neue Situation einzurichten. Die Werke von Heinichen, Zelenka und Ristori verschwanden allmählich im Archiv, während der Hofkapellmeister Hasse, der sich jetzt verstärkt der Kirchenmusik widmete,

Hofkirchenweihe
Zur Weihe der neuen Katholischen Hofkirche im Jahre 1751 schrieb Johann Adolf Hasse die Messe d-Moll und das später berühmt gewordene »Te Deum«. Da die Innenausstattung des Kirchenraumes noch nicht fertig war, musizierten die Mitglieder der Hofkapelle auf einem eigens aufgebauten Gerüst. Gottfried Silbermann hatte den Auftrag zum Bau der Orgel erhalten. Da er 1753 starb, führte sein Schüler Zacharias Hildebrandt die Arbeiten weiter, bis das Werk zu Mariä Lichtmess (2. Februar) 1755 eingeweiht werden konnte.

Solo: Maria Antonia – Kurfürstin und Komponistin

Gerhard Poppe

Musikunterricht war für Mitglieder europäischer Fürstenhäuser über Jahrhunderte selbstverständlicher Teil ihrer Ausbildung wie Tanzen, Fechten, Reiten oder Fremdsprachen. Ob dieser Unterricht in eine eigene aktive musikalische Betätigung oder eine besondere Förderung der Musik mündete, blieb den Herrschern dann selbst überlassen. Für die Dresdner Hofkapelle war es sicher ein Glücksfall, nacheinander eine ganze Reihe überaus musikkundiger Herrscher als Dienstherren gehabt zu haben. Unter diesen ragt die Kurprinzessin und spätere Kurfürstin Maria Antonia Walpurgis (1724–1780) hervor. Als gebürtige Wittelsbacherin war sie durch ihre Mutter mit dem musikbegeisterten Kaiserhaus verwandt und hatte 1747 ihren Cousin, den sächsischen Kurprinzen Friedrich Christian geheiratet. Bald war abzusehen, dass von ihr wesentliche Impulse für das Musikleben am Dresdner Hof ausgehen würden. 1748 wurde auf ihr Betreiben

Maria Antonia Walpurgis

der Opernkomponist und Gesangslehrer Nicolo Porpora (1686–1768) angestellt, der aber Dresden bereits 1751 wieder verließ. Maria Antonia Walpurgis schrieb verschiedene Libretti, unter anderem zu Hasses berühmtem Oratorium »La conversione di Sant'Agostino«, und komponierte selbst zwei Opern: »Il trionfo della fedeltá« (1754) und »Talestri,« »Regina dell'Amazoni« (1760), die auch im Druck erschienen. Unter dem Schäfernamen »Ermelinda Talea, Pastorella Arcada« war sie Mitglied der römischen »Academia Arcadia« und korrespondierte mit den bedeutendsten Gelehrten und Dichtern ihrer Zeit.

Die Silbermann-Orgel in der Kathedrale zu Dresden

und der ungeheuer produktive Kirchen-Compositeur Johann Georg Schürer unter den neuen Bedingungen den Dresdner Hofkirchenstil schufen, an dessen ungeschriebene Regeln sich auch die Komponisten der folgenden Generationen weitgehend hielten. Der Wandel des in der Kirche musizierten Repertoires hing aber nicht nur mit den akustischen Bedingungen, sondern auch mit Veränderungen des Geschmacks zusammen. Seit der Einweihung der neuen Hofkirche wurden dort etwa hundert Jahre fast ausschließlich Werke von Komponisten aufgeführt, die am Dresdner Hof angestellt gewesen waren. Sie schufen einen großen Schatz an Werken, von dem trotz mancher Verluste das meiste erhalten ist und aus dem sich heute noch vieles für eine Wiederentdeckung eignen dürfte.

Mühsal nach dem Kriegsende

Der Siebenjährige Krieg (1765–1763) beendete die wohl glanzvollste Periode der sächsischen Hofkultur. Dresden war während der

Das Kleine kurfürstliche Theater

Beschießung durch preußische Truppen im Sommer 1760 zu großen Teilen zerstört worden, und als der König mit seinem Hofstaat im Frühjahr 1763 aus Warschau zurückkehrte, fand er ein durch die lange Besatzungszeit ausgeplündertes und ruiniertes Land vor. Der König starb am 5. Oktober desselben Jahres, und sein Sohn und Nachfolger Kurfürst Friedrich Christian entließ kurz darauf das Ehepaar Hasse, doch starb er selbst nur zehn Wochen später. Für den dreizehnjährigen Thronfolger Friedrich August III. übernahm zunächst dessen Onkel Prinz Xaver die Regierung, der eine konsequente Sparpolitik betrieb, während die verwitwete Kurfürstin sich um die Reorganisation und den Wiederaufbau von Hofkapelle und -oper bemühte. An die Stelle der Hofoper trat 1765 ein vom Hof subventioniertes Opernunternehmen, das die Hofkapelle und das Moretti'sche Opernhaus als Kleines kurfürstliches Theater zur Verfügung gestellt bekam und dreimal wöchentlich opere buffe spielte.

Das Amt des Kapellmeisters übernahm von 1766 bis 1772 Domenico Fischietti. Mit den Aufführungen von Naumanns »La clemenza di Tito« 1769 zur Hochzeit des jungen Kurfürsten ging die Geschichte der opera seria am Dresdner Hof endgültig zu Ende. Fischiettis Vertrag wurde nicht verlängert und Schuster und Seydelmann erhielten zum 1. Mai 1772 eine Anstellung als Kirchen-Compositeurs. Mit der Ernennung Naumanns zum Kapellmeister 1776 war in der Leitung der Hofkapelle wieder ein Normalzustand erreicht. Im Kleinen Kurfürstlichen Theater Morettis (auf der rechten Seite des Theaterplatzes – heute zwischen dem König Johann- Denkmal und dem Restaurant »Italienisches Dörfchen«) spielten, nur unterbrochen vom Bayrischen Erbfolgekrieg 1779, nacheinander die Unternehmen Bustelli und Bertoldi ein internationales Repertoire italienischer opere buffe. Später gelangten auch wieder Werke ernsteren Charakters auf den Spielplan, aber deutsche Opern wie Mozarts »Zauberflöte« wurden selten und durchweg in italienischer Sprache aufgeführt.

Nach Italien
Am 1. August 1764 wurde der erst 23-jährige Johann Gottlieb Naumann zum Kirchen-Compositeur ernannt und im folgenden Jahr zusammen mit Joseph Schuster und Franz Seydelmann, zwei Söhnen von Sängern der Hofkapelle, zur weiteren Ausbildung nach Italien geschickt.

Kirchenmusik und Hofkirchenstil

Einen großen Aufschwung nahm bald nach dem Siebenjährigen Krieg die Musik in der Katholischen Hofkirche. Hatten Johann Adolf Hasse und die übrigen Komponisten seiner Generation den Grundstock des Repertoires gelegt, so komponierten Naumann, Schuster und Seydelmann in rascher Folge neue Werke für den umfangreichen Kirchendienst. Gerade in der Zeit, in der katholische Kirchenmusik andernorts durch die Restriktionen Kaiser Josephs II. und die Säkularisierung im Niedergang begriffen war, erlebte sie in Dresden eine ihrer größten Blütezeiten und wurde zu einem erstrangigen Anziehungspunkt für alle kunstinteressierten Besucher der Stadt. In den zeitgenössischen Reiseberichten und -briefen wird die Musik in der Hofkirche immer wieder hervorgehoben; insbesondere für die romantische Generation scheint sie von kaum zu überschätzender Bedeutung gewesen zu sein. Musikalischer Höhepunkt des Kirchenjahres war der Nachmittag des Karsamstags mit der Aufführung eines italienischen Oratoriums. Auch diese Werke wurden fast ausschließlich von den Dresdner Kapellmeistern selbst komponiert. Diese Tradition reichte bis 1825 und damit länger als an jedem anderen Ort außerhalb Italiens.

Francesco Morlacchi

Russen als Retter

Nach dem Ende der Napoleonischen Kriege war mit der Existenz Sachsens als selbständiger Monarchie auch das Weiterbestehen der Hofkapelle gefährdet. Doch russische Offiziere waren von Musikaufführungen in der Katholischen Hofkirche begeistert, und der junge Kapellmeister Francesco Morlacchi reiste mit Billigung des Gouverneurs Fürst Repnin persönlich nach Frankfurt am Main, um die Verbündeten für den weiteren Bestand der Kapelle zu gewinnen.

Späte Blüte der italienischen Oper

Auch nach Naumanns Tod gab der sächsische Hof seine Vorliebe für die italienische Oper nicht auf und brauchte dazu wieder einen Kapellmeister, der mit eigenen neuen Bühnenwerken hervortrat und so den Anschluss an die moderne Opernentwicklung wiederherstellen konnte. Ein solcher fand sich 1802 in Ferdinando Paër (1771–1839), dessen Werke nicht nur in Dresden, sondern in ganz Europa ein begeistertes Echo fanden. Den Musikhistorikern ist heute vor allem »Leonora ossia l'amore conjugale« (1804) bekannt, deren Libretto auf einen französischen Text zurückging, der wiederum wenig später auch Beethovens »Fidelio« als Vorlage diente. Zu den Bewunderern Paërs gehörte Napoleon, der ihn 1807 an seinen eigenen Hof abwarb. Erst drei Jahre später gab es wieder einen neuen Kapellmeister, den zum Zeitpunkt seiner Anstellung erst 26-jährigen Francesco Morlacchi (1784–1841).

Nach 1813: die Hofkapelle in Gefahr

Blieben Musik und Theater am sächsischen Hof in den ersten Jahren seit der Schlacht von Jena und Auerstedt von den kriegerischen Ereignissen noch weitgehend verschont, so änderte sich dies später schlagartig. Sachsen und Dresden rückten von Frühjahr bis Herbst 1813 ins Zentrum der militärischen Auseinandersetzungen. Der König geriet nach der Völkerschlacht bei Leipzig in Gefangenschaft, und die Weiterexistenz Sachsens als selbständige Monarchie stand fast zwei Jahre lang ernsthaft in Frage. Nach zähen Verhandlungen auf dem Wiener Kongress blieb Sachsen als eigenständiger Staat bestehen, musste aber etwa die Hälfte seines Territoriums an Preußen abtreten. Am 7. Juni 1815 kehrte König Friedrich August I., »der Gerechte«, in sein verarmtes Land zurück, und mit der Rückkehr der provisorisch eingerichteten Staatsanstalt in den Hofdienst war die Übergangszeit abgeschlossen.

Hofoper und Hofkapelle – von Weber bis Schuch

Birgit Schreier/Andrea Wolter

Nach der Schließung des Großen Opernhauses am Zwinger im Jahre 1769 diente das Moretti'sche Theater als repräsentatives Opernhaus der sächsischen Residenz. 1780 vom Hofe angekauft, war es bis zum Januar des Jahres 1816 allein der von Francesco Morlacchi geleiteten Italienischen Hofoper vorbehalten. Werke des deutschen und französischen Repertoires – darunter Singspiele von Mozart, Opern von Haydn – waren in größerer Auswahl nur im Sommer im Theater auf dem Linckeschen Bade zu erleben. Dort präsentierte die Truppe von Joseph Seconda einen Spielplan, der einerseits dem Bedürfnis nach volkstümlicher Unterhaltung Rechnung trug, aber andererseits auch künstlerischen Ansprüchen entgegenkam. Die mit der Ausrichtung auf unterschiedliche Publikumskreise einhergehende Rangordnung der beiden Institutionen wurde in Frage gestellt, als im Januar 1817 in das Moretti-Theater zusätzlich ein

Das Moretti'sche Theater, seit 1780 Dresdens Opernhaus

»deutsches Departement« einzog und wenig später die Italienische Hofoper verpflichtet wurde, auch im Theater auf dem Linckeschen Bade zu spielen.

Heinrich Graf Vitzthum von Eckstädt, Führer der Verhandlungen zwischen Carl Maria von Weber und dem sächsischen Königshaus, die Weber die Anstellung in Dresden einbrachten, Zeichnung von Karl Vogel von Vogelstein 1831

Die Deutsche Oper etabliert sich

Die Gründung der neuen Sparte hatte Heinrich Graf Vitzthum von Eckstädt, der »Generaldirektor der Königl. Musikalischen Kapelle und des Hoftheaters«, mit Billigung Friedrich Augusts I. gegen den Widerstand höfischer Kreise durchgesetzt. An ihre Spitze stellte er nach langwierigen Verhandlungen neben Franceso Morlacchi Carl Maria von Weber. Die Entscheidung für den Dreißigjährigen, der sich durch seine erfolgreiche Arbeit am Stadttheater Breslau und vor allem als Operndirektor in Prag empfohlen hatte, erwies sich als weitsichtig und folgenreich: Mit ihr bekam in Dresden das Streben nach einer deutschen nationalen Oper eine neue Chance.

Am 1. Januar 1817 wurde das zwischenzeitlich als Staatsanstalt geführte Haus wieder zum Hoftheater gemacht. Am 13. Januar traf Weber in Dresden ein. Am 17. Januar wurde er in einem feierlichen Akt offiziell in sein Amt eingeführt. Schon am 30. Januar zeigte die Deutsche Oper im Hoftheater (Morettitheater) mit »Jacob und seine Söhne« (»Joseph in Ägypten«) von Etienne Nicolas Méhul ihre erste Vorstellung, die Webers weitgefaßte Interessen andeutete. In der Folge wetteiferten beide Departments des Königlich Sächsischen Hoftheaters mit reichhaltigen Spielplänen, die sich keineswegs auf die expressis verbis angesprochene nationale Provenienz beschränkten.

Die erste Opernaufführung unter Webers Leitung wurde mit Begeisterung aufgenommen. Den Erfolg seiner Antrittsarbeit krönte Webers Berufung zum Königlichen Kapellmeister am 10. Februar 1817. Damit war die deutsche Opernabteilung der bisher bevorzugten italienischen zumindest formal gleichgestellt.

Repertoireentscheidungen

Weber hatte mit Méhuls »Jacob und seine Söhne« eine richtungweisende Spielplan-Entscheidung getroffen. Das Werk war für die ihm zur Verfügung stehenden Sänger gut zu bewältigen und bot dem Orchester Gelegenheit zur musikalischen und spieltechnischen Entfaltung. Wie bereits in Webers Prager Amtszeit sollten künftig Opern von Méhul, Grétry, Boieldieu und Cherubini in deutscher Übersetzung neben deutschen Singspielen das Repertoire der neuen Opernabteilung bestimmen. Damit erfüllte diese auch die Erwartungen des Dresdner Publikums, das französische Opern und deutsche Singspiele in Aufführungen der Schauspieltruppe von Joseph Seconda im Theater auf dem Linckeschen Bade schätzen gelernt hatte.

Zurückhaltung

Mit der Aufführung eigener Werke hielt sich Weber zunächst zurück, und auch die in seinen Dresdner Jahren entstandenen Werke – 1821 »Der Freischütz«, 1823 »Euryanthe«, 1826 »Oberon« – kamen erst nach ihrer Uraufführung an auswärtigen Theatern auf die Dresdner Opernbühne.

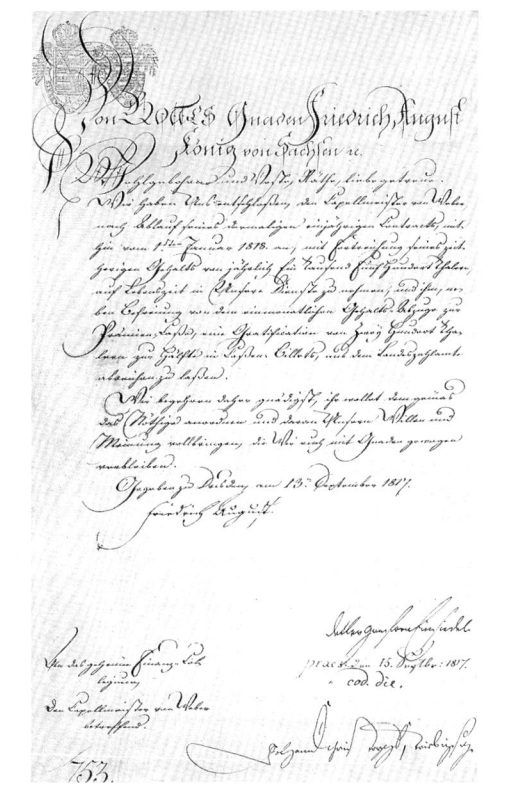

Rescript von 1817 an das Geb. Finanz-Collegium über die Anstellung Carl Maria von Webers als Kapellmeister auf Lebenszeit

Ein deutsches Ensemble entsteht

Weber sah seine Aufgaben in erster Linie im Aufbau eines leistungsfähigen deutschen Ensembles. Denn während dem italienischen Departement weithin anerkannte Gesangssolisten zur Verfügung standen, war Weber im deutschen Fach zunächst auf das »rezitierende Personal des deutschen Schauspiels« angewiesen. Bald jedoch stellte er die ersten Sänger für einen ständigen Chor ein und engagierte professionell ausgebildete Solisten wie etwa den Tenor Gottfried Bergmann und die Sopranistin Julie Zucker, die 1818 in der von Weber geleiteten Neueinstudierung von Mozarts »Zauberflöte« die Pamina sang und später als erstes Dresdner Ännchen neben Friederike Funk als Agathe aus dem »Freischütz« in die Musikgeschichte eingehen sollte.

»Der Freischütz« erlebte am 18. Juni 1821 unter Webers Leitung seine glanzvolle Premiere im neu eröffneten Schauspielhaus am Berliner Gendarmenmarkt. Sein überwältigender Erfolg hat dem Werk seinen Weg auf

Julie Zucker als Pamina in Mozarts »Zauberflöte«, Dresden 1818

Figurine »Max« zur Uraufführung von Carl Maria von Webers »Freischütz«, 1821

die Dresdner Bühne eröffnet. Als es hier am 26. Januar 1822 zum ersten Mal erklang, zahlte sich Webers unermüdlicher Einsatz für die Verbesserung der musikalischen und technischen Bedingungen des Opernbetriebs aus: Das Dresdner Publikum erlebte eine hervorragende Aufführung und ließ sich wie zuvor das Berliner bereitwillig in den Bann von Webers Musik ziehen, die mit ihren einprägsamen Situations- und Naturschilderungen,

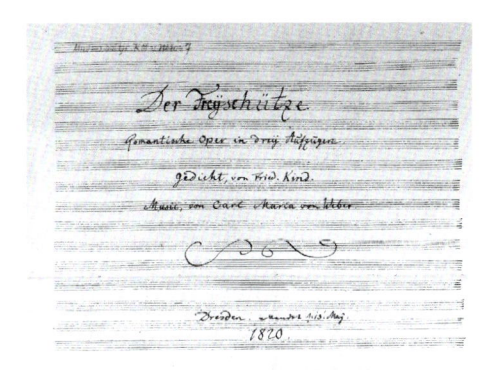

Titelblatt der »Freischütz«-Partitur, Autograph 1820

Sommerhaus

In Hosterwitz unweit von Pillnitz befindet sich das 300-jährige Winzerhaus, in dem Weber mit seiner Familie von 1822–1824 jeweils die warme Jahreszeit verlebte und gern befreundete Dichter und Musiker empfing. Hier entstanden neben »Freischütz« und »Euryanthe« auch der Hauptteil des »Oberon« sowie die »Aufforderung zum Tanz«. Von Hosterwitz aus unternahm Weber auch Ausflüge in die Umgebung; davon zeugt z. B. eine Tafel an der Keppmühle im Keppgrund, die Weber oft besuchte. Heute ist Webers Sommerhaus Museum und Heimstatt von Konzerten und Vorträgen. In den Wohn- und Arbeitsräumen Webers vermitteln Notenschriften, Bild- und Textdokumente, Kunstwerke sowie zeitgenössisches Mobiliar einen Eindruck vom Leben und Schaffen des Künstlers.

Die Keppmühle, in der Carl Maria von Weber oft weilte

mit dramatisch betonter Zeichnung der Personen und neuen romantischen Klangvorstellungen einen Markstein in der Entwicklung des Musiktheaters bildet.

Webers Ära – glanzvoll

Webers Leistungen für die Oper in Dresden sind kaum zu überschätzen. Neben einer klugen Spielplanpolitik und dem Aufbau eines leistungsfähigen Solistenensembles waren es vor allem seine umsichtige Probenarbeit und seine Aufmerksamkeit für die vielen Faktoren des künstlerischen Betriebs, die seine Amtszeit zu einer der glanzvollsten Abschnitte in der Geschichte der Dresdner Hofoper machten. Unter der Einwirkung seiner künstlerischen und persönlichen Integrität konnte sich selbst die problematische und gelegentlich von Spannungen überschattete Doppeldirektion von Weber und Morlacchi für die Entwicklung des Orchesters als förderlich erweisen. So festigte sich nicht nur das europaweite Ansehen des viel gelobten Klangkörpers, sondern die Hofkapelle nahm einen Aufschwung, der Webers Dresdner Jahren – so wenige es auch waren – den Status einer glanzvollen Ära verleiht.

In der Tat erwarb das Orchester unter Webers Ägide einen Teil jener Klangkultur, die es bis heute auszeichnet. Weber förderte durch geteilte Proben die Genauigkeit und Sicherheit der einzelnen Stimmgruppen. Außerdem führte er in Dresden eine neue, auch von Zeitgenossen wie Spontini, Spohr und Mendelssohn geübte Praxis des Dirigierens ein: Er saß dabei nicht mehr am Cembalo, sondern trat vor das Orchester, das er auf diese Weise besser überblickte, und benutzte einen Taktstock, der genauere und differenziertere Zeichengebung erlaubte. So erreichte die Hofkapelle eine neue Qualität des Zusammenwirkens und musikalischer Ausdrucksfähigkeit. Mit einer neuen Orchestersitzordnung, die die akustischen Schwächen des Moretti-Theaters ausgleichen und die Klangwirkung der einzelnen Instrumentengruppen verbessern sollte, konnte sich Weber jedoch nicht ohne weiteres durchsetzen. Mit der Etablierung eines festen Opernchores und mit vielfältigen Bemühungen um die Anhebung des musikalischen und darstellerischen Niveaus des Dresdner Ensembles hat er einen entscheidenden Beitrag zur Entfaltung eines dramaturgisch motivierten Ensemblespiels und zum Verständnis der Oper als musikalisch-theatralischer Gattung geleistet.

Weitsichtige Personalpolitik

Webers Sicherheit und Weitblick in künstlerischen und theaterpraktischen Fragen erwies sich höchst eindrucksvoll auch bei seinen Personalentscheidungen im Bereich des Deutschen Departements. Neben den bereits genannten Solisten ragte aus seinem neuen Ensemble neben Julie Zucker und

Schröder-Devrient
Wilhelmine Schröder-Devrient (1804–1860), Tochter eines Sängers und einer Schauspielerin, trat bereits als Fünfjährige in ihrer Heimatstadt Hamburg als tanzende Amorine im Theater auf. In Wien, wo ihre Mutter am Burgtheater engagiert war, wechselte sie vom Kinderballett zum Schauspiel über und trat, 15 Jahre alt, zuerst als Aricia in Racines »Phädra« auf. Studien im dramatischen Gesang ebneten ihr den Weg auf die Opernbühne, wo sie 1821 als »Pamina« debütierte und ein Jahr später in Beethovens »Fidelio« internationalen Ruhm erntete und dem Werk zum Durchbruch verhalf. Gemeinsam mit ihrem ersten Ehemann, dem Sänger Karl Devrient, kam sie 1823 an die Dresdner Hofoper, der sie, mit wenigen Unterbrechungen, bis 1847 als Mitglied angehörte. Ihre Größe jedoch zeigte sich im dramatischen Gesang, und ihre glänzendsten Erfolge – in vielen Städten Deutschlands, in Paris, wo sie 1830 zum ersten Mal auftrat, und in London (1833 und 1837) – feierte sie dank ihrer darstellerischen Lebendigkeit. Sie starb 1860 in Coburg und wurde auf dem Trinitatisfriedhof in Dresden begraben.

Solo: Carl Maria von Weber, der Erneuerer

Birgit Schreier/Andrea Wolter

Weber wurde am 18.11.1786 in Eutin (Holstein) in eine Künstlerfamilie hineingeboren. Er zog mit der wandernden Schauspieltruppe seines Vaters durch die Lande und führte so einige Jahre ein regelrechtes Vagabundenleben. Seine musikalische Ausbildung erhielt er unter anderem bei Michael Haydn und dem seinerzeit berühmten Musiktheoretiker und Musiker Abbé Vogler, der ihm auch seine erste Anstellung als Kapellmeister in Breslau vermittelte.

Weitere Stationen in Webers Schaffen waren Carlsruhe in Oberschlesien, wo er als Musikintendant im Dienste Prinz Eugens von Württemberg stand, und später Stuttgart. Dort erteilte er den Töchtern Herzog Ludwigs als dessen Sekretär Musikunterricht, ehe er 1813 als Operndirektor an das Ständetheater in Prag berufen wurde. In der Stadt an der Moldau verschaffte er sich mit umjubelten Aufführungen französischer Opern und den Werken Mozarts und Beethovens einen geachteten Namen. Im Dezember 1816 wurde Weber

Carl Maria von Weber

für die Deutsche Oper in Dresden engagiert, nachdem er ähnliche Angebote aus Leipzig und Berlin abgelehnt hatte. In Dresden und auf seinem Sommersitz in dem kleinen Dorf Hosterwitz komponierte er seine drei großen Opern, von denen die erste – »Der Freischütz« – sich bis heute ungebrochener Popularität erfreut, während »Euryanthe« und »Oberon« nur noch selten aufgeführt werden. Beide Werke, deren

Musik trotz dramaturgischer Schwächen der Handlung zu den Höhepunkten romantischer Opernkomposition gehört, entstanden als Auftragwerke für auswärtige Bühnen: »Euryanthe«, nach einem Libretto von Helmine von Chézy – der Autorin des Schauspiels »Rosamunde«, zu dem Franz Schubert Chöre, Musikbegleitung und Tänze komponiert hat – hatte 1821 das Wiener Kärntnertor-Theater bestellt. Bei der Wiener Uraufführung am 25. Oktober 1823 beeindruckte in der Titelrolle die erst siebzehnjährige Henriette Sonntag, die später eine unverzichtbare Größe im Dresdner Opernensemble werden sollte. Die Dresdner Erstaufführung folgte erst am

Titelblatt des Klavierauszuges der »Trauersinfonie« von Richard Wagner zur Beisetzung Carl Maria von Webers

Weber-Denkmal im Winkel zwischen Semperoper und Gemäldegalerie

31. März 1824 mit Wilhelmine Schröder-Devrient als Euryanthe. Wenig später erhielt Weber vom Covent Garden Opera House London einen weiteren Kompositionsauftrag, mit dem wie damals üblich die Verpflichtung zur Einstudierung sowie zur Leitung der Uraufführung und weiterer Vorstellungen verbunden war. Die Sorge um die finanzielle Absicherung seiner Familie veranlasste ihn, trotz gesundheitlicher Bedenken auf diese Bedingungen einzugehen, und hingebungsvoll – Studien der englischen Sprache und arabischen Musik inklusive – an dem Londoner Projekt zu arbeiten, mit dem er »ein hübsches Vermögen« zu machen hoffte. Ende Dezember 1824 begann er mit der Komposition von Teilen des Librettos, die ihm nach und nach aus London übersandt wurden, doch erst Anfang 1826 rückte die Vollendung des Werkes in greifbare Nähe. Am 7. Februar trat Weber, bereits unübersehbar krank, die strapaziöse Reise über Paris nach London an, die seine Gesundheit vollends untergrub. So hat er zwar in London die Partitur des »Oberon« vollendet und nach dem triumphalen Erfolg der Uraufführung am 12. April 1826 noch 11 weitere Vorstellungen geleitet. Einen Tag vor Antritt der Rückreise in die Heimat, am 5. Juni 1826, starb er in London.

Überführung

1844 wurde Weber auf Betreiben Richard Wagners nach Dresden überführt. Hier setzte man ihn unter großen Ehren und großer Anteilnahme der Dresdner Bürger auf dem alten Katholischen Friedhof in Friedrichstadt bei. Richard Wagner komponierte aus diesem Anlass für den von ihm hoch verehrten Komponisten einen Trauermarsch und einen Chor, zu dem er auch den Text verfasste. In einer Trauerrede auf seine »großen Lehrmeister« würdigte er Webers musikalische Leistungen und seine Verdienste um die Opernkunst.

Friederike Funk sowie dem Tenor Gottfried Bergmann vor allem eine weitere Sopranistin hervor, die einen neuen Sänger-Typ verkörperte: Wilhelmine Schröder-Devrient. Weber hatte sie 1821 in Wien erlebt, wo die Siebzehnjährige erstmals als Leonore in Beethovens »Fidelio« auftrat. Ihre lebendige Darstellungsweise der liebenden, für die Befreiung ihres Mannes kämpfenden Frau, die später noch Richard Wagner zu ekstatischer Begeisterung hinreißen sollte, machte auf Weber einen unauslöschlichen Eindruck. Sein Wunsch, diese Partie in seiner eigenen Dresdner Aufführung ebenfalls mit Wilhelmine Schröder-Devrient besetzen zu können, ging in Erfüllung: 1823 gab sie in der ersten »Fidelio«-Premiere der Deutschen Opernabteilung ihr gefeiertes Dresdner Debüt. Weitere Rollen wie Agathe in Webers »Freischütz« und als Euryanthe in seiner gleichnamigen Oper folgten, und auch die italienische Hofoper versicherte sich bald ihrer Mitwirkung. Als ideale Interpretin der großen Frauenpartien in Wagners Musikdramen schrieb sie sich, auf der Höhe ihrer Laufbahn, unauslöschlich in die Annalen der Dresdner Oper ein. Nicht zuletzt aber war sie eine Rezia von bewegender dramatischer Kraft und stimmlichem Glanz in der Dresdner Erstaufführung von Webers Oberon, die am 24. Februar 1828, fast zwei Jahre

Aufstellung Carl Maria von Webers über Ausgaben und Einnahmen der Aufführung seiner Oper »Euryanthe«, Autograph 1825

nach der Londoner Uraufführung der Oper und dem Tod ihres Komponisten, unter der Leitung von Webers Nachfolger Carl Gottlieb Reißiger stattfand.

Auflösung der Italienischen Hofoper

Als 1826 die Leitung des Hoftheaters nach geeigneten Kandidaten für die Nachfolge des plötzlich verstorbenen Kapellmeisters suchte, fiel die Wahl auf Carl Gottlieb Reißiger, der 1824 mit seiner Oper »Didone abbandonata« auf sich aufmerksam gemacht hatte. Heinrich Marschner, seit 1823 an der Seite Webers als Musikdirektor der Deutschen Oper tätig, sah seine Hoffnungen auf die ersehnte Beförderung enttäuscht und verließ Dresden. Die Hoffnungen, die in den sehr jungen Reißiger gesetzt wurden, erfüllten sich bald. Zuerst noch als Musikdirektor, ab 1828 als Hofkapellmeister, stärkte er vor allem das deutsche Repertoire. In seinen 33 Dienstjahren bis zum Tode im Jahr 1859 kamen außerdem jährlich sieben bis neun Neueinstudierungen heraus, darunter Opern von Gluck, Auber, Halévy, Meyerbeer und Verdi. Der »Oberon« erfuhr unter Reißiger über einhundert Vorstellungen, »Fidelio« sechzig. Die strikte Trennung der beiden Operndepartements zerfloss zunehmend, das Repertoire mischte sich und Reißiger übernahm mehr und mehr die Verpflichtungen des kränkelnden Kollegen Morlacchi. Als mit der Einführung der neuen Verfassung in Sachsen eine Änderung des rechtlichen und ökonomischen Status der Hofoper stattfand, führten die folgenden finanziellen Probleme schließlich zur institutionellen Auflösung der Italienischen Hofoper.

Mit dem Abriss des Moretti'schen Theaters und dem im selben Jahr begonnenen ersten Semper'schen Opernbau wurde 1841 ein völlig neues Kapitel der Dresdner Opern- und Kapellgeschichte eingeläutet. Das Ensemble war damit gerüstet, einer neuen und großen Herausforderung entgegenzutreten: den Opern Richard Wagners.

Heinrich Marschner schuf ab 1823 in Dresden mehrere Opern, in denen die bisherige Form durch das hervortrende Arioso und beleitende Rezitative aufgelöst wurde

Wagner-Denkmal in Graupa bei Dresden

Solo: Carl Gottlieb Reißiger – Gewinn für Dresden

Birgit Schreier

Carl Gottlieb Reißigers Berufung als Dresdner Hofkapellmeister erwies sich bald als Gewinn für die Dresdner Oper, und 1828 wurde er zum Hofkapellmeister ernannt. Er förderte das deutsche Repertoire insbesondere durch seinen Einsatz für Werke von Weber, Mozart, Beethoven, Spohr und Lortzing und steuerte auch mehrere eigene Opern bei, die jedoch keinen nachhaltigen Eindruck hinterließen. Und während er mit einer bemerkenswerten Aufführung von »Iphigenie auf Tauris« den Blick auf die in Glucks Opern verwirklichten Reformideen lenkte, befähigten ihn seine ausgezeichneten Italienisch-Kenntnisse auch zur Arbeit im italienischen Departement. Dort wurden in den Jahren seines Wirkens und zum Teil auf seine

Hofkapellmeister Carl Gottlieb Reißiger, Lithografie, um 1840

Anregung hin neben Werken von Rossini auch Opern von Bellini, Donizetti und Aubert gespielt und nahmen das Dresdner Opernpublikum mit Belcanto und mitreißender Dramatik ein. Als habe er seine Rolle als Bindeglied zwischen Weber und Wagner unterstreichen wollen, brachte Reißiger am 20. Oktober 1842 als erste Wagner-Uraufführung in Dresden »Rienzi« heraus.

Solo: **Richard Wagner, der Vollender**

Birgit Schreier/Andrea Wolter

Am 12. Dezember 1842 stand anlässlich einer weiteren Aufführung des »Rienzi« Richard Wagner selbst zum ersten Mal am Dirigentenpult der Dresdner Oper. 1843 wurde er hier als Nachfolger Morlacchis zum Kapellmeister ernannt. Sein Engagement leitete eine jener Perioden ein, in der sich die außerordentliche schöpferische Kraft ihres bedeutendsten Protagonisten mit visionärer kulturpolitischer Ambition aufs glanzvollste verbinden konnte. Wichtige Voraussetzungen dafür fand der am 22. Mai 1813 in Leipzig geborene Komponist in der von Weber initiierten Orchesterreform, die es ermöglichte, den klanglichen Anforderungen der romantischen Oper gerecht zu werden, in dem ebenfalls von Weber geschaffenen festen Opernchor

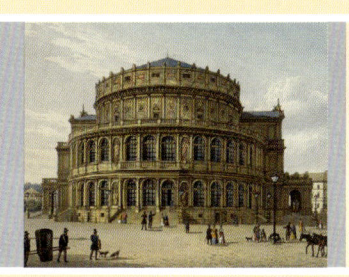

Der erste Semperbau, errichtet 1841

Richard Wagner

und schließlich in einem Zusammenwirken von Musik und Szene, wie es Weber in »Euryanthe« und »Freischütz« intendiert hatte und Wagner in seinen Musikdramen zur Vollendung führen sollte. »Tannhäuser« und »Holländer« hat Wagner in seinen Dresdner Jahren zur Uraufführung gebracht; »Lohengrin« wurde 1848, nachdem Wagner seinen »Entwurf zur Organisation eines deutschen Nationaltheaters für das Königreich Sachsen« eingereicht hatte, abgelehnt. Nach den revolutionären Ereignissen von 1849 wurde Wagner – aktiver Teilnehmer des bewaffneten Aufstandes – steckbrieflich gesucht, floh in die Schweiz, setzte sein Schaffen als Protegé Ludwigs II. von Bayern fort und schenkte der Welt seine größten Werke. Sein Dresdner Kapellmeister-Kollege und politischer Mitstreiter August Röckel, nach 13 Jahren Haft in Waldheim entlassen, wurde 123 Jahre später zum Titelhelden einer Oper von Joachim Werzlau …

Der sächsische Hof und seine Kapelle **Hofoper und Hofkapelle – von Weber bis Schuch**

Brand des ersten Opernhauses am 21. September 1869

Das Interimstheater, in dem zwischen 1869 und 1878 gespielt wurde, Aquarell

Nach Wagners Flucht aus Dresden trat musikhistorisch eine Stagnation ein. Unter der Leitung von Julius Rietz, dem Nachfolger Reißigers seit 1860, begann sich das Dresdner Hoftheater mit der Erstaufführung der wenige Wochen zuvor in München uraufgeführten »Meistersinger von Nürnberg« am 21. Januar 1869 als Wagner-Bühne zu profilieren. Ende September brannte der 1. Semperbau ab, doch schon im Dezember wurde im eilends errichteten »Interimstheater in der Zwingeranlage« wieder gespielt.

Am 16. Januar 1872 stand zur Fünfzigjahrfeier seiner Dresdner Erstaufführung der »Freischütz« zum 332. Mal auf dem Spielplan. Im

September 1873 wurde das »Albert-Theater« in der Dresdner Neustadt eingeweiht, in dem bis zur Eröffnung des zweiten Dresdner Theaterbaus von Gottfried Semper auch Opernaufführungen stattfanden.

Schuch kommt nach Dresden

Von Mitte März bis Ende April 1872 gastierte mit der italienischen Operngesellschaft Pollini zum ersten Mal Ernst Schuch in Dresden. Sein Engagement als Musikdirektor im August desselben Jahres und die Ernennung zum Kapellmeister 1873 leitete eine Ära ein, in der sich das Charisma einer überragenden Persönlichkeit mit Beständigkeit und Kontinuität verband und eine Ausstrahlung zeigte, wie sie weder Weber noch Wagner vergönnt war. Schuch (der 1897 in den Adelsstand erhoben wurde) hat der Dresdner Oper mit der Gestaltung des Repertoires und einer höchst erfolgreichen Ensemblepolitik europäische Geltung verschafft. Dresdens Spielplan war wohl der denkbar umfassendste und enthielt neben den Eckpfeilern der Opernliteratur eine beträchtliche Anzahl von damals stark beachteten, heute aber vergessenen Werken. Bereits 1886 hatte Schuch sämtliche Musikdramen Wagners in Dresden gespielt – womit Dresden zu einer der wichtigsten Wagner-Bühnen

Gottfried Semper, Fotografie um 1855

Opernchor

Der 1817 gebildete erste Dresdner Opernchor bestand aus »32 Personen beiderlei Geschlechts, sämtlich mit musikalischen Vorkenntnissen und guten Stimmen«. Ein Chorführer übernahm neben der allgemeinen Aufsicht auch die musikalische Arbeit zur Einstudierung der Chöre und die gesangliche Ausbildung der Choristen. Wert gelegt wurde auch auf Unterweisung in szenischer Aktion sowie Tanz. Für letzteres wurde Joseph Anton Christ (1744–1823) engagiert, ein »durch die ächt französische Schule« gebildeter Veteran der Dresdner Bühne.

Robert Sterl: »Ernst von Schuch«, Öl auf Leinwand

Ankündigung der Festaufführung mit Ernst von Schuch zum 350-jährigen Bestehen der Dresdner Staatskapelle

neben Bayreuth avancierte – und parallel dazu arbeitete er an der systematischen Erweiterung des Verdi-Repertoires, dessen Aufbau einst Reißiger mit seiner »Ernani«-Aufführung vom 5. März 1849 begonnen hatte.

Unmittelbar nachdem Sergej Djaghilew in Paris 1907 seine erste »Saison russe« veranstaltet hatte, gelangte die russische Oper durch Schuch auch in den Gesichtskreis des Dresdner Opernpublikums, und ebenso stellte er Werke Smetanas, Dvořáks und Paderewskis in Dresden erstmals vor. Bereits 1876 führte Schuch Verdis Requiem und »Aida« auf, 1885 »Don Carlos«, und nur zwei Jahre nach seiner Mailänder Uraufführung stand »Falstaff« 1894 auch in Dresden auf dem Spielplan. Richard Strauss, der Dresden allein neun von seinen insgesamt fünfzehn Opern zur Uraufführung anvertraute, hatte die intensive Zusammenarbeit mit seinem »Dorado für Uraufführungen« 1883 im Rahmen der vom Tonkünstlerverein initiierten Symphoniekonzerte begonnen. Die Reihe

Max Liebermann: »Richard Strauss«, Öl auf Leinwand

seiner Dresdner Uraufführungen eröffnete 1901 »Feuersnot«, 1905 folgte »Salome«, 1909 »Elektra«, 1911 »Der Rosenkavalier«, der im selben Jahr insgesamt fünfzig Aufführungen erlebte, und, als letzte Strauss-Premiere unter Schuch, die deutsche Erstaufführung der »Ariadne auf Naxos« in der Urfassung am 14. November 1912. 1913 gastierten Djaghilevs »Ballets Russes« mit Werken von Glinka, Borodin, Rimski-Korsakov und Debussy in Dresden, und im Mai desselben Jahres beging das Hoftheater den 100. Geburtstag Wagners mit einer Neueinstudierung der »Ring«-Tetralogie. Dresdens letzte Opernpremiere unter Ernst von Schuch war die deutsche Erstaufführung des »Parsifal« am 24. März 1914.

Eva Plaschke von der Osten als Salome in Richard Strauss' gleichnamiger Oper, Fotografie 1916

Schuchs Tod hinterließ Unsicherheiten im Gefüge der Hofoper, die sich mit Kriegsbeginn steigerten. Denn nicht allein die Einberufung von Kapell- und Ensemblemitgliedern brachte Einschränkungen im Spielbetrieb mit sich, sondern der allenthalben propagierte Nationalismus schmälerte auch das unter Schuchs Leitung erarbeitete reiche Reperoire an ausländischen Opern. Aber es wurde weiterhin Wagner gespielt, und Richard Strauss brachte seine anhaltende Verbundenheit mit Dresden zum Ausdruck, indem er im Januar 1915 ein Gedenkkonzert der Kapelle für Schuch dirigierte, die ihr gewidmete »Alpensymphonie« am 30.10.1915, zwei Tage nach der Berliner Uraufführung, auch in Dresden ansetzte und schließlich im Dezember 1717 die 100. Aufführung seines »Rosenkavalier« selbst leitete.

Unterdessen führten die Kapellmeister Fritz Reiner und Hermann Kutzschbach mit einer Reihe von wichtigen Ur- und Erstaufführungen – Opern von d'Albert, Pfitzner, Schreker und Korngold – die Tradition der Hofoper als weltoffener Uraufführungsstätte weiter. Doch die von Schuch her gewohnte europäische Ausstrahlung blieb ihrer Arbeit selbst bei den Erstaufführungen von Strauss' Neufassungen der »Ariadne« und der als »Reichsdeutsche Uraufführung« angekündigten »Frau ohne Schatten« versagt. Später hat

Die »elektrische« Hinrichtung, Karikatur von 1909 auf Richard Strauss' »Electra«

Das Inszenierungsteam nach der Uraufführung der Oper »Der Rosenkavalier« von Richard Strauss am 26. Januar 1911 im Königlichen Opernhaus Dresden, in der ersten Reihe v. l. Seebach, Strauss und Schuch

Fritz Busch, der 1922 als neuer Generalmusikdirektor und Operndirektor die Spielzeit mit »Fidelio« eröffnete, den von Schuch vorgegebenen Impetus wieder aufgenommen und in seinem künstlerischen Ethos den Bezugspunkt zu seinen eigenen Vorstellungen von zeitgemäßer Opernarbeit gefunden.

Staatsoper und Staatskapelle

Hella Bartnig

Immer, wenn die Menschheit eine Katastrophe überlebt hat, sehnt sie sich besonders nach Kultur, nach Musik, nach Theater. 1918 endete der Erste Weltkrieg. Er hatte die Illusion von deutscher Größe so gründlich begraben, dass nur ein gesellschaftliche Neuanfang einen Ausweg aus der politischen Misere erhoffen ließ.

Mit der gesellschaftlichen Umstrukturierung stand auch die Dresdner Oper vor der Aufgabe, sich von der Hofoper in einen Staatsbetrieb zu verwandeln. Die Kriegsjahre hatte sie trotz Geldmangels und Verluste in den Reihen des künstlerischen Ensembles mit achtbaren künstlerischen Leistungen überstanden. Es war ihr gelungen, den kompletten »Ring des Nibelungen« von Richard Wagner im Spielplan zu halten, »Tristan und Isolde« in einer neuen Ausstattung und Inszenierung herauszubringen, Opern von Giuseppe Verdi und Giacomo Meyerbeer zu spielen und darüber hinaus mit heiteren Spielopern ihrem Publikum die Entbehrungen der »Kohlrübenwinter« zumindest für kurze Zeit vergessen zu machen. Nun geriet auch sie in die Wirren der Nachkriegsjahre.

Gescheiterte Pläne mit Strauss
Nach außen bemühte sich die Theaterleitung, Kontinuität zu vermitteln mit dem Versuch, den Glanz der großen Strauss-Premieren wieder aufscheinen zu lassen. Doch man musste sich bescheiden, denn den Bonus, den Dresden durch die besondere Beziehung zwischen Richard Strauss und dem einstigen Generalmusikdirektor der Dresdner Oper Ernst von Schuch genossen hatte,

Graf Seebachs Abschied 1919, Zeichnung von Georg Erler

Graf Nikolaus Seebach, Intendant der Dresdner Hoftheater, die unter ihm zu Glanz aufstiegen, Gemälde von Robert Sterl

gab es nicht mehr. Zwar hatte Strauss schon im Frühjahr 1915 dem Dresdner Hofopernintendanten Nicolaus Graf von Seebach den Text der ersten beiden Akte seines neuen Werkes »Die Frau ohne Schatten« vorlesen lassen, aber er vermisste die spontane Begeisterung: »Seebach begriff erst, als ich ihm den Stoff mündlich noch einmal ganz erklärte und den ersten Akt am Klavier vorspielte.« Wen wundert es da, dass Strauss 1918 der Wiener Hofoper als Premierenort den Vorzug gab, wo ihm zudem die Position des Operndirektors winkte. Der kühne Plan, das Stück dem Dichter, Maler und Regisseur

Staatsoper und Staatskapelle Der sächsische Hof und seine Kapelle

Oskar Kokoschka:
Selbstbildnis, 1923

Oskar Kokoschka für eine Dresdner Inszenierung anzubieten, musste begraben werden. Denn wie bereits bei der Erfolgsoper »Der Rosenkavalier« hatte Strauss auch diesmal vertraglich dafür gesorgt, dass »Die Frau ohne Schatten« nur in der Bühnenausstattung von Alfred Roller aufgeführt werden durfte. Die Dresdner mussten in den sauren Apfel beißen und die Dekorationen für ihre, unmittelbar auf die Wiener Uraufführung folgende, Produktion bei der Berliner Firma Baruch & Co. herstellen lassen mit dem Ergebnis, dass sie nicht rechtzeitig fertig wurden. Die öffentliche Generalprobe fand ohne den dritten Akt statt, und die Premiere verschob sich um zwei Tage. In seinen Erinnerungen hielt Strauss fest, dass auch in Dresden »Die Frau ohne Schatten« aufgrund der unzureichenden szenischen Vorbereitung »strauchelte«. Tatsächlich erlebte das Werk zunächst nur wenige Aufführungen und kam erst 1927 in einer neuen Inszenierung von Otto Erhardt wieder auf die Dresdner Opernbühne. Die musikalische Leitung hatte Fritz Busch.

Solo: Angelo Mingotti – frühe Selbständigkeits-Probe

Andrea Wolter

Die Suche nach der Balance zwischen künstlerischen und wirtschaftlichen Gesichtspunkten im Opernbetrieb ist keineswegs ein Problem der letzten Jahrzehnte. Einer der ersten, der sich damit auseinandersetzte, war der Theaterunternehmer Angelo Mingotti. 1746 löste er sich aus höfischer Abhängigkeit und gründete ein Privattheater, das dem bürgerlichen Publikum viermal pro Woche gegen Bezahlung Opernvorstellungen bot. Damit eröffneten sich Freiräume für die Gestaltung des Spielplanes, die auf der anderen Seite – obwohl der Hof Ausgleichszahlungen für die ihm reservierten Plätze und für die Akteure leistete – von neuen wirtschaftlichen Zwängen begleitet waren. Schon Moritz Fürstenau, der 1861 seine »Geschichte der Musik und des Theaters am Hofe zu Dresden« herausgab, hat darin den Beginn einer neuen Epoche des Dresdner Theaterwesens erkannt, denn »wollte der Impresario Geschäfte machen, so mußte er dem Publikum Concessionen zugestehen und Alles anwenden, um dessen Zufriedenheit zu erlangen und deshalb namentlich Neues vorführen, nicht allein in Betreff der Opern, sondern auch in bezug auf die darstellenden Künstler. Die Dresdner lernten nun auch andere Musiker als ›den göttlichen Sachsen‹ kennen.«

Bereits die ersten Premieren im sogenannten »Kleinen Zwingertheater« machen deutlich, wie sich Mingotti der veränderten Situation anzupassen gedachte: Zur Eröffnung wurde Paolo Scalabrinis »Argenide« gespielt, eines jener damals beliebten Opernpasticcios, für die man Teile aus mehreren Werken verschiedener Komponisten zusammenstellte und mit neuem Text unterlegte. Dem entschieden populären Auftakt folgten »La Clemenza di Tito« von Hasse und »Artaserse« von Vinci, die mit den entsprechenden Aufführungen der Hofoper erfolgreich konkurrierten. In Mingottis Opernensemble traten auch erstmals junge deutsche Sänger auf, darunter Wilhelmine Denner, die wenig später von Hasse an die Hofoper berufen wurde. Im Sommer 1747 folgte Mingotti dem Hof in die Sommerresidenz Pillnitz; dort fand am 29. Juni die Uraufführung des Dramma per Musica »Le Nozze d'Ercole e d'Ebe« von Christoph Willibald Gluck statt, dem am 15. September »›zu seiner Abfertigung ohne Berechnung, gegen Quittung‹ 400 Thlr. aus der Reisekammerkasse angewiesen« wurden. Neben Mingottis Theater und Morettis kleinerer

Bühne am Zwinger entstanden in Dresden weitere Spielstätten, die sich einem unkonventionelleren Repertoire widmeten. Neben den von Ristori und Heinichen bereits vor Hasse eingeführten Intermezzi und heiteren Serenaten fanden nun, zunächst vor allem durch gastierende Ensembles, auch Opera comique und Opera buffa Verbreitung. 1755 ließ Pietro Moretti ein eigenes kleineres Theater errichten und erwirkte vom Hofe das Privileg zur Aufführung deutscher Schauspiele und italienischer Opern. Zur Einweihung spielte die Theatertruppe des Giovanni Battista Locatelli die Opera buffa »Arcadia in Brento« von Baldassare Galuppi, der fortan zu den beliebtesten und

Innenhof Zwinger

meistgespielten Komponisten des heiteren Genres in Dresden gehörte. Morettis Theater aber profilierte sich 1761 mit der Aufführung von Tragödien und Komödien durch eine Truppe deutscher Künstler und die Einführung von Abonnementkonzerten im folgenden Jahr. Mit dem Ende des Siebenjährigen Krieges musste Moretti den Spielbetrieb in seinem Theater einstellen. Bereits zwei Jahre später wurde es unter der Leitung des italienischen Impresarios Bustelli weitergeführt, und Hasses 1766 ernannter Nachfolger im Kapellmeisteramt, Domenico Fischietti, sorgte für einen Aufschwung der Opera buffa in Dresden. Aber erst Johann Gottlieb Naumann gelang es, Oper und Hofkapelle auf ihr gewohntes Niveau zurückzuführen. Offensichtlich war die oben erwähnte Balance schon damals ein sensibler Bereich des Opernbetriebs...

Richard Strauss gratuliert der Dresdner Staatskapelle zum 400-jährigen Jubiläum 1948

Liebe auf den ersten Blick: Busch

Es war eine Liebe auf den ersten Blick, als Fritz Busch im Dezember 1920 sein erstes Konzert mit der Dresdner Staatskapelle gab. »Was sich in dieser dreistündigen Konzertprobe abspielte, grenzte ans Wunderbare. In der zweiten Sinfonie von Brahms, mehr noch aber in den abschließenden Mozartvariationen versetzte er uns in eine andere Welt,« erinnerte sich ein Musiker. Der Bund

Kapellmeister Fritz Busch, Karikatur von Georg Erler, um 1924

war sofort besiegelt: 1921 übernahm Busch die Leitung der Sinfoniekonzerte, 1922 auch die der Oper. Gemeinsam mit dem neuen Generalintendanten Alfred Reuker trat er das verpflichtende Erbe an. Was es bedeutete, in Zeiten, in denen die Inflation um sich griff, in denen Künstler, von Angeboten im Ausland verlockt, abwanderten und das Publikum von Kino und Revue mehr angezogen wurde als von der Oper, den Weltrang des Instituts zu verteidigen, ist an der Aufzählung erfolgreicher Opern-und Konzertaufführungen allein nicht zu ermessen. Vorbei waren die Tage, als die Oper noch höfische Repräsentationsbedürfnisse bediente. Jetzt bezog sie die Subventionen vom Staat, und dessen Kassen waren weitestgehend leer. So musste auch die Oper um ihren Erhalt kämpfen.

Alfred Reuker, der neue Generalintendant der Dresdner Staatskapelle

Interesse wecken durch Niveau

In einem Zeitungsinterview vom Februar 1924 beklagte Fritz Busch, »dass viele deutsche Opern keine Kassenstücke sind und daher nur mit Hilfe von neuen Ausstattungen zugkräftig gemacht werden könnten.« Er holte russische Experten für die Neuinszenierung

Der Maler Max Slevogt, dem Fritz Busch das Bühnenbild für »Don Giovanni« anvertraute

Solo: **Robert Sterl zeichnet Musiker**

Andrea Wolter

Er kam sehr häufig ins Opernhaus, doch er blieb wohl zunächst eher unbemerkt, bis er Schuchs persönliche Bekanntschaft gemacht und sein Vertrauen gewonnen hatte. Dann aber hielt er die Arbeit des Generalmusikdirektors in zahlreichen Skizzen fest. Gewöhnlich soll der Gast mit dem Skizzenblock während der Proben neben der Pauke gesessen haben: Der Maler Robert Sterl, der von 1900 an jene ausdrucksvollen Zeichnungen und Gemälde schuf, die seither zu den wohl bekanntesten Bildzeugnissen zur Dresdner Musikkultur in der Ära Schuch gehören.

Robert Sterl, 1867 in Großdobritz (heute: Dresden-Dobritz) als Sohn der Wilhelmine geb. Kühnel, und des Steinmetzen Friedrich Wilhelm Sterl geboren, studierte von 1881–1891 an der Königlichen

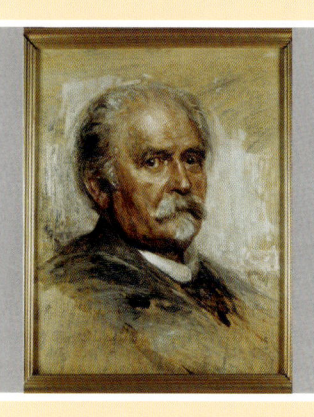

Der Komponist Felix Draeseke, Zeichnung von Robert Sterl, 1907

Akademie der Bildenden Künste in Dresden. 1886 nahm ihn Ferdinand Pauwels als Meisterschüler an. Ab 1888 aus Pauwels' Atelier beurlaubt, beschäftigte er sich zunächst mit sozialkritischen Themen und schloss sich der Künstlergemeinschaft »Die Mappe« an. Später war er als Illustrator tätig, beschäftigte sich aber auch mit Porträt- und mit Landschaftsmalerei, die ihn ab 1891 in den Kreis der Goppelner Freilichtmaler führte. Reisen in die Böhmische Schweiz, nach Hessen, der Besuch verschiedener Landstriche Frankreichs, Böhmens und des Erzgbirges inspirierten ihn zu zahlreichen Landschaftsstudien und Bildern aus der Arbeitswelt. Als weltoffener Geist pflegte Sterl Kontakte zu namhaften Künstlern wie etwa Constantin Meunier oder zu Heinrich Vogeler. Neben seinen Studien in den Sandsteinbrüchen der Sächsischen Schweiz, mit denen er sich von 1892 bis etwa 1910 immer wieder beschäftigte, sind es vor allem seine Musikerbilder, seine Beobachtungen in Proben und Konzerten, die ihn über seine Zeit hinaus berühmt gemacht haben. So porträtierte er 1906 das Petri-Quartett in Dresden und 1909 in Leipzig den Dirgenten Arthur Nikisch, den er von da an häufig besuchte. Bei seiner zweiten Russland-Reise im Jahre 1910 begleitete er Sergej Kussewitzky auf

Studie zum Gemälde »Petri-Quartett«, 1906. Über den Auftrag, das Petri-Quartett zu malen, fand Robert Sterl zum Thema Musik. Henri Petri war von 1889 bis 1914 Ernst von Schuchs bevorzugter Konzertmeister

seiner ersten Wolgatournee und nutzte ausgiebig die Gelegenheit, den berühmten Dirigenten und sein Orchester sowie die Solisten Sergej Rachmaninow und Aleksandr Skrjabin am Klavier in Bildern voller Atmosphäre, Lebendigkeit und hinreißendem Rhythmus festzuhalten.

Häufiger als alle anderen aber hat ihm Ernst von Schuch als Modell gedient. Doch nicht statische Porträts entstanden aus der Begegnung, sondern Sterl hat Ausdruck und Bewegung des hingebungsvoll Musizierenden zu treffen gewusst. Sein genialer, pastos aufgetragener Farbstrich vermittelt mit seinem charakteristischen Impetus einen Eindruck von der Persönlichkeit des großen Dirigenten, der vier Jahrzehnte Dresdner Operngeschichte geprägt hat. Als »gesehen, erschaut und erlebt« hat kein geringerer als Max Liebermann Sterls Musikerbilder gerühmt, und doch sind sie noch weit mehr: mit wachem Sinn gehört und zutiefst nachempfunden. Damit zählen sie zu den wenigen Quellen, die bis heute erahnen lassen, was über die verbürgten Nachrichten aus der Ära Schuch hinausgeht und selbst Beschreibungen seiner Arbeitsweise und seiner Ausstrahlung als Musiker nur unzureichend vermitteln können. 1910 kauften Robert und Helene Sterl ein Haus in Naundorf (Nr. 40) in der Sächsischen Schweiz, das das Ehepaar bis zu Sterls Tod im Jahre 1932 gemeinsam bewohnte. Seit 1981 wird das Robert-Sterl-Haus unter kunstwissenschaftlicher Leitung als Museum geführt.

Busch-Erinnerung

»Wie ein Trunkener fuhr ich nach diesem ersten Konzert nach Stuttgart zurück, den herrlichen Klang der Kapelle im Ohr.« Fritz Busch in seinen Erinnerungen über sein erstes Konzert am 10.12.1920 in Dresden.

von »Boris Godunov« nach Dresden, vertraute dem Maler Max Slevogt das Bühnenbild für »Don Giovanni« an und ließ sogar ein Experiment mit dem neuen und noch unvollkommenen Medium Film für den »Freischütz« zu, das allerdings scheiterte. Doch man suchte weiter nach Wegen, die Oper durch neue Ansätze in der Regie und beim Bühnenbild attraktiv zu machen. »Nur mit der Qualität der Reproduktion ist die Oper für unsere Zeit und für die nächste Zukunft zu retten«, appellierte der Dresdner Regisseur und Dramaturg Otto Erhardt 1929, »nur die überdurchschnittliche, außerordentliche Aufführung vermag das sinkende Interesse großer Volksschichten und weiter Gesellschaftskreise zu beleben, die allgemeine Aufmerksamkeit auf eine Kunstgattung zu lenken, die durch ihr eigentliches Wesen unzeitgemäß und dem Tagesgeschmack entgegen geartet ist.«

Busch-Boykott – ein Drama

Es zeichnete Fritz Busch aus, dass er trotz dieser rückläufigen Akzeptanz der Oper beim Publikum die Dresdner Uraufführungstradition fortsetzte. Innerhalb weniger Jahre kamen hier Busonis »Doktor Faust«, Weills »Protagonist«, Hindemiths »Cardillac« und

Karl Böhm dirigiert, Fotografie, 1938

Schoecks »Penthesilea« auf die Opernbühne, nicht ohne auf Widerstand zu stoßen. Eine Musikzeitschrift unterstellte der Musik Hindemiths und Schoecks, das Publikum aus den Opernhäusern in die Kinos zu treiben, und verunglimpfte Weills Oper als »Ausfluss krankhaft überreizter Hirnfunktionen«. Doch Fritz Busch hielt an seinem künstlerischen Konzept fest, bis ihn im März 1933 ein nationalsozialistischer Störtrupp daran hinderte, die Aufführung des »Rigoletto« zu dirigieren. Man forderte die Absetzung Buschs und Reukers und erreichte, dass Busch Dresden und bald auch Europa verließ. Schon am Tag nach dem Boykott wehten über dem Dresdner Opernhaus die Hakenkreuzfahne und die Sächsische Flagge als Symbol der neuen Allianz und wie zum Zeichen des Sieges über Busch, der das Tragen des Hakenkreuzes im Opernhaus verboten hatte. Fieberhaft suchte man nun nach einem Nachfolger für den Davongejagten. Man fand ihn in dem 39-jährigen Karl Böhm. Hitler selbst schaltete sich ein, damit Böhm seine vertragliche Verbindung mit Hamburg lösen konnte und den Dresdnern ab 1. Januar 1934 voll zu Verfügung stand.

Im darauffolgenden Sommer veranstaltete die Stadt die erste und einzige Reichs-Theaterfestwoche. Während sich das Schauspiel dem Diktat des neuen »Volkstheaters« mit Tendenzstücken, Schwänken und nationalen Epen zu beugen hatte, akzeptierte man in der Oper ein »nur langsames Fortschreiten und Sichtbarwerden der inneren und äußeren Erneuerung«. Die Oper präsentierte sich unter anderem mit Wagners »Tristan und Isolde« und der zwei Jahre zuvor in Dresden uraufgeführten »Arabella« von Richard Strauss.

Fast 70 Premieren
Fritz Busch setzte sich nach dem Vorbild Gustav Mahlers in München für eine Neugestaltung des Repertoires ein, überwachte die musikalischen Einstudierungen und leitete während seiner elfjährigen Amtszeit nahezu 70 Premieren.

Böhm-Debüt
Karl Böhm hatte bereits im Sommer 1933 mit einem Dirigat von Richard Wagners »Tristan und Isolde« das Dresdner Publikum erobert. Nach der schmählichen Vertreibung Fritz Buschs übernahm er 1934 das Amt des Generalmusikdirektors.

Uraufführungen unter Karl Böhm

Doch Strauss wollte »mehr Taten sehen.« Er beschwerte sich bei Böhm, der darauf mit der Neueinstudierung des »Rosenkavalier« im April 1934 reagierte. Auch »Salome«, »Ariadne

Der Dichter Stefan Zweig

auf Naxos« und »Die Frau ohne Schatten« erschienen wieder im Spielplan. Dieses Engagement wurde belohnt. Strauss vergab mit der »Schweigsamen Frau« zum achten Mal eine Opernuraufführung nach Dresden. Dass man in bestimmten Musikkreisen die Bemühungen der Dresdner um die Uraufführung dieser Oper als mangelnden Mut zu Modernität auslegte, störte Böhm nicht. Für ihn galt Strauss als »Gründer der sogenannten modernen Musik«, und er bekannte, ihm »rettungslos verfallen« zu sein. Ernsthafte Gefahr für das Werk und sein Fortleben drohte hingegen von ganz anderer Seite. Nicht einmal der für das Deutschlandbild nach außen so wichtige Komponist und Präsident der Reichsmusikkammer Richard Strauss hatte verhindern können, dass seine Oper »Die schweigsame Frau« aufgrund ihres jüdischen Textautors Stefan Zweig bei Hitler und Goebbels in Ungnade fiel, nach vier Vorstellungen aus dem Dresdner Spielplan verschwand und auch an anderen deutschen

Programmzettel für die Uraufführung von Richard Strauss' »Die schweigsame Frau« am 24. Juni 1935

Opernhäusern nicht mehr aufgeführt werden durfte. Strauss »entschädigte« Böhm, indem er ihm die Partitur seiner letzten Oper »Daphne« widmete. Das Werk kam 1938 in Dresden zur Uraufführung, gemeinsam mit dem wenige Monate zuvor in München uraufgeführten »Friedenstag«. Von diesem Doppelabend blieb ab dem 25. September 1939 nur noch die »Daphne« übrig, angeblich weil ihr Komplement »erdrückend und ermüdend wirkte«, offensichtlich aber, weil sich der »Friedenstag« nicht mit dem Ausbruch des Krieges am 1. September 1939 vertrug.

... trotz politischer Depression

Im Rückblick auf sein Leben schrieb Karl Böhm über die Dresdner Jahre: »Die Zeit in Dresden war vielleicht meine künstlerisch fruchtbarste, weil ich damals, obwohl die politische Lage alles andere als angenehm war und später durch den Ausbruch des Krieges sogar äußerst prekär wurde, doch die Möglichkeit hatte, künstlerisch das durchzusetzen, was mir später nie gelungen ist: wirklich ein Ensemble aufzubauen, das immer zu den Proben zur Verfügung stand, die schwierigsten Ensembleopern einzustudieren, vier- oder fünfmal zu geben, später in derselben Besetzung wieder aufzuführen und dann eine Aufführung zu erleben, die nach einer einzigen Probe wie die Premiere ablief. Hinzu kam noch, dass die einzelnen Orchesterstimmen immer mit denselben Musikern besetzt waren«.

Wer mit den Dispositionsproblemen des modernen Theaterbetriebs vertraut ist, weiß, wovon Karl Böhm schwärmte. Die auf diese Weise mögliche Kontinuität der künstlerischen Arbeit war die Voraussetzung für das hohe musikalische Niveau und die außerordentliche Ensembleleistung bei der Mozart-, Wagner- und Strauss-Pflege, die man an der Dresdner Oper unter Karl Böhm rühmte. Noch in den letzten Kriegsjahren hielt die Dresdner Oper trotz zunehmender Einberufungsbefehle ihren Spielplan aufrecht und bewies mit Aufführungen wie »Rosenkavalier« und der gesamten »Ring«-Tetralogie eine zu dieser Zeit außerordentliche Leistungsfähigkeit.

Zwei Niederlagen: Krieg und Kultur

Als Karl Böhm 1943 Dresden verließ und an die Wiener Staatsoper wechselte, gab es mehrere namhafte Interessenten für die frei gewordene Position. Die Wahl fiel auf den erfahrenen, auch Bayreuth erprobten Karl Elmendorff, der seinen künstlerischen Einstand am 10. Juni 1943 mit dem Dirigat von »Tristan und Isolde« gab. Noch im Juni 1944 wurden weitreichende künstlerische Pläne gemacht. Doch dann kam Goebbels' Verordnung vom 20. August 1944, wonach ab 1. September alle Kunst-und Kultureinrichtungen zu schließen waren und ihr Personal sich für den totalen Kriegseinsatz bereitzuhalten hatte. In der Dresdner Oper änderte man die letzte Vorstellung am 31. August 1944 von »Ariadne auf Naxos« in »Der Freischütz«, nicht ahnend, dass dies auch der Abschied von einer berühmten Opernbühne sein würde. In den Bombennächten des 13. und 14. Februar 1945 versank der Semperbau zusammen mit dem

Die Semperoper kurz nach ihrer Zerstörung 1945

einzigartigen Architekturensemble der Dresdner Innenstadt in einem Trümmermeer, ein Zusammenbruch, dem ganz Europa wie gelähmt zusah. »Vorbei sind die Zeiten, da Hunderte am Abend strömten, um den herrlichen Weisen großer Künstler, Musiker und Sänger zu lauschen, vorbei die Zeit des Sich-Freuens am Schönen, die Menschen jetzt verhärmt, schäbig gekleidet, verhungert, ohne Obdach viele, sehen die Sonne nicht mehr, das Lachen gestorben …« Doch diese Situation, beschrieben von einem Dresdner Kapellmusiker und Zeitzeugen, hielt nicht lange an.

Opernbetrieb beginnt wieder

Noch im Februar 1945 begannen sporadisch Aufräumungsarbeiten, bei denen auch nach verwertbarem Material für einen kulturellen Neubeginn gesucht wurde. Am 8. Mai marschierte die Rote Armee in Dresden ein, und wenige Tage später kam es zur Gründung

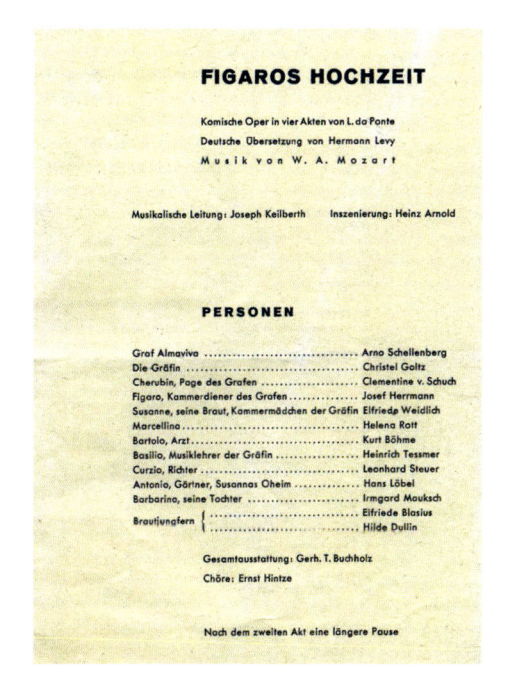

Programmzettel für Mozarts »Die Hochzeit des Figaro«, die erste Opernaufführung nach dem Krieg

Joseph Keilberth, Bildnis von Edmund Kesting

Keilberths Sternstunde
Die von Joseph Keilberth geleitete konzertante Aufführung von Beethovens »Fidelio« am 14. September 1945 im Kurhaus Bühlau war eine der ersten Sternstunden unmittelbar nach Kriegsende.

eines Komitees, dem die künstlerische, technische und verwaltungsmäßige Leitung der Dresdner Theater übertragen wurde. Wo immer sich in dieser Zeit Theaterleute zusammenfanden, machten sie sich auf die Suche nach einem Theaterraum. In Dresden verwandelte man den Tanzsaal des Kurhauses Bühlau und die Tonhalle in der Dresdner Neustadt, wo eigentlich Gottesdienste einer reformierten Gemeinde stattfanden, zu Interimsspielstätten. Am 6. Juli 1945 kehrte die Staatskapelle, noch 90 Mitglieder zählend, aus den Evakuierungsorten Bad Elster und Bad Brambach in ihre Heimatstadt zurück. Am 12. Juli gab es das »Erste Opernkonzert« in der Tonhalle und am 16. Juli das »Erste Sinfoniekonzert der ehemaligen Sächsischen Staatskapelle« mit Werken von Beethoven. Der erste Opernvorhang hob sich am 10. August und gab den Blick frei für eine einfache Paraventdekoration zu Mozarts »Hochzeit des Figaro«.

Der Bühnenbildner Karl von Appen, einer der geistigen Köpfe der Erneuerung

Bühnenbildentwurf Karl von Appens zu Carl Orffs »Die Kluge«, Dresden 1947

Wege zur modernen Opernregie
Die aus der Not geborenen Beschränkungen, denen man in diesen Theaterprovisorien unterlag, beförderten eine ästhetische Neuorientierung und ebneten den Weg zu einer modernen Opernregie. Heinz Arnold, den noch Karl Böhm als Regisseur nach Dresden geholt hatte, und der Bühnenbildner Karl von Appen waren die geistigen Köpfe dieser Erneuerung. Ihre Inszenierungen, darunter die

Christel Goltz als Salome in der gleichnamigen Oper von Richard Strauss

»Weihe des Hauses«, Aufführung zur Wiedereröffnung des Schauspielhauses 1948

legendäre »Salome« vom 14. September 1947 mit der ebenso legendären Christel Goltz in der Titelpartie, offenbarten, wohin dieser Weg führen sollte: weg von der »Traumfabrik«, hin zur Oper als »geistiges Forum«. Als 1948 das Große Haus der Dresdner Staatstheater wieder eröffnet werden konnte, kehrten auch die »großen Opern« »Fidelio«, »Der Rosenkavalier«, »Tannhäuser« und »Eugen Onegin« in Neuinszenierungen auf die Bühne zurück.

In den 1950er-Jahren hatte sich die Dresdner Oper dem kulturpolitischen Kurs der neu gegründeten DDR anzupassen, was nicht ohne Reibungen verlief. So löste die Aufführung von Carl Orffs »Antigonae« in der Inszenierung von Heinz Arnold und Karl von Appen eine Formalismusdebatte aus, die von Parteigremien gesteuert wurde und zur Absetzung des Werkes führten. Aus Protest stellte Arnold sein Amt als Operndirektor zur Verfügung. Auch Joseph Keilberth

Heinz Arnold, einer der Auslöser der Formalismusdebatte

Der sächsische Hof und seine Kapelle Staatsoper und Staatskapelle

Das »Große Haus« heute

Großes Haus
1948 bezog die Dresdner Oper gemeinsam mit dem Schauspiel das Große Haus der Staatstheater Dresden am Postplatz, wo Rudolf Kempe, Franz Konwitschny, Lovro von Matacic und Otmar Suitner als musikalische Leiter in Folge wirkten.

verließ Dresden mit der Begründung, sich »in den bald 5 Jahren Wirkens in Dresden verbraucht und erschöpft zu haben«, und Karl von Appen ging 1954, weil er sich in Dresden nicht mehr ausreichend gewürdigt fühlte.

Fluktuation in DDR-Zeiten

Die Fluktuaktion des künstlerischen Personals gab willkommene Schlagzeilen in der westdeutschen Presse. Die Rheinische Zeitung Düsseldorf schrieb 1953: »Die SED-Kulturpolizei hat die berühmteste Oper Deutschlands nunmehr völlig zur Strecke gebracht. Es gibt keinen Heldentenor und keinen Bass von Rang mehr. Stolze und Adam gingen nach Berlin. Neuengagements werden nicht mehr getroffen. Die Staatskapelle schrumpft zusammen, ein Mitglied nach dem anderen geht nach dem Westen.« Die Dresdner Öffentlichkeit sorgte sich vor allem ob der Abwanderung vieler Künstler nach Berlin, wo die Staatsoper und die Komische Oper mit lukrativen Angeboten und besseren internationalen Reise- und Gastspielmöglichkeiten lockten. Zudem war es bislang nicht gelungen, einen renommierten Opern- und Orchesterchef auf Dauer an das Dresdner Haus zu binden. Dennoch schaffte es die Dresdner Oper mit ihrem Sängerensemble, dem Staatsopernchor und der nach wie vor bewunderten Staatskapelle, auch durch die Sperre des Eisernen Vorhanges hindurch ihr Ansehen zu verteidigen.

Das große Regietheater

Als 1972 Harry Kupfer seine Arbeit als Operndirektor und Chefregisseur der Staatsoper Dresden aufnahm, begann ein neuer Abschnitt des Musiktheaters. Ohne direkt aus der Schule Bertold Brechts oder Walter Felsensteins hervorgegangen zu sein, arbeitete auch Kupfer nach ihren Wirkungskriterien. Aus der »Partie« wurde die »Figur«, aus dem Sänger der Sängerdarsteller, aus dem Opernabend ein musiktheatralisches Erlebnis von umfassender Dimension. Zehn Jahre hielt diese auf ein leistungsfähiges Ensemble-Theater konzentrierte Phase an. Ein Höhepunkt war die Dresdner Erstaufführung von Arnold Schöbergs Oper »Moses und Aron« im April 1975. Die Genialität dieses Werkes und

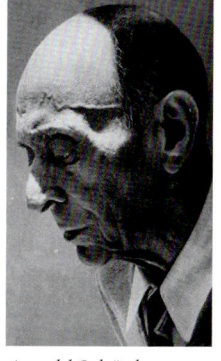

Arnold Schönberg, dessen Oper »Moses und Aron« 1975 in Dresden erstaufgeführt wurde

Harry Kupfer leitete als Operndirektor und Chefregisseur einen neuen Abschnitt des Dresdner Musiktheaters ein

Solo: **Theo Adam und Peter Schreier – auf Sangesflügeln**

Heinz Weise

Als Theo Adam nach 57 Jahren 2006 endgültig Abschied von der Bühne nahm, empfand er Wehmut, aber auch Gelassenheit: »Eigentlich ist keine Rolle mehr offen. Ich bin 80 geworden, da fällt es leicht, so zu denken«, sagte er. Verständlich; denn der Ausnahmesänger kann auf eine Ausnahmekarriere zurückblicken. Seine Auftritte als Hans Sachs und Wotan bei den Bayreuther Festspielen setzten dabei ebenso Maßstäbe wie sein Fürst Gremin in Tschaikowskis

Kammersänger
Prof. Theo Adam

»Eugen Onegin«: Belege zugleich dafür, wie weit gefächert das Repertoire – zu dem auch Partien in Opern von Alban Berg, Friedrich Cerha, Arnold Schönberg und Paul Dessau gehörten – des Bassbaritons war. Doch die wohlgeführte Stimme mit ihrem warmen Timbre war zugleich für die Konzertbühne wie geschaffen; so, wie auch seine Mitwirkung in Bachs Kantaten und Passionen mit dem Kreuzchor zu Erlebnissen wurden. Am 1. August 1926 in Dresden geboren, lebt Theo Adam bis heute am Elbhang. Und in der Stadt am Strom, im Kreuzchor, dem er von 1937 bis 1944 angehörte, begann auch seine Laufbahn als Sänger. Als Solist ausbilden ließ er sich – nachdem er nach dem Abitur 1944 zur Wehrmacht einberufen worden und nach der Gefangenschaft als Neulehrer tätig gewesen war – dann 1946 von Rudolf Dittrich. Schon drei Jahre später hatte er sein Debut in der Semperoper – als »Eremit« im »Freischütz«. 1953 wechselte Adam dann zur Berliner Staatsoper Unter den Linden, deren Ensemble er 35 Jahre angehörte. Bereits ein Jahr zuvor war er erstmals in Wagners »Meistersinger von Nürnberg« in Bayreuth aufgetreten, wo er dann 30 Jahre lang Gastrollen gab, so wie auch an der Wiener und Münchner Staatsoper, bei den Salzburger Festspielen, an der Mailänder Scala, der New Yorker »Met«. Zudem spielte er 150 Opern-, Oratorien- und Liederaufnahmen ein. Dass er 1955 zum Kammersänger und 1979 zum Honorarprofessor ernannt, 1969 mit dem Nationalpreis der DDR und 1995 mit dem Bundesverdienstkreuz ausgezeichnet wurde, war nur folgerichtig.

Kammersänger
Prof. Peter Schreier

»Es ist eine Stimme, die unter hunderten sofort auffällt, so warm, so hell, so leicht. Und wie ausdrucksstark und differenzierend diese Stimme klingen kann, aufbrausend, flehend, beschwörend. Solche Innigkeit erreichen wenig Sänger«, schrieb eine Zeitung zum 70. Geburtstag Peter Schreiers 2005. Und sie traf damit Wesentliches. Denn neben Theo Adam war Peter Schreier der bekannteste Opern- und Konzertsänger sowie sensibelste Liedinterpret in der DDR. Und wie sein Kollege begann auch er seine Karriere in Dresden, wechselte dann an die Staatsoper Berlin. Am 29. Juli 1935 in Meißen geboren, wuchs er in Gauernitz auf, wurde als Zehnjähriger Mitglied des Dresdner Kreuzchors und stand schon bald als Alt-Solist auf der Bühne. Nach einer privaten Gesangsausbildung studierte er von 1956 bis 1959 Dirigieren und Gesang an der Dresdner Musikhochschule, bevor ihn die Staatsoper Dresden 1961 fest engagierte. Seit sich seine Stimme zum lyrischen Tenor entwickelt hatte, glänzte er in den Titelrollen Mozart'scher Opern ebenso wie in den von ihm so geliebten Partien des »Evangelisten« in den Bach'schen Oratorien und Passionen oder als Interpret von Schuberts Liedzyklen wie »Die Winterreise« – seit 1966 regelmäßig auch an der Mailänder Scala, der Wiener Staatsoper, bei den Salzburger Festspielen, der New Yorker »Met«. Nachzuhören ist all dies bis heute in etwa 600 Schallplattenaufnahmen mit ihm. Ebenso wie seine Chor- und Orchesterdirigate, denen er sich seit 1970 widmete. Seit 1981 Honorarprofessor, wurde er gleich dreimal mit dem Titel »Kammersänger«, zweimal mit dem Nationalpreis der DDR, 1995 mit dem Bundesverdienstkreuz, 2000 mit dem Preis der Europäischen Kirchenmusik und im Jahr seiner Abschiedsvorstellung, 2005, mit dem Sächsischen Mozartpreis geehrt.

Der sächsische Hof und seine Kapelle Staatsoper und Staatskapelle

Joachim Herz, der die Prinzipien des realistischen Musiktheaters weiter führte

das Wagnis, in einem atheistischen Umfeld einen Bibelstoff auf die Bühne zu bringen, bewirkten eine sensationelle Publikumsresonanz und euphorische Pressestimmen. 1982 folgte Kupfer einem Ruf an die Komische Oper Berlin. Sein Nachfolger wurde Joachim Herz, der die Prinzipien des realistischen Musiktheaters weiterführte. In Dresden richteten sich bereits alle Erwartungen auf die Wiedereröffnung des Semperbaus, die am 13. Februar 1985 mit der Neuinszenierung des Werkes, das zuletzt in der Semperoper erklungen war, mit Webers »Freischütz« stattfand. Ein großes Aufgebot politischer und kultureller Prominenz sowie über 100 Journalisten waren zu diesem Ereignis angereist, um die Glanzleistung von Denkmalspflegern, Architekten, Restauratoren und Handwerkern zu feiern. Auch das Publikum drängte sich, um den Semperbau zu bewundern, der fortan zu dem stärksten Mittler Dresdner

Neue alte Semperoper
Über 100 Journalisten reisten am 13. Februar 1985 zur Wiedereröffnung der Semperoper nach Dresden. Die Eröffnungspremiere von Webers »Freischütz« wurde als Fernsehaufzeichnung in Ost und in West ausgestrahlt.

Die am 13. Februar 1985 wiedereröffnete Semperoper

170

Staatsoper und Staatskapelle Der sächsische Hof und seine Kapelle

Opernkunst wurde. Auch viele ausländische Künstler fühlten sich davon angezogen und gastierten zu freundschaftlichen Konditionen in Opernaufführungen und Konzerten der Dresdner Staatskapelle.

Mit Webers »Freischütz« – vor der Zerstörung als letztes Werk erklungen – wurde die wiedererrichtete Semperoper eingeweiht

Oper offen für die Welt

Den ungehinderten kulturellen Austausch ermöglichte dann die politische Wende 1989. Zwar bedeutete dieser gesellschaftliche Umbruch für die Dresdner Staatsoper, die sich bald wieder stolz Sächsische Staatsoper nennen durfte, einen beachtlichen Wandel der betrieblichen Organisation. Das künstlerische Credo jedoch musste nicht neu definiert werden. Auch für die neue Leitung des Hauses unter Christoph Albrecht blieb die Dresdner Musik- und Operntradition der Maßstab der künstlerischen Orientierung. Hinzu kam die wiedergewonnene Chance der Weltoffenheit. Sänger, Musiker, Tänzer, Regisseure und Choreographen aus ganz Europa und anderen Teilen der Welt zog es in die Elbmetropole. Berühmte Dirigenten wie Sir Colin Davis, Bernard Haitink, James Levine, Daniel Barenboim und viele andere dirigierten Konzerte der Sächsischen

Bühne und Straße

Wie selten in der Operngeschichte, trafen am 7. Oktober 1989 bei der Premiere von »Fidelio« die Ereignisse auf der Bühne mit denen auf der Straße zusammen. Nach dem Gefangenenchor erhob sich das Publikum schweigend spontan von seinen Sitzen.

Christoph Albrecht, der erste Opern-Intendant nach der Wende

171

Giuseppe Sinopoli

Über Sinopoli
»Jeder, der ihn kannte, weiß um die tiefgründige Reflexion, die jede Partitur, jeder Takt, jede Note bei ihm fand. Alles hatte für ihn einen Urgrund, war Teil einer Philosophie des Seins.« Peter Ruzicka über Giuseppe Sinopoli.

Chefdirigent Bernard Haitink

Staatskapelle, Semyon Bychkov wurde 1996 zum Chefdirigent der Staatsoper berufen. Mit der Verpflichtung Giuseppe Sinopolis zum Chefdirigenten der Sächsischen Staatskapelle hatte sich bereits 1992 im Konzertbereich ein weites internationales Betätigungsfeld aufgetan.

Zum Wesen der Stadt gehörend

Ab 2003 hätte Sinopoli als Generalmusikdirektor die künstlerische Leitung des Hauses übernehmen sollen. Sein plötzlicher Tod im Frühjahr 2001 verhinderte diese Kontinuität. Stattdessen erlitt die Semperoper wie viele Institutionen und Privathaushalte in Sachsen den Schock der Flutkatastrophe vom Sommer 2002. Dank der überwältigenden Hilfe und Spenden aus ganz Deutschland und dem Ausland konnte die Sächsische Staatsoper im März 2003 ihren regulären Spielbetrieb wieder aufnehmen. Innerhalb weniger Wochen gab es mehrere Opernpremieren. Die Sächsische Staatskapelle arbeitet unter der Leitung ihres neuen Chefdirigenten Bernard Haitink, und der im September 2001

Staatsoper und Staatskapelle Der sächsische Hof und seine Kapelle

Daniel Barenboim

James Levine

Semyon Bychkov

begonnene Zyklus »Der Ring des Nibelungen« von Richard Wagner konnte im Sommer 2003 als erster kompletter »Ring« seit Ende des Zweiten Weltkrieges abgeschlossen werden. In einem symbolischen Akt

Der sächsische Hof und seine Kapelle Staatsoper und Staatskapelle

Prof. Dr. Gert Uecker, seit 2003 Intendant der Sächsischen Staatsoper

übergab Intendant Christoph Albrecht am 31. Juli 2003 seinem Nachfolger Prof. Dr. Gert Uecker den Schlüssel zu einem intakten Opernhaus mit einem motivierten Ensemble. Auch wenn die künstlerischen Pläne im Zuge der angespannten allgemeinen Wirtschaftslage künftig unter verstärktem Druck stehen werden, es gibt gute Gründe, dem standzuhalten: Die Geschichte der Dresdner Oper währt über 330 Jahre, die der Dresdner Kapelle sogar über 450 Jahre. Beide Institutionen haben viele Krisen überlebt. Das Publikum ist seiner Oper auch in Zeiten treu geblieben, in denen sie nicht in prachtvollen Theaterräumen residierte und Staatsakte wie Tourismusprogramme krönte, denn sie gehört zum Wesen der Stadt.

Hochwasserschutz 2002 für Ballett-Schwäne: wertvolle Teile aus dem Kostümfundus auf den Sitzen im Zuschauerraum

Aus der »Götterdämmerung« der im September 2001 begonnenen Zyklus-Aufführung »Der Ring des Nibelungen«

Vom Hof- zum Opernballett

Adi Luick

Zwischen all den Helden und Szenen aus Oper und Drama, mythologischen Figuren, den Dichtern und Komponisten im ikonographischen Programm von Gottfried Sempers Opernbau muss man schon genau nach ihr suchen, nach Terpsichore, der Tanzfrohen. Auf dem Schmuckvorhang der Bühne tanzt sie neben der Thronenden Fantasie und ihren anderen Musenschwestern. Hebt sich der Vorhang vor Beginn der Vorstellung, verschwindet sie im Bühnenhimmel, und einzig eine Kinderschar am Plafond des Großen Saales zieht ihren Reigen über den Köpfen der Zuschauer.

Fast metaphorisch steht diese Suche für die Suche nach dokumentierten Zeugnissen aus der Geschichte des Balletts in Dresden. Noch verbergen sie sich zum größten Teil in den Archiven, in den Dokumenten, die den

Auf dem Schmuckvorhang der Semperoper tanzt sie neben der Fantasie: Terpsichore, die Tanzfrohe

Der Ballettmeister

war ursprünglich am Hofe und an Theatern für das Arrangement und die Einstudierung von Tänzen und Balletten zuständig. Heute sind Ballettmeister und Ballettmeisterinnen für den Probenbetrieb des Ballettensembles verantwortlich, insbesondere auch dafür, dass das Niveau einer Aufführung gehalten wird, nachdem der Choreograf die Einstudierung seines Werkes beendet hat. Als Trainingsmeister ist der Ballettmeister auch für das tägliche Training der Tänzer tätig. Das Dresden SemperOper Ballett arbeitet mit vier Ballett- und Trainingsmeistern sowie einem Ballettmeister. In regelmäßigen Abständen werden auch Gasttrainingsmeister engagiert.

Krieg überstanden, sowie den wenigen, rudimentären Veröffentlichungen und warten darauf, in einen Gesamtzusammenhang gestellt zu werden. Denn der künstlerische Tanz wird seit fast 400 Jahren in Dresden gepflegt. Das erste erwähnte Ballett ist auf den 15. Februar 1622 datiert. Es fand anlässlich der Taufe von Prinz Heinrich, dem Sohn Johann Georgs I., statt. Getanzt wurde aber schon vorher nach professioneller Anleitung. Der erste Ballettmeister, der vom Hof engagiert wurde, hieß Adrian Rothbein und war ab 1612 für den Tanzunterricht verantwortlich. Es waren hauptsächlich festliche und repräsentative Gelegenheiten wie Taufen, Hochzeiten und Geburtstage, die Anlass gaben, Ballette aufzuführen. Der Adel höchstpersönlich gab sich der Tanzlust hin und wirkte mit. Er machte sich die Götter und Helden der Mythologie ebenso zu eigen, wie idyllische Szenen des ländlichen Lebens. Die Titel erzählen davon: »Ballett von den zwei Hirten« oder »Ballett von den Waldgöttern« sind zwei Beispiele aus dieser Zeit.

Die Zusammenkunft der Künste

Als erstes deutsches Handlungsballet der Musikgeschichte gilt bis heute das »Ballett von dem Orpheo und der Euridice«. Der Komponist war kein geringerer als der Hofkapellmeister Heinrich Schütz, der das Werk während eines Aufenthalts in Dänemark komponiert hatte. Die Uraufführung fand 1638 im Riesensaal des Dresdner Schlosses statt, dem damaligen Hauptaufführungsort für Opern und Tanz. Einstudiert hat es der Tanzmeister Gabriel Mölich, der bereits 1620 nach Frankreich ging, um dort im Ursprungsland des Balletts ausgebildet zu werden. Entsprechend orientierten sich die Ballette an Werken, wie sie am französischen Hof gepflegt wurden. Die Ballette waren eine Art Darbietung verschiedenster Künste und setzen sich aus tänzerischen Einlagen, getanzten Dialogen, gesungenen Rezitativen, Liedern, Duetten und Chören zusammen.

Vom Hof- zum Opernballett Der sächsische Hof und seine Kapelle

Der Weg zur barocken Oper

Zur Eröffnung des von Wolf Caspar von Klengel erbauten Kurfürstlichen Opernhauses am Taschenberg 1667 kam unter anderem das »Frauenzimmer-Ballett der Glückseligkeit« mit Tänzen von und mit Louis de la Marche zur Aufführung.

Das Klengelsche Opernhaus war auch Aufführungsort einer weiteren bedeutsamen Ballettaufführung. Anlässlich der »durchlauchtigsten Zusammenkunft« der sächsischen Fürsten fanden im Februar 1678 Festwochen statt, zu deren Höhepunkt das »Ballett von Zusammenkunft und Wirkung deren VII Planeten/auf Ihr Churfl. Durchl. zu Sachsen großem Theatro gehalten« gehörte. Dieses Planetenballett, bei dem es sich vermutlich um eine Komposition des Schütz-Schülers Christoph Bernhard handelt und das in seiner Form dem Genre der Ballett-Oper oder des Sing-Balletts zuzuordnen ist, zeigt, wie Oper und Ballett zunehmend verschmelzen und zur Barockoper des 18. Jahrhunderts hinführen.

Der Riesensaal des Dresdner Residenzschlosses. Hier wurde 1638 das erste deutsche Handlungsballett, Heinrich Schütz' »Ballett von dem Orpheo und der Euridice«, uraufgeführt

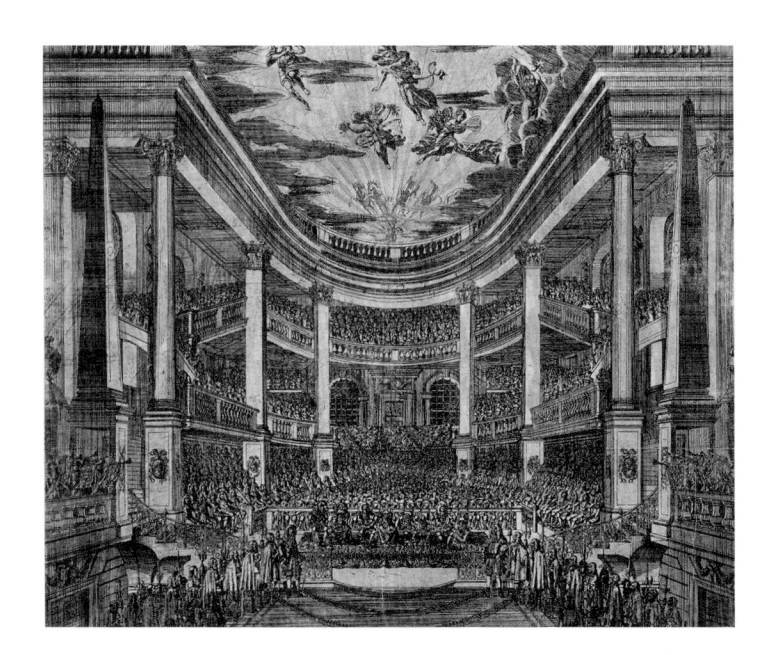

Zuschauerraum des Klengelschen Opernhauses, in dem 1678 das »Ballett von Zusammenkunft und Wirkung deren VII Planeten auf Ihr. Churfl. Durchl. zu Sachsen« aufgeführt wurde

Engagements
Tänzerinnen und Tänzer erhalten heute jeweils auf eine Spielzeit befristete Engagements, die sich stillschweigend fortsetzen, sofern keine Nichtverlängerung ausgesprochen wird. Nach 15 Jahren ununterbrochenem Engagement tritt dann die Unkündbarkeit ein.

Webers Aufforderung zum Tanz

Mit der Barockoper verlieren sich die Spuren von Aufführungsformen, die das Wort »Ballett« in sich tragen. Ob die Kunstform des Balletts in Dresden vollständig von der Oper absorbiert wurde, muss durch Forschungsarbeiten noch geklärt werden. Und auch zu Beginn des 19. Jahrhunderts scheint das Ballett in Dresden eher Bestandteil und Nebenerscheinung der Oper gewesen zu sein, als eine selbständige, progressive Kunstform. Trotzdem können die Anfänge des »Dresdner Balletts« ins erste Drittel dieses Jahrhunderts datiert werden. Carl Maria von Weber konnte zwar seine Forderung nach einem »Singemeister« durchsetzen, nicht jedoch die nach einem Tanzmeister. Dieser hätte in den ersten Elementen des theatralischen und mimischen Tanzes zur Ausschmückung einzelner Szenen und zu wirkungsvollen Gruppierungen unterrichten sollen. Immerhin erfolgte in Webers Amtszeit, am 1. August 1825, die erste feste Anstellung eines Ballettcorps. Bis dahin hatten die für Tänze benötigten Personen nur für ihre Auftritte eine Vergütung erhalten.

Der Schleier der Romantik

Bei den Balletten der »romantischen Ära« handelte es sich hauptsächlich um Divertissements und pantomimisch-komische Ballette. Ein zeitgenössischer Bericht über das Dresdner Hoftheater von 1852 gibt Einblick in diese nicht sehr glanzvolle Zeit des Balletts. Nur ausnahmsweise hat man bei Gastspielen von Ballettstars dieser Epoche wie Fanny Cerrito, Arthur Saint-Léon oder Lucile Grahn zu Produktionen gefunden, die von der Oper unabhängig waren. Offenbar brachten besonders die Bemühungen von Lucile Grahn regeres Leben und erhöhtes Interesse in den »Ballettchor«.

Probentag-Ablauf
10 Uhr bis 11.30 Uhr Training, 11.40 bis 14 Uhr Proben für Solisten und Corps de ballet, 14 bis 18 Uhr Solistenproben, 18 bis 21 Uhr Proben für Solisten und Corps de ballet. Sollte am Abend eine Vorstellung stattfinden, steht den Gruppentänzern eine fünfstündige, den Solisten eine Ruhezeit von vier Stunden vor der Vorstellung zu.

Welterfolge und Hausmannskost

Seine selbständige Stellung hat das Ballett am Dresdner Hoftheater erst gegen Ende des 19. Jahrhunderts gefestigt. Als Beginn dieser Entwicklung nennt Ernst Roeder in

Otto Thieme, der nach dem Ausscheiden Robert Köllers die Leitung des Balletts übernahm

Lebensaufgabe

Das tägliche Training absolvieren die Tänzer während ihrer gesamten Laufbahn. Es setzt die ständige Verbesserung körperlicher Voraussetzungen und tanztechnischer Abläufe fort. Begonnen wird mit den Übungen an der Stange zur Kräftigung und für die Flexibilität des Körpers. Der zweite Teil, ohne die Stütze der Stange, dient der Koordination von Bewegungsabläufen und der Schulung des Gleichgewichts im Raum.

seinem Bericht über das Dresdner Hoftheater der Gegenwart die »Puppenfee« mit der Musik von Joseph Bayer, die 1889 in Dresden zum ersten Mal gegeben wurde. Vor der »Puppenfee« war »Der hüpfende Freier« von Ballettmeister Robert Köller Dresdens ganzer Ballettreichtum. Köller bemühte sich, die herrschende Geschmacksrichtung als Chance für das Ballett zu nutzen. So entstand Köllers Ballettdivertissement »Der Kinder Weihnachtstraum« mit der Musik von Joseph Bayer, das 1890 zum ersten Male gegeben wurde, und »In der Baumbluth« mit der Musik von Riccius, das 1893 zum ersten Mal zu sehen war. Dazu kamen 1893 Golinelli-Hellmesbergers »Meißner Porzellan« und 1895 Morean-Delbrücks »Regenbogen«.

Nach dem Ausscheiden Köllers hatte Otto Thieme die Leitung des Balletts übernommen und setzte die erfolgreiche Reihe 1896 mit Léo Delibes Ballett »Coppélia« fort. Zu einer Uraufführung kam es 1897 mit Richard Heubergers »Struwwelpeter-Ballett«.

Ein weiteres Delibes-Ballett war 1901 zu sehen: Im Jahr zuvor hatte August Berger die Ballettleitung übernommen und »Sylphia ou La Nymphe de Diane« zur Aufführung gebracht. Bis zum Beginn des Ersten Weltkrieges 1914 waren es neben Neueinstudierungen von »Die Puppenfee« und von »Sylvia« hauptsächlich Tanzdivertissements, die August Berger und später Jan Trojanowski mit dem Dresdner Ensemble zur Aufführung brachten.

Jan Trojanowski

»Josephs Legende« von Richard Strauss

Mary Wigman sorgte mit ihrer neuen Tanzart für Furore

Musikalischer Anspruch

Inzwischen sorgte Mary Wigman mit ihrer neuen Art des Tanzes für Furore und kam für die Übernahme des Ensembles ins Gespräch. 1924 jedoch übernahm Ellen Cleve-Petz die Leitung und schuf Ballette, die auf deutschen Bühnen Maßstäbe setzten. Erwähnt seien »Josephs Legende« von Richard

Ellen Cleve-Petz, ab 1924 Ballett-Leiterin

Alfredo Casella: »Der große Krug«

Valeria Kratina, Oberleiterin des Staatsopernballetts 1936 bis 1943

Strauss, »Coppélia« von Léo Delibes, »Der Große Krug« von Alfredo Casella, »Der Nussknacker als Spielzeug« von Peter I. Tschaikowsky oder die »Couperin-Suite« von Richard Strauss. 1937 fand die europäische Erstaufführung von Igor Strawinskys »Jeu de Cartes« in der Choreografie von Valeria Kratina statt, die von 1936 bis 1943 Oberleiterin des Staatsopernballetts war.

Fortsetzung nach dem Neuanfang

Nach der Zerstörung von Sempers Hofoper 1945 fanden die Ballettaufführungen in der Tonhalle und im Kurhaus Bühlau statt, ab 1948 dann im Großen und Kleinen Haus. Für die erste Ballettpremiere nach dem Zweiten Weltkrieg öffnete sich der Vorhang trotz widriger Umstände bereits am 7. Dezember 1946. Gertrud Baum-Gründig choreografierte Joseph Bayers »Puppenfee«. 1948 war in der Choreografie von Alfredo Bortoluzzi Strawinskys »Feuervogel« zu sehen. Langsam

»Couperin-Suite«, eines der Maßstäbe setzenden Ballette

erstarkte das Ballettensemble wieder und erreichte 1950 eine Mitgliederzahl von 33. In diesem Jahr kam es zur DDR-Erstaufführung von Sergej Prokofjews Ballett »Aschenbrödel«. Bis 1955 folgte eine Reihe weiterer bemerkenswerter Ur- und Erstaufführungen, unter denen besonders die DDR-Erstaufführung von Prokofjews »Romeo und Julia« in der Choreografie von Erwin Hansen zur Entwicklung des Tanzes in Dresden und der DDR beitrug.

Zeit-Fragen – Zeit-Kritik

Die Jahre von 1956 bis 1964 wurden entscheidend von dem Choreografen Tom Schilling geprägt. Er brachte 1959 Peter I. Tschaikowskys »Schwanensee« und Sergej Prokofjews »Die Steinerne Blume« als DDR-Erstaufführung nach Dresden. Aber auch seine Einstudierung von Werner Egks »Abraxas« im Jahr 1957 oder die Uraufführung von Otto Reinholds »Die Nachtigall« 1958 fanden große Beachtung. Nach Mola Hillebron, die das Ensemble von 1964 bis 1968 leitete, folgte Vera Müller. Zu ihren wichtigsten Arbeiten zählt die Erstaufführung von

Aaron Coplands »Rodeo«, ein Werk der amerikanischen Tanzgeschichte, erlebte 1968 seine DDR-Erstaufführung in Dresden

*Werner Egks
»Abraxas« in der
Einstudierung von
Tom Schilling*

Aaron Coplands »Rodeo«, womit sie im Jahr 1968 ein Werk der amerikanischen Tanzgeschichte in die DDR brachte. Grundfragen der Zeit behandelte die Uraufführung »Wir aber nennen Liebe lebendigen Frieden« mit der Musik von Rainer Kunad, das 1972 eine Reihe von Anti-Kriegs-Balletten anführte. Fortgesetzt wurde sie mit der Einstudierung von »Der grüne Tisch« in der Choreografie von Kurt Jooss und Harald Wandtkes choreografische Uraufführungen von »Apokalyptica« und »Brennender Friede«.

Zurück in die Semperoper

Harald Wandtke, der nach Vera Müller die Leitung des Ballettensembles übernahm, prägte die Entwicklung des Balletts mit eigenen Choreografien wie »Wandlungen«, einem Ballettabend zu Paul Dessaus »Bach-Variationen«, Igor Strawinskys »Orpheus« und einer Neuinterpretation der »Coppélia«. Mit Improvisationsabenden und einer Reihe

Das 1981 von Emöke Pösztenyis choreografierte Ballett »Der Dompteur« ist durch seine Gesellschaftskritik in Erinnerung geblieben

unter dem Titel »Tänzerische Kontraste« setze er die Tradition des »Modernen Ausdruckstanzes« in Dresden fort.

Neben Wandtke arbeiteten Choreografen wie Oleg Winogradow, Konstantin Russu, Hilda Riveros, Emöke Pösztenyi und Birgit Cullberg mit dem Dresdner Ensemble und bereicherten seine Ausdrucksmöglichkeiten durch eigene Kreationen. In Erinnerung geblieben ist durch seine gesellschaftskritische Haltung unter anderem Emöke Pösztenyis »Der Dompteur« aus dem Jahre 1981, der dem strengen Blick der kulturpolitischen Kontrollorgane wohl entgangen sein muss.

Mit der Uraufführung des Balletts »Brennender Friede« von Harald Wandtke zu Udo Zimmermanns »Sinfonia come un grande lamento« und »Pax questuosa« kehrte das Ballett 1995 wieder in Sempers Opernbau zurück.

Die Reputation des Ballettensembles war gefestigt, und bis zur Wiedervereinigung Deutschlands führten Gastspiele das Ensemble nach Polen, in die Tschechoslowakei,

Sempers Opernbau innen

Eines der Großen

Mit 57 Tänzerinnen und Tänzern aus über 20 Nationen zählt das Dresden SemperOper Ballett zu den größeren Ensembles in Deutschland. Es gliedert sich in die Ersten Solisten, die Solisten, die Halbsolisten und Coryphées, die sowohl Soli tanzen wie auch Gruppenverpflichtungen haben, und in das Corps de ballet, die so genannte Gruppe. Weiter gehören dazu die Ballett- und Trainingsmeister, Pianisten für den Proben- und Trainingsbetrieb, eine Produktionskoordinatorin, ein Produktionsassistent, eine Assistentin der Ballettdirektion und die Physiotherapie. Die administrative Seite wird vom Ballettbetriebsdirektor geleitet. Die künstlerische und Gesamtleitung untersteht dem Ballettdirektor, der dabei sehr eng mit dem Hauschoreografen zusammenarbeitet.

die Sowjetunion, nach Ungarn, Jugoslawien, Italien, Tunesien, Zypern, Syrien, Indien, Korea und China.

Ballett am Wendepunkt

1990 fand in Dresden auf Initiative des Dresdner Balletts ein erstes deutsch-deutsches Tanzsymposium statt. Es war von der Sorge um den Erhalt der Tanzkultur in Ostdeutschland getragen und sollte Aufschluss geben über die bisher unterschiedliche Entwicklung der Tanzkunst in Ost und West.

Zur Spielzeit 1991/92 übernahm Johannes Bönig, ein deutscher, aus der holländischen freien Tanzszene stammender, junger Choreograf die Position des Ballettdirektors. Seine Konzeption orientierte sich konsequent an zeitgenössischen Tanzformen, doch der Verzicht auf klassisches Repertoire wurde in der praktizierten Ausschließlichkeit vom Ensemble nicht mitgetragen und vom Publikum auf Dauer wenig honoriert. Bereits vor der Berufung eines neuen Ballettdirektors und bis zu seinem Weggang 1998 als Leiter des Balletts in Kiel (später in Hannover, ab 2007/08 in Wiesbaden) sorgte der junge Choreograf Stefan Thoss mit Uraufführungen wie »Die vier Jahreszeiten«

(Vivaldi), »Woge auf steinigem Grund« (Scarlatti/Bach), »Toteninsel« (Rachmaninov), »Romeo und Julia« (Prokofjew), »Auf Suche« (Corelli/Bach), »Altera Pars« (Glass), »Teufel-Engel« (Reich) und »Schein« (Webern/Ravel) für überregionale Resonanz auf das Dresdner Tanzgeschehen.

Derevianko. Oder: Eine neue Ära

1993 übernahm Vladimir Derevianko zunächst als designierter, mit Beginn der Spielzeit 1994/95 als ständiger Ballettdirektor die Verantwortung für das Ballettensemble der Sächsischen Staatsoper Dresden. Das als »Tanzbühne Dresden« firmierende Ballettensemble wurde auf Wunsch des neuen Direktors in »Ballett Dresden« umbenannt. Damit sollte der Beginn einer neuen Repertoire- und Ensemblepolitik gekennzeichnet werden, die im Laufe der Jahre den Aufbau eines vielseitigen und publikumswirksamen Repertoires bewirkte. Neben den abendfüllenden Balletten gab es eine Reihe mehrteiliger

*Szene aus dem Ballett
»Der Feuervogel«*

Solo: »Tanzplan Dresden«

Adi Luick

Um immer neue Ideen geht es auch im zeitgenössischen Tanz. Das Projekt »Tanzplan Dresden« ist eine solch ambitionierte Initiative. Am 1. August 2006 gestartet, stellt »Tanzplan Dresden« ein Gemeinschaftsprojekt des Dresden SemperOper Balletts, des Europäischen Zentrums der Künste Hellerau und der Palucca Schule Dresden – Hochschule für Tanz dar. Es will durch die Zusammenarbeit mit erfahrenen Choreograf/innen junge Tänzer/innen auf den Einstieg in eine professionelle Tanzkarriere vorbereiten. An Dresdens tänzerische Vergangenheit mit seiner Tradition der Innovation und des Wandels anknüpfend, soll sich dabei ein interdisziplinärer Produktions- und Forschungsraum für den zeitgenössischen Tanz in der Elbestadt entwickeln. Zwei Produktionen pro Jahr für die »kleine szene« und das Festspielhaus Hellerau sowie anschließende Tourneen in Europa gehören dabei ebenso zu diesem Projekt wie ein

»Tanzplan Dresden« bereitet junge Tänzerinnen und Tänzer auf den Einstieg in eine professionelle Tanzkarriere vor

jährlicher »ImproWinter« und eine interdisziplinäre Sommerwerkstatt mit Tanz. Die künstlerische Leitung liegt gemeinsam bei dem Rektor der Palucca Schule Dresden, Jason Beechey, dem Direktor des Dresden SemperOper Balletts, Aaron Watkin, und dem Intendanten des Europäischen Zentrums der Künste Hellerau, Prof. Udo Zimmermann, wobei das Amt für Kultur und Denkmalschutz der Stadt Dresden sowie weitere Partner Unterstützung leisten. Insgesamt ist »Tanzplan Dresden« Bestandteil von »Tanzplan Deutschland«, einem Förderprojekt der Kulturstiftung des Bundes.

Programme, die verschiedene choreografische und auch zeitgenössische Handschriften verbanden. Vladimir Derevianko gelang es, bekannte Choreografen der Gegenwart zu gewinnen, aber auch Nachwuchstalente choreografierten für die Compagnie. Eine besondere Verbindung bestand zu John Neumeier, der einige seiner erfolgreichsten Choreografien nach Dresden übertrug, darunter seine Schwanenseebearbeitung »Illusionen – wie Schwanensee«. Derevianko selbst studierte die Klassiker »Giselle« und »Don Quixote« für sein Ensemble ein. Eine enge künstlerische Beziehung pflegte Derevianko mit dem Choreografen und Leipziger Ballettdirektor Uwe Scholz, der ebenfalls mehrere Werke nach Dresden gab. Die zeitgenössische Fortführung des klassischen Tanzes kam im November 2004 mit »Steptext«, »The Vertiginous Thrill of Exactitude« und »In the Middle, Somewhat Elevated« des Choreografen William Forsythe ins Repertoire des Ensembles. Damit war einer der aufregendsten Choreografen unserer Epoche in Dresden eingeführt. Mit der folgenden Premiere der Ballette »Der Feuervogel« und »Petruschka«, rekonstruiert von Andris Liepa, sowie »Chopinina« in der Einstudierung von Vladimir Derevianko wurde die Welt der legendären »Ballets Russes« und ihres Choreografen Michail Fokin in der Semperoper wieder lebendig. Das vor allem zu Beginn des 20. Jahrhunderts für die Entwicklung des Tanzes maßgebliche Ensemble der »Ballets Russes« hatte in den Jahren 1912 und 1913 äußerst erfolgreiche Gastspiele an der Semperoper. In der Spielzeit 2005/06 beschloss ein »Jiří Kylián Ballettabend« die Leitung des Ballettensembles der Semperoper durch Vladimir Derevianko.

Rund 70 Vorstellungen
Das Dresden SemperOper Ballett hat ein Vorstellungspensum von etwa 70 Vorstellungen pro Spielzeit zu bewältigen. In der Spielzeit 2006/07 zum Beispiel wartete es mit einem Repertoire von neun unterschiedlichen Abenden, davon zwei Premieren, auf.

Vielseitigkeit mit Blick nach vorn
Am 1. August 2006 übernahm der junge Kanadier Aaron Watkin die künstlerische Leitung des Ballettensembles. Mit nach Dresden brachte er den bereits international

William Forsythe, Entwickler eines neuen tänzerischen Zeichensystems

ausgewiesenen Choreografen David Dawson, der als Hauschoreograf dem neu formierten Ensemble die Chance bietet, sowohl für die Compagnie wie auch für das Publikum eine notwendige künstlerische Kontinuität und Entwicklung zu gewährleisten. Von Dresden sollen neue innovative Signale ausgehen und die Stadt, nach ihrem besonders durch Gret Palucca und Mary Wigman begründeten Ruf als Tanzstadt, wieder ins Blickfeld des internationalen Tanzgeschehens stellen und ganz vorne platzieren.

David Dawson und Aaron Watkin werden in ihrer Zusammenarbeit ein neues kreatives Zentrum der Tanzkunst bilden. Beide Künstler empfinden das schöpferische Klima der Stadt als fruchtbare Grundlage für ihre Beschäftigung mit Ballett. Den beiden Künstlern folgte eine ganze Tänzerschar mit international renommierten Solistinnen und Solisten nach Dresden. Auf einer ausgewählten Basis des bestehenden Repertoires will Aaron Watkin ein neues Repertoire aufbauen. Es wird das breite Spektrum zwischen klassischem Ballett und zeitgenössischem Tanz zeigen. Aber immer mit dem Ziel, etwas für das Dresden SemperOper Ballett Spezifisches zu schaffen, etwas, das es als einzigartig definiert.

Innerhalb Dresdens soll die Companie mit anderen Institutionen vernetzt werden. Unter dem neuen Rektor der Palucca Schule Dresden, Jason Beechey, wird die Zusammenarbeit zwischen der Hochschule und der professionellen Arbeitstätte gestärkt und neu entwickelt. Ein Eleven-Programm, in dem Studenten der Schule regelmäßig mit der Company arbeiten, wurde bereits gestartet. Und das Projekt »Tanzplan Dresden«, in dem sich die Palucca Schule Dresden – Hochschule für Tanz, das Europäische Zentrum der Künste Hellerau und das Dresden SemperOper Ballett zusammengeschlossen haben, bietet viele aufregende Möglichkeiten, Tanz aus den unterschiedlichsten Perspektiven heraus zu entdecken.

Das 2006 wiedereröffnete Festspielhaus Hellerau beherbergt das Europäische Zentrum der Künste Hellerau und ist auch Spielstätte für The Forsythe Company und »Tanzplan Dresden«

Terpsichore wird weitertanzen

Wenn sich Terpsichore im Verlauf der Geschichte immer wieder rar gemacht hat in Dresden, so brachte sie auch immer wieder Neues auf die Tanzbühnen der Elbestadt. Viel hat die Ballettkunst in Dresden gezeigt, in der Zukunft wird es aber sicherlich noch mehr zu entdecken geben, Klassisch-Traditionelles wie auch Zeitgenössisches. Terpsichore wird weitertanzen, nicht nur auf dem Schmuckvorhang in Sempers Opernbau.

Jenseits der Hof- und Staatsoper

Volkstheater in Dresden

Peter Gunold

Theaterbegeistert waren die Dresdner schon immer. So oft wie möglich besuchten sie das barocke Opernhaus Pöppelmanns am Zwinger. Die Dresdner Bürger gingen »zu Hofe«, goutierten sich an der Darstellung einer ideal geordneten Welt, fühlten sich hinein in die durch die Musik hervorgerufenen »Affekte«. Aber erstaunlicherweise waren sie auch in einer anderen Darstellungswelt zu Hause. »Intermezzi«, kleine Zweipersonenstücke burlesken Charakters, unterbrachen die Haupt- und Staatsaktionen in italienischer Sprache. Ideale antike Welt rückte in den Hintergrund, deftige Realistik in der Sprache des Volkes war angesagt. Denn der Ausbruch des Siebenjährigen Krieges, die 1760 erfolgte Zerstörung der Stadt und ihre Besetzung durch die Preußen, waren Realismus genug. Nicht der Hof – er verfügte sich für sieben Jahre nach Warschau –, nur Bürgersinn konnte den Schrecken des Krieges begegnen.

Nomen est omen
Mit der Staatsoperette besitzt Dresden das einzige deutschsprachige Theater, das sich auch mit seinem Namen zur Operette bekennt. Ein Theater der Stadt für die Bürger der Stadt.

Im Foyer der Staatsoperette

Jenseits der Hof- und Staatsoper Volkstheater in Dresden

Warnung
»An Operetten sollte sich in Dreßden nicht leicht Jemand wagen, der nicht sicher auf seine Kunst rechnen kann.« Warnung an zahlreiche gastierende Wandertruppen im Mai 1782.

Das 1856 von Ferdinand Nesmüller eröffnete Sommertheater

Reiseensembles werden sesshaft

Der italienische Impresario Pietro Moretti spielte schon ein Jahr später – die Kreuzkirche nebst 226 Bürgerhäusern liegen in Trümmern – mit einer neuen Gesellschaft deutscher Komödianten in seinem Theater nahe dem Wall. Die kriegsverdrossenen Dresdner Bürger zahlten bereitwillig für ihr Vergnügen seine erhöhten Eintrittspreise. Wer zahlt, kann auch Wünsche äußern. Morettis Repertoire: Komödien, deutsche Singspiele und italienische Operetten.

Auch die reisenden Truppen passten sich dem neuen bürgerlichen Geschmack an. Die Seylerische Schauspielergesellschaft (1775) hatte fast zu einem Drittel Singspiele im Repertoire, mehr als die Hälfte der Schauspieler konnten bei der Truppe Bondinis (1777) und Secondas (1792) Gesangspartien übernehmen. Es entwickelte sich ein spezieller Dresdner Singspieltyp mit häufig sozialkritschen und parodistischen Elementen, anknüpfend an Hiller und Weisse, beeinflusst von der italienischen Opera buffa.

Aus den fahrenden »Banden« wurden sesshafte Gesellschaften. Die bedeutendste waren die »privilegierten Hofschauspieler«

des schon erwähnten Joseph Seconda, der von 1790–1816 in seinem Holztheater auf dem Linckeschen Bad an der Bautzener Straße spielte. Kühn brachte er die gärenden Gedanken der Zeit auf sein Theater, und ebenso kühn wagte er sich mit Unterstützung kurfürstlicher Jagdpfeifer auch an die neueste »große Oper«. Kein Geringerer als der Dichterkomponist E. T. A. Hoffmann wirkte an seiner Bühne.

Nach den Wirren der Napoleonischen Kriege – Sachsen büßte als ehemaliger Verbündeter Frankreichs drei Fünftel seines Territoriums ein – folgte für die Dresdner eine Friedenszeit voll biedermeierlicher Gemüthaftigkeit und Rückzug ins naturhaft Private. Eine Fülle von naturwissenschaftlichen Entdeckungen kündigte ein neues Zeitalter an. Bürgervereine entstanden, die Theater spielten, so im Societaetstheater auf der Neustädter Hauptstraße. Es entstanden Sommerbühnen in der idyllischen Umgebung Dresdens, deren Spielpläne prall gefüllt waren mit Vaudevilles, Gesangspossen und Liederspielen. Auch die Hofoper im neuen ersten Semperbau auf dem Theaterplatz verschloss sich diesem Genre nicht. Sie spielte Volksstücke, die der Komödiant und Hofschauspieler Gustav Raeder verfasst hatte.

Die Operette erobert Dresden

In Paris und vor allem in Wien war die Entwicklung des heiteren Volkstheaters seit den 1848/49er-Revolutionen weiter gegangen. Gefragt war jetzt bei den neureichen Großbürgern prickelnde Unterhaltung, schwungvolle (Walzer-)Musik. Die Operette eroberte auch Dresden.

1853 lösten Ferdinand Nesmüller und seine Frau Agnes nach einem erfolgreichen Dresdner Gastspiel ihre Verträge am Wiener Carl-Theater und siedelten ganz an den Elbestrom über. Mit beiden hatte die Stadt nun begabte Komödianten und genaue Kenner der Wiener Operettenszene und mit ihm einen erfolgreichen Stückeschreiber

Operette aktuell
1866 hatte Sachsen wieder einmal einen Krieg verloren. Ein Jahr später spiegelte mit der Operette »Sachsen in Österreich« von Millöcker Nesmüllers Bühne aktuell das Geschehen wider.

Jenseits der Hof- und Staatsoper Volkstheater in Dresden

Der sommerliche Große Garten, einst Heimstatt des Sommertheaters

und überdies einen agilen und einfallsreichen Geschäftsmann in ihren Mauern. Noch im Jahr 1854 eröffnete er seine Winterbühne in der zweiten Etage des noch heute stehenden Gewandhauses. Durch königliche Order erhielt er die Erlaubnis, sein Volkstheater »Zweites Theater« (neben der Hofbühne) nennen zu dürfen. 1856 eröffnete Nesmüller mit vergrößertem Ensemble ein Sommertheater im Großen Garten, das mit Parterre und zwei Rängen immerhin 1200 Personen Platz bot. Auf seinen beiden Bühnen gastierten die berühmtesten Stars der damaligen Zeit wie Marie Geistinger aus Wien oder Ottilie Genée aus Berlin. Hier konnten die Dresdner 1861 zum ersten Mal »Orpheus in der Unterwelt« von Offenbach erleben, Bekanntschaft mit den Operetten Franz von Suppés und den Volksstücken von Johann Nepomuk Nestroy und Ferdinand Raimund schließen.

Doch ab 1869 erwuchsen dem rührigen Direktor zahlreiche Misshelligkeiten. Der Stadtrat kündigte ihm seine Spielstätte im Gewandhaus, weil sie als Ersatz für die im September abgebrannte Hofoper dienen sollte. Und – was schwerer wog: Neue Theaterbauten und damit neue Konkurrenten waren im Entstehen.

Neue Ära, neue Theaterbauten

Bürger der Dresdner Neu- und Antonstadt hatten durch Gründung einer Aktiengesellschaft den Bau eines Theaters auf dem Bautzener Platz (Albertplatz) vorangetrieben. Schon nach zweijähriger Bauzeit konnte es im September 1873 übergeben werden. Das formschöne Gebäude, im Stil der Neo-Renaissance erbaut, bot mit seinem festlich weiß-gold gestalteten Zuschauerraum und rot ausgeschlagenen Logen in den drei Rängen 1500 Zuschauern Platz. Verursacht durch den Verlust des ersten Semperschen Opernhauses, übernahm der Hof pachtweise das neue Theater als königliches Schauspielhaus, dessen Repertoire aber musikalische Possen und Volksstücke nicht ausschloss.

Ein Jahr zuvor war in der Pirnaischen Vorstadt ein anderer Bau eröffnet worden, der für die Dresdner Operettengeschichte bedeutend werden sollte: das Residenztheater. Nach dem Vorbild des Pariser Théâtre lyrique in eineinhalbjähriger Bauzeit errichtet, wurde das Theater in der Zirkusstraße mit seinen drei Rängen, seinen Parterrelogen und seinem imposanten 160-flammigen Kronleuchter allabendlich Ziel für mehr als 1100 Dresdner Operettenenthusiasten.

Das 1873 eröffnete Albert-Theater

Das Residenztheater, 1872 in der Zirkusstraße eröffnet

Felix Schweighofer als Oberst Ollendorf in Millöckers »Bettelstudent«

1879 übernahm Engelbert Karl die Direktion. Zusammen mit seinem Kapellmeister und Hauskomponisten Carl Pleininger nahm das Residenztheater einen sichtbaren Aufschwung. Beide schrieben und komponierten Dresdner Volksstücke (»Die Reise durch Dresden in 80 Stunden«; »Die Kaffeegust'l«), wichtiger waren Karl aber die neuesten Blüten der Operette von Offenbach, Suppé, Sullivan, Strauß und vor allem Millöcker. Drei Monate nach der Wiener Premiere hatte in Anwesenheit König Alberts die sächsischste aller Operetten, »Der Bettelstudent«, am Residenztheater Premiere. Der Wiener Felix Schweighofer, kurz danach ein Dresdner Bürger geworden, brillierte als Oberst Ollendorf.

Hatte Nesmüller bis dahin der Konkurrenz in den festen Häusern noch standgehalten, so musste er 1881 seine Zahlungsunfähigkeit erklären. Sein Sommertheater im Großen Garten wurde geschlossen, 1883 erfolgte der Abriss. Nach 27 verdienstvollen

Jahren verließ er Dresden. Er starb 1895 in Hamburg.

1891 verstarb auch plötzlich Direktor Karl. Seine Witwe führte das Residenztheater energisch mit neuen Ideen weiter. Sie holte die Elektrizität ins Haus und engagierte Rudolf Dellinger, der als Komponist mit seinen Operetten (»Don Cesar«) Riesenerfolge hatte.

Die »goldene« Operettenzeit

1898 konnten die Dresdner ihr größtes und modernstes Theater in Besitz nehmen – das Central-Theater. Hofjuwelier Mau hatte auf dem Gelände des ehemaligen Boxbergischen Palais an der Waisenhausstraße von den Architekten Lossow und Viehweger den 2 000 Zuschauer fassenden Prachtbau mit seiner imposanten neobarocken Vorderfassade errichten lassen. Da der Rat der Stadt ein zweites Operettentheater nicht für notwendig erachtete, war das neue Theater als Varieté mit umfangreicher Gastronomie während der Darbietungen konzipiert worden. Um den Theaterbetrieb von vornherein kommerziell abzusichern, hatte Mau zusätzlich eine Geschäftspassage mit Läden, ein Tunnel-Bierrestaurant für eintausend Gäste, ein Weinrestaurant mit Wintergarten und ein Kaffeehaus für die damalige stolze Summe von insgesamt 7 Millionen Goldmark erbauen lassen.

Im Laufe der nächsten Jahre erwies es sich jedoch, dass in dem nunmehr zur Großstadt herangewachsenen Dresden durchaus zwei

Der Wiener Felix Schweighofer

Maxime
Felix Schweighofer erwarb 1884 ein Grundstück in Blasewitz. Seine Maxime: »Wer reichlich hat, soll reichlich geben.« Er fand seine letzte Ruhestätte 1912 auf dem Johannisfriedhof.

Das Central-Theater, innen

Das 1898 eröffnete Central-Theater, Dresdens bis dato größte und modernste Spielstätte

Operettentheater nebeneinander existieren konnten. Während das Central-Theater anfangs mit Stagioni von Ensembles mit berühmten Namen sein Publikum ins neue

Programm zur Eröffnung des Central-Theaters

Haus zog, setzte der Konkurrent Residenztheater nach erfolgter Renovierung auf klassische Operettenzyklen. Und der neue Direktor Carl Witt lockte mit Abonnements zu bedeutend herabgesetzten Preisen auch neue Publikumsschichten in sein Haus in der Zirkusstraße.

»Silberne Operette« vor 1914

Auch nach dem Tode von Strauß und Millöcker blieb die Operette ein kritischer Spiegel der Zeit, tanzte mit ihren Melodien auf zwar schwankendem Boden, versuchte aber die wachsende Entfremdung zwischen den Menschen fröhlich zu kitten. Mit neuen Namen und Werken trieb sie einer »silbernen« unerhörten Blüte entgegen. 1906 kam Lehárs Meisterwerk »Die lustige Witwe« am

Jean Gilbert

Emmerich Kálmán

Ein Theater-Tag
Spielplan 25. April 1909: Residenzth.: nachm. »Walzertraum«, abds. »Förster-Christl«; Central-Th.: nachm. »Der fidele Bauer«, abds. »Dollarprinzessin«; Hofoper: »Die Fledermaus«.

»Die lustige Witwe«, 1906, Residenztheater

Sarrasanis Kuppelbau am Carolaplatz, der einstige Stammsitz der Dresdner Zirkuslegende

Theaterdirektor Emil Winter-Tymian

Residenztheater heraus. Dresden, Berlin und Hamburg machten sie so bekannt, dass im Jahr 1910 bereits 18 000 Aufführungen in 10 Sprachen gezählt wurden. Neben Lehár, der die Bühnen Europas fortan mit seinen Werken beherrschte, dirigierten auch andere aufgehende Komponistensterne in Dresden ihre neuesten Kreationen: Oscar Straus, Leo Fall und Emmerich Kálmán, später Jean Gilbert, Robert Stolz und Walter Kollo.

In der Neustadt auf der Görlitzer Straße spielte seit 1895 ein weiteres Volkstheater, Tymians Thalia Theater (TTT), genannt nach seinem Direktor Emil Winter-Tymian. Für die minderbemittelten Schichten veranstaltete er unter anderem Damencafés mit Vorstellung bei Eintrittspreisen am Nachmittag zwischen 50 Pfennigen und einer Mark, Kinder zahlten die Hälfte. 1913 wurde nach Eröffnung des neuen königlichen Schauspielhauses am Zwinger das Albert-Theater zum dritten Volkstheater in Dresden. Es bekam ihm schlecht, denn eine Krise folgte der nächsten. Besser war es um den neueröffneten Prachtbau des Zirkus Sarrasani bestellt. In ihm hatten 5 000 Zuschauer Platz, und seine technischen Möglichkeiten hätten jedem Theater zur Ehre gereicht.

Privilegien und Lustbarkeitssteuer

Am 1. August 1914 stürzte sich Europa in das tödliche Abenteuer des Ersten Weltkriegs. Er veränderte auch das kulturelle Leben in Dresden. Die Vogelwiese wurde verboten,

»Mauern stürzen …«

Theater geschlossen, Gagen gekürzt, Verträge nicht eingehalten. Die Theaterdirektoren waren aufgefordert, »der Zeit angepasste Werke« zu spielen. Patriotische Operetten wie »Bilder aus ernster Zeit«, »Das eiserne Kreuz« oder »Der Feldprediger« (immerhin von Millöcker) standen anfangs auf den Spielplänen der Dresdner Häuser, zu denen Militärs freien Eintritt hatten. Trotzdem verlangten die Menschen zunehmend nach Abwechslung, wollten genau wie dreißig Jahre später für Stunden den grauen Alltag vergessen. Neue Werke und neue Bühnen entstanden: Kálmáns »Csárdásfürstin«, Bertés »Dreimädlerhaus« und Jessels »Schwarzwaldmädel«; am Wasaplatz spielte das Königshoftheater Possen und Schwänke, neben dem Central-Theater gab es Varieté und Einakter im Victoriasalon.

Im November 1918 waren Krieg und Deutsches Kaiserreich am Ende. Unter dem Druck der revolutionären Ereignisse verzichtete der sächsische König auf den Thron, sein Hoftheater übernahm der sächsische Staat. Die unsubventionierten Operettentheater blieben in der Hand mutiger Privatdirektoren, die sich den schwierigen Nachkriegszeiten stellen mussten. Junge Komponisten strebten nach Erneuerung der verflachenden Operette, sie entsannen sich des traditionellen Singspiels. Eduard Künnecke hatte kraft seiner musikalischen Erfindungsgabe mit »Das Dorf ohne Glocke« (1920) und besonders mit »Der Vetter aus Dingsda« (1921) großen Erfolg an beiden Dresdner Operettentheatern.

Georg Wörtge am Beginn seiner erfolgreichen Dresdner Operetten-Laufbahn

Richard Tauber

Fritzi Massary

Die Inflation und eine neue Lustbarkeitssteuer für Privattheater machten die Lage nicht leichter. Während das Central-Theater im Mai 1922 sein gesamtes Ensemble entließ, feierte das Residenztheater sein 50-jähriges Bestehen. Neu im Ensemble und soeben von einer Amerika-Tournee zurückgekehrt: Georg Wörtge, der Dresdner Operettengeschichte schreiben sollte.

Das Central-Theater wurde ab 1. September 1923 wieder einmal zum Varietétheater. Auf der modernisierten Bühne mit neuer Drehscheibe gastierte nun der Berliner Admiralspalast mit seinen aufwendigen Haller-Revuen und seinen berühmten Stars Trude Hesterberg und La Jana. Das war überhaupt das neue Konzept der sich im Zuge der Zeit herausbildenden Operettenkonzerne: Mobilität durch Bespielen verschiedener Großstadtbühnen mit Ensembles, die sich außerhalb der Stargagen durch deregulierte Gehälter auszeichneten. Berühmt berüchtigt war der Gilbert-Konzern, der sich auf Hamburg, Bremen, Frankfurt und das Dresdner Central-Theater erstreckte, nur noch übertroffen, nach seinem schnellen Konkurs, vom Berliner Operettenkonzern der Gebrüder Rotter, der Ende der Zwanziger beide

Die »Komödie« in der Reitbahnstraße

Dresdner Operettenhäuser beherrschte. In der neueröffneten »Komödie« in der Reitbahnstraße experimentierten Ralph Benatzky, Fred Raymond und Michael Spoliansky mit Formen des Singspiels, die man fast schon Musical nennen konnte, während Robert Stolz und Paul Lincke der konventionellen Operette treu blieben. Wie überhaupt Besitzer, Direktoren, Theater und ihre Ensembles in verwirrender Folge wechselten, zusammenbrachen und wiederauferstanden, eine Spiegelung der Krise der Wirtschaft weltweit. Nach dem Zusammenbruch des Rotter-Konzerns hieß die neue Revue-Operette im Central-Theater im Februar 1933 unter neuer Direktion: »Morgen geht's uns gut!«

Mariza-Andenken
Zur 100. Aufführung der »Gräfin Mariza« von Kálmán am 3. April 1925 brachte Jasmatzi eine Mariza-Zigarette auf den Markt, und eine Mariza-Seife wurde von den Rumbo-Werken kreiert.

Operette unterm Hakenkreuz

Am 30. Januar 1933 fiel die Regierungsgewalt an die Nationalsozialistische Partei Adolf Hitlers. Die Folgen sind bekannt. Für die deutschen Theater bedeutete es Gleichschaltung, Entlassung nichtarischer Künstler und für die Welt der Operette Verbot der Werke vieler jüdischer Komponisten und

*Wappenteppich im
1. Rang des Theaters
des Volkes – ehemals
Albert-Theater (1936)*

Bei Fliegeralarm

Die Unterbrechung der Vorstellung wird **rechtzeitig** von der Bühne aus bekanntgegeben. Der **Zuschauerraum und die Treppenhäuser** werden wie in den Pausen **hell erleuchtet**. Verlassen Sie den Zuschauerraum ruhig und gehen Sie nach Anweisung der Türschließer bzw. Luftschutzordner in den Luftschutzraum

Rauchen überall verboten!

Die Garderobe wird bei Alarm nicht ausgegeben.

Das Verlassen des Theaters ist bei Alarm verboten.

Nach der Entwarnung, die die Luftschutzordner bekanntgeben, wird bis zur Fortsetzung der Vorstellung genügend Zeit zum Aufsuchen der Plätze gelassen.

Uniformierte werden ersucht, sich den Luftschutzordnern zur Verfügung zu stellen.

Reihenfolge der Unterbringung des Publikums nach den Luftschutzräumen:

Parkett rechte Seite
verbleibt im rechten Parkettumgang (Garderobeablage) und Stehparkett-Bänke

Parkett linke Seite
verbleibt im linken Parkettumgang (Garderobeablage) und Stehparkett-Bänke

I. Rang rechte Seite
Marmortreppe hinunter nach Augustiner-Keller-Gang rechts

I. Rang linke Seite
Marmortreppe hinunter nach Augustiner-Keller-Restaurant

II. Rang rechte Seite
Rechts hinunter über Künstlertreppe nach Versenkung

II. Rang linke Seite
Notausgangstreppe links über Wirtschaftstreppe zum Augustiner-Keller-Umgang

*Verhaltensregeln bei
Fliegeralarm*

Librettisten, Flucht oder Tod der noch lebenden. Die Namen Offenbach, Kálmán, Fall und andere sucht man in den nächsten zwölf Jahren vergebens auf den Spielplänen der Dresdner Theater. Doch Operette wurde weiter gespielt.

Carl Sukfüll und Georg Wörtge übernahmen als Direktoren verdienstvoll beide Operettenhäuser, wobei schon im August 1934 das endgültige Aus für das Residenztheater erfolgte. Dresdens traditionsreichstes Operettentheater wurde baupolizeilich geschlossen. Das Central-Theater unterstand seit 1936 der Direktion Heinz Hentschkes vom Berliner Metropol-Theater. Große Revue-Ausstattungsoperetten produzierten in bunter Folge Fritz Randow und Hermann Jardin.

Dem Albert-Theater in der Dresdner Neustadt gelang es unter neuem Namen mit Erfolg den Platz des geschlossenen Residenztheaters einzunehmen. Im »Theater des Volkes« kamen nun Operetten der »deutschen« Komponisten Nico Dostal, Fred Raymond und Eduard Künnecke zur Aufführung. Seine »Glückliche Reise« hatte 1941 Premiere.

Die Ruine des Central-Theaters

Das war schon mitten im Krieg. Wohin die Reise ging, merkten die Dresdner erstmals 1942, als die Abendvorstellungen wegen Einhaltung des Luftschutzes bereits um 18 Uhr begannen. Am 25. August 1944 konnten sie dann im »Dresdner Anzeiger« lesen: »Kulturleben der totalen Kriegführung angepasst. Alle Theater werden ab 1. September geschlossen«. Im Februar 1945 überstand kein Theater das Inferno der Bombennacht. Dresden war eine Trümmerwüste.

Tod in Auschwitz
Fritz Löhner-Beda, Librettist von Lehárs »Das Land des Lächelns« und Abrahams »Blume von Hawaii«, Autor zahlloser Schlager wie »Ausgerechnet Bananen«, wurde 1942 in Auschwitz umgebracht.

Theater zwischen Trümmern

Doch der Überlebenswille der Dresdner war ungebrochen. Schon im Juni 1945 wurde mit Unterstützung der sowjetischen Besatzungsmacht an 50 Stellen der zerstörten Stadt wieder Theater gespielt. Was an Sälen, Schulaulas, Kinos oder Werkskantinen zwischen Freital und Klotzsche, Cossebaude und Niedersedlitz heil geblieben war, wurde bespielt. Im Neustädter Casino auf der Königstraße ließ sich das Thalia-Theater nieder, die

*Der Kleinzschach-
witzer Ballsaal
»Goldene Krone«,
eine der ersten
Interims-Spielstätten*

Fritz Randow

»Constantia« in Cotta war Domizil vom Theater des Westens und die Central-Theater Spielgemeinschaft fand ein Unterkommen im Kino Faunpalast. »Große« Operette konnte man in Heidenau und im Ballhaus Watzke erleben. Dresdner Theatergeschichte schrieb auch der ehemalige Direktor des Central-Theaters, Fritz Randow. Als Privatunternehmer betrieb er das im Juli 1945 gegründete Neue Theater im Gasthof »Goldene Krone« in Kleinzschachwitz und das Aeros-Varieté. Gleichzeitig bemühte er sich um eine größere Spielstätte. Seine Wahl fiel auf den 1889 erbauten Gasthof in Dresden-Leuben. Ab Dezember 1945 fanden unter dem Namen Apollo-Künstlerspiele in den Räumen der heutigen Gaststätte »Fledermaus« Varieté- und Kabarettvorstellungen statt.

Während der Theaterbetrieb in den vorderen Räumen lief, erfolgte der Ausbau des großen Saales unter Verwendung von aus der Ruine des Central-Theaters geborgenen Baumaterialien, die auf Pferdewagen nach Leuben gebracht wurden. Mit 30 Helfern, den Einkünften aus seinen beiden Theatern und rund 700 000 Mark städtischer Mittel gelang es Fritz Randow, den »Feenpalast« zu einem für Nachkriegsverhältnisse komfortablen Haus umzubauen.

Am 18. August 1947 wurde das Apollo-Theater feierlich eröffnet, und im Oktober nahm »Die lustige Witwe« Besitz von ihrer

Die ersten Nachkriegsaufführungen: oft anspruchslos

neuen Wirkungsstätte. Allerdings musste sich das Operettenensemble das Haus noch mit dem Schauspiel teilen. Unter dem Dach der neugegründeten Deutschen Volksbühne spielten nun beide Ensembles abwechselnd in zwei Häusern: im Apollo-Theater und in der Contantia im Dresdner Westen. Die Straßenbahn übernahm den Transport der benötigten Dekorationen.

»Gründerzeit«
Sommer 1945 – die Zeit der wildwuchernden Theatergründungen, die Zeit der Vorstadttheater.

Das 1947 eröffnete Apollo-Theater in Leuben

Solo: **Ablenkung »Unterhaltung«**

Peter Gunold

Als die Verbände der Roten Armee am 8. Mai 1945 über die einzig unzerstörte Brücke, das »Blaue Wunder«, in Dresden einzogen, besetzten sie eine tote Stadt. Gleichwohl lebten hier Menschen, wenn auch hungrig, verstört und verängstigt. Ihnen Lebensmut und Vertrauen in die eigene Kraft wiederzugeben, brauchte es, neben dem täglichen Brot, nicht zuletzt die Kunst als Über-Lebensmittel. Schon zwei Tage nach dem Einmarsch wurde von der russischen Militäradministration unter ihrem 1. Stadtkommandanten Generalleutnant N. F. Lebedenko deshalb eine deutsche Stadtverwaltung mit Dr. Rudolf Friedrichs als kommissarischer Oberbürgermeister und Heinrich Greif als 1. Stadtrat für Kultur und Volksbildung eingesetzt, damit sie kurz darauf, am 22. Mai, mit Künstlern der ehemaligen Dresdner Staatstheater beraten konnte, wie ein Theaterleben wieder in Gang zu setzen wäre. Unterstützung und Hilfe im schweren Anfang erhielten sie von

Eva Hoyer:
Sowjetisches Ensemble

sowjetischen Kulturoffizieren. Großzügiger als die Deutschen in den Stadtverwaltungen suchten sie die Zusammenarbeit mit der deutschen Intelligenz, fragten erst in zweiter Linie nach den Verstrickungen in der Nazi-Vergangenheit, strebten eine geistige Kooperation zwischen Siegern und Besiegten an. Nicht russische Stücke sollten die Spielpläne der künftigen Bühnen beherrschen – der ideologische Holzhammer wird erst später hervorgeholt, noch gibt es untereinander eine übereinstimmende Politik der Besatzungsmächte –, sondern gefragt war und befohlen wurde »Ablenkung durch Unterhaltung«.

Operette – ernst genommen?

Nach Gründung der DDR im Oktober 1949 gingen alle Verwaltungsfunktionen der sowjetischen Stadtkommandantur an den Rat der Stadt Dresden über. Zentralismus hieß die Parole, auch für die Dresdner Theater. Die Deutsche Volksbühne mit ihren Häusern wurde aufgelöst, das Schauspielensemble von den Staatstheatern im wiederaufgebauten Großen Haus am Postplatz übernommen, die »Constantia« Theater für die jüngsten Bewohner der Stadt.

Vor dem zurückbleibenden Operettenensemble stand eine schwierige Aufgabe. Einerseits gewann es durch die Entlassung in die Selbständigkeit mit eigener künstlerischer Leitung und eigenem Haus Anerkennung als Kunstgattung, andererseits musste es sich in kürzester Zeit ein neues Repertoire aufbauen. Unter den Intendanten Hans Pitra und Otto Bochmann tat man das einzig Richtige: sich wieder auf Dresdner Operettentraditionen zu besinnen, die künstlerisch wertvollsten Werke erst einmal zu spielen und sie aus der Gedankenwelt ihrer Zeit heraus unverfälscht zu interpretieren. Kannte man doch Offenbach und Kálmán, Benatzky und Fall kaum noch dem Namen nach. Hilfreich war dabei, dass dem Ensemble Künstler angehörten, die schon vor dem Krieg an Dresdner Theatern gewirkt hatten. Georg Wörtge, Martin Kleber und Kurt Wildersinn waren noch immer Publikumslieblinge. Sie wussten um Wirkung und Möglichkeiten des Genres, wussten, was Tradition im Verhältnis zwischen Bühne und Publikum bedeutet.

»Brummers«-Bonmots
Mit ihren eigenen zeitkritischen Texten hatten die »Brummers« den Finger am Puls der Zeit. Bekannt in der ganzen DDR, traten sie bis 1974 in 6 673 Veranstaltungen auf.

Das Gesangsquartett »Die vier Brummers«

Gemeinsam mit Fritz Steiner (Regie) und Hermann Kaubisch (Ausstattung) bestimmte der aus Bayern stammende musikalische Oberleiter J. M. Niggl Ausstrahlungskraft und Gesicht des Dresdner Operettenhauses. Mitte der 1950er-Jahre standen die Hauptwerke der klassischen Operette wieder im Repertoire: »Zigeunerbaron« und »Fledermaus«, »Bettelstudent« und »Eine Nacht in Venedig«, »Orpheus« und »Pariser Leben«.

Aber auch junge Künstler eroberten sich neben der alten Operettengarde die Herzen der Dresdner. Zwei von ihnen, Gustl Promper und Beatrix Kujau, galten bis 1953 als das »Buffo-Paar vom Dienst«. Auch das Gesangsquartett »Die vier Brummers« entspross dem »Humusboden« des Operettentheaters. Der Ruf nach der »neuen« Operette wurde in den Fünfzigern unüberhörbar. Dabei herrschte weithin darüber Unsicherheit, wie denn ein solches Werk aussehen müsste. Sowohl den unter der Intendanz von Peter Bejach (1954–1958) zur Aufführung gebrachten sowjetischen und rumänischen Operetten (»Freier Wind«, »Trembita«, »Laßt mich doch singen«) als auch den deutschen (meist aus seiner eigenen Feder) mangelte es mehr oder weniger an durchschlagender künstlerischer, vor allem musikalischer Qualität.

Eintritt ins Wunderland: das Musical

1958 übernahm Fritz Steiner das Staatliche Operettentheater. Steiner war ein Theatermann durch und durch, sowohl als singender Schauspieler wie auch als Regisseur. Wenn er am Regiepult Platz nahm, dann war das zu inszenierende Stück sorgfältig ausgesucht, es diente als Flaggschiff für den weiteren Kurs seines Theaters. Und sein Kurs hieß – ideologische Vorbehalte wurden unter Schwierigkeiten ausgeräumt – eindeutig: »Dem Musical gehört die Zukunft.« Sein Endziel war: Aufbau eines Musicalensembles aus Schauspielern und Sängern, umfassend ausgebildet, perfekt in Gesang und Tanz.

Intendant, Regisseur und Schauspieler in einem: Fritz Steiner (l.)

*Rudolf Nehmer:
Horst Schulze,
Öl/Kaback, 1964*

Vorbilder holte er sich vom Dresdner Staatsschauspiel. Horst Schulze war der Erste. Mit ihm und mit »Bel ami« (Buch: Therese Angeloff; Musik: Peter Kreuder) ritt Regisseur Steiner 1961 seine erste Musicalattacke. Sein zweites Husarenstück war die DDR-Erstaufführung von »My Fair Lady« 1965. Nicht nur, dass er sich die Aufführungsrechte für sein Haus sicherte (Berlin »guckte in die Röhre«),

*Marita Böhme und
Peter Herden in »My
Fair Lady«, DDR-
Erstaufführung 1965*

»Lady«-Boom
Rund 13 Jahre lang strömten die Dresdner zu ihrer »Lady« nach Leuben, sahen und bejubelten in 446 Vorstellungen Marita Böhme, Peter Herden und Richard Stamm.

Drei Jubiläen
1968 feierte Volksschauspieler Georg Wörtge ein dreifaches Jubiläum: 80. Geburtstag, 60-jähriges Bühnenjubiläum und das 50. Jahr seines Wirkens in Dresden.

sondern er konnte auch einen großen künstlerischen und finanziellen Erfolg verbuchen.

Trotz dieser »Sternstunden« ging die Diskussion ums neue Genre weiter. Hatte Gerd Natschinski die Frage »Was ist ein Musical?« bei »Mein Freund Bunbury« 1965 überzeugend mit »ein Stück mit viel Musik« beantwortet, so erreichten Musicals von Conny Odd, Siegfried Kurz, Rainer Lischka und Siegfried Schäfer teils aus mangelnder kompositorischer Erfahrung, teils aus dramaturgischen und regielichen Unzulänglichkeiten nur Achtungserfolge. Eines jedoch blieb unbestritten: Der Spielplan dieser Jahre war abwechslungsreich und interessant, die Folge der Ur- und Erstaufführungen unter den Hausregisseuren Rudolf Schraps und Horst Ludwig riss nicht ab. Dazu prägte Siegfried Rennert (Ausstattung) seit 1972 das Erscheinungsbild der Inszenierungen, einer Synthese zwischen publikumswirksamem Showwert und dessen Abhängigkeit von der szenischen Handlung. Zum Leidwesen des Publikums und trotz kritischer Anmahnung der Dresdner Fachpresse blieb Operette allerdings weitgehend ausgespart.

Bewunderung verdient noch heute die Leistung aller damals am Hause Beschäftigten. Denn die Staatsoperette, der Name wurde ihr 1964 verliehen, blieb ein »Interimstheater« mit beschränkten Raumverhältnissen, weiten Transportwegen und fehlenden bühnentechnischen Hilfsmitteln. Da die Pläne für einen Umzug des »Hauses am Rande der Stadt« ins Stadtinnere Makulatur blieben, begann ab 1970 eine umfassende Rekonstruktion und Erweiterung. Für 1,5 Millionen Mark entstanden bis 1977 neue Proben- und Magazinräume, Garderoben, ein Ballettsaal, Kantine und Werkstätten.

Stövesands Staatsoperette
1978 nahm Reinhold Stövesand den Platz des plötzlich verstorbenen verdienstvollen Chefs des Hauses, Prof. Fritz Steiner, ein. Er war damit der jüngste Theaterintendant der

»Evita«, DDR-Erstaufführung, 1987

damaligen DDR. Aus einer Dresdner Theaterfamilie stammend und seit 1967 vielbeschäftigtes Mitglied des Ensembles, kannte er die zukünftigen Möglichkeiten seiner übernommenen Bühne genau: »Es wird ein verstärktes Hinwenden zur Operette geben, in dieses Haus gehört auch wieder ein Lehár! Wir denken an die ›Lustige Witwe‹«. Und der neue Intendant hielt Wort. In den nächsten Jahren bevölkerten Strauß, Kálmán, Zeller und Fall mit ihren bekanntesten Werken den Spielplan, entdeckte man Neues bei Offenbach, Ziehrer, Gilbert und Robert Stolz. Die Staatsoperette machte ihrem Namen wieder Ehre. Ein verjüngtes Solistenensemble garantierte, dass man jede Operette gut besetzen konnte. Dazu brachten Dirigenten aus der befreundeten tschechischen Nachbarrepublik mit ihrem böhmischen Musikantentum frischen Wind in die Aufführungen.

»Schrittmacher« Reinhold Stövesand

Stefan Heym zur Premiere der Aufführung »Der König David Bericht«, 1989

Jenseits der Hof- und Staatsoper **Volkstheater in Dresden**

Spiegel der Zeit
Unter der Regie von Walter Niklaus gelangen mit »Evita« (DDR-Erstaufführung, 1987) und »Der König David Bericht« (1989) Aufführungen, die zu brisanten Zeitfragen Stellung nahmen.

Dort wo man vor Inszenierungen noch zurückschreckte, bot man Highlights der Operettenliteratur konzertant. Kulturpalast und besonders der Zwinger boten sich im Rahmen des Dresdner Sommers dafür geradezu an. In immer ausverkauften Vorstellungen (über 200 000 Besucher) glänzten Solisten, Chor, Ballett und Orchester zur Freude der Dresdner und ihrer zahlreichen Gäste. Eine glückliche Hand hatte Stövesand auch bei der Auswahl seiner Regiegäste. Walter Niklaus arbeitete seit 1982 (»The Fantasticks«) regelmäßig am Haus und brachte besonders durch seine durchdachten Musicalinszenierungen der Staatsoperette Dresden wiederum Anerkennung über die Stadtgrenzen hinaus.

Erstmals eine Frau als Operetten-Intendantin: Elke Schneider

Irritation und Erneuerung

Mit der »Fledermaus«-Premiere am 3. November 1990 eröffnete die Staatsoperette nach fünfmonatiger Schließzeit ihre 43. Spielzeit. Nichts mehr war so wie es vor Jahresfrist war. Das Theater stand ohne Intendant und ohne Publikum da. An Betriebe geknüpfte Anrechte waren weggebrochen, die D-Mark und mit ihr überschwemmende neue Möglichkeiten ließen die Theatersessel leer bleiben. Vielfältig waren die Diskussionen im »Neuen Forum« und in den sich bildenden Verwaltungsorganen um die geistige, kulturelle und städtebauliche Zukunft der Stadt. Zum vielfältigen Angebot einer wieder werdenden Kulturstadt von europäischem Rang sollte auch ein attraktives Operettentheater gehören. Da aus einem Neubau im Zentrum der Stadt aus vielerlei Gründen wieder nichts wurde, entschloss man sich erneut zu einer Millioneninvestition ins hundertjährige stadteigene (!) Haus.

Reko-Resultate
Erweiterter Orchestergraben, erneuerte Obermaschinerie und modernste Beleuchtungsanlage sowie für den Besucher ein neuerrichtetes Kassenfoyer waren das Ergebnis der Rekonstruktion 1990.

An der Spitze des schlingernden Schiffes Staatsoperette stand nun erstmalig eine Frau: Elke Schneider. Auch sie setzte zusammen mit ihren Vorständen auf einen ausgewogenen Spielplan, angesiedelt zwischen Operette und Musical. Dabei hatte sie das klassische

Operettenrepertoire ebenso im Auge, wie jene Werke, die vor 1989 als »spätbürgerlich« apostrophiert worden waren: »Der Graf von Luxemburg« (1991), »Maske in Blau« (1992), »Das Land des Lächelns« (1994). Die Musicaltradition des Hauses setzte sie mit »La Cage aux Folles« (1991), »Into The Woods« (1993) und vor allem mit dem erfolgreichen Stück »Singin' In The Rain« (1994) fort.

Nach dem spürbaren Tief im Sommer 1991 brachte ein kluges Marketingkonzept alte und neue Publikumskreise ins Theater. Flotte Sprüche auf Plakatwänden in der Stadt, zu Generalproben eingeladene Taxifahrer mit ihren Ehefrauen sowie Damen aus den neuen Hotelrezeptionen und eifrige Stadtführer sorgten dafür, dass das Publikum den Weg nach Dresden-Leuben wieder fand.

Im August 1995 übernahm der ehemalige Generalintendant des Deutschen Nationaltheaters Weimar, Fritz Wendrich, die Leitung der Staatsoperette. Damit blieben dem Haus verhängnisvolle Experimente von »reisenden Verwaltungstouristen in Sachen Kunst« erspart. Er setzte den eingeschlagenen Weg fort, brachte aber ebenso seine eigenen Vorstellungen ein. Mit »Zar und Zimmermann« (1997), »Martha« (1999) und »Hoffmanns Erzählungen« (2001) öffnete er sein Haus für die Spieloper, gleichzeitig gelang es ihm

Chefdirigent Volker M. Plangg

Lebenshilfe
»Dresden braucht die Operette! Der ihr eigene Draufblick mit heiterer Ironie auf unsere wachsenden Lebensprobleme hilft uns, diese zu bewältigen.« (Elke Schneider)

»Aspects of Love«, 1997

Unwiederholbar
Je mehr die Welt virtuell wird, desto mehr gewinnt der unwiederholbare Theaterabend an Gewicht, einschließlich der unwiederholbaren Pannen.

zusammen mit seinem Chefdirigenten Volker M. Plangg, deutsche Erstaufführungen neuester Werke A. L. Webbers (»Aspects of Love«, 1997; »The Beautiful Game«, 2003) nach Dresden zu holen.

Künstler aus ganz Europa und aus Übersee kommen gern hierher und signalisieren damit ihr Interesse am Haus und dessen Arbeitsklima. Es bereichert das künstlerische Flair der Staatsoperette und macht sie über die regionalen Grenzen hinaus bekannt. Ihre Leistungsfähigkeit bewiesen ihre Ensembles erst kürzlich wieder bei Gastspielen in Dänemark, im Hamburger Congress Center, in Dortmund und Baden-Baden. Unverständlich deshalb die Irritationen der vergangenen Jahre bis hin zur Schließungsandrohung durch den Oberbürgermeister. »Wer in Dresden Kultur abbaut, beginnt Dresden zu zerstören«, beschwor der Intendant die Dresdner Stadträte.

Operette, Musical, Spieloper und Konzert, auf diesen vier Standbeinen steht das künstlerische Konzept der Staatsoperette auch unter ihrem jüngsten Intendanten Wolfgang Schaller und ihres Chefdirigenten Ernst Theis. Fußend auf den Traditionen eines 250-jährigen Dresdner Lachtheaters ist das Haus damit offen für alle künstlerischen Intentionen der Gegenwart und Zukunft. Die Staatsoperette bleibt, was sie war – indem sie sich verändert. Denn: Wer nicht mit der Zeit geht, geht mit der Zeit.

Die Freie Dresdner Tanzszene

Ralf Stabel

Zumindest für die erste Hälfte des 20. Jahrhunderts lassen sich Dresden und Freier Tanz durchaus synonym verwenden. Dafür stehen Namen wie Mary Wigman, Harald Kreutzberg, Gret Palucca, Dore Hoyer oder Marianne Vogelsang, die hier tanzten, lehrten oder deren künstlerisches Leben hier seinen Ausgangspunkt hatte. Doch sei zunächst gefragt, wovon der Freie Tanz eigentlich frei oder befreit war.

Das beginnende 20. Jahrhundert war durch eine Reihe von Reformen auch auf dem Gebiet des Tanzes und der körperlichen Bewegung überhaupt geprägt. Das Auftreten der amerikanischen Tänzerin Isadora Duncan veranlasste die Vertreter des Balletts, über eine Erneuerung des Klassischen Bühnentanzes nachzudenken. Die »Ballets

oben: (v.l.n.r.)
Mary Wigman,
Gret Palucca,
Harald Kreutzberg
unten: Dore Hoyer,
Marianne Vogelsang

Russes« sind das deutlichste Beispiel einer umfassenden Reformation auf diesem Gebiet. Begeistert veröffentlichte Michail Fokin am 6. Juli 1914 in der Londoner Times seine Thesen für ein neues Ballett. Zeitgleich setzten er und die anderen Choreografen der »Ballets Russes« diese Ideen auf der Bühne um. Schon sie befreiten sich als Tourneeensemble von den bisherigen Konventionen des Balletts. Darstellung neuer Themen, Überprüfung des Vokabulars des Klassischen Tanzes auf seine dramaturgische Legitimation, Verwendung nicht für das Ballett geschriebener Kompositionen und gleichberechtigte Zusammenarbeit aller Künstler hießen ihre Forderungen.

Zeitgleich konnten in Europa eine Reihe neuer Gymnastikmethoden wie die von Bess Mensendieck darauf aufmerksam machen, dass sich ein gesunder Körper frei bewegen können muss. Dies, aber auch neue, den Bedürfnissen des menschlichen Körpers

Michail Fokin, Choreograf der neuen Ideen

Die »Ballets Russes« – lebendige Beispiele der Tanzreform am beginnenden 20. Jahrhundert

Die Freie Dresdner Tanzszene Jenseits der Hof- und Staatsoper

Schauseite der Palucca Schule Dresden – Hochschule für Tanz

angepasstere Kleidung, bewusste Ernährung oder die Reform des Wohnens, wie sie in den nach englischem Vorbild beispielsweise auch in Hellerau entstehenden Gartenstädten deutlich wird, waren kleine Steine eines umfassenden Lebensreform-Mosaiks, dass sich in der ersten Hälfte des 20. Jahrhunderts ausbreitete. So entstand auch ein gesellschaftliches, wirtschaftliches, künstlerisches und pädagogisches Umfeld, das Neues zuließ – vorerst tolerierte, später anerkannte.

Mary Wigmans Initialzündung

Das Dresdner Gastspiel Mary Wigmans (1886–1973) im Jahr 1920 markiert den Beginn der Tradition des Freien Tanzes in Dresden. Wissend, dass sie den herkömmlichen Weg einer Tanzausbildung nicht beschreiten wollte und konnte, war die Hannoveranerin schon einmal in Dresden gewesen, um bei Emile Jacques-Dalcroze (1865–1950) ihrem tänzerischen Anspruch Ausdruck zu geben. Von 1910 bis zum Ausbruch des Ersten Weltkrieges 1914 unterrichtete der Schweizer Musikpädagoge – vorrangig im Festspielhaus in Dresden-Hellerau – die von

Kritik an Gymnastik

Die Begründerin der Dresdner Traditionslinie des Ausdruckstanzes, Mary Wigman, formulierte ihre Kritik an der Gymnastik-Ausbildung in Dresden-Hellerau drastisch: »Alles, was mit der Musikalität und mit der musikalisch-rhythmischen Erziehung bei Jacques-Dalcroze in seiner Methode zu tun hatte, interessierte mich auch einen Dreck! Was mich interessierte, war nur die Tatsache, daß einem gesagt wurde: Nun sagen Sie das einmal mit Ihrem Körper!«

ihm erfundene Methode der rhythmischen Gymnastik. Es kam ihm darauf an, durch Gehörbildung, Ermutigung zur Improvisation und durch die mit dem eigenen Körper mögliche Visualisierung von musikalischen Strukturen eine ganzheitliche Korrespondenz von körperlicher und musikalischer Bewegung herzustellen.

Doch die enge Bindung an die musikalischen Vorgaben hinderte Mary Wigman eher, eigene Bewegungen zu kreieren. So fand sie in der Schweiz in Rudolf von Laban den Meister, der ihr die Freiheit gab, sich selbst im Tanz zu verwirklichen. 1919 tourte Mary Wigman erstmals mit einem Tanzprogramm durch Deutschland. Die Reaktionen waren damals bestenfalls verhalten. Ihr Dresdner Auftritt am 7. November 1919 im großen Saal der Kaufmannschaft aber wurde ein einmaliger Erfolg: »So einzigartig zwingend war der Eindruck, so losgelöst von allem Bekannten. Eine wirklich Berufene, eine demütige Dienerin ihrer Kunst, die ihr nicht Selbstzweck, nicht sinnliches Reizmittel, nicht Übersetzung musikalischer Antriebe

Mary Wigman: »So einzigartig zwingend war der Eindruck ...«

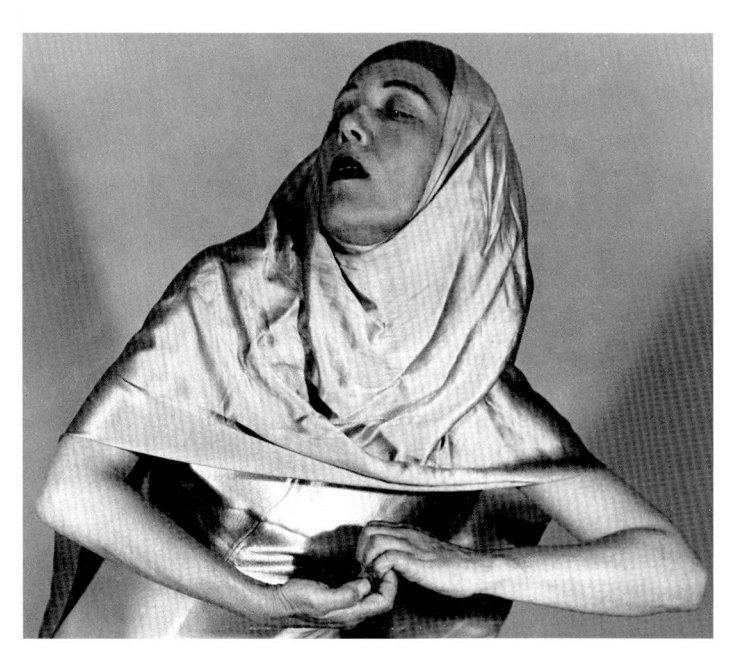

Die ehemalige Wigman-Schule, heute »semper kleine szene« der Staatsoper Dresden in der Bautzner Straße 107

ist«, schrieben die Dresdner Neuesten Nachrichten. Im nächsten Jahr hielten dann Kapp-Putsch und Generalstreik Mary Wigman in Dresden auf. Im Palasthotel Weber am Postplatz begann sie zu unterrichten. Später entstand in der Schillerstraße 17, heute Bautzner Straße 107, die Wigman-Schule und damit das künstlerisch-pädagogische Zentrum des Freien Tanzes.

Die Anfangsjahre waren geprägt vom Experimentieren und Improvisieren. Erst in der Rückschau konnte Mary Wigman wirklich beschreiben, was ihre neue Form der Pädagogik und des Tanzes ausmachte, warum ihre Schüler wie Gret Palucca und Harald Kreutzberg alle eigenartig, eigenwillig, einzigartig wurden: »Aufgabe des Lehrenden ist es, den Weg zu dem Lernenden zu finden, die Art seiner Begabung zu erkennen, sie als selbständige Welt zu respektieren … Der Lehrer muss erkennen, dass nur die aktive Mitarbeit des Schülers zu anerkennbaren Resultaten führt. Die lebendige Sprache des Tanzes, die in jedem jungen Tänzer eingeboren schlummert, bedarf der lebendigen Führung und Resonanz, um erweckt zu werden und zu überzeugender Mitteilung zu reifen«, heißt es in Rudolf Bachs Mary-Wigman-Buch.

Körper und Technik

Zu dem neuen »abstrakten« Tanz der Palucca heißt es in den Dresdner Neuesten Nachrichten am 25. April 1926: »Der Tanz der Palucca ist schmucklos und unsymbolisch. Er wirkt nicht durch den Stoff, nicht durch die Erscheinung. Er will nichts ›bedeuten‹. Er ist ganz und gar nur Bewegung, Spannung, Lockerung, Aufschwung, Niederlassen. Er ist, wenn man das sagen darf, nichts als Körper und Technik. Körperliches Bewußtsein, tänzerisches Bewußtsein.«

Paluccas Anspruch und Auftrag

Ballett-Besatzer
Nach 1945 hatten es die modernen Tänzer/innen schwer, an die Vorkriegsentwicklungen anzuknüpfen. Der Berliner Ballett- und Musikkritiker Klaus Geitel formulierte pointiert, dass Deutschland durch die vier Alliierten gleichzeitig von vier Ballettnationen besetzt worden war, die neben vielem Anderen auch ihre Tanztraditionen nach Deutschland brachten.

»Es ist sehr schwer, der heutigen Generation klarzumachen, was für uns damals Mary Wigmans erstes Auftreten bedeutete«, erinnerte sich Palucca (1902–1993) an ihre erste Begegnung mit der Künstlerin. »Es war etwas so unerhört Neues, etwas so Elementares, dass mir sofort klar wurde: Entweder lerne ich bei ihr tanzen, oder ich lerne es nie! Hier war der neue Tanz, der meinem Ideal entsprach – hier war der Mensch und Führer, den ich brauchte«, zitiert Gerhard Schumann die Künstlerin.

Auch Harald Kreutzberg (1902–1968), der 1919 eine Ausbildung zum Modegrafiker an der Kunstgewerbeschule in Dresden begonnen hatte, wurde 1921 Berufsschüler bei Mary Wigman. Seinen ersten Auftritt hatte er 1921 in dem Tanz »Bizarrerie« im Dresdner Albert-Theater, und er entwarf noch im selben Jahr den Tanz »Trommelspuk«. Wie kein anderer verbreitete Harald Kreutzberg den in Dresden erlernten, erfahrenen Freien Tanz in der Welt. Im Ausland galt er als die Inkarnation des German Dance. Seine ausgedehnten Tourneen mit über 2 000 Auftritten führten ihn von 1927 bis 1960 durch ganz Europa, nach den USA, Südamerika, bis nach China und Japan, wo der deutsche Ausdruckstanz starken Einfluss auf den Butoh-Tanz ausübte. Die Beschreibungen seiner Tänze lassen noch heute ihre suggestive

»Hier war der neue Tanz ...«

Harald Kreutzberg: »Große weite wuchtige Schwünge …«

Wirkung erahnen: »Große weite wuchtige Schwünge schneiden durch den Raum. In hohen und sicheren Sprüngen überquert er die Fläche. In raschen und scharfen Wendungen kommt seine Beherrschung des Körpers zum Ausdruck. Und all das – auch bei dem fabelhaftesten Tempo und bei der erstaunlichsten Vielseitigkeit des Raumrichtungswechsels – ist restlos gekonnt, rhythmisch richtig betont, man möchte sagen, bis auf letzte dynamische Einheiten berechnet«, schrieb Fritz Böhme in der Deutschen Allgemeinen Zeitung 1925.

Während die Wigman-Schülerin Hanya Holm in New York eine Zweigstelle der Dresdner Wigman-Schule eröffnete, gelang es Palucca, die tänzerisch-pädagogische Tradition in Dresden direkt fortzusetzen. Die Ausbildung bei Mary Wigman ermutigte sie, sich ganz ihrem dynamischen und absoluten

Blick in die im Bauhausstil erbaute Richter-Siedlung in Dresden-Trachau

Verfemte Moderne
Marianne Vogelsang verliert ihre Anstellung an der Fachschule für künstlerischen Tanz in Berlin, weil diese nach sowjetischem Vorbild auf Beschluss der SED in die Staatliche Ballettschule Berlin umgewandelt wird, an der der Moderne Tanz zu dieser Zeit keinen Platz im Ausbildungskonzept mehr haben darf.

Tanzstil hinzugeben. Durch die Anerkennung der Bauhaus-Künstler Kandinsky, Klee und Moholy-Nagy und durch die Unterstützung ihres Mannes Friedrich Bienert gestärkt, wagte sie den Sprung in die tänzerische Abstraktion und landete mit ihrer Art des Tanzes zielsicher inmitten der Avantgarde der Moderne. Insbesondere ihre heiteren Interpretationen machten sie zum Liebling von Presse und Publikum, aber auch ihre hohe Musikalität, ihre choreografische Klarheit und ihre mitunter erotische Ausstrahlung. Sie sei ein erfrischender Wind, hieß es über sie, wie ein reinigendes Feuer, ein Lebensmutspender, eine Kraftgläubige, eine große Heitere.

Tanzen und Leben waren für Palucca untrennbar verbunden. Am eindrucksvollsten bewies sie dies mit ihren öffentlichen Improvisationen, mit denen sie – ihren momentanen Eingebungen folgend – scheinbar aus dem Nichts heraus Tänze erfand. Auch durch ihre ausgedehnten Tourneen vor allem in Deutschland zog sie wiederum eine große Zahl Schülerinnen und Schüler an ihre 1925 in Dresden gegründete Schule. Bis 1990 unterrichtete sie nahezu ununterbrochen und unbeirrt die mit ihren künstlerischen Erfahrungen gespeiste Variante des Freien Tanzes. Während der Zeit des Nationalsozialismus musste sie ihre Schule von 1939 bis 1945 aufgrund ihrer jüdischen Herkunft schließen, konnte aber, mit einer Sondergenehmigung ausgestattet, weiter tanzen.

Die neuen Mittelpunkte

Zum Leben und Wirken der Freien Tänzer gehörte die Gleichzeitigkeit von Tanzen und Lehren. Da der »Tanzausbildungsmarkt« in Dresden aber bereits von Mary Wigman (bis 1942) und von Palucca »besetzt« war, konzentrierten sich die nächsten Tänzerinnen und Tänzer eher auf Engagements oder Tourneen.

Nach einer Rhythmik-Ausbildung an einer Zweigstelle der Hellerau-Laxenburg-Schule in Dresden-Blasewitz lernte die Dresdnerin

Dore Hoyer: »Was ist mir Tanz ...«

Dore Hoyer (1911–1967) 1930 ein Jahr bei Palucca. 1935 tanzte sie nach Engagements in Plauen und Oldenburg und ersten Solotanzerfahrungen für ein Jahr in Mary Wigmans Tanzgruppe. Auch ihr Bekenntnis zum Tanz zeigt das bewusste Annehmen des anderen, des Freien Tanzes als einzig mögliche Form, der individuellen Empfindung adäquaten tänzerischen Ausdruck zu verleihen: »Was ist mir Tanz – warum tanze ich – weil ich mit nichts anderem besser zu gestalten weiß, als gerade mit dem Körper, mit der Bewegung«, sagte sie schon 1934. Nach dem Krieg eröffnete sie eine eigene Schule in den Räumen der ehemaligen Mary-Wigman-Schule in Dresden und gründete mit ihren Schülerinnen das Tanz-Studio Dresden. Tanzzyklen wie »Tänze für Käthe Kollwitz« – nach deren Grafiken – und »Der große Gesang« entstanden. 1948 ging Dore Hoyer in den Westen Deutschlands.

Die Ballettrenaissance in Ost- und Westdeutschland setzte den letzten Versuchen des Freien Tanzes in Deutschland ein Ende. Dore Hoyer unternahm noch Tourneen nach Südamerika, tanzte 1957 in Mary Wigmans Inszenierung »Le Sacre du Printemps« an der Berliner Städtischen Oper die Erwählte und konnte 1959 an der szenischen Berliner Erstaufführung von Arnold Schönbergs »Moses und Aaron« choreografisch mitarbeiten. 1962 schuf sie zu Kompositionen von Dimitri Wiatowitsch ihr choreografisches Vermächtnis: »Affectos Humanos«. Sie tanzte Eitelkeit, Begierde, Hass, Angst und Liebe.

Otto Dix: Marianne Vogelsang, Mischtechnik auf Holz, 1981

Die Dresdnerin Marianne Vogelsang (1912–1973) begann im Jahr 1929 ihr Studium bei Palucca. Sie tanzte in der Palucca-Tanzgruppe und im Palucca-Tanz-Trio und galt als eine der begabtesten Tänzerinnen ihrer Generation. Bereits ihr erster Solotanzabend im Dresdner Komödienhaus sorgte in den Dresdner Neuesten Nachrichten 1935 für eine visionäre Einschätzung: »Eine neue Tänzerin – Marianne Vogelsang ist weit entfernt von seelenlosem Intellektualismus oder Formalismus, von Effekthascherei. Jede Gebärde ist sinnfällig, entquillt innerem Erleben und überzeugt deshalb. Sie hat – erstaunlich bei ihrer Jugend – ihren Stil gefunden. Ihre Bewegungen sind von der kraftvollen Geschmeidigkeit eines schönen Tieres, von einer selbstverständlich lässigen Anmut, ohne weichlich zu wirken, stets klar in der Linienführung. Dabei ist sie im Ausdruck ebenso stark wie in der Komposition: der thematische Aufbau ihrer Tänze, die geschickte Raumgestaltung sind geradezu Musterbeispiele …«. Marianne Vogelsang verließ

Dresden aber, um ihre tänzerisch-pädagogische Laufbahn zu verfolgen. Nach dem Krieg leitete sie kurzzeitig mit Mary Wigman deren Berliner Tanzstudio und übernahm 1951 die Leitung der Abteilung Neuer Künstlerischer Tanz an der in Berlin neu gegründeten Fachschule für künstlerischen Tanz. Neben Palucca in Dresden wirkte Marianne Vogelsang damit als einzige moderne Tänzerin in der DDR auf tanzpädagogischem Gebiet. Nach sieben Jahren beendete die Kulturpolitik ihr pädagogisches Schaffen in der DDR. Der als formalistisch verfemte Ausdruckstanz musste aus dem Lehrplan der Schule entfernt werden. Marianne Vogelsang wurde entlassen. Bis 1961 arbeitete sie als Choreografin an Ost-Berliner Theatern und für den Deutschen Fernsehfunk. Anschließend unterrichtete sie in Köln, Hannover und West-Berlin Modernen Tanz und besuchte die Dresdner Palucca Schule vor allem zu den internationalen Sommerkursen. Ihre letzten Choreografien zu den Präludien von Johann Sebastian Bach übertrug sie bis kurz vor ihrem Tod 1973 ihrem Schüler Manfred Schnelle.

DDR – der unfreie Freie Tanz

Die DDR setzte dem Freien Tanz aus kulturpolitischen und wirtschaftlichen Gründen einen sehr engen Rahmen. Freiheit grundsätzlich anders verstehend als in bürgerlichen Gesellschaften, war die dem Freien Tanz inhärente Besonderheit, Individuelles ohne Rücksicht auf gesellschaftliche Normen zu entäußern, den DDR-Kulturpolitikern besonders suspekt. Die mit dem Freien Tanz entstandene Improvisation galt aufgrund der Unkontrollierbarkeit des Nichtvorherzusehenden als besonders bedenklich. Nachdem in den 1950er-Jahren dem Modernen Tanz in der DDR der Kampf angesagt worden war, Marianne Vogelsang ihre Stellung an der Staatlichen Ballettschule Berlin verloren und Palucca nur mit »ultimativem Terror«, das heißt mit der permanenten Drohung, die

Angst vor dem Freien

Auf seiner 5. Tagung im März 1951 sagte das ZK der SED auch dem Modernen Tanz in der DDR unmissverständlich den Kampf an. Im Zusammenhang mit der Formalismus-Realismus-Debatte, in der jegliche moderne Kunst in der DDR in die Kritik geriet, hieß es: »Der sogenannte Ausdruckstanz bedeutet das Abgleiten in unbegreifbare Ausdrucksformen, Unverständlichkeit, Mystizismus und folglich Formalismus.«

Der Tänzer Manfred Schnelle kreierte Ende der 1960er-Jahre zahlreiche Soloabende in Dresdner Kirchen nach Musik aus Bachs »Wohltemperiertem Klavier«

DDR bei jedem weiteren Eingreifen in ihr künstlerisch-pädagogisches Konzept zu verlassen, ihre Position retten konnte, fiel der Freie Tanz in Ost-Deutschland in eine Art Dornröschenschlaf. Erinnerungen flackerten mit den Soloabenden auf, die zum Beispiel Manfred Schnelle veranstaltete.

Besinnung auf eigene Wurzeln

Manfred Schnelle tanzte von 1956–1967 an der Staatsoper Dresden. Dann wurde sein Vertrag nicht verlängert. Vielleicht lag es daran, dass er seit 1965 nicht nur das Publikum auf sich aufmerksam gemacht hatte, als er anfing, auch in Kirchen zu tanzen und damit an diesen außertheatralen Orten die Tradition des Freien Tanzes aufrecht zu erhalten. Die ihm von Marianne Vogelsang von 1971 bis 1973 übertragenen Tänze zu Präludien aus dem »Wohltemperierten Klavier« von Johann Sebastian Bach tanzte er selbst und übertrug sie wiederum auf die nächsten Generationen von Tänzerinnen und Tänzern, zu denen unter anderem Arila Siegert gehörte. Gerade im Dresden der 1980er-Jahre rückte die Besinnung auf die eigenen Wurzeln zunehmend in den Mittelpunkt des tänzerischen Interesses und brachte damit auch eine Haltung zur Perspektivlosigkeit der DDR-Gesellschaft zum Ausdruck. In Folge der intensiven Beschäftigung mit der Tradition des deutschen Ausdruckstanzes nahm Arila Siegert, die bereits 1985 – noch als Tänzerin im Ballett der Staatsoper Dresden – ihren ersten Soloabend unter dem Titel »Gesichte« gestaltet und 1987 am Dresdner Schauspielhaus ihr Ein-Frau-Tanztheater gegründet hatte, »Affectos Humanos« (1962) von Dore Hoyer, den »Hexentanz« (1926) und »Abschied und Dank« (1942) von Mary Wigman und eben jene Bach-Präludien von Marianne Vogelsang (1973) in ihr Solotanzrepertoire auf.

Einen anderen Zweig der Dresdner Tanztradition belebte Hanne Wandtke wieder. Nach ihrer Tanzlaufbahn ging die Palucca-Schülerin 1979 an ihre Schule zurück und unterrichtete neben Palucca im Fach Improvisation. Sie sicherte damit, dass die mit Palucca in Dresden lebendige Tradition nicht mit deren Tod beendet sein würde. Selbst trat sie in der Endphase der DDR mit gesellschaftskritischen Tanzperformances wie »Lob des Lobes« und »Über allen Gipfeln ist Unruh« an die vornehmlich Dresdner Öffentlichkeit.

Beim Sommerkurs der Palucca Schule. In der ersten Reihe: Hanne Wandtke

Noch eine Kategorie eigenwilliger ist die Performerin Fine Kwiatkowski. Seit 1982 gibt sie – ohne eine herkömmliche Tanzausbildung absolviert zu haben – auch in Dresden ihre Soloabende. Als »Gruppe Fine« trat sie mit Musikern sowie bildenden Künstlern und Filmemachern auf. Ihre ganzheitlich improvisierte Performance-Kunst wurde als provokant, poetisch und phantasievoll beschrieben.

Unter der Leitung des Dresdner Chefchoreografen des Ballettensembles der Dresdner Staatsoper Harald Wandtke, ebenfalls ein Schüler Paluccas, wurde außerdem die Tradition der öffentlichen Improvisationsabende wieder aufgenommen. Mitglieder des Ballettensembles improvisierten zu ebenso improvisierter Musik.

Befreit von Konventionen

Die erneute Befreiung von Konventionen im Tanz machte sich in Dresden selbstverständlich als erstes an den Institutionen bemerkbar, an denen der Tanz beheimatet ist. An die Semperoper wurde 1990 der Choreograf Johannes Bönig berufen. Er versuchte, aus der freien Tanzszene kommend, aus dem Ballettensemble eine von ihm so genannte Tanzbühne zu formen. Unstimmigkeiten führten aber alsbald dazu, dass er seine Aktivitäten in die sich gründende freie Tanzszene Dresdens verlegte.

Andere Spielstätten wie das Projekt-Theater, das TIF (Theater in der Fabrik), das Societaetstheater, die Blaue Fabrik oder das seit dem Weggang von Jacques-Dalcroze vorwiegend »fremdgenutzte« Festspielhaus Hellerau öffneten sich dem Tanz und ermöglichten – auch durch Produktionskooperationen – das Entstehen neuer Werke. Zu den ersten, die nach der Wende an der Entstehung einer freien Tanzszene mitwirkten, gehören z. B. Katja Erfurth und Thomas Hartmann.

Die in der DDR-Zeit zu einer modernen Ballettschule »verwandelte« Palucca Schule

Lob der Tradition
Die Diplomanden des Jahres 2000 der Palucca Schule Dresden bedankten sich für die Ausbildung im Fach Improvisation mit den Worten: »In der heutigen schnelllebigen Zeit wird der Begriff der Tradition oft mit etwas Veraltetem, Festgefahrenem und für die Jugend Uninteressantem verbunden. Wir konnten allerdings erfahren, das sie etwas sehr Erfrischendes haben kann, wenn sie aktiv gelebt wird, denn dann ist die Tradition der älteste Weg zu Neuem.«

Die Freie Dresdner Tanzszene Jenseits der Hof- und Staatsoper

Dresden besann sich nach der Wende auf ihre Wurzeln im modernen Tanz. Das Ausbildungsprofil wurde dementsprechend neu modifiziert und neue Studiengänge eingerichtet. Nachwende-Absolventinnen der Tanz- und Choreografieausbildung wie Nicole Meier und Nora Schott beleben seitdem mit ihren kreativen Ideen die Dresdner freie Tanzszene. Olaf Becker und Brit Krüger haben mit ihrer TENZA-Schmiede eine Produktionsstätte für den Freien Tanz in Dresden etabliert.

Darüber hinaus schuf Isolde Matkey, eine ehemalige Dramaturgin der Semperoper, mit der Etablierung des Festivals »Tanzherbst« ein regelmäßiges Podium für die Präsentation von neuen Kreationen. Das an der Palucca Schule Dresden angesiedelte Palucca Tanz Studio hat sich nach seiner »Hommage à Palucca« 2002 das Verdienst erworben, die mit Dresden verbundene Traditionslinie der Deutschen Tanzmoderne im Jahr 2003 durch Rekonstruktionen von Mary Wigman, Palucca, Harald Kreutzberg, Marianne Vogelsang und Dore Hoyer wieder ins öffentliche Bewusstsein gerückt zu haben. Hier könnte die Tradition des Dresdner Freien Tanzes gepflegt und weiter entwickelt werden.

Neuer Gebäudeteil der Palucca Schule

Musik zum Anfassen

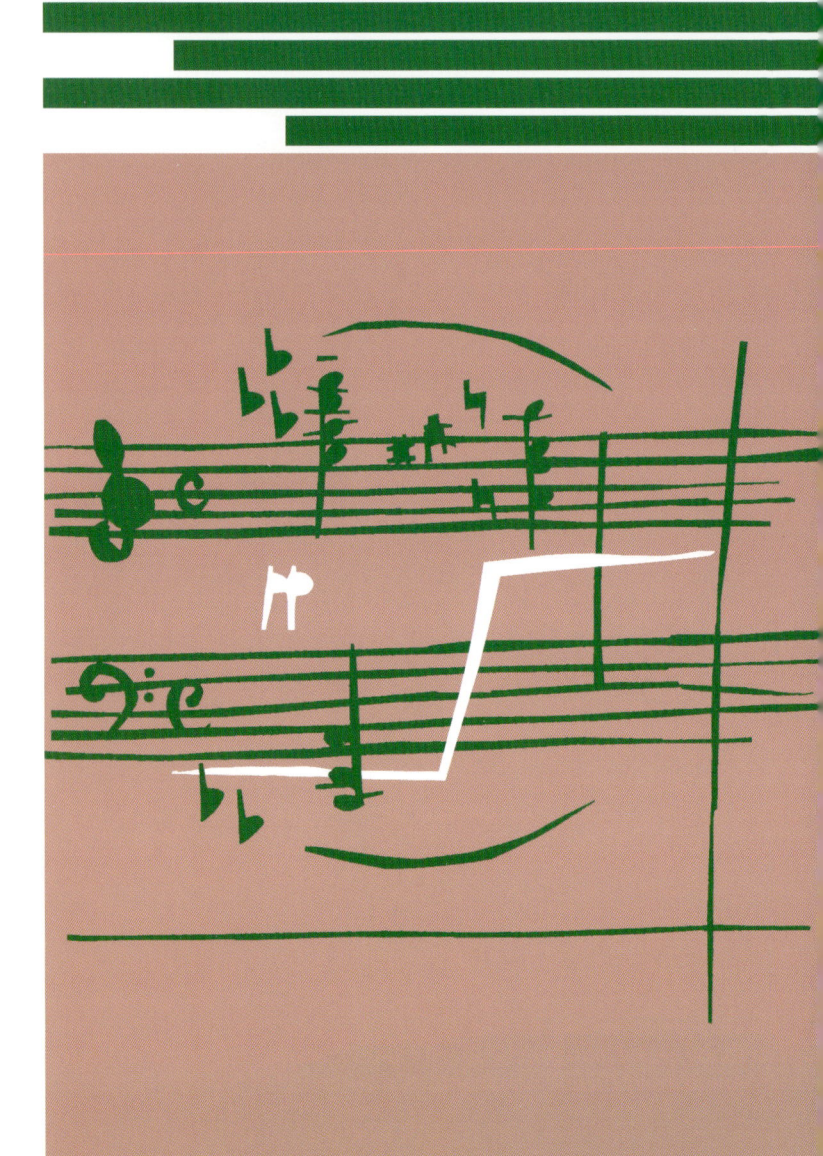

Die musikalischen Sammlungen

Wolfgang Reich

Im Gegensatz zu der trotz schmerzlicher Quellenverluste noch immer reichen Überlieferung der Dresdner Hofmusik sind die Zeugnisse der städtisch-kirchlichen Musikpflege, die seit dem späten 15. Jahrhundert auch das mehrstimmige Musizieren einbezog, fast vollständig den Wirren der Zeitläufe, zum Teil wohl auch dem natürlichen Verschleiß, zum Opfer gefallen. So erscheint es historisch folgerichtig, dass die überlieferten Dokumente von 500 Jahren Dresdner Musikkultur – seien es Musikhandschriften und frühe Musikdrucke, Bildzeugnisse oder Archivalien und sonstiges Schriftgut – heute in Sammlungen konzentriert sind, die auf Einrichtungen des sächsischen Kurfürsten- und Königshauses zurückgehen. Es sind dies die Sächsische Landesbibliothek, das Sächsische Hauptstaatsarchiv Dresden und das Kupferstichkabinett der Staatlichen Kunstsammlungen Dresden, darüber hinaus zu gewissen Teilen auch das Landesamt für Denkmalpflege. Ausschließlich an den Bedürfnissen des Musiklebens der Gegenwart ausgerichtet sind hingegen die Bestände und Dienstleistungen der Musikbibliothek der Städtischen Bibliotheken Dresden.

Handschriften und Alte Drucke

Der größte Teil der musikalischen Quellenüberlieferung floss in der aus der Königlichen Bibliothek hervorgegangenen Sächsischen Landesbibliothek zusammen, die ihrerseits im Jahre 1996 mit der Bibliothek der Technischen Universität Dresden vereinigt wurde zur »Sächsischen Landesbibliothek – Staats- und Universitätsbibliothek Dresden«

Eingang zur Sächsischen Landesbibliothek – Staats- und Universitätsbibliothek Dresden (SLUB) am Zelleschen Weg

Hofmusik-Tradition
1548 beginnt mit der Gründung der kursächsischen evangelischen Hofkantorei in Dresden eine ununterbrochene Tradition höfischer Musikpflege; in deren Schatten kann sich ein bürgerliches Musikleben mit eigenem Anspruch erst seit dem frühen 19. Jahrhundert entfalten.

(SLUB). Mit ihrem historischen Fundus von etwa 28 000 Titeln macht die Sammlung »Handschriften/Alte Drucke« etwa ein Sechstel des gegenwärtigen Gesamtbestandes der Musikabteilung aus. Unter den Sammelbegriff »Alte Drucke« fallen alle Ausgaben, die bis 1830 erschienen, und darüber hinaus die nach 1830 veröffentlichten Originalausgaben von Werken derjenigen Komponisten, die vor 1814 geboren sind. Dadurch genießen auch die selten gewordenen Erst- und Frühdrucke der Komponistengeneration Mendelssohn, Chopin, Schumann, Liszt, Wagner und Verdi noch den hohen Schutz des historischen Fundus.

Eine »Musikalische Abteilung« existiert in der Bibliothek seit 1816. In jenem Jahr trug der bedeutende Bibliothekar Friedrich Adolf Ebert die in unterschiedlichen Fachgruppen verstreuten musiktheoretischen Werke und Partituren zusammen und verzeichnete sie als selbständiges Fach in einem eigenen Standortkatalog. Damit war die Basis für eine weitsichtige Erwerbungspolitik gelegt, die sich nicht nur die Vereinigung der im Ort noch institutionell zersplitterten Zeugnisse höfischer Musikpflege in Oper, Kirche und Kammer zum Ziel setzte, sondern darüber hinaus auch die Zusammenführung und Bewahrung historischer Musikalien aus städtischem oder kirchlichem Besitz im sächsischen Raum. Das vom aufkommenden Historismus inspirierte Anliegen, alle lokalen und regionalen musikalischen Quellen in einer einzigen, in sich geschlossenen Quellensammlung zu konzentrieren, wurde seit der Mitte des 19. Jahrhunderts mit besonderem Nachdruck von Moritz Fürstenau (1824–1889) vertreten. Der Erste Flötist und Chronist der Hofkapelle war seit 1852 nebenamtlich auch Kustos der – damals noch eigenständigen – Königlichen Privatmusikaliensammlung. Zunehmende Beachtung fand seit dem späten 19. Jahrhundert die Erwerbung von Musikernachlässen und ab etwa 1965 auch das vorausschauende Sammeln von Partiturautographen lebender Komponisten.

Gegenstand des retrospektiven Sammelinteresses blieben vorrangig immer die Werke von Komponisten, die in Sachsen gewirkt hatten, und Quellenmaterial, das sich in einen sächsischen Überlieferungszusammenhang einfügte. Eine Begehrlichkeit nach »allem, was gut und teuer ist« – unabhängig vom Ort seiner Entstehung und historischen Pflege – hat die Dresdner Musikbibliothekare nie umgetrieben. Andererseits mussten sie mitunter Schätze der regionalen Überlieferung außer Landes gehen lassen oder konnten versprengte Kostbarkeiten nicht zurückgewinnen, weil die königliche Schatulle oder die Staatsfinanzen mit dem Kaufpreis überfordert waren. Das prominenteste Beispiel ist der musikalische Nachlass Carl Maria von Webers. Erst etwa sechs Jahrzehnte nach dem Tode des Komponisten erwarb ihn die damalige Königliche Bibliothek zu Berlin.

Vordenker Fürstenau
1861/62 veröffentlicht Moritz Fürstenau sein zweibändiges Werk »Zur Geschichte der Musik und des Theaters am Hofe zu Dresden«, das bis heute die stoffreichste und anregendste Einführung in das Thema geblieben ist. Eine Reprint-Ausgabe erschien 1971.

Nach Entstehungszeit und Überlieferungsweg sind heute fünf große Komplexe der Sammlung Handschriften/Alte Drucke zu unterscheiden:
Altbestand der Königlich öffentlichen Bibliothek: Reste des Hofkapellfundus des 16./17. Jahrhunderts, ergänzt durch antiquarische Erwerbungen im 19. und 20. Jahrhundert; Sammelbände mit Musik des 18. und 19. Jahrhunderts (Handschriften und Drucke vermischt).
Königliche Privatmusikaliensammlung: Oper, Oratorium, vokale Kammermusik, Instrumentalmusik des späten 17. bis frühen 19. Jahrhunderts.
Deposita (Dauerleihgaben) und Ankäufe aus sächsisch-thüringischem Stadt-, Kirchen- und Institutsbesitz: Kirchenmusik und weltliche Vokalmusik des 16. bis frühen 19. Jahrhunderts.
Altbestände von Dresdner Institutionen und Vereinen, u. a. Staatsoper Dresden, Katholische Hofkirche, Dreyßigsche Singakademie (gegr. 1807), Tonkünstlerverein (gegr. 1854), Königliches Konservatorium (gegr. 1856), Mozartverein (gegr. 1896): Aufführungsmaterial und musiktheoretische Werke des 18. bis frühen 20. Jahrhunderts.
Kompositorische Nachlässe des 19. und 20. Jahrhunderts, Originalpartituren von ostdeutschen Komponisten der Gegenwart.

Zweimal ist der Dresdner historische Musikalienschatz durch katastrophale Kriegseinwirkungen dezimiert worden. Als im Sommer 1760 bei der preußischen Belagerung große Teile der Dresdner Altstadt in Flammen aufgingen, verbrannte auch das älteste Notenmaterial des kurfürstlichen Hofkapellarchivs (16. und 17. Jahrhundert). Zu den Verlusten zählt die gesamte von Heinrich Schütz für Dresden geschaffene weltliche Vokalmusik, während die geistlichen Hauptwerke des Hofkapellmeisters, da schon zu seinen Lebzeiten im Druck verbreitet, der Nachwelt erhalten geblieben sind. Ein Teil des frühen Repertoires der Dresdner Hofkantorei bzw. Hofkapelle seit 1548 dürfte sich aber in den Handschriften und alten Drucken spiegeln, die seit 1890 von der Königlichen Bibliothek und späteren Landesbibliothek aus kirchlichen und städtischen Sammlungen in Sachsen zusammengeführt worden sind.

Eine Katastrophe vergleichbaren Ausmaßes brach über die Bibliothek herein mit der Zerstörung der Dresdner Altstadt durch die Flächenbombardements der Alliierten im Februar und März 1945 und die spätere Plünderung der Ausweichlager durch die Trophäenkommission der Sowjetarmee. Als vernichtet gelten für die Musikabteilung seither – neben fast dem gesamten ehemaligen Besitz an gedruckten Musikalien und Büchern des Erscheinungszeitraums um 1830 bis 1945 – alle damals noch unkatalogisierten Musikernachlässe. Nicht aufgegeben ist die Hoffnung, dass Reste des alten Stimmenmaterials der Katholischen Hofkirche sowie die wertvolle Sammlung italienischer, deutscher und französischer Opernlibretti des 17. bis frühen 19. Jahrhunderts eines Tages in einer großen Bibliothek der ehemaligen Sowjetunion auftauchen könnten. Einige Quellengruppen und Einzelstücke des historischen Bestands seien nachfolgend in aller Kürze benannt.

16. Jahrhundert

Bestand: 40 Sammel- und Einzelhandschriften mit etwa 2 000 Kompositionen, 175 gedruckte Sammlungen mit mindestens 1 500 Kompositionen. Sie enthalten überwiegend katholische und frühprotestantische Kirchenmusik, vereinzelt auch deutsche und italienische weltliche Vokalmusik. Ein Teil dieses Materials ist durch langen praktischen Gebrauch oder Kriegsfolgen defekt. Bedeutende Einzelstücke:

die Annaberger Chorbücher, zwei umfangreiche Foliobände mit mehrstimmiger Kirchenmusik des späten 15. Jahrhunderts, angelegt wohl vor 1530 in Mitteldeutschland für die Stadtkirche St. Annen. Das Repertoire, neben Werken niederländischer Meister eine große Zahl anonymer Unica aus vermutlich

Partiturseite aus den Annaberger Chorbüchern

deutscher Feder enthaltend, dürfte im Prinzip demjenigen entsprechen, das Johann Walter 1548 als erster albertinischer Hofkapellmeister von Torgau nach Dresden mitgebracht hat.

»Missa super Epitaphium Mauricii«, sechsstimmige Gedächtnismesse für den 1553 im Kampf gefallenen Kurfürsten Moritz, 1562 von dem Dresdner Hofmusiker und späteren Hofkapellmeister Antonio Scandello geschaffen. Sie ist das musikalische Seitenstück zu dem bekannten Moritzmonument von 1555 am östlichen Ende der Brühlschen Terrasse.

17. Jahrhundert
Bestand: Mehr als 300 Sammel- und Einzelhandschriften mit ca. 4 000 Kompositionen, rund 500 gedruckte Sammlungen und Einzelhandschriften mit ca. 4 000 Kompositionen, enthaltend überwiegend protestantische Kirchenmusik, ergänzt durch einen Anteil

von weltlicher Vokalmusik und Instrumentalmusik. Bedeutende Einzelstücke:

Heinrich Schütz: »Königs und Propheten Davids Hundertneunzehnter Psalm…«, Dresden 1671. Im Jahr vor seinem Tode vollendete Schütz diesen monumentalen Zyklus von 13 achtstimmigen Motetten und bezeichnete ihn als seinen »Schwanengesang«. Nur das Titelblatt ist gedruckt, der Notentext von Kopistenhand kalligraphisch aufgezeichnet. Am Ende der markante Vermerk FINIS, mit dem Schütz eigenhändig den symbolischen Schlusspunkt unter sein Komponistenleben setzte. Dieses größte handschriftlich auf die Nachwelt gekommene Werk von Schütz entging der Dresdner Zerstörung von 1760 nur dadurch, dass es – wohl bald nach dem Tode des Komponisten – auf ungeklärtem Wege in die Stadtkirche von Guben gelangte. Von dort kehrte es 1958 nach einem Umweg in russischem Gewahrsam an seinen Ursprungsort zurück.

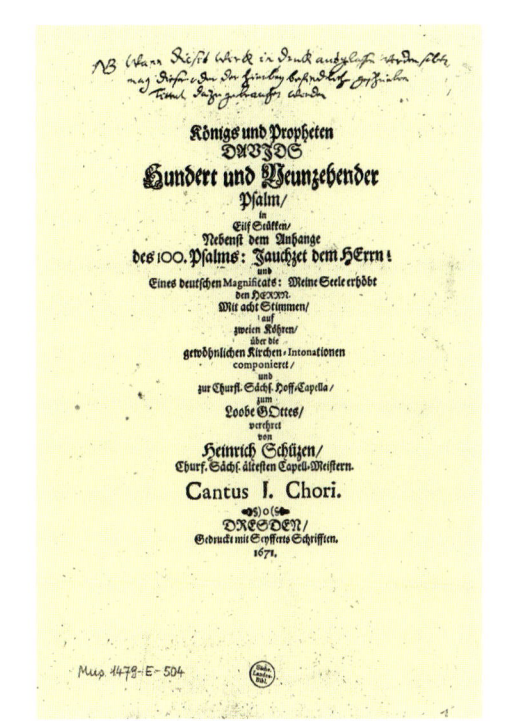

Psalmvertonung

Die letzte monumentale Psalmvertonung von Heinrich Schütz erschien 1984, mehr als drei Jahrhunderte nach ihrer Niederschrift, mit Unterstützung der Sächsischen Landesbibliothek erstmals in einer vollständigen Ausgabe nach der Dresdner Quelle.

Titelseite der von Schütz 1671 vollendeten Vertonung des 119. Psalms

Giovanni Andrea Bontempi und Marco Gioseppe Peranda: »Drama und musikalisches Schauspiel von der Dafne«, Dresden 1672. Unter Rückgriff auf den schon von Heinrich Schütz 1627 vertonten Opitz-Text schufen seine beiden italienischen Nachfolger im Kapellmeisteramt ein Werk im Stil der venezianischen Oper ihrer Zeit. Laut Besetzungsverzeichnis wurden auch die weiblichen Rollen mit Männern beziehungsweise Kapellknaben besetzt. Die erhalten gebliebene Partitur ist das Widmungsexemplar für den Kurfürsten Johann Georg II.

18. Jahrhundert
Bestand: Der musikalische Quellenfundus des 18. Jahrhunderts stellt mit rund 8 500 Musikhandschriften, rund 8 000 Musikdrucken und 600 musiktheoretischen Werken das

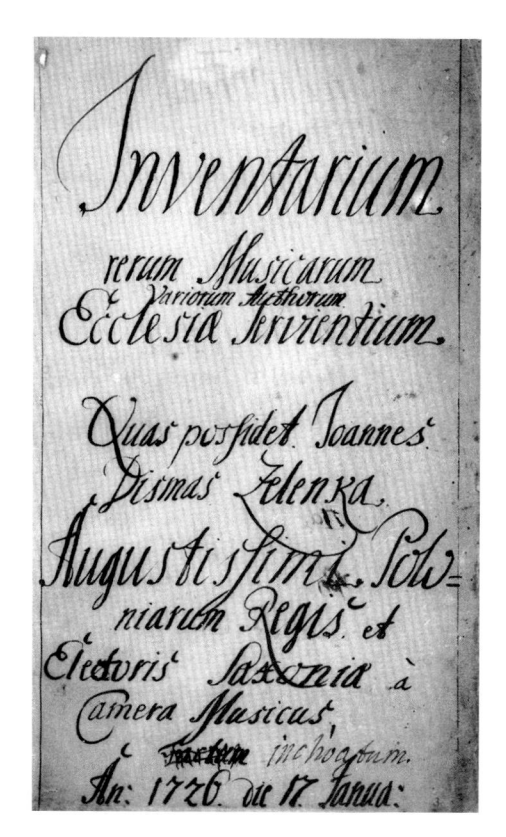

Jan Dismas Zelenka: Inventarium rerum musicarum …(eigenhändiger Titel seines kirchenmusikalischen Noteninventars, zugleich Verzeichnis seiner eigenen kirchenmusikalischen Kompositionen)

Herzstück der Dresdner Sammlung dar. Anders als bei den Beständen des 16. und 17. Jahrhunderts liegt hier eine lokal geschlossene Quellenüberlieferung vor, die nahezu lückenlos die Musikpflege des Dresdner Hofes in seiner »Augusteischen« Glanzzeit widerspiegelt. Der Wert dieses Bestandes drückt sich deshalb nicht vorrangig in besonders kostbaren Einzelstücken aus – obwohl es daran nicht mangelt –, sondern in der Dichte der Überlieferung aller musikalischen Gattungen, die am Hofe intensiv gepflegt wurden. So ist etwa die italienische Oper der Zeit mit rund 950 Werken in Partituren und vielen Stimmenkonvoluten vertreten. Außer den Dresdner Schöpfungen, beispielsweise von Antonio Lotti, Johann Adolf Hasse, Johann Gottlieb Naumann, sind auch die Opern der in Italien und in Wien führenden Meister in reicher Auswahl präsent. Der Vorrat an katholischer Kirchenmusik von Dresdner, Wiener, böhmischen und italienischen Meistern dürfte sich auf etwa 2 000 Werke belaufen. Hierunter fällt auch der fast vollständige kirchenmusikalische Nachlass Jan Dismas Zelenkas, der in neuerer Zeit durch viele Erstausgaben für die Praxis erschlossen worden ist.

Auf geschätzte 5 500 Werke (in Partituren und Stimmensätzen) bringt es die Instrumentalmusik. Hier begegnen uns stattliche Werkreihen aus Kopisten- und Komponistenhand, insbesondere von Johann Friedrich Fasch, Johann Gottlieb Graun, Johann David

Johann Joachim Quantz

Friedrich August II. (Regierungszeit 1733–1763), Kurfürst von Sachsen, und als August III. König von Polen

Antonio Vivaldi: Originalkadenz im Autograph seines Violinkonzerts RV 340 für Johann Georg Pisendel

Musik zum Anfassen Die musikalischen Sammlungen

Johann Sebastian Bach

Der Dresdner Hoflautenist Sylvius Leopold Weiß

Heinichen, Johann Joachim Quantz, Georg Philipp Telemann, Antonio Vivaldi, Sylvius Leopold Weiß. Die Dresdner Vivaldi-Sammlung, im Wesentlichen aus erster Hand zusammengetragen von dem Dresdner Geiger (später Konzertmeister) und Vivaldi-Schüler Johann Georg Pisendel, umfasst 200 handschriftliche Partituren und Stimmensätze (darunter 65 Unica und 17 Autographen) und fünf gedruckte Opera. Dieses Material wurde seit dem letzten Drittel des 19. Jahrhunderts – also lange, bevor man 1926 in Turin Vivaldis kompositorischen Nachlass wiederentdeckte – zum Ausgangspunkt der Vivaldi-Renaissance des 20. Jahrhunderts. Gerade an der Instrumentalmusik lässt sich ablesen, dass die Musikpflege am Dresdner Hof auch in der zweiten Hälfte des 18. Jahrhunderts Kontakt zur aktuellen Musikentwicklung hielt, etwa zur Frühklassik in Mannheim, Wien und Oberitalien. Aufschlussreich in dieser Hinsicht ist zum Beispiel eine Sammlung von mehr als 300 Klavierkonzerten und zahlreichen Bearbeitungen für zwei Klaviere, die im letzten Drittel des Jahrhunderts für die privaten Musikstunden des Kurfürsten und späteren Königs Friedrich August III. (Regierungszeit 1768–1827) angelegt wurde.

Aus der kaum überschaubaren Fülle bemerkenswerter Einzelstücke sollen hier nur drei benannt werden, welche die persönlichen Verbindungen Johann Sebastian Bachs zum Dresdner Hof und den führenden

Lauten-Tabulatur von Sylvius Leopold Weiß, Autograph

Persönlichkeiten der Hofkapelle beleuchten. Johann Sebastian Bach: Originaler Stimmensatz zum »Kyrie« und »Gloria« der Missa in h-Moll, im Juli 1733 dem sächsischen Thronfolger Friedrich August II. dediziert, verbunden mit dem Gesuch um Verleihung eines Hoftitels. Die Reinschrift der 21 Stimmen ist eine Gemeinschaftsarbeit von Johann Sebastian, Anna Magdalena, Carl Philipp Emanuel und Wilhelm Friedemann Bach.

Georg Philipp Telemann: Konzert G-Dur für 2 Violinen und Streicher. Stimmensatz von J. S. Bach, geschrieben vermutlich um 1709. Ergänzungsstimmen von J. G. Pisendel, geschrieben wohl nach 1720. Pisendel war Bach erstmals 1709 in Weimar begegnet und behielt später als Dresdner Konzertmeister Kontakt mit ihm – wie im Übrigen auch mit Telemann.

Sylvius Leopold Weiß: Sonate A-Dur für Laute. Von dem Dresdner Hoflautenisten Weiß (1686–1750), der sich europäischer Berühmtheit erfreute, wird berichtet, er habe bei Gelegenheit eines Besuches im Hause Bachs mit dem Thomaskantor »in die Wette fantasiert«. Die oben genannte Sonate hat Bach unter Hinzufügung einer einleitenden »Fantasia« für das Cembalo übertragen und darüber eine neue Violinstimme gelegt: So entstand seine Suite für Violine und Cembalo A-Dur, BWV 1025. Die Vorlage von Weiß ist Teil einer fünfbändigen Dresdner Tabulaturhandschrift mit 34 Suiten und Sonaten von Weiß.

Wiederentdeckungen

Dresdner Musikhandschriften speisen einen beträchtlichen Teil des Stromes von Erstausgaben und Einspielungen wiederentdeckter Barockmusik. Erst dadurch wird für die breite Öffentlichkeit der einstige Rang Dresdens als eines europäischen Musikzentrums der Barockzeit erfahrbar.

Autograph des Liedes »An ein Veilchen«, das Johannes Brahms Clara Schumann zu ihrem 53. Geburtstag 1872 widmete

19. und 20. Jahrhundert

Die gravierenden Kriegsverluste an Dresdner Aufführungsmaterialien und Musikernachlässen gerade des 19. und frühen 20. Jahrhunderts haben zur Folge, dass das Dresdner Musikleben dieser Epochen im Notenfundus der SLUB nicht annähernd so gut repräsentiert ist wie die Hofmusik des 18. Jahrhunderts. An Musikhandschriften des 19. Jahrhunderts zählt die SLUB gegenwärtig rund 2 900 Werke, an Erstausgaben und Frühdrucken von Werken der Klassik und Romantik (bis einschließlich 1813 geborene Komponisten) rund 3 500. Bedeutende Einzelstücke:

Ludwig van Beethoven: Missa solemnis. Partitur-Reinschrift von Kopistenhand mit einigen Korrekturen des Komponisten, von diesem 1823 dem sächsischen König übersandt. Die erste Dresdner Aufführung erfolgte 1829.

Carl Maria von Weber: Euryanthe. Partitur-Autograph der Oper, von Webers Witwe dem sächsischen König überreicht.

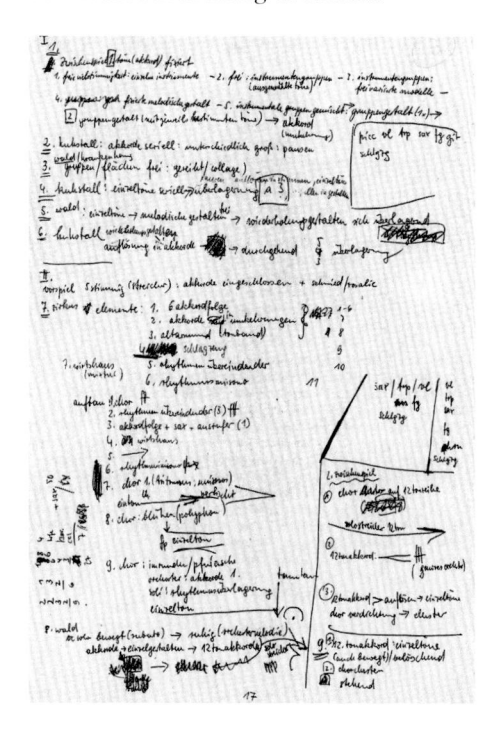

Jörg Herchet Sizzenblatt aus »nachtwache«, Kompostion für Musiktheater, Uraufführung 1993 in Leipzig

Richard Wagner: Das Liebesmahl der Apostel, Partitur-Autograph. Das oratorische Werk für Männerchor und Orchester, komponiert für das Dresdner Männergesangfest von 1843, wurde in der Frauenkirche unter Wagners Leitung von etwa 1 200 Sängern und 100 Instrumentalisten uraufgeführt.

Familienalbum, ab 1845 von Robert und Clara Schumann als Vermächtnis für ihre Kinder angelegt. Es enthält etwa 320 Erinnerungsstücke (hauptsächlich Briefe, Gedichte, Kompositionen und Zeichnungen) aller bedeutenden Persönlichkeiten im Lebensumfeld der Schumanns. An Musikern sind u. a. vertreten Brahms, Liszt, Mendelssohn, Meyerbeer, Paganini, Schubert, Spohr, Weber; an Dichtern ragen hervor Andersen, Eichendorff, Goethe, Grillparzer und Jean Paul.

In der Zahl von rund 3 400 Musikhandschriften des 20. Jahrhunderts bilden die Partitur-Autographen von profilierten Komponisten der ehemaligen DDR den größten Anteil. Stellvertretend für viele Namen seien genannt Paul-Heinz Dittrich, Friedrich Goldmann, Jörg Herchet, Georg Katzer, Siegfried Matthus, Friedrich Schenker, Ruth Zechlin, Udo Zimmermann.

Nicolò Paganini

Die Sammlung Neue Drucke

Der Neuaufbau eines Gebrauchsbestandes für Musikpraxis und Musikforschung nach dem Zweiten Weltkrieg erhielt einen kräftigen Impuls, als der Sächsischen Landesbibliothek 1954 die Pflege der Fächer Musik und Musikwissenschaft im Rahmen des Sammelschwerpunktplans der DDR übertragen wurde. Zum Jahresende 2000 belief sich der Bestand der Sammlung Neue Drucke auf rund 100 000 Notendrucke und 50 000 Bücher. Im Zentrum des Erwerbungsinteresses stehen historisch-kritische Denkmäler- und Gesamtausgaben, Musik des 20. Jahrhunderts sowie Spezialliteratur und Werkausgaben zur lokalen Musiktradition.

Musik zum Anfassen Die musikalischen Sammlungen

Bestandserschließung im Wandel

Die Sammlungen der Musikabteilung sind durch konventionelle alphabetische und systematische Kataloge erschlossen. Erwerbungen der Sammlung Neue Drucke ab 1993/94 sind außerdem im Online-Katalog nachgewiesen, der ab 1998/99 die konventionellen Kataloge ersetzt. Zu wichtigen Teilbeständen der Sammlung Handschriften/Alte Drucke gibt es veröffentlichte Spezialverzeichnisse: Sammelhandschriften des 16. und 17. Jahrhunderts, Italienische Oper zwischen Hasse und Weber, Karl Ditters von Dittersdorf, Johann Adolf Hasse (CD-ROM-Ausgabe mit Begleitband), Rudolf Mauersberger, Georg Philipp Telemann, Antonio Vivaldi, Jan Dismas Zelenka.

Katalogisiertes Musik-Schrifttum

In den Räumen der Musikabteilung hat seit 1983 auch die Arbeitsstelle Dresden des internationalen Quellenlexikons der Musik Répertoire International des Sources Musicales (RISM) ihren Sitz. Ihre Aufgabe ist die

Moritz Bodenehr. Deckfarbenblatt zum »Götteraufzug« am 7.2.1695: »Mercurius zu Pferde« mit 32 kostümierten Musikern

Ermittlung und Katalogisierung aller in den neuen Bundesländern aus der Zeit von 1600 bis etwa 1850 überlieferten Musikhandschriften, Musikdrucke und musiktheoretischen Schriften. Die Ergebnisse fließen in die RISM-Veröffentlichungen ein, von denen der CD-ROM-Katalog »Musikhandschriften nach 1600« jährlich kumulierend erscheint, über »RISM online« aber auch für die Internetabfrage zugänglich ist.

Autograph-Rückkehr
1995 kehrte das Autograph von Wagners »Liebesmahl der Apostel« aus österreichischem Privatbesitz an seinen Entstehungsort Dresden zurück.

Kupferstichkabinett – Mediathek

Der Zerstörung des Bibliotheksgebäudes im Jahre 1945 fiel auch das nach dem technischen Stand der 1930er-Jahre eingerichtete kleine Tonstudio nebst allen Schallfolien und Schellackplatten zum Opfer. Der Neuaufbau einer Tonträgersammlung im Rahmen

Heinrich Schütz: »Memorial« (erste Seite des eigenhändigen Entlassungsgesuches an Johann Georg I., 1645)

Musik zum Anfassen Die musikalischen Sammlungen

Eingang zur heutigen Fotothek der SLUB

der Musikabteilung, erst 1960 begonnen, führte bald in Größenordnungen, die 1983 die Einrichtung einer eigenen Abteilung Phonothek notwendig machten. Dieses heutige Referat Mediathek verfügte Ende 2004 über einen in Archivsammlung und Ausleihsammlung gegliederten Bestand von rund 210 000 Medien, darunter 48 000 Schellackplatten und historischen Tonträgern, 86 000 Langspielplatten, 32 000 CDs sowie zahlreichen Musikkassetten, Videos, Filmen und Multimedia-Editionen. Eine wichtige Arbeitsaufgabe der Mediathek ist die Dokumentation von Aufführungen nach Partituren aus dem historischen Fundus der Musikabteilung, sei es durch Anforderung von Belegstücken bei den Produzenten oder durch Rundfunk- und Fernsehmitschnitte. Auch beim Ankauf kommerzieller AV-Medien gilt besonderes Augenmerk solchen Neuveröffentlichungen, die mit den Schwerpunkten des Dresdner Quellenbestandes korrespondieren.

Im Jahre 1983 wurde die Deutsche Fotothek Dresden, ein aus der 1924 gegründeten Sächsischen Landesbildstelle hervorgegangenes Institut, der Sächsischen Landesbibliothek als Abteilung angegliedert. Seitdem

Die musikalischen Sammlungen Musik zum Anfassen

wird fotografisches Bildmaterial (Negative, Positive, Dias) zum Themenkreis Musik und Musiker nicht mehr von der Musikabteilung, sondern von der neuen Spezialabteilung gesammelt und erschlossen. In dem gegenwärtig rund 1,8 Millionen Bilddokumente umfassenden Bestand bildet das Fach Musik neben vier anderen Fächern ein Hauptsammelgebiet. Objekt des systematischen Bestandsaufbaues ist vorrangig das fotografische Originaldokument, doch wächst der Fundus ständig auch durch Reproduktionen originalgraphischer Darstellungen aus Fremdbesitz.

Die Bildberichterstattung über denkwürdige Ereignisse existierte freilich lange vor der Erfindung der Fotografie. Wie alle bedeutenden europäischen Fürstenhöfe der Vergangenheit sorgten auch die Albertiner schon seit dem 16. Jahrhundert dafür, dass herausragende dynastisch-politische Anlässe und Festivitäten in die Hofberichterstattung auch in Form bildlicher Darstellungen eingingen. Aber nur in wenigen Residenzen wurde so häufig, opulent und fantasievoll

Blick in die Musikabteilung

»Engelsmusik«, Ausschnitt aus einem Aufzug zu einem Turnier anlässlich der Taufe Herzog Augusts am 21. September 1614, Darstellung in Wasserfarben

gefeiert wie in der kurfürstlich-sächsischen zu Dresden. Entsprechend reich ist die Überlieferung von Bildmaterial: Mehr als 50 Bilderrollen, Mappen und Kupferstichbände sowie eine noch nicht bezifferte Menge verstreuter Einzelblätter aus der Zeit zwischen etwa 1575 und 1755 stellen dem Betrachter die höfische Fest- und Zeremonialkultur in all ihren Formen und Spielarten vor Augen: Turnieraufzüge (»Caroussels«), allegorisch-szenische Maskenumzüge (»Inventionen«), Feuerwerke, Wasserpantomimen, Galadiners, parodistische Bauernmärkte (»Wirtschaften«), Opern, aber auch hochfürstliche Leichenbegängnisse und anderes mehr. Und kaum ein festlicher Anlass war denkbar ohne die Mitwirkung von Musikergruppen in entsprechender Zusammensetzung und Kostümierung. Vor dem Musikhistoriker liegt hier ein weites Feld ikonographischer Aufschlüsse zum gesellschaftlichen und räumlichen Umfeld der Hofmusik, zu Aufführungspraxis und Instrumentarium. Der größte und künstlerisch wertvollste Teil des Bildmaterials ist im Kupferstichkabinett der Staatlichen Kunstsammlungen konzentriert. Darüber hinaus finden sich beachtliche Bestände, die sich zum Teil mit denen des Kupferstichkabinetts inhaltlich überschneiden, auch in der SLUB und im Sächsischen Hauptstaatsarchiv, einschlägige Pläne und Risse in diesem Archiv und im Landesamt für Denkmalpflege.

Schütz-Schriftstücke
Das Sächsische Hauptstaatsarchiv beherbergt den größten Bestand an eigenhändigen Schriftstücken von Heinrich Schütz.

Sammlung Hauptstaatsarchiv

Noch eine Facette der wahrhaft »multimedialen« Dokumentation der Dresdner Musikgeschichte verdient Beachtung: die überaus reichen einschlägigen Aktenbestände des Sächsischen Hauptstaatsarchivs. Kapellverzeichnisse, Besoldungslisten, Anstellungsdekrete, Gesuche von Kapellmusikern (z. B. allein etwa 60 eigenhändige Eingaben von Heinrich Schütz), Pläne und Anordnungen für Hoffeste, Reisejournale, sogar Widmungskompositionen und handschriftliche wie auch gedruckte Opernlibretti und vielerlei andere auf Musik bezogene Dokumente verbinden sich zu einem dichten chronologisch-thematischen Datengeflecht, das seinerseits in einen wechselseitigen Erklärungszusammenhang tritt mit dem historischen Notenfundus der SLUB und der Fülle von Bildzeugnissen höfischer Provenienz. Gerade die von einem Einzelnen kaum überschaubare Masse und Verzweigung der Dresdner musikalischen Quellenüberlieferung machen das Eindringen in diese Schatzkammer für den neugierigen Musiker zum Abenteuer, für den Musikforscher zum Wagnis.

Tympanon mit Löwen und sächsischem Wappen am Eingang zum Hauptstaatsarchiv in Dresdens Archivstraße

Musikbibliothek der »Städtischen«

Seit einem Dreivierteljahrhundert besteht die Musikbibliothek der Städtischen Bibliotheken Dresden als leistungsfähige musikalische Informations- und Medieneinrichtung für alle Bereiche des Musiklebens und alle Teile der Dresdner Bevölkerung, seien es Musikliebhaber, Berufsmusiker, Laienmusiker, Schüler oder Studenten. In Bestandsaufbau und Freihandangebot orientiert sie sich an den aktuellen Bedürfnissen der Musiker in Dresden und dessen Umland und ergänzt sich so auf vorteilhafte Weise mit der Musikabteilung der Sächsischen Landesbibliothek, deren Sammlungen in erster Linie den Musikforscher und den Spezialisten Alter und Neuer Musik anziehen.

Vater der Musikbücherei

Vortragsreihen des Münchner Musikwissenschaftlers Paul Marsop, der schon 1912 in Dresden für die Verbreitung des Musikbüchereigedankens warb, gaben den Gründungsimpuls für das Dresdner öffentliche Musikbibliothekswesen. Hier bildete sich der »Verein zur Gründung einer musikalischen Volksbücherei«, dem es in kurzer Zeit gelang, einen beachtlichen Notenschatz sowie Geldmittel zu sammeln; der Ausbruch des Ersten Weltkrieges verhinderte jedoch die weitere Umsetzung des Vereinsziels.

1922 gibt der zuständige Ausschuss der Stadtverwaltung seine Zustimmung zur Fortsetzung der Vorkriegsaktivitäten. Vom Vereinsschatz sind nur noch die Noten vorhanden. Das Geldvermögen hat die Inflation verschlungen.

Am 2. Oktober 1925 wurde im Stadthaus in der Theaterstraße 11, in enger Nachbarschaft des Schauspielhauses, die Dresdner Musikbücherei der Öffentlichkeit übergeben. Sie hatte einen Bestand von 1 000 Notenbänden und 800 Bänden Musikliteratur. Ihr erster Leiter war Dr. Kurt Quaas.

In den Folgejahren wuchs die Musikbücherei rasch durch die Übereignung der

Die musikalischen Sammlungen Musik zum Anfassen

Sammlungen verschiedener Dresdner Musikvereine, darunter der beachtlichen Notenarchive von Dreyßigscher Singakademie und Tonkünstlerverein, ferner von Mozartverein, Händel-Verein, Volks-Singakademie und Dresdner Singakademie. Damit erreichte der Bestand 1930 bereits 17 000 Notenbände, die sich reger Nachfrage erfreuten. Durch laufende Ankäufe und durch die Übernahme der Bibliothek des Dresdner Konservatoriums verfügte man Ende 1939 über 27 000 Bände.

Während der Zeit des Nationalsozialismus widersetzten sich verdienstvolle Mitarbeiter mutig und erfolgreich den Bestrebungen, die »entartete Kunst« aus den Regalen zu entfernen, indem sie die Werke verfemter Komponisten in der zweiten Reihe oder hinter großen Gesamtausgaben versteckten.

Bei den Luftangriffen auf Dresden im Februar 1945 wurden auch die Räume der Musikbücherei zerstört. Die Musikliteratur ging fast vollständig verloren, während der Notenbestand bis auf die ausgelagerten oder ausgeliehenen Werke unversehrt blieb. Im notdürftig wiederhergestellten Domizil

Das Stadthaus in der Theaterstraße, Domizil der ersten Dresdner Musikbücherei

konnte die Musikbibliothek bereits Ende 1945 ihre Arbeit wieder aufnehmen und ihren dringend benötigten Beitrag zur Wiederbelebung des Musiklebens der Stadt leisten. Die Nachfrage des Publikums setzte in zunächst nicht erwarteter Stärke ein, weil viel privater Musikalienbesitz verloren gegangen war und die Sächsische Landesbibliothek erst 1950 ihre Musikabteilung mit einem verheerend reduzierten Ausleihbestand wieder eröffnen konnte.

Seit den 1950er-Jahren konzentrierte man sich unter dem Eindruck spezieller Nachfrage auf die detaillierte Sacherschließung der Noten, Bücher und Tonträger durch Themen- und Titelkataloge. Der Liedtitelkatalog wird noch heute genutzt. Alle anderen Zettelkataloge sind inzwischen durch EDV-Kataloge abgelöst worden.

Alte Musikbücher und Noten aus den vor 1930 übernommenen Musikvereinsbeständen (darunter auch Handschriften), die inzwischen für eine Ausleihe zu kostbar geworden waren, wurden seit den 1950er-Jahren in mehreren Schüben an die Sächsische Landesbibliothek abgegeben, wo sie Kriegslücken schließen halfen.

Das bibliothekarische EDV-Zeitalter

Der technisch-organisatorische Entwicklungsstand der Musikbibliothek glich noch 1990 im Wesentlichen dem der Gründungsjahre ab 1925. Dieser Rückstand hatte aber mit der wachsenden Bestandsgröße und Benutzung immer gravierendere Nachteile bewirkt: große Einarbeitungsrückstände bei Noten und Büchern, sehr zeitraubende Medienbearbeitung, trotz unzureichender Öffnungszeiten überbeanspruchtes Personal. Grundlegende Verbesserungen waren angesichts eines expandierenden Musikmarktes und gestiegener Ansprüche der Nutzer notwendig geworden. Der erste wichtige Schritt hierzu wurde 1995 getan: mit der Umstellung von Katalogisierung und Ausleihverbuchung auf EDV.

Die musikalischen Sammlungen Musik zum Anfassen

Die 1997 eröffneten Städtischen Bibliotheken innen

Heute befindet sich in der Nähe der attraktive Büro- und Geschäftskomplex des World Trade Center. Nach einer zügig bewältigten Planungs- und Umbauphase und sechswöchigem Umzug konnten die Städtischen Bibliotheken ihre Hauptbibliothek und Musikbibliothek am 16. Mai 1997 im »WTC« eröffnen. Die räumliche, organisatorische und technische Verbindung mit der Hauptbibliothek, die auch in der Namensänderung zum Ausdruck kommt, hat der Musikbibliothek einen zusätzlichen Rationalisierungsgewinn verschafft. Im Interesse effektiver Nutzungsmöglichkeiten ist sie aber ein fachlich selbständiger Bereich geblieben, was nicht nur die Unterbringung auf einer eigenen Etage betrifft. Wesentlich benutzerfreundlichere Öffnungszeiten, übersichtlichere Bestände und umfangreichere Beratungs- und Informationsmöglichkeiten kennzeichnen das neue Erscheinungsbild. Bearbeitungsrückstände gehören der Vergangenheit an, und bei den Neuerwerbungen hat sich die Bereitstellungszeit so stark minimiert, dass die Benutzer sich davon mitunter überrascht zeigen.

Außenansicht der Haupt- und Musikbibliothek der Städtischen Bibliotheken im World Trade Center

Bestand der Musikbibliothek im Jahr 2000:
54 400 Notendrucke, 12 000 Musikbücher, 14 400 CD, 2 400 LP, 1 200 MC, 390 Videokassetten, 130 DVD, 20 CD-ROM, 40 Zeitschriften

Bestand der Musikbibliothek im Jahr 2005:
42 500 Notendrucke, 12 000 Musikbücher, 19 500 CD, 300 Videokassetten, 900 DVD, 20 CD-ROM, 30 Zeitschriften

Neue musikalische Öffentlichkeit

Seit dem Umzug in das World Trade Center gehören dank der guten räumlichen Bedingungen auch musikalische Veranstaltungen zum Programm der Haupt- und Musikbibliothek. Hierbei besteht eine gute Zusammenarbeit mit fachverwandten Einrichtungen, zu denen unter anderem das Heinrich-Schütz-Konservatorium und die Hochschule für Musik »Carl Maria von Weber« gehören. Als Mitglied der Internationalen Vereinigung der Musikbibliotheken (AIBM) arbeitet die Musikbibliothek überregional und international mit anderen Musikbibliotheken, Musikdokumentationszentren und Schallarchiven zusammen.

Orgeln, Glocken, andere Instrumente

Horst Hodick

Für die vielfältigen musikalischen Aktivitäten am Dresdner Hof, bei städtischen Veranstaltungen und in den Kirchen wurde ein reicher Fundus an Musikinstrumenten benötigt. Anders als bei den Musikalien, deren Bestand im Laufe der Jahrhunderte zwar ebenfalls schmerzliche Verluste hinnehmen musste, aber dennoch bis heute reiches Material enthält, ist von den Musikinstrumenten vergangener Epochen nur ein vergleichsweise geringer Teil in Dresden erhalten. Sie zeugen von einem hohen Qualitätsbewusstsein der Musiker und Instrumentenbauer und vom außerordentlichen Stellenwert der Musik in Dresden.

Die frühesten Hinweise auf den Gebrauch von Musikinstrumenten finden sich im ausgehenden 14. Jahrhundert im Zusammenhang mit Belegen für eine Anstellung von Musikern in Dresden. Bei diesen

Bergpalais-Detail im Schloss Pillnitz

handelte es sich um »fistulatores« (Pfeifer), »vigellatores« (Fiedler) und »tympanatores« (Pauker). Für die Dresdner Kreuzkirche ist zur gleichen Zeit die Anstellung eines Organisten nachweisbar und die Existenz einer größeren und einer kleineren Orgel (»tam in majoribus et minoribus organis«) belegt. 1470/71 verfügte die Kapelle des Hofes über sechs bis sieben Trompeter und fünf »Pfeifer«. Mit der Einrichtung einer Kantorei-Ordnung durch Kurfürst Moritz von Sachsen im Jahr 1548 wurde ein Musikensemble als Hofkapelle institutionalisiert. Diese sollte nicht weniger als »eilff grosse personen zum Baß/Alt/vnnd Tenor« haben und »neun knaben zum Discant«. Zu der aus Sängern und einem Organisten bestehenden Hofkapelle kamen bald auch Instrumentalisten, überwiegend aus Italien, hinzu. Zum Karneval 1553 spielte »die Kantorei mit der welschen Musica und Instrumentisten, (…) die ganz lieblich und ziemlich gesungen und auf Instrumenten geschlagen« haben.

»Venetianisch Zipreßen« in Dresden

Italienische Musik, Sänger und Musiker waren in Dresden ebenso begehrt wie italienische Musikinstrumente. 1611 hatte Hans Leo Haßler, der seit 1608 unter Christian II. als Kammerorganist am Dresdner Hof diente, ein »venetianisch Zipreßen doppelt Instrument« angeschafft – vielleicht ein Cembalo, das entgegen der italienischen Praxis über

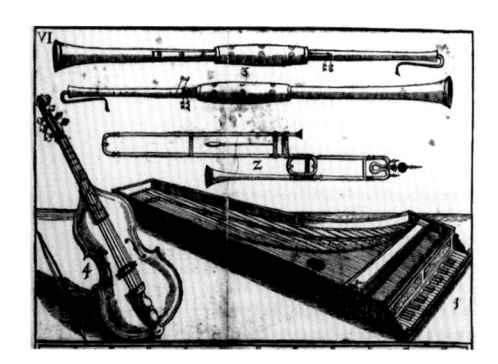

Orgeln, Glocken, andere Instrumente Musik zum Anfassen

zwei statt über nur ein Manual verfügte. 1621 erhielt die Hofkapelle eine »paduanische Laute« und 1626 zwei italienische Violinen. Selbst Geigen- und Lautensaiten wurden zum

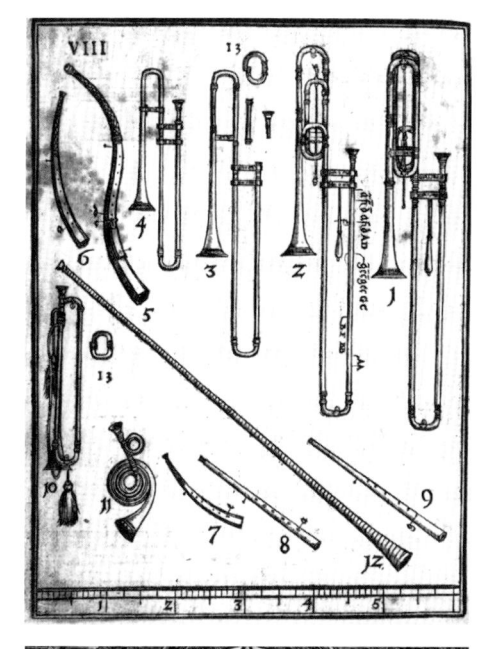

Jahrhundert-Cello
Aus der Schaffenszeit von Heinrich Schütz stammt ein Jacobus Stainer aus Absam zugeschriebenes Cello, das nach jahrhundertelangem Gebrauch in der Hofkapelle 1964 in das Museum für Kunsthandwerk nach Pillnitz kam.

Instrumenten-Darstellungen, aus: Michael Praetorius, »Musicalisches Theatrum«, 1620

Teil aus Italien besorgt. Wertvolle Stücke des ehemals reichen Instrumentenbestands der Sächsischen Hofkapelle sind heute im Museum für Kunsthandwerk der Staatlichen Kunstsammlungen Dresden in Schloss Pillnitz ausgestellt. Die zum Teil noch spielbaren Instrumente sind dort gelegentlich in der bereits traditionellen Konzertreihe »Musik im Wasserpalais« zu hören.

Heinrich Schütz, der bedeutendste Dresdner Kapellmeister des 17. Jahrhunderts, reiste 1629 nach Italien, um u. a. zwei Diskantgeigen und drei Tenorgeigen in Cremona, vermutlich bei Antonius (um 1555–vor 1630) und Hieronymus (1561–1630) Amati, zu kaufen. Wahrscheinlich gehört die heute in Pillnitz aufbewahrte Amati-Viola zu diesen von Schütz gekauften Instrumenten. Sie ist wesentlich größer als die heute gebräuchlichen Bratschen. Statt einer Korpuslänge von 40,0–42,5 cm misst die Amati-Viola fast 48 cm. Bis zum Zweiten Weltkrieg wurde sie gelegentlich in der Katholischen Hofkirche – möglicherweise bedingt durch die dort von der Orgel vorgegebene tiefe Stimmtonhöhe – gespielt. Eine zweite, ebenfalls aus der Werkstatt Amati stammende und mit dem genannten Instrument verwandte große Bratsche aus der Hofkapelle konnte im März 2004 von der Semperoper in Dresden angekauft werden.

Kleinod »Pillnitzer Sammlung«

Ein besonderer Glanz geht von den im Museum für Kunsthandwerk aufbewahrten acht Silber-Trompeten aus. Sie dienten der kurfürstlichen und königlichen Repräsentation sowie zu bestimmten Signalen im höfischen Zeremoniell und bei höfischen oder öffentlichen Veranstaltungen. Die Hoftrompeter gehörten zusammen mit dem Hofpauker der 1623 gegründeteten Reichszunft der Trompeter und Pauker an, deren oberster Schutzherr der sächsische Kurfürst war. Seit etwa 1600 bestand das Dresdner Hoftrompetercorps aus 12 Trompetern und einem

Pauker; zur Krönung in Polen hatte August der Starke 1697 sein Trompetercorps sogar auf die doppelte Zahl erhöht. Vier der Pillnitzer Silber-Trompeten tragen eine Gravur mit der Bezeichnung »Guardes du Corps«. Weder ihr Erbauer noch das Baujahr sind bekannt. Der Dresdner Silber- und Goldschmied C. G. Ingermann, dessen Signatur sich auf den Instrumenten befindet, hat sie vermutlich nur geschmückt. Drei Trompeten sind von dem Dresdner Instrumentenbauer C. F. Riedel und dem Goldschmied H. L. Schmey signiert und mit der Jahreszahl 1753 bezeichnet. Die jüngste Trompete, die sich gestalterisch an den älteren orientiert, wurde von C. G. Eschenbach im Jahr 1825 gebaut. Im Rahmen der Heinrich-Schütz-Feierlichkeiten im Jahr 1985 wurden die Silber-Trompeten auf Initiative des Dresdner Musikers Ludwig Güttler restauriert. Sie stehen in Es bei a^1 = 445 Hertz.

Zwei Trompeten des Dresdner Hofes, 1753

Altes Cembalo, wertvolle Theorbe

Aus dem unmittelbaren Umkreis des Dresdner Schlosses stammt das kleine Orgelpositiv im Schloss Pillnitz. Es soll um 1725 entstanden sein und wird dem Meißner Orgelbauer Johann Ernst Hähnel (1697–1777) zugeschrieben. 1733 erwähnt ein Inventar von Schloss Moritzburg ein »roth und gold lacquirt(es)« Orgelwerk, das in der Kapelle des Schlosses stand und möglicherweise mit dem Pillnitzer Instrument identisch ist. Die Vorderseite des Orgelgehäuses ist mit Goldmalerei auf schwarz lackiertem Grund gestaltet. Die Lackmalerei in »chinesischem Stil« auf den Lisenen zwischen den Pfeifenfeldern und am Kranzgesims werden dem Dresdner Martin Schnell (um 1675–1740) zugeschrieben, der auch bei der Ausgestaltung des Grünen Gewölbes im Dresdner Schloss tätig war. Die Bemalung des Untergehäuses erfolgte offensichtlich in einem anderen Zusammenhang und wurde auf das Orgelgehäuse übertragen. Seit 1945 fehlen die Schleierbretter über den Pfeifen und

Solo: **Die Dresdner Schlosskapelle**

Horst Hodick

Durch den Neubau der Dresdner Schlosskapelle im Nordflügel des Residenzschlosses in den Jahren 1551–1553 erhielt die Musik eine wichtige neue Aufführungsstätte. Der aus den Niederlanden stammende und in Zwickau ansässige Orgelbauer Herman Raphael Rodensteen (Rottenstein-Pock, um 1510/20–1583) lieferte 1563 eine einmanualige Orgel mit 13 Registern.

Der aus Brescia gebürtige Benedikt Tola, der gemeinsam mit seinem Bruder Gabriel die Fassaden des Schlosses mit Sgraffiti gestaltete, zeichnete einen an italienische Vorbilder anknüpfenden Prospektentwurf. Das Instrument wurde 1612–1614 durch ein größeres,

Inneres der Dresdner Schlosskapelle mit Heinrich Schütz im Kreise von Musikern, Kupfer-Frontispiz zum »Geistreichen Gesang-Buch«, Dresden 1694

einzigartiges Werk des Orgelbauers Gottfried Fritzsche auf der gegenüberliegenden Empore ergänzt. Fritzsche wurde 1578 in Meißen geboren und erlernte vermutlich bei Hans Lange (1543 Wesselburen–1616 Kamenz) das Orgelbauhandwerk.

Die neue Schlosskapellen-Orgel besaß zwei Manuale, Pedal und 33 Register. Hans Leo Haßler hatte 1612 für dieses Werk eine Disposition entworfen. Nicht nur die beachtliche Größe des Werks im Verhältnis zum Raum der Schlosskapelle, auch die sehr reiche

Ausstattung mit von Christian Buchner bemalten Flügeltüren und die vergoldeten Prospektpfeifen (Trompete 8', Regal 4' und Krummhorn 8') zeugen von dem besonderen Wert, den dieses Instrument besaß. Musikalisch bemerkenswert sind die Klaviaturen mit 14 statt der sonst üblichen 12 Tönen pro Oktave, was in der damals üblichen mitteltönigen Stimmung zusätzliche, heute auf Tasteninstrumenten nicht mehr realisierbare musikalische Möglichkeiten bot.

Der von 1613–1616 in Dresden tätige Komponist und Musikgelehrte Michael Praetorius (1571/72–1621) geht in seiner Schrift »Syntagma musicum«, Bd. II (De Organographia) von 1619 ausführlich

Die Sgraffiti der Schlossfassaden gehen auf Entwürfe der aus Brescia stammenden Brüder Benedikt und Gabriel Tola zurück

Der Schlosshof – nach der Zerstörung 1945 inzwischen teilweise wiedererstanden

auf dieses herausragende Instrument ein. Nachdem der evangelische Gottesdienst 1737 in die Sophienkirche verlegt worden war, wurde die Schlosskapelle vollständig umgebaut und die Orgel nach Dresden-Friedrichstadt verkauft. Sie ist nicht erhalten. In Anbetracht der außerordentlichen musikhistorischen Bedeutung der Schlosskapelle, in der Heinrich Schütz mehrere Jahrzehnte wirkte, als auch der Orgel und ihres Erbauers Gottfried Fritzsche ist ein Nachbau dieses Instruments geplant.

Frans Hals: »Laute spielender Narr«, Öl auf Holz, um 1623

eine geschnitzte Gehäusebekrönung. Das Positiv hat vier Register (heute: Gedackt 8′, Rohrflöte 4′, Principal 2′, Quinta 1 1/3′); sie stehen alle auf in Bass und Diskant geteilten Schleifen (Teilung bei h⁰/c¹). Das originale Pfeifenwerk ist verschollen und wurde 1961 von der Dresdner Firma Orgelbau Jehmlich neu angefertigt.

Die schlichte Fassung des in Schloss Pillnitz aufbewahrten zweimanualigen Cembalos aus der Werkstatt des Dresdner »Hoff-Orgel und Instrumentenmachers« Johann Heinrich Gräbner d. J. (um 1700 – um 1777) lässt vermuten, dass dieses klangschöne und zu Konzerten häufig genutzte Instrument nicht zu repräsentativen Zwecken diente, sondern der Hofkapelle oder einem Kirchenmusiker als Arbeitsinstrument. Es ist auf einem eingeleimten Zettel signiert und auf das Jahr 1739 datiert. Die Register, im Untermanual 8′, 4′ und Lautenzug und im Obermanual ein 8′, werden durch links und rechts neben dem Notenpult liegende Registerhebel geschaltet.

Als Neuerwerbung gelangte erst vor kurzem eine kostbare und musikhistorisch für Dresden besonders wertvolle Theorbe, eine um Bordunsaiten erweiterte Laute, in die

Organisten-Familie
Johann Heinrich Gräbner d. J. gehörte einer Organisten- und Instrumentenbauerfamilie an. Sein Vater Johann Heinrich d. Ä. (1665 – 1735) und sein Bruder Christian Heinrich (um 1769) waren Organisten unter anderem an der Dresdner Kreuzkirche und an der Frauenkirche.

Pillnitzer Sammlung. Der Boden dieses von Giovanni Tesler aus Ancona 1615 erbauten Instruments besteht aus über 60 Spänen, eine handwerkliche Bravourleistung ersten Ranges. Bisher ist kein weiteres Lauteninstrument mit einem derartigen Boden bekannt. Der Prager Geigen- und Lautenmacher Thomas Edlinger baute 1715 diese Theorbe um. Es kann davon ausgegangen werden, dass dieses Instrument aus dem Besitz des Dresdner Hoflautenisten Sylvius Leopold Weiß (1686–1750), einem der bedeutendsten Lautenvirtuosen und -komponisten des 18. Jahrhunderts, stammt.

Neben weiteren interessanten Musikinstrumenten – unter anderem einer Doppelpedalharfe von Johann Andreas Stumpff aus London von etwa 1815 und einem Lyraflügel von Johann Christian Schleip von etwa 1820 – gehören zwei von dem Augsburger Instrumentenbauer Samuel Biedermann d. Ä. (1540–1622) stammende Virginale zur Pillnitzer Sammlung. Diese kleinen cembaloähnlichen Tasteninstrumente sind in außerordentlich kostbare Repräsentationsmöbel eingefügt: Eines befindet sich in dem künstlerisch und handwerklich aufwändig gestalteten Arbeitstisch der Kurfürstin Magdalena Sibylla, der Gemahlin Johann Georgs I., das andere ist an einer dem Blick des Betrachters verborgenen Stelle im sogenannten »Schifferstein-Schrank« von 1615 aus der Kunstkammer Johann Georgs I. eingebaut.

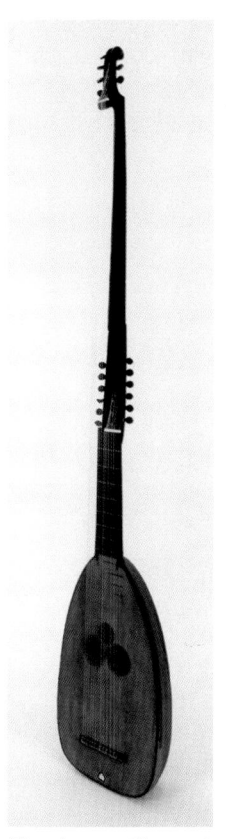

Theorbe von Giovanni Tesler, Ancona 1615. Das Instrument wurde 1715 durch Thomas Edlinger in Prag für die neue »Weiß'sche Theorbenstimmung zugericht«

Dresdens reicher Orgel-Fundus

Ebenso wie die beiden Virginale diente das von Pancratz Schneyer aus Kulmbach 1595 gebaute Regal, eine kleine, nur mit einer Zungenstimme bestückte Orgel, der privaten Unterhaltung der Fürsten. Das mit Spielplänen für die Brettspiele Tricktrack, Schach/Dame und Mühle verzierte Instrument gehörte vermutlich dem Kurprinzen Christian II. und wird heute in der Rüstkammer, der in das 16. Jahrhundert zurückreichenden höfischen Sammlung prunkvoller Waffen,

Klappkasten mit kleinem Orgelwerk und Plänen zu den Brettspielen Tricktrack, Schach/Dame und Mühle. Das zur Geselligkeit angefertigte Regal stammt aus der kurfürstlichen Kunstkammer. Kurprinz Christian soll persönlich auf dem 41-tönigen Orgelwerk gespielt haben

Harnische und Jagdgeräte, darunter zahlreicher Jagdhörner, aufbewahrt.

In der ehemaligen Sophienkirche stand von 1720 bis 1945 eine Orgel von Gottfried Silbermann (1683–1753), dem bedeutendsten sächsischen Orgelbauer des 18. Jahrhunderts. Sie war Silbermanns erstes Werk in der Residenzstadt und sein erstes Werk im Kammerton (a^1 um 415 Hz), einem Stimmton, der etwa einen Ganzton tiefer war als der sonst in Sachsen bei Orgeln übliche Chorton.

Wie Silbermann in einem Brief an den Rat der Stadt Dresden schreibt, sollte das Instrument zunächst die hohe Stimmung erhalten; es wurde jedoch »auf anderweitiges Begehren in Cammer-Thon gesetzet«. Vermutlich hatte ihn die Dresdner Hofkapelle, die im Kammerton musizierte, hierzu veranlasst. Die beiden anderen großen Silbermann-Orgeln in Dresden, die Orgel der Frauenkirche und die der Hofkirche, erhielten ebenfalls den Kammerton. (Die erste Orgel in Dresden im Kammerton, ein kleines Orgelpositiv in der Kreuzkirche, hatte Johann Heinrich Gräbner d. Ä. bereits 1716 gebaut).

Von 1732 bis 1736 baute Gottfried Silbermann in der damals noch nicht vollendeten Frauenkirche sein zweites großes Werk mit 43 Registern für Dresden. Die Orgel stand an der Stirnseite des Chorraumes über dem Altar. Das von George Bähr, dem genialen Baumeister der Frauenkirche, entworfene und gebaute Gehäuse bildete mit dem Hochaltar eine gestalterische Einheit. Auch auf diesem Instrument ließ sich Johann

Bach in Dresden
1725 und 1731 spielte Johann Sebastian Bach »in Gegenwart derer gesamten Hof-Musicorum und Virtuosen« auf der Silbermann-Orgel der Sophienkirche. Bachs ältester Sohn Wilhelm Friedemann (1710–1784) versah hier von 1733 bis 1746 das Organistenamt.

*Jägertrompete, vor
1668, vermutlich
Dresdner Werkstatt*

Sebastian Bach im Jahre 1736 »mit besonderer Admiration hören«. Das Orgelwerk wurde 1911 und 1938–1942 jeweils unter der Leitung der damaligen Frauenkirchen-Organisten technisch und klanglich grundlegend umgestaltet und erweitert, um ein breiteres musikalisches Repertoire, unter anderem die Werke von Max Reger und zeitgenössischer Komponisten, überzeugend darstellen zu können. Diese Orgel ging mit der Kirche im Februar 1945 unter.

Die Orgel der Katholischen Hofkirche – Silbermanns größtes und zugleich letztes Werk – ist das einzige Instrument aus seiner Werkstatt, das die Zerstörung Dresdens überstand. Die 1750 begonnene und 1755 vollendete Orgel besitzt 47 Register und kostete 20 000 Taler. Sie war mit Abstand das teuerste Instrument, das Silbermann je gebaut hat. (Die Orgel der Dresdner Frauenkirche kostete 4 700 Taler, die der Zittauer Johanniskirche mit 44 Registern 7 150 Taler). Da Silbermann damit rechnete, das Werk aus Altersgründen nicht selbst vollenden zu können, band er seinen bedeutendsten

%% Musik zum Anfassen Orgeln, Glocken, andere Instrumente

Die neue Frauen-kirchen-Orgel

Orgel-Kooperation

Mit dem Wiederaufbau der Frauenkirche entstand auch eine neue Orgel. Ihr Gehäuse fertigte der sächsische Holzbildhauer Karsten Püschner in Hartmannsdorf im Erzgebirge anhand zahlreicher detaillierter Fotografien. Das klingende Werk selbst, das zahlreiche Bezüge zu dem zerstörten Werk von Gottfried Silbermann aufweist, stammt von Orgelbaumeister Daniel Kern aus Straßburg – der Stadt, in der Gottfried Silbermann bei seinem Bruder Andreas seine Ausbildung erhielt.

Schüler und zugleich wichtigen Konkurrenten Zacharias Hildebrandt vertraglich an seine Werkstatt. Im Falle seines Ablebens sollte Hildebrandt den Bau der Hofkirchen-Orgel weiterführen. Tatsächlich starb Silbermann eineinhalb Jahre vor Fertigstellung des Instruments, und Hildebrandt führte die Arbeiten zu Ende. Anders als die Orgel der Frauenkirche blieb das Werk vor Umbauten weitgehend bewahrt und konnte im Zweiten Weltkrieg durch Auslagerung in das bei Kamenz gelegene Kloster St. Marienstern gerettet werden. Lediglich das Orgelgehäuse und die Bälge verbrannten am 13. Februar 1945. Nach der baulichen Wiederherstellung der schwer beschädigten Hofkirche wurde die Orgel in einem rekonstruierten Gehäuse am Pfingstsonntag 1971 wieder eingeweiht. In den Jahren 2001 und 2002 wurde die nicht abgeschlossene Restaurierung fortgeführt, die Balganlage mit sechs Keilbälgen rekonstruiert und der historische Stimmton (a^1 = 415 Hz) wiederhergestellt. Die Bälge können nun entweder mit einem elektrischen Winderzeuger, mit einer mechanischen

Orgeln, Glocken, andere Instrumente Musik zum Anfassen

Die Orgel der Kreuzkirche

Balgaufzugsanlage oder per Muskelkraft betätigt werden. Das Orgelgehäuse erhielt seine endgültige farbige Fassung.

Die Kreuzkirche setzt innerhalb der Stadt nicht nur durch die Darbietungen des weltbekannten Kreuzchores einen wichtigen musikalischen Akzent; auch die große Jehmlich-Orgel von 1964, die erste in der DDR gebaute viermanualige Orgel, und die zahlreichen Orgelkonzerte mit ihrem breiten musikalischen Spektrum tragen dazu wesentlich bei. Der stark kriegszerstörte Kirchenraum wurde von dem Architekten Fritz Steudner in bewusst schlichter Form neu gestaltet. In diesen Stil fügt sich die hoch über der Sängerempore hängende neue Orgel bruchlos ein. In zeittypischer Weise besitzt das in hellem Holz gearbeitete Orgelgehäuse geschwungene Gehäusedeckel, Stabwerk als Schleierbretter und zahlreiche kupferne Prospektpfeifen. Bemerkenswert sind die horizontalen Zungenstimmen des Hauptwerks (Spanische Trompete 8') und die Bombarde 32' mit Kupferbechern in den seitlichen Prospekttürmen. An der Dispositions- und

Mensurgestaltung waren der Kreuzkirchen-Organist Herbert Collum und die Orgelsachverständigen Gerhard Paulik und Ernst Karl Rößler beteiligt. Die von Collum veranstalteten Konzerte auf der Kreuzkirchen-Orgel waren für das vom Krieg schwer gezeichnete Dresden wichtige musikalische Höhepunkte. Die viermanualige Disposition mit 76 Stimmen ist charakteristisch für diese Epoche des Orgelbaus und soll als Klangdenkmal erhalten bleiben.

Frauenkirche mit ältester Glocke

Neben Orgeln prägen zahlreiche Glocken und Glockenspiele das Klangbild Dresdens. Die älteste Glocke in der Innenstadt hängt seit 2003 in einem Turm der wiederaufgebauten Frauenkirche. Die 1518 vermutlich von Martin Hilliger in Freiberg gegossene Glocke »Maria« für das Kloster Altzella bei Nossen kam 1557 in die alte Frauenkirche nach Dresden und wurde 1734 in das Geläut der neuen Frauenkirche übernommen. 1925 sonderte man sie aus dem Geläut aus und verkaufte sie nach Wermsdorf bei Leipzig. Von dort kam sie 1960 nach Dittmannsdorf

Die Gedächtnisglocke »Maria« der Frauenkirche

Orgeln, Glocken, andere Instrumente Musik zum Anfassen

Das Glockenspiel im Pavillon am Japanischen Palais

und konnte 1998 für die Dresdner Frauenkirche zurückerworben werden. Sie hängt nun mit sieben weiteren von der Fa. Bachert in Bad Friedrichshall im Jahr 2003 neu gegossenen und von dem Künstler Christoph Feuerstein aus Neckarsteinach verzierten Glocken in den beiden westlichen Glockentürmen der Frauenkirche (Jesaia/Friedensglocke – d^1, Johannes/Verkündigungsglocke – e^1, Jeremia/Stadtglocke – g^1, Josua/Trauglocke – a^1, Maria/Gedächtnisglocke – b^1, David/Gebetsglocke – c^2, Philippus/Taufglocke – d^2, Hanna/Dankglocke – f^2).

In der benachbarten Hofkirche erklingt ein Geläut der berühmten Dresdner Glocken- und Geschützgießerfamilie Weinholdt, von der neben zahlreichen Glocken auch prachtvolle Geschütze auf der Festung Königstein erhalten sind. Die größte Glocke der Hofkirche (Göttliche Vorsehung – g^0) wurde 1747 von Johann Gottfried Weinholdt gegossen. Sie ist die größte und tontiefste Glocke, die je in seiner Werkstatt hergestellt wurde. Aus konfessionellen Gründen wurde sie bis 1806 nicht geläutet. 1807 vervollständigte der Glockengießer Heinrich August Weinholdt das Geläut um drei weitere Glocken

Glocken-Weihe

Ein festliches Ereignis nicht nur für Dresden war die Weihe der acht Frauenkirchen-Glocken. Nach der Aufführung eines von Prof. Ludwig Güttler für den Festakt komponierten und auf dem Schlossplatz aufgeführten Werkes hatten die Dresdner anschließend die Möglichkeit, halbstündlich dem Klang »ihrer« neuen Glocken zu lauschen. Sie lauschten die ganze Nacht hindurch – bis zum darauffolgenden Morgen …

Solo: Ludwig Güttler, Jan Vogler – Meister der Instrumente

Heinz Weise/Heike Weitz

Ludwig Güttler zählt als Solist auf der Trompete und dem Corno de caccia zu den erfolgreichsten Virtuosen der Gegenwart und genießt weltweit den Ruf eines hervorragenden Bachtrompeters. Nach Abitur, Studium und Staatsexamen an der Leipziger Musikhochschule »Felix Mendelsohn-Bartholdy« folgte der aus dem Erzgebirge stammende Künstler 1965 dem Ruf des Händel-Festspiel-Orchesters nach Halle als Solotrompeter. In gleicher Position gehörte er dann von 1969 bis 1980 der Dresdner Philharmonie an, bevor ihn Lehraufträge an das Internationale Musikseminar Weimar und an die Hochschule für Musik »Carl Maria von Weber« Dresden führten, wo er bis 1990

Prof. Ludwig Güttler

eine Professur für Trompete innehatte. Infolge seines vielseitig angelegten Wirkungskreises erwarb Ludwig Güttler sich über seinen Ruf als erfolgreicher Trompetenvirtuose hinaus zugleich ein weltweites Renommee als Dirigent, Forscher, Veranstalter und Förderer. So leitet er Opernproduktionen und Meisterkurse. Zugleich ist es seiner Forscher- und Entdeckerfreude zu danken, dass die Konzertliteratur durch zahlreiche neue Werke vornehmlich des 18. Jahrhunderts erweitert wurde. Vor allem präsentiert Ludwig Güttler sich aber in jährlich etwa 120 Konzerten im In- und Ausland als Solist und Dirigent. Mit seinem ständigen Begleiter Friedrich Kircheis, Kantor und Organist der Dresdner Diakonissenhauskirche, und Güttlers zwischen 1976 und 1985 gegründeten Ensembles – dem »Leipziger Bach-Collegium«, dem »Blechbläserensemble Ludwig Güttler« und dem Kammerorchester »Virtuosi Saxoniae« – widmet er sich mit Vorliebe den Werken des Barock und der Vorklassik, insbesondere der musikalischen Wiederbelebung der sächsischen Hofmusik (David Heinichen, Jan Dismas Zelenka, Johann Adolf Hasse, Johann Georg Pisendel) – zu hören dies auch auf zahlreichen CD-Einspielungen. Ein Lohn für Güttlers Leistungen sind die ihm zugeeigneten Preise, darunter der »Deutsche Stifterpreis 1996« für sein außerordentliches Engagement beim Wiederaufbau der Dresdner Frauenkirche.

Jan Vogler

Die anhaltende Erweiterung seines Horizonts ist für Jan Vogler einer der wichtigsten Aspekte als Mensch und als Musiker. Seit er sich seinem Instrument verschrieben hat, arbeitet er beständig daran, das Farbspektrum seines Celloklangs auszudehnen, verfeinert im ständigen Dialog mit renommierten zeitgenössischen Komponisten und Interpreten seine musikalischen Sprache – mit aller Leidenschaft und dem nötigen Maß Risiko. Der gebürtige Berliner, der heute mit seiner Frau und beiden Töchtern sowohl in Dresden als auch New York lebt, begann seine Karriere als erster Konzertmeister Violoncello in der Staatskapelle Dresden im Alter von 20 Jahren. Diese Position gab er 1997 auf, um sich ganz auf seine erfolgreiche Tätigkeit als Solist zu konzentrieren, zu deren Höhepunkten ganz sicher die Auftritte mit dem New York Philharmonic unter Lorin Maazel sowohl in New York als auch im Rahmen der Wiedereröffnung der Dresdner Frauenkirche im Herbst 2005 gehörten. Dort gestaltete er die Uraufführung der »Berceuse for Dresden« des englischen Komponisten Colin Matthews. Im Oktober 2006 erhielt Vogler den Europäischen Kulturpreis. Die Früchte seiner Kooperation mit Sony Classical sind unter anderem die Aufnahme von Strauss' »Don Quixote« und »Romanze« mit der Dresdner Staatskapelle, Dvořáks Cellokonzert mit dem New York Philharmonic sowie zwei Mozart-Einspielungen mit Künstlern des Moritzburg Festivals, dessen Künstlerischer Leiter er ist. Alljährlich im August wird das Städtchen Moritzburg unweit von Dresden ein Mekka für Kenner und Liebhaber hochkarätiger Kammermusik und hat sich international als eines der bedeutendsten Kammermusik-Festivals etabliert. Jan Vogler spielt ein Cello von Domenico Montagnana »Ex-Hekking« von 1721.

Musik zum Anfassen Orgeln, Glocken, andere Instrumente

Das Porzellan-Glockenspiel an dem zur Stadt gelegenen Zwinger-Pavillon

(Dreifaltigkeit – b^0, Heilig Kreuz – d^1, Maria – f^1). 1945 verbrannte der Glockenstuhl, und die Glocken stürzten ab, wobei die kleinste zersprang. 1979 wurde das Geläut durch einen Neuguß (g^1) ergänzt; beim Neubau eines hölzernen Glockenstuhls erhielt das Geläut durch eine weitere Glocke mit dem Schlagton f^1 seine ursprüngliche Disposition zurück.

Das schwerste und tiefste Geläut der Innenstadt befindet sich im Turm der Kreuzkirche. Es enthält die Schlagtöne e^0, g^0, b^0, h^0 und d^1 und stammt aus dem Jahr 1900. In einem zeitgenössischen Gutachten des Kreuzkirchenkantors Friedrich Oscar Wermann (1840–1906) wird sein Klang wie folgt beschrieben: »Von mächtigster, eigenartigster gewaltig brausender, fast erschütternder und doch nicht unschöner Wirkung ist der Zusammenklang der zweiten, dritten und vierten Glocke (…). Die Gewalt der nahe beieinander klingenden Tonmassen mit ihren zahlreichen Obertönen (ein wogendes Meer von Tönen) läßt das Gefühl für die Dissonanzen gar nicht zu herber Empfindung kommen. – Diese große Wirkung wird noch wesentlich erhöht, wenn der tiefste Ton E (…) hinzutritt. Etwas ähnlich Mächtiges, Imponierendes ist vorher von Glocken hier nie gehört worden.«

Glockenspiele – auch am Elbufer

Weniger erschütternd, aber ebenfalls eigenartig und reizvoll klingen die Glockenspiele der Stadt. Das Porzellanglockenspiel auf der Hofseite des zur Stadt gelegenen Zwinger-Pavillons wurde in den Jahren 1933–1936 gebaut und nach den Kriegszerstörungen erneuert. Es besitzt Glocken aus Meißner Porzellan, die elektrisch angespielt werden und stündlich zu hören sind. Ein weiteres Porzellanglockenspiel befindet sich in der Porzellansammlung der Staatlichen Kunstsammlungen. Es hat die Form eines glockenförmigen Schrankes mit zwei Klaviaturen an der Vorderseite. Das kunstvoll geschnitzte Gehäuse wurde 1736/37 von Matthäus Pöppelmann, dem genialen Erbauer des Zwingers, entworfen, die 52 schalenförmigen Glocken aus Meißner Porzellan hat Johann Joachim Kaendler geschaffen, und die Spielmechanik stammt von dem Meißner Orgelbauer Johann Ernst Hähnel. Das untere Manual spielt die Glocken mit einem härteren Klöppel an, das obere mit einem weichen. Der Umfang reicht von C/Cis bis d^3. Leider ist eine exakte Stimmung der Schalenglocken nicht möglich, weshalb das Instrument musikalisch nicht genutzt wird.

An einer weniger prominenten Stelle, aber klanglich sehr reizvoll, steht der Glockenpavillon am Neustädter Elbufer unterhalb des Japanischen Palais. Der 1936 von Peter Wolf gebaute Pavillon wurde 1945 zerstört und konnte 1990–1992 wiederaufgebaut werden. Die 25 Bronzeglocken stammen aus einer Gießerei in Apolda und lassen viertelstündlich auf die Jahreszeit bezogene Liedmelodien erklingen.

Zwischen Tradition und Neuzeit

Von Musikfesten zu den Musikfestspielen

Michael Ernst

Wer im Tal lebt, feiert auch gern. Das war schon immer so. Von der Gipfelgegend gibt es zwar eine bessere Aussicht, meist Weitsicht sogar. Doch allzu oft wird in höheren Lagen eher das Fernweh geweckt. Gelebte Sehnsucht und ein geweiteter Horizont bedingen ja einander. So scheint es nur natürlich, dass eine Stadt wie Dresden sich recht gern selbst feiert und bespiegelt. Und sich lieber noch bestaunen, ja bespielen lässt. Daran soll sich nichts ändern. Die deutsche Hauptstadt des Feuerwerks war sie schon immer. Angesichts der Februarnächte von 1945 ist zwar nur schwer verständlich, dass an dieser Pyro-Tradition so donnernd festgehalten wird; doch mehr als anderswo gilt hier: Was einmal ist, das bleibt, wie's war. Im Jahresdurchschnitt gibt es kaum einen Tag ohne Knallkörper und Blitz. Für A- und O-Rufe ist das allemal gut. Auch daran soll sich nichts ändern.

Beschaulichkeit ist hier zu Hause. Zwar kennt man den Drang in die weite Welt, doch lieber noch soll die Welt nach Dresden kommen! Solang sie ansonsten alles belässt, wie es ist, ist sie ein gern gesehener Gast. Wie alle gern gesehenen Gäste quartiert sie sich nicht dauerhaft ein im Tal, sondern fährt irgendwann auch wieder heim, um dort von den eigenwillig beharrenden Menschen und ihrer Feierlaune zu berichten, auf dass in der jeweils nächsten Saison noch mehr Besucher ins Elbtal kommen.

Der Süden und die Feier-Lust
Und so reisen denn – wie seit Jahrhunderten, so auch heute – Jahr um Jahr Zigtausend Gäste aus nah und fern an, um dieser

Zwischen Tradition und Neuzeit Von Musikfesten zu den Musikfestspielen

*Der Süden und die
Feier-Lust ...*

Selbstbespiegelung beizuwohnen. Freiwillig kommen sie und mit viel Spaß an der Freude. Das ist doch nicht schlecht.

Und wahrlich: Nicht alles ist schlecht, eng und betulich, was da im Elbtal geschieht. Wer hätte das auch gedacht. Vor Generationen haben die sächsischen Herrscher erkannt, dass es südlicher Einflüsse bedarf, um etwas herzumachen aus der einstigen Sumpflandschaft. Ja richtig: Wieder und wieder gab es Versuche, auf Lößboden Wein anzubauen – wiewohl die Rosinen doch zumeist besser im Dresdner-Stollen-Original aufgehoben wären. Erfolgreicher und unendlich sicherer in jedweden Geschmacksfragen waren da Baumeister, Maler und Musiker. Ohne Italiener kein »Italienisches Dörfchen« und schon gar keine Hofkirche. Die »Sixtinische Madonna« gar als das reinste Bildwerk der Stadt Alter Meister – Prunksucht hat sie über die Alpen zur Elbe gebracht. Um das nötige Geld dafür zu beschaffen, ging es seinerzeit ja noch willkürlicher zu als heute. Ähnlich war es mit Festivitäten, die in den Zentenarien – es gab eine Zeit ohne Bildschirm und weltweitem Netz, man denke! – Künstler, Klänge und Handschriften aus dem Süden ins aufstrebende Elbtal gelockt haben. Solcherart Stilbildung trägt Früchte bis in die Gegenwart.

In frühen Zeiten ließen die sächsischen Fürsten bereits ihre Turnierspiele, Tierhatzen und Massenaufzüge mit Musik, Gesang und Tanz begleiten. Derartige Musen- und später auch Zwingerfeste können als Vorläufer der Dresdner Musikfestspiele von heute gelten. Europas Adelshäuser, wenn sie ihre Untergebenen nicht gerade auf dem »Feld der Ehre« gegeneinander antreten liessen, lieferten sich geradezu permanente Schlachten um die prunkvollste Hofhaltung. Deren Wurzeln sind bis ins 15. Jahrhundert zurückzuverfolgen, als das Kurfürstentum Sachsen einen bedeutenden Aufschwung nahm und damit einhergehend auch immer aufwändigere Feste ausrichten wollte. Besonders opulent wurde laut Überlieferungen die Hochzeit zwischen dem sächsischen Kurprinzen und Maria Josepha, der Tochter Kaiser Josephs I., gefeiert. Europa war zu Gast und sollte vor Neid erblassen. Während dieser 28 Tage lang währenden Festivitäten wurde im September 1719 der Dresdner Zwinger eingeweiht. Als »Festsaal unter freiem Himmel« an europäischen Vorbildern orientiert, gab er den sogenannten Musenfesten eine Spielstätte von einmalig schönem Ambiente. Doch was da auf festem Grund aus sächsischem Sandstein errichtet wurde, kam schon bald aus der Mode.

Musik – und musikalischen Austausch – gab es freilich fast ohne Unterbrechung. Sachsens Hofkompositeure reisten nach Italien und hielten Augen und Ohren offen. Ihre Beute war denn auch besser transportierbar als zum Beispiel die »Sixtina«. Diese Reisen waren allerdings weder Raubzüge noch nur einseitig bereichernd, sondern durchaus befruchtend im positiven Sinne einer frühen Vorform von globalem Handel.

Festspiel-Intendanten
1978 bis 1991:
Dr. Winfried Höntsch
1992 bis 1993:
Mattis Dänhardt
(interimistisch)
1994 bis 2000:
Prof. Michael Hampe
2001 bis 2002:
Torsten Mosgraber
(interimistisch)
2002 bis 2008:
Prof. Hartmut Haenchen

Festival-Schlagzeilen
Das Programm der Musikfestspiele steht lange fest. Alle Details geplant, der Kartenverkauf kann beginnen. Fehlt nur die Werbung. Für teure Anzeigen natürlich kein Geld. Am besten wäre eine zündende Schlagzeile. Manchmal kommt selbst die von ganz allein! Anruf eines Boulevardblattes: Ist das richtig, dass Chick Corea bei den Festspielen gastiert? – Ja, völlig korrekt. Der Weltklasse-Jazzer kommt nach Dresden. – Wissen Sie denn nicht, dass der in einer Sekte ist? – Die Programmgestaltung erfolgt nach künstlerischen Gesichtspunkten. Und da ist Chick Corea Spitze. – Dass er Sektenmitglied ist, kümmert Sie nicht? – Nein, Peter Schreier wird auch nicht gefragt, welcher Kirche er angehört. – Na, da bringen wir eben die ganze Seite über die Festspiele!

Wenn auch nicht ganz so italianisiert wie etwa Bayerns Residenzstadt München, so wirken die Einflüsse doch angenehm anhaltend nach.

Ein Kunstfest per Dekret

Die Gründung der Dresdner Musikfestspiele, wie man sie heute kennt, geht auf ein regierungsamtliches Dekret aus der DDR-Hauptstadt Berlin zurück. Darin wurde hölzern verfügt: »Beginnend 1978 finden in Dresden als jährlich durchzuführendes Musikfestspiel internationalen Ranges Dresdner Musikfestspiele statt!« So lautete der Beschluss des Zentralkomitees der SED und des Ministerrates der DDR.

Was da so wenig musisch angeordnet wurde, ist immerhin künstlerisch in höchstem Maße wertvoll angetreten: Schon die 1. Dresdner Musikfestspiele verbuchten 1978 so klangvolle Namen wie Helen Donath, Edith Mathis und Evgenij Nesterenko. Der wohl grössten Popularität erfreute sich das Gastspiel der Berliner Philharmoniker unter Herbert von Karajan. Noch 2006, als das Orchester erneut in Dresden gastierte, gedachten viele dieses legendären ersten Besuchs. Ausflüge zu Neuer Musik, so etwa der Erstaufführung von Kryzstof Pendereckis »Stabat Mater« sowie Uraufführungen von Siegfried Köhler, Siegfried Kurz, Siegfried Matthus, Gerhard Rosenfeld und Udo Zimmermann sollten daneben nicht im Schatten stehen. Ebensowenig die Gastspiele der Accademia Claudio Monteverdi aus Venedig, der Wiener und der Warschauer Kammeroper oder des Moskauer Kammermusiktheaters.

Von Anfang an wurde das reiche Potential der Stadt in die Festspiele mit einbezogen. Nicht nur als Spielstätten sind Großes und Kleines Haus des damaligen Staatstheaters sowie Kulturpalast, Staatsoperette und Musikhochschule genutzt worden, sondern stets auch mit den in diesen Institutionen beheimateten Ensembles. Nachdem 1984 die im Krieg zerstörte Semperoper wiedereröffnet

Empfang zur Eröffnung der Dresdner Musikfestspiele 1978: Kurt Hager, Mitglied des SED-Politbüros (1. v. r.) und DDR-Kulturminister Hans-Joachim Hoffmann (2. v. r.) im Gespräch mit Kreuzkantor Martin Flämig (2. v. l.) und Regisseur Harry Kupfer (4. v. l.)

worden war, zählte selbstverständlich auch sie ebenso mit ihrem eigenen Musiktheaterrepertoire und den Konzerten der Sächsischen Staatskapelle wie als festlichste Stätte vor Ort für hochrangige Gastspiele zu den fixen Adressen des Festivals. Und natürlich fehlten auch die Ikonen der Stadt nicht in der ersten Riege der Künstler. Bereits zur Eröffnung wirkten Theo Adam und Peter Schreier mit.

Nach seinem ersten Liederabend 1982 kam Herrmann Prey zu den Musikfestspielen 1989 zu einem weiteren Gastspiel in die Semperoper. Begleitet von Helmut Deutsch sang er Lieder von Franz Schubert

Kammersänger Dietrich Fischer-Dieskau 1986 in der Semperoper

Trotz mangelnder Devisen gestalteten sich die Dresdner Musikfestspiele stets als ein Festival von internationalem Rang. Das war der Anspruch, und der wurde auch so bestätigt. Im ersten Jahrgang bereits kamen überregionale Medien nach Dresden und waren des Lobes voll. Klaus Geitel, damals noch nicht Kritiker-Nestor, doch schon immer ein unbestechlich scharfsinniger Rezensent, urteilte in der Tageszeitung »Die Welt«: »Mit 12 Uraufführungen und 15 Erstaufführungen können sie eine Bilanz ziehen, die weit renommiertere Festspiele erröten lassen sollte, vor Scham, dem Zeitgenössischen in der Musik geradezu kontinuierlich aus dem Wege zu gehen ...«

Die Liste der Weltstars würde alle Grenzen sprengen, denn schon in der Frühzeit der Festspiele kamen Künstlerpersönlichkeiten wie Barbara Hendricks und Marilyn Horne, Dietrich Fischer-Dieskau und René Kollo nach Dresden. Ihr Hauptmotiv war nicht zu selten der Anreiz, einmal in dieser Musikstadt aufzutreten oder gemeinsam mit der Staatskapelle zu musizieren. Nahezu sagenumwoben war der Ruf bedeutender Orchestergastspiele: Auf Herbert von Karajan

Claudio Abbado und die amerikanische Sopranistin Shirley Verrett während der Probe zu Guiseppe Verdis »Requiem«. Das Gastspiel der Mailänder Scala war der Höhepunkt der Dresdner Musikfestspiele 1981

Herbert von Karajan und die Berliner Philharmoniker bei einer Probe zu ihrem Musikfestspiel-Konzert

Rodion Schtschedrins 1977 am Moskauer Bolschoi-Theater uraufgeführte Oper »Tote Seelen« übernahm 1978 das Kirow-Theater Leningrad und stellte sie mit Sergej Leiferkus in der Rolle des »Seelenverkäufers« Tschitschikow 1979 bei den Dresdner Musikfestspielen vor

und die Berliner Philharmoniker folgten Jiří Bělohlávek und die Prager Sinfoniker, Kurt Masur und das Gewandhausorchester Leipzig, Claudio Abbado und die Mailänder Scala,

Spardebatte

Die Dresdner Musikfestspiele wurden 1978 vorgeblich gegründet, um die Welt nach Dresden zu holen. Im »Tal der Ahnungslosen« sollte, wenn schon kein Westfernsehen zu empfangen und an Westreisen nicht zu denken war, wenigstens eine Auswahl internationaler Spitzenensembles und -künstler gastieren. Ein Vierteljahrhundert atmeten die Festspiele zwar Weltniveau – dann hatte die Fast-Welt-Stadt kein Geld mehr. Also sollte eisern gespart werden. Eine der umstrittensten Sparideen: die Musikfestspiele abschaffen. Die Begründung: Die Dresdner könnten ja nun in den Westen fahren und sich dort die künstlerische Welt anschauen. »Wir wollen die ›Welt‹ aber in unserer Stadt hören«, protestierten die Leute – und hatten Erfolg damit.

Zubin Mehta und das New York Philharmonic Orchestra, Maris Jansons und die Leningrader Philharmonie, Günter Wand und das NDR-Sinfonieorchester. Im zweiten Festspieljahr gab es bereits eine Begegnung mit Rafael Frühbeck de Burgos, der hier mit dem Schwedischen Rundfunksinfonieorchester Stockholm gastierte; heute ist er Dresden als Chefdirigent und Künstlerischer Leiter der Philharmonie verbunden.

Opern in der Stadt der Oper

Die überaus reiche Tradition Dresdens als Stadt des Musiktheaters ist hinlänglich beschrieben – durch die Dresdner Musikfestspiele kamen auch Opern aus aller Welt mit ihren Produktionen an die Elbe. Die Welsh National Opera Cardiff gastierte ebenso in Dresden wie die Komische Oper und die Deutsche Staatsoper Berlin, das Teatro La Fenice kam aus Venedig, die Hamburgische Staatsoper aus der Partnerstadt … Oft standen Repertoirewerke im Programm, nicht selten aber auch in diesem Genre Ur- und Erstaufführungen. Selbstredend fehlte der Tanz nicht, wurden Companies wie das kubanische Ballett de Camagüey, das von John Neumeier geleitete Hamburg Ballett und das Bolschoi-Ensemble Moskau eingeladen.

Ab 2001 wurde das musikalische Spektrum der Musikfestspiele durch Weltmusik erweitert. Das südafrikanische Ensemble »Ladysmith black Mambazo« begeisterte die Musikfestspiel-Besucher 2002

*Kammerkonzert auf
Schloss Albrechtsberg*

Gründungsintendant Winfried Höntsch steuerte die Dresdner Musikfestspiele bis 1991 durch wechselvolle Gezeiten. Er etablierte das von Anfang an unter jährlich wechselnden Themen gestaltete Ereignis in vorderster Reihe der europäischen Festivallandschaft und übergab seinem Nachfolger Mattis Dänhardt (bis 1993) ein bei Publikum und Gästen hoch angesehenes Musikfest. Bis einschließlich 1989 gab es alljährlich weit über einhundert künstlerische Veranstaltungen, zu den Spielstätten zählten neben den bekannten Häusern Dresdens unter anderem auch der Barockgarten Großsedlitz, die Felsenbühne Rathen, das Jagdschloss Moritzburg, die Schlossparkanlagen von Pillnitz sowie die Albrechtsburg Meißen.

Unter geänderten Gesellschaftsverhältnissen zielte auch das Publikumsinteresse zunächst in andere Richtung, als logische Konsequenz wurde die Vorstellungsanzahl

Zwischen Tradition und Neuzeit Von Musikfesten zu den Musikfestspielen

Jahrhundertelang pflegten Derwische des Malawi-Ordens den Tanz als Medium spiritueller Versenkung. 2002 machten ihn das Ensemble »Al-Kindi« und Scheich Hamza Shakkur auch in Dresden bekannt

zurückgenommen, musste noch effizienter mit Gästehonoraren, Eintrittsgeldern und Werbebudget gehandelt werden. Aber noch jeder Jahrgang der Dresdner Musikfestspiele konnte stattfinden, trotz Kostenschraube, Mauerfall und Reizüberflutung durch in Dresden bisher ungeahnte Reiseofferten und Medienangebote sind die Einwohner und Gäste der Stadt ihrem Festival treu geblieben. In nur wenigen Jahren konnte sich die Kunstmetropole im Elbtal auch wieder zu einem internationalen Touristenmagnet entwickeln; gewiss nicht den geringsten Anteil daran haben die Musikfestspiele, denen ausverkaufte Hotels in der Pfingstzeit mit zu verdanken sind.

Die »90er«: Aufbruch, Umbruch

In den 1990er-Jahren galt es, Wege zu finden, um das Festival in einem offener gewordenen und zusammenwachsenden Europa zu verankern. Intendant Michael Hampe, selbst ein erfahrener Musiktheatermann, trat ab 1993 mit dem Ziel an, ein unverwechselbares Programm zu kreieren, dem er nicht selten mit bemerkenswerten Inszenierungen künstlerische Prägung verlieh. Opern von Britten, Händel und Paisiello kamen in seiner Diktion auf die Bühne, unvergessen darüber hinaus die Uraufführung »Farinelli« von Siegfried Matthus. Der Titelheld dieser Oper (im 18. Jahrhundert ein legendärer Kastrat) sang übrigens einst auch in Dresden.

Zu den inzwischen weit mehr als einhundert Uraufführungen während der Dresdner Musikfestspiele zählen beispielsweise die Oper »Der zerbrochene Krug« von Viktor Ullmann, dem in Theresienstadt ermordeten jüdischen Komponisten. 2001 präsentierten die Musikfestspiele mit »Lost Objects« eine vollkommen neue Form des Musiktheaters: »A TransmusicArt Project« nannten die drei jungen New Yorker Komponisten Julia Wolfe, David Lang und Michael Gordon ihren kühn kollagierenden Grenzgang zwischen Musik, virtuellem Theater und Performance. Mit der originalen Komposition von Louis Andriessen ist Peter Greenaways Film »M is for Man, Music, Mozart« zum ersten Mal in

Zu den Musikfestspielen 2002 führte die avantgardistische Theatergruppe DEREVO, die mittlerweile neben St. Petersburg auch in Dresden zu Hause ist, ihr Stück »Inseln im Sturm« auf

Zwischen Tradition und Neuzeit Von Musikfesten zu den Musikfestspielen

Magic Flute

Anruf im Kartenbüro: Ein Ferngespräch, soviel war klar. Denn man verstand die Sprache des Anderen nicht. Der fremde Anrufer begriff – und wechselte in vorsichtiges Deutsch. Er wolle zwei Karten für »The Magic Flute«. – Steht nicht auf dem Spielplan, sorry! – Doch der Ausländer ließ nicht locker und nannte das Datum. – An dem Tag steht »Die Zauberflöte« auf dem Programm! - Dann eben dafür zwei Karten. Hauptsache: Musikfestspiele!

Der Komponist Franz Seydelmann. Zu seinem 200. Todestag gab es 2006 die szenische Umsetzung des Oratoriums »Der Tod Abels«

Deutschland mit Live-Musik gezeigt worden. Für den Jahrgang 2002 hatten die Dresdner Musikfestspiele die aus St. Petersburg stammende avantgardistische Theatergruppe Derevo mit der Erarbeitung eines neuen Stückes beauftragt: »Inseln im Sturm«. In den Folgejahren avancierte dieses Ensemble zu einem unverzichtbaren Bestandteil der Dresdner Kulturlandschaft und stellt eine ungemeine Bereicherung der Szene dar.

Seit dem Festspieljahrgang 2001 finden Konzerte nahezu aller Musikgenres statt, ist die programmatische Bandbreite gewachsen. Wiewohl es bereits Mitte der 1980er-Jahre ausgewiesene Rock- und Pop-Konzerte gab, beispielsweise einen Auftritt des Rocktheater Budapest. Neben Aufführungen mit klassischer und barocker Musik werden nun aber auch Musiktheater, Tanz, Jazz, Film, Literatur und Bildende Künste mit einbezogen. Das Programm des Jahres 2001 enthielt eine vier Konzerte umfassende Reihe mit Musik der Nomaden. Die Musikfestspiele 2002 holten mit ihrem Schwerpunkt »Ferner Osten« Musik und Kultur aus Asien nach Dresden, einem Erdteil, der die Europäer schon seit Jahrhunderten fasziniert.

Anlässlich seines 200. Todesjahres würdigten die Dresdner Musikfestspiele 2001 das Werk Johann Gottlieb Naumanns. Es wurde die deutschsprachige Fassung seiner Oper »Cora« sowie mehrere Sakralmusikwerke aufgeführt. Ausserdem erklang »Gerusalemme liberata« von Carlo Pallavicino. Der Komponist wirkte als Kapellmeister am Dresdner Hof, wo er 1688 verstarb. Einige Jahre später galt dem Naumann-Kollegen Franz Seydelmann ähnliche Aufmerksamkeit: Zu dessen 200. Todestag gab es 2006 die szenische Umsetzung des Oratoriums »La morte d'Abel« (»Der Tod Abels«) als Koproduktion von Musikfestspielen, Dresdner Philharmonie und Deutschem Hygiene-Museum – ein eigenständiger Beitrag zum Stadtjubiläum. Ein internationales Kolloquium ist 2005 für Johann Georg Pisendel erarbeitet worden, einem früheren Konzertmeister der Hofkapelle. 1999 wurde der

Solo: **Festspiel-Besonderheiten**

Michael Ernst

Wie alle Festspiele, so haben auch die Dresdner Musikfestspiele ihre kleinen Besonderheiten – die freilich so klein gar nicht sind. Man denke da nur an die jenes Musikgeschehen von Anbeginn an prägenden Neuerungen. Eine davon: die 2004 begonnene Partnerschaft mit der Uhrenmanufaktur Glashütte Original. Wie gut sie sich entwickelte, zeigt sich auch daran, dass das Traditionsunternehmen aus der Region – einen Katzensprung gen Erzgebirge von Dresden entfernt – einen Preis ins Leben rief, mit dem das Schaffen verdienstvoller Künstlerpersönlichkeiten gewürdigt werden soll. Denn der »Glashütte Original-Musikfestspiel-Preis« namens »Saeculum« ehrt herausragende Menschen und deren Lebenswerk: so zum Beispiel Kurt Masur, der als erster ausgezeichnet wurde und dem bisher John

Preisverleihung an Kurt Masur (2. v. l.), auf dem Bild mit Laudator Joachim Gauck, Preisstifter Frank Müller und Intendant Hartmut Haenchen

Neumeier und Joachim Herz folgten. Eine zweite Besonderheit: Die Dresdner Musikfestspiele haben einen »eigenen« Verein. Unter dem Namen »Freunde der Dresdner Musikfestspiele« e. V. firmierend und viele Jahre unter der Präsidentschaft von Kammersänger Theo Adam stehend, unterstützt der inzwischen vom Rechtsanwalt Harald Baumann-Hasske geleitete Verein seit Jahren die Festspiele, wo es nur möglich ist. So wurde er zugleich zu einem unverzichtbaren Bestandteil der Dresdner Kulturszene. Ihre Mitglieder sind dabei ehrenamtliche Privatiers wie auch institutionelle Förderer, die ein gemeinsames Ziel vereint: jährlich ein Projekt aus dem Festspielprogramm mitzutragen und die Festspiele über Medien und andere Multiplikatoren noch populärer zu machen als sie es ohnehin schon sind. Im Übrigen hat sich so mancher Musikfestspiel-Liebhaber gerade in jüngster Zeit dem Freundeskreis zugesellt.

Zwischen Tradition und Neuzeit Von Musikfesten zu den Musikfestspielen

Hartmut Haenchen (l.) wird für seine erfolgreiche Tätigkeit als Intendant der Dresdner Musikspiele geehrt

Komponist Johann Adolf Hasse anlässlich seines 300. Geburtstags gewürdigt. Hasse war über 30 Jahre als Hofkapellmeister in Dresden tätig und schrieb für den Hof 25 Opern. In den vergangenen Jahren wurden verschiedene Opern aufgeführt, die eigens für Dresden entstanden sind: »Artemisia«, »Attilio Regolo«, »Solimano« sowie »L'artigiano gentiluomo« von Hasse, die Oper »Aci e Galatea« seines Nachfolgers Johann Gottlieb Naumann nebst der »Musicalischen Opera von Apollo und Dafne« von Marco Giuseppe Peranda und Giovanni Andrea Bontempi. Auch solche Neu- und Wiederentdeckungen machen den Wert der Dresdner Musikfestspiele aus.

Für Publikum und Wirtschaft

Seit 1994 ziehen die Dresdner Musikfestspiele jährlich durchschnittlich 100 000 Musikfreunde an. Etwa die Hälfte von ihnen stammt aus Dresden, die andere Hälfte reist aus aller Welt an. Jedes Jahr zur Pfingstzeit im Mai/Juni finden in zweieinhalb Wochen um die 80 Veranstaltungen statt. 2003, im ersten von Intendant Hartmut Haenchen verantworteten Jahrgang, waren es sogar 174 Programmpunkte und mit über 150 000 Gästen ein veritabler Publikumsrekord! Die Tradition der großen Opern, Ballette und Feuerwerke fand auch im neuen Jahrtausend ihre würdige Fortsetzung. Neben den obligatorischen Orchester- und Kammermusikkonzerten kamen in der Interimszeit von Torsten Mosgraber, dem bisherigen Programmdirektor Michael Hampes, auch Konzerte aus den Bereichen Alte Musik und Weltmusik in die Veranstaltungspläne. Ein Mix aus Crossover und Jazz sorgte für neues Publikum, so etwa die szenisch-musikalische »Jahrhundert«-Lesung von Literaturnobelpreisträger Günter Grass mit dem Percussionisten Günter »Baby« Sommer oder der fulminante Auftritt des Gianluigi Trovesi Nonetts aus Italien.

Die Kunst des Spagats aus künstlerischer Qualität und kostenorientierter Suche nach neuen Wegen bringt mitunter frappierende Resultate, birgt jedoch das Risiko von Beliebigkeit in sich. Seit dem Festivaljahrgang 2003 hat sich das neue, von Hartmut Haenchen und seinem Team entwickelte Konzept von Thema und Reihen etabliert. Es setzt das jährlich wechselnde Thema fort, nimmt aber neu das Gerüst von acht jährlich wiederkehrenden Reihen mit auf. Dem Publikum sollen diese acht Töne einer Tonleiter die Orientierung erleichtern. Es findet in diesem musikalischen Netzwerk gut wiedererkennbar die persönlichen Vorlieben, kann sich zudem aber auch zu lohnenden Entdeckungen anstiften lassen. Ergebnis dieses Neuansatzes waren nicht nur besagter Publikumsrekord – die Menschen in Dresden können also doch neugierig sein –, sondern obendrein optimistisch stimmende Bilanzen.

Literaturnobelpreisträger Günter Grass und Percussionist Günter Sommer präsentierten am 4. Juni 2001 im Schauspielhaus ein gemeinsames Projekt mit Musik und szenischer Lesung aus dem 1999 erschienenen Roman »Mein Jahrhundert«

Festspiel-Themen
2008 Utopia, 2007 Landschaften, 2006 Glauben – Verständnis, Toleranz, Kritik, 2005 Lust am Fremden, 2004 Sagenhaftes, 2003 Wagner & Wolf, 2002 Sehnsucht und Abschied, 2001 Aufbruch, 2000 Barock & Jazz, 1999 España, 1998 Die Macht der Musik, 1997 Italiener in Elbflorenz, 1996 Aufklärung – Traum der Vernunft, 1995 Apokalypse, 1994 Sachsens Glanz – Das Augusteische Zeitalter, 1993 Tanzpodium, 1992 Oper in Dresden – Kunst für Europa, 1991 Das Erbe Mozarts in Dresden, 1990 Russische Klassik – Sowjetische Moderne, 1989 Vier Jahrzehnte sozialistische Musikkultur, 1988 Verdi und Wagner in Dresden, 1987 Die italienische Oper in Dresden, 1986 Carl Maria von Weber und der Gedanke der Nationaloper, 1985 Semperoper – Tradition und Gegenwart, 1984 Begegnungen mit Tanz, 1983 Dresdner Operntraditionen, 1982 Musiktheater für Kinder, 1981 Mozart als Musikdramatiker, 1980 Tanztheater heute, 1979 Oper des 20. Jahrhunderts, 1978 Kammeroper.

Dessen ungeachtet, brodelte im Frühjahr 2004 die Gerüchteküche, schlug ein formulierungspfiffiger Stadtrat vor, die Zuwendungen für die Dresdner Musikfestspiele ab 2007 »auf Null« zu fahren. Kein Wort von Schliessung, immerhin! Keine Erwähnung wert war auch die Tatsache, dass sich die Stadt 2006 zum Jubiläum »Dresden 800«, das auf die erste urkundliche Erwähnung des slawischen Ursprungsnamens (Dreždany = »Sumpfwaldbewohner«) zurückgeht, noch einmal so richtig feiern und bespiegeln wollte – wer mochte da auf Musikfestspiele verzichten?! Im Gegenteil, da durfte das Fest noch einmal richtig für Glanz und Glorie sorgen. Gleich nach dem Jubiläumsplan schien aber jeder Gedankengang wie nach der Sintflut zu versiegen.

Doch die Rechnung war ohne die Bürgerschaft gemacht und ging folglich nicht auf. Ein Proteststurm erhob sich, Künstlerinnen und Künstler aus aller Welt mischten sich ein, gar eine Demonstration Tausender Menschen forderte auf dem Theaterplatz den Fortbestand des Festivals. Für Kunst und Kultur auf die Straße zu gehen, das zeichnet Dresden aus! Erst der Nachweis, auf welche Einnahmen die Stadt verzichten müsste, gäbe es die Musikfestspiele nicht mehr, provozierte ein Nachdenken und Nachrechnen und sicherte den Erhalt des renommierten Festivals. Nicht nur dessen Künstler kommen von überall her nach Dresden, auch ein Großteil des Publikums reist Jahr für Jahr an die Elbe, logiert hier, nutzt die Gastronomie, den Nahverkehr sowie andere Gewerbe und trägt, begleitet von einem immensen Medienecho, den Ruf der Musenstadt weit über die Grenzen des Elbtals hinaus.

Die Musikfestspiele heute
Mit der Neustrukturierung ab 2003 stellen die Musikfestspiele in jedem Jahr eine europäische Kulturmetropole ins Zentrum des Programms. In den vergangenen Jahren

waren es Amsterdam, Paris, Lissabon und Rom. Die Gaststadt wird jeweils durch ein typisches Instrument oder ein repräsentatives Genre auf Straßen und Plätzen erlebbar. Als derart »klingende Botschafter« waren bislang Amsterdams Stadtcarillonist Boudewijn Zwart mit seinem klanggewaltigen Glockenspiel an der Elbe zu Gast, von der Seine kam der Akkordeonvirtuose Dominique Legrix, »Canção de Lisboa« machte aus Dresden 2005 die deutsche Fado-Hauptstadt. Mit »Canti di Roma«, »Liedern aus Rom«, setzte der römische Sänger Enzo Carro diese Vorkonzerte fort.

Mag sein, dass die Festspiele künftig etwas weniger hell leuchten werden; die Visionen der Stadtoberen lassen für die Zukunft des (laut Erhebung eines in München erscheinenden Nachrichtenmagazins) publikumsstärksten deutschen Klassikfestivals gar Dämmerlicht fürchten. Doch die Dresdner Musikfestspiele setzen auf ihre künstlerische Eigenständigkeit, und kein Musikliebhaber mag auf dieses Fest ernstlich verzichten. Im Grundgerüst freilich kam es zu Abstrichen: Reihen wie »Meißner MusikMarathon« und

»Te Deum« in der Frauenkirche

Zwischen Tradition und Neuzeit Von Musikfesten zu den Musikfestspielen

»Dresden singt & musiziert«, die alljährliche Abschlussveranstaltung der Dresdner Musikfestspiele an der Freitreppe zur Brühlschen Terrasse

»Carte blanche« werden seit 2007 nicht mehr realisiert. Dabei hatte sich gerade der Ausflug ins historisch reiche Meißen etabliert und erwuchsen originäre Ideen durch Mitgestalter wie Gidon Kremer und Peter Schreier, Murray Perrahia und Kurt Masur, dem Kronos Quartet und Peter Rösel, Frank Peter Zimmermann und Roderich Kreile.

Bleiben aber werden »Dresden & Europa«, 2007 mit Finnlands Hauptstadt Helsinki und 2008 mit Budapest. Unverzichtbar sind »Dresden – Musik & Geschichte« sowie »Musik & andere Künste«, um die reichhaltige Verflechtung des Festivals mit den Traditionen vor Ort erlebbar zu machen. Wo Tradition ist, darf ein Blick nach vorn nicht fehlen – »Musik des 20. & 21. Jahrhunderts« setzt dies in steter Erneuerung um, nicht minder lebensvoll sind »Dresden singt & musiziert« sowie die »Reisen zur Musik« ins Dresdner Umland, zu Silbermann-Orgeln, an Stätten der Baukunst und des Manufakturwesens.

Wer solche Schätze hat, soll sie bewahren, pflegen und mit Leben erfüllen. Künftige Generationen werden es danken.

Musikalische Moderne und Neue Musik

Frank Geißler

Hier soll vor allem die Rede sein von Musik, die sich in Material, Stil und Inhalten vom Gewohnten absetzt, von Musik, die man oft als Neue oder zeitgenössische, manchmal auch als moderne oder avancierte Musik bezeichnet. Im zweiten und dritten Jahrzehnt des 20. Jahrhunderts vollzogen sich in Dresden kulturelle Entwicklungen von europäischer Bedeutung. Vor allem von der im Bereich der Bildenden Kunst schaffenden Künstlergruppe »Blaue Brücke« und der Künstlerkolonie Hellerau gingen Impulse für einen künstlerischen Aufbruch aus.

»Hellerau« und die Musik-Folgen

Der Schweizer Emile Jaques-Dalcroze gründete 1911 in Hellerau seine »Bildungsanstalt für Musik und Rhythmus«, in der er rhythmische Gymnastik unterrichtete. Hellerau wurde in kurzer Zeit zum Ort einer sozialen und musischen Utopie. Hier war die Ausbildungsstätte von Tänzerinnen wie Mary Wigman,

Häuserzeile in Hellerau

Der Schweizer Musikpädagoge Emil Jaques-Dalcroze

Mekka der Moderne
Dresden wurde durch Hellerau für einen weltgeschichtlichen Augenblick das Mekka der Moderne. Unter den andächtigen Besuchern der von Dalcroze und Appia inszenierten »Schulfeste« war auch der amerikanische Schriftsteller Upton Sinclair, der später im Roman »World's End« schrieb: »… nun würden die Kunstliebhaber in alle Welt hinausgehen und verkünden, dass das, was sich hier ereignet, nicht nur schön war, sondern heilende Kraft hatte; es war ein Mittel, die Jugend zu Anmut und Glück, zu Leistungsfähigkeit und Harmonie zwischen Leib und Seele heranzubilden.« Der Glanz der Utopie verblasste allerdings rasch.

Hana Holm, Mary Rambert und Yvonne Georgi, die bald den Tanz revolutionierten. Aber der avancierte Tanz gab der avancierten Musik auf lange Sicht keine Impulse – im Gegenteil. War in Hellerau Musik noch wesentliche Grundlage des Tanzes, so versuchten junge Absolventinnen wie Mary Wigman bald, ihre Choreografien vom Primat der Musik zu emanzipieren. Zunächst schlossen sie Musik ganz aus und verwendeten sie später nur noch als collagiertes Material zur Schilderung von Stimmungen und Situationen. Ganz anders war der Einfluss Hellauraus auf die Musikpädagogik. Jaques-Dalcrozes neue Methodik der praktischen Umsetzung von Musik in Bewegung hat die Schulmusik revolutioniert. Sie hat sich in der Entstehung des Faches »Rhythmik« niedergeschlagen, welches eben jene vom natürlichen Empfinden ausgehende Verbindung lehrt. Wichtig sind auch Impulse für das Musiktheater. Sowohl die abstrakten Bühnenbilder in Hellerau als auch die unkonventionelle Arbeit mit Licht, die durch eine technisch völlig neuartige Beleuchtungsanlage möglich wurde, machten damals Furore. Die Lichtinszenierungen des Schweizer Bühnenbildners Adolphe Appia gelten heute als frühe multimediale Experimente.

Ein Dadaist auf »Kurzbesuch«
Anfang 1919 bezog Erwin Schulhoff (1896–1942), ein junger, aus Prag stammender Komponist und Pianist, ein Dachatelier in der Ostbahnstraße. Nur 18 Monate verbrachte der vom Dadaismus begeisterte Schulhoff in Dresden – zu kurz, um im konservativen Konzertleben der Stadt tiefe Spuren zu hinterlassen. Sein Urteil darüber, formuliert in einem Brief an Alban Berg im Jahre 1920, war vernichtend: »Leider ist bei dem blut- und temperamentslosen sowie skeptischen Menschenschlag in Sachsen nicht viel Existenzmöglichkeit vorhanden.«

Dennoch setzte sich Schulhoff in Dresden intensiv für avantgardistische Musik ein.

Vom Dadaismus begeistert: Erwin Schulhoff

Heute fällt auf, dass sich für drastische programmatische Äußerungen wie »Das Leben tanzt, die Kunst ist dagegen nur als Dreck gerechtfertigt« in Schulhoffs Musik offenbar keine Entprechung fanden. Die 1919 in Dresden entstandenen »Fünf Pittoresken« für Klavier etwa zeigen sich keineswegs als die von Schulhoff beabsichtigte »Antikunst«. Als rhythmisch bewegte, unter anderem von Foxtrott und Ragtime beeinflusste Sätze bedienten sie eher konventionelle Hörerwartungen.

Ein ähnlicher Widerspruch zeigt sich bei einer Reihe von »Fortschrittskonzerten«, die Schulhoff gemeinsam mit dem Kapellmeister Hermann Kutzschbach organisierte. Beide verfassten im Vorfeld ihres Projektes einen Text, in dem sie Kompositionen von Alban Berg, Eduard Erdmann, Josef Hauer, Hermann Scherchen, Arnold Schönberg, Erwin Schulhoff, Cyrill Scott, Aleksandr Skrjabin, Anton Webern und Egon Wellesz ankündigten. Er gipfelt in einem leidenschaftlichen Plädoyer für eine revolutionierte Musik, »die völlige Loslösung von imperialistischen Tonalitäten und Rhythmen, das Steigen zum extatischen Aufschwunge«.

»Fortschrittskonzerte«
Erwin Schulhoff veranstaltete 1919/20 in Dresden eine Reihe von »Fortschrittskonzerten«. Auf dem Programm standen auch Werke von Schönberg, Webern und Skrjabin. Wie die von Bertrand Roth und Paul Aron organisierten Konzertreihen hielten sich diese Experimente in kleinem Rahmen.

Das erste Fortschrittskonzert fand am 21. Oktober 1919 statt. Schulhoff spielte gemeinsam mit Karin Dayas-Söndlin unter anderem Schönbergs »Fünf Orchesterstücke« op. 16 in einer Transkription für zwei Klaviere von Anton Webern – eine für die damalige Dresdner Musikszene, in der Schönberg und Webern kaum bekannt waren, bemerkenswerte Tat. Beim Publikum fand sie keinerlei Verständnis. Das Programm der vier realisierten Fortschrittskonzerte war aber insgesamt dennoch konservativ genug, um Schulhoff als Pianist und Komponist in Dresden einen guten Namen zu sichern.

Sein Verdienst um die Musik von Schönberg und seinen Kreis ist bis heute unbestritten. Der frische Wind, den Schulhoff damit entfachte, wirkte sporadisch noch bis zum Beginn der 1930er-Jahre und wehte selbst ins Opernhaus. Schon im Januar 1920 dirigierte Kutzschbach dort ein Konzert, in dessen Mittelpunkt zwar nicht Schönberg, jedoch Skrjabins »Poème de l'extase« und Strawinskys »Feuerwerk« standen.

Weite Welt im Salon

In seiner Wirkung vergleichbar mit Schulhoff, doch mit viel gemäßigterem Anspruch an Modernität betrieb der Pianist, Klavierpädagoge und Komponist Bertrand Roth (1855–1938) seit dem 10. Februar 1901 seinen Dresdner »Musiksalon«. Roth, einstiger Klavierschüler von Franz Liszt, sah seine Konzerte auch als Podium für begabte junge Komponisten und Interpreten. Er baute dabei auf den Idealismus von Musikern, die ohne Honorar auftraten, und bestritt die übrigen Kosten aus eigener Tasche und mit Hilfe seiner Schwiegermutter, der Fabrikantenwitwe Rosa Voigt. Im Laufe von drei Jahrzehnten waren fast dreihundert Konzerte zeitgenössischen Tonwerken gewidmet, wobei man in den Programmen am häufigsten auf Namen von Spätromantikern wie Max Reger oder dem Dresdner Felix Draeseke stößt. Sibelius und Bartók wurden durch

Alban Berg. Auch Werke von ihm brachte Paul Aron in Dresden immer wieder zur Aufführung

Roths Musiksalon in Dresden erstmals vorgestellt. Schönberg, Strawinsky, Hindemith und andere Komponisten, die Zwölftontechnik verwendeten oder in irgendeiner Form die Emanzipation der Dissonanz vertraten, tauchen dagegen in den Programmen nicht auf.

Im Jahre 1920, als Schulhoff Dresden verließ, nahm Paul Aron (1886–1955) seinen Platz als Streiter für eine sich von den spätromantischen Einflüssen emanzipierende Musik ein. Der jüdische Kaufmannssohn hatte in Leipzig sein Klavierstudium bei Max Reger beendet, siedelte sich in Dresden an und veranstaltete bis 1933 mit kurzen Unterbrechungen fünfmal jährlich seine »Abende Neue Musik Paul Aron«. Im Gegensatz zu Schulhoff verzichtete Aron auf radikale Verlautbarungen, bezog in die gemischten Konzertprogramme aber immer wieder Werke von Béla Bartók, Alban Berg, Arthur Honegger, Ernst Krenek, Bohuslav Martinu, Sergej Prokofjew, Arnold Schönberg (in sieben Konzerten), Igor Strawinsky und anderen in ihrer

Ästhetik fortschrittlichen Komponisten ein. Paul Hindemith, Herbert Trantow, Kurt Weill (als Dirigent) und andere beteiligten sich auch selbst an der Aufführung ihrer Werke.

Trotz Arons Position als anerkannter Pianist, Klavierpädagoge und Mitglied des Tonkünstlervereins Dresden fand seine Konzertreihe in den Augen des Dresdner Bürgertums keine Gnade, wurde aber von der »treuen Anhängerschaft in der musikinteressierten Jugend, die zu einem nicht geringen Teil dem Dresdner Konservatorium für Musik und Theater entwuchs« dafür um so mehr angenommen. Dieser Erfolg versetzte Aron in die Lage, neben kleineren Besetzungen auch Orchesterwerke, Oratorien und Kammeropern vorzustellen.

Doch bald warf der Nationalsozialismus seine Schatten voraus. Bereits 1925 verunglimpfte eine Kritik in den »Dresdner Nachrichten« die Programme von Arons Konzerten als »wertlose Auslandsware« und »Afterkunst«, »nach der in kurzer Zeit kein Hahn mehr krähen wird«. Rechtzeitig zog Aron die Konsequenzen und verließ Deutschland 1933 für immer.

Komponisten bis in die »30er«

Wider das Publikum
Unter den Dresdner Komponisten in den ersten drei Jahrzehnten des 20. Jahrhunderts war ganz im Gegensatz zu den Bildenden Künstlern ein gemäßigter Klassizismus angesagt. Auch wer wie Felix Draeseke in der Jugend von Erneuerung der Musik geträumt hatte, gab hier bald auf. Schuld war angeblich das Publikum.

Der Komponist Jean Louis Nicodé (1853–1919) hat einmal behauptet, in jungen Jahren »ein fanatischer Fortschrittler« gewesen zu sein. Aber »unter dem Einfluss der verkalkenden Dresdner Luft« habe er im »konservativen Lager nunmehr den Ruhehafen« gefunden. Was die Bereitschaft für musikalische Neuerungen anbetrifft, so hatte Dresden auch auf andere Komponisten offensichtlich einen lähmenden Einfluss. Felix Draeseke (1835–1913) zum Beispiel hatte unter der freundschaftlichen Ägide von Wagner und Liszt als Revoluzzer weitgehende Erneuerungsideen verkündet, löste sie aber, ab 1876 als gezähmter Klassizist in Dresden lebend, nicht ein. Paul Büttner (1870–1943) trat von vornherein nicht mit revolutionierenden Ideen an. Hundert Jahre

Die nach dem Komponisten Felix Draeseke benannte Straße in Blasewitz

nach Beethoven geboren, fühlte er sich der »großen Tradition … tiefstens verbunden« und ging in seiner Ästhetik nie über Bruckner oder Brahms hinaus. Markantere Spuren als seine Musik hinterließ Büttners Engagement für die Hebung des musikalischen Bildungsniveaus, besonders als passionierter Leiter mehrerer Dresdner Chöre.

Im Gegensatz zum künstlerischen Werk seines berühmten Bruders Oskar ist das kompositorische Schaffen Rudolf Zwintschers (1871–1946) heute vergessen. Die Musik Rudolf Zwintschers hat Nähe zu Richard Strauss, Max Reger und Hans Pfitzner.

Joseph Gustav Mraczek (1878–1944) war in den 1920er-Jahren als Komponist deutschlandweit anerkannt. Seine expressiven, von Wagner, Debussy und Richard Strauss beeinflussten Orchester- und Bühnenwerke erlebten vor allem in den 1920er-Jahren zahlreiche Aufführungen. Von den Nationalsozialisten totgeschwiegen, haben sie bisher keine Renaissance erlebt.

»Machtergreifung« und Stagnation

Die Folgen des Nationalsozialismus für die Dresdner Musikkultur waren tiefgreifend. Im öffentlichen Bewusstsein blieb vor allem der Hinauswurf des Generalmusikdirektors Fritz Busch aus der Semperoper durch nationalsozialistische Mitglieder der Sächsischen Staatstheater und SA-Leute am 7. März 1933. Busch hatte sich parteipolitische Einmischung innerhalb des Opernhauses verboten. Der

Die Jüdische Synagoge vor ihrer Zerstörung am damaligen Rathenau- und heutigen Köpcke-Platz

»Stählerne Romantik«
In die von Goebbels 1933 vor der Reichskulturkammer proklamierte »stählerne Romantik« fügte sich in den Augen der braunen Machthaber insbesondere die jüdische Musikkultur nicht ein. Sie wurde isoliert, indem jüdische Musiker nur noch für ein jüdisches Publikum spielen durften, und immer restriktiver eingeengt. Obwohl die Nazis Dresden zur »ersten Musikstadt des neuen Reiches« machen wollten, brachte ihre Herrschaft künstlerischen Stillstand und Substanzverlust.

berüchtigte »Arier-Paragraph« mit dem an jenem 7. März erlassenen »Gesetz zur Wiederherstellung des Berufsbeamtentums« drängte jedoch vor allem zahlreiche jüdische Musiker aus dem Musikleben. Für Dutzende Dresdner Musikerschicksale steht das von Arthur Chitz, der seit 1920 als Musikdirektor und angesehener Komponist zahlreicher Bühnenmusiken am Schauspielhaus gewirkt hatte. Am 1. Januar 1934 trat er zwangsweise in den Ruhestand. Ab November 1938 musste er wie alle Juden in Deutschland den Zunamen Israel tragen, seit Herbst 1941 auch den gelben Stern. Im selben Jahr zwang man ihn zum Auszug aus seiner Wohnung in das Dresdner Altjudenhaus. Am 20. Januar 1942 setzte sich sein Leidensweg in der Deportation vom Neustädter Bahnhof nach Riga fort, wo sich seine Spur verliert. Vermutlich ist er dort 1944 ums Leben gekommen. Die Auslöschung des Judentums traf die Dresdner Musikkultur empfindlich.

Jüdischen Künstlern waren alle öffentlichen Auftritte vor »arischem« Publikum untersagt. Das jüdische Musikschaffen wurde zunehmend ghettoisiert. Die »Jüdische Künstlerhilfe«, von der jüdischen Gemeinde in der Spielzeit 1933/34 für stellungslose Künstler eingerichtet, organisierte Konzerte für ein ausschließlich jüdisches Publikum. 1935 wurde die Künstlerhilfe zwangsweise in den »Reichsverband der Jüdischen Kulturbünde« integriert. Fortan unterlag sie Restriktionen wie einem Genehmigungsverfahren durch die Zensurbehörde. Die Programme mussten vor allem die Musik jüdischer Künstler beinhalten – aber keine irgendwie avantgardistische.

Unpolitische und Karrieristen

Kulturpolitische Aktivitäten und Anordnungen, die, oberflächlich betrachtet, der Neuen Musik dienten, gab es jedoch auch in der Nazizeit. So veranstaltete die Philharmonie in den Jahren 1935–1938 Sonderkonzerte, Tage oder Feste zeitgenössischer Musik. Oberbürgermeister Zörner bot im Namen der Stadt den »Ehrenschutz« an und verkündete nach dem zweiten der Konzerte die Absicht, Dresden »zur ersten Musikstadt des neuen Reiches« zu machen. 1939/40 wurde eine Verordnung erlassen, nach der in Konzertprogrammen 25 bis 30 Prozent der Werke von lebenden Komponisten stammen sollten.

Die aufgeführten Werke sollten für immer die von Goebbels 1933 vor der Reichskulturkammer verkündete »stählerne Romantik« zementieren, die sich musikalisch als ein einheitsgrauer Neoklassizismus herausstellte. Emotionale Vorbehalte gegen atonale und dissonante Musik wurden zum ästhetischen Dogma erhoben. Der von den Kulturideologen ehrgeizig angestrebte Beweis einer Vielfalt des nationalsozialistischen Musikschaffens ohne jüdische Beteiligung scheiterte, was jüngere Komponisten betrifft, katastrophal. Übrig blieben Tonsetzer wie Werner Egk, Wolfgang Fortner, Ernst Pepping und Carl Orff.

Einen spektakulären Aufstieg erlebte der Komponist Gottfried Müller (1914–1993). Bei einer Morgenfeier der Dresdner Philharmonie leitete Fritz Busch 1932 die Uraufführung seines »Psalm 90« für Solo, Chor und Orchester. Mit seinem eng an Bruckner und Reger angelehnten Stück wurde der 18-Jährige zur »antibolschewistischen Hoffnung« für die deutsche Musik stilisiert, und fortan drängte er mehr und mehr in die Rolle eines

Werner Egk gehörte zu den wenigen modernen deutschen Tonsetzern, die nicht vom nationalsozialistischen Musikschaffen vereinnahmt wurden

Solo: Hellerau – Raum-Musik und Raum für Musik

Frank Geißler

Eingang des rekonstruierten Festspielhauses Hellerau

Prof. Udo Zimmermann, Indendant des Europäischen Zentrums der Künste Hellerau

Am 7. September 2006 wurde das mit Mitteln aus dem Hauptstadtkulturvertrag rekonstruierte Festspielhaus Hellerau wieder der Kunst übergeben. Die Ruine, deren morbider Charme nach dem Auszug der Sowjetarmee 2002 Inspirationsquelle vieler Kunstereignisse war, hat sich zum lichtdurchfluteten »steinernen Zelt« verjüngt, als das es in die Architekturgeschichte einging. Das Festspielgelände soll zum Entwicklungslabor werden, wo Künstler verschiedener Genres gemeinsam arbeiten und wohnen. Zu den Hauptakteuren gehören die Tanzcompany des Choreografen William Forsythe, das Bewegungstheater DEREVO und das Europäische Zentrum der Künste

Hellerau, das unter Leitung des Komponisten Udo Zimmermann nicht zuletzt seine Erfahrung als Veranstalter von Musik und Musiktheater einbringt. Im Oktober 2006 verpflanzte das Zentrum seine jährlichen »Dresdner Tage der zeitgenössischen Musik« aus der Innenstadt ins Festspielhaus. Neben Musik in Verbindung mit darstellender Kunst, Video oder Bildender Kunst sollen bei den Musiktagen künftig Werke erklingen, die ganz bewusst mit Raum umgehen, zum Beispiel durch die Positionen der Musiker oder ihre Bewegung. Geplant sind musikalische Performances, Klanginstallationen und die Aufführung vielkanaliger Elektronischer Musik.

Für den Festakt zur Wiedereröffnung des rekonstruierten Festspielhauses am 7. September 2006 schrieb Mauricio Kagel eine neue Fassung seiner »Fanfanfaren«

»Innenräume«, inszeniertes Konzert mit 5 Uraufführungen im Rahmen der 20. »Dresdner Tage der zeitgenössischen Musik« im Oktober 2006

Immerhin haben solche Neuerungen Komponisten des 20. Jahrhundert so beeinflusst, dass der berühmte Komponist Karlheinz Stockhausen schrieb: »Man kann sagen, dass Musik in Zukunft Raum-Musik sein wird.« Das Festspielhaus Hellerau dürfte einer solchen Zukunft den idealen Ort bieten durch die Eigenarten des Großen Saales. Der Schweizer Theatertheoretiker und Bühnenbildner Adolphe Appia hat ihn vor knapp einem Jahrhundert entworfen und war damit seiner Zeit weit voraus: Es gibt keine Bühne und keinen Zuschauerraum, alle Positionen und Richtungen sind gleichberechtigt.

nationalsozialistischen »Hofkomponisten« für besondere Anlässe. Die Vernachlässigung künstlerischer Aspekte und seine skrupellose Intriganz brachten Müller schließlich zu Fall. Nach der mit massivem Druck erzwungenen Uraufführung seines bereits 1939 fertiggestellten Stücks »Führerworte« im Jahre 1944 stieß der wenige Jahre zuvor unter anderem mit dem Kunstpreis der Stadt Geehrte in Dresden nur noch auf eisige Ablehnung.

Die verpasste Stunde Null

Die Erklärung des totalen Krieges hatte schon 1944 das Dresdner Musikleben weitestgehend erstickt. Als die sowjetische Besatzungsmacht einrückte, lag Dresden zudem in Trümmern. In dieser Situation installierte der schon vor Kriegsende von linksgerichteten Intellektuellen gegründete »Kulturbund zur demokratischen Erneuerung Deutschlands« in seiner Dresdner Ortsgruppe eine »Arbeitsgemeinschaft Musik«. Der Vorsitzende Karl Laux organisierte zusammen mit dem Komponisten Johannes Paul Thilman im Oktober 1946 vier Konzerte mit zeitgenössischer Musik, die einen Überblick über die deutsche Gegenwartsmusik geben sollten. In der Musikhochschule schlossen sich fast monatlich weitere derartige Abende an. Solisten waren meist Mitglieder der Staatskapelle und der Dresdner Philharmonie.

Als sich 1947 im Kulturbund die »Sektion Neue Musik« konstituierte, hieß es im Gründungsaufruf: »Wir müssen heraus aus dem Stadium eines großen klingenden Museums«. Dennoch stellten die Gründungsmitglieder, zu denen neben Thilman und Laux auch die Komponisten Hermann Baum und Herbert Trantow sowie der Musikkritiker Ernst Krause gehörten, neoklassizistische Musik in den Vordergrund. Nicht die politische Situation verhinderte damals einen ästhetischen Paradigmenwechsel, sondern niemand hat einen solchen auch nur versucht. Die traditionellen

Denkmuster waren erhalten geblieben, die Zweite Wiener Schule um Arnold Schönberg fand in der unmittelbaren Nachkriegszeit in ganz Deutschland wenig Interesse. Als sich die Situation im Westen änderte, war es im Osten Deutschlands politisch bereits zu spät.

Wider den »Formalismus«

Wie schon erwähnt, verurteilte das Zentralkomitee der KPdSU im Februar 1948 all jene Musik als »formalistisch«, die außerhalb der klassischen Tradition stand oder gar atonal war. »Auf uns deutsche Avantgardisten haben diese Veröffentlichungen wie eine eisige Dusche gewirkt. Sie stimmten nicht nur sachlich bis in die Einzelheiten der Formulierung mit den Kunstmaximen der Nationalsozialisten überein ... Sie diffamieren auch dieselben Führer der zeitgenössischen Musik, die im Hitlerreich verboten waren«. schrieb dazu der bekannte Musikkritiker Hans Heinz Stuckenschmidt. Ab Dezember 1950 verschwanden die Studioabende mit Neuer Musik gänzlich aus den Programmen des Kulturbundes. Im folgenden Jahr gründete sich der »Verband Deutscher Komponisten

Siegfried Köhler (r.): Er warf ab 1972 infolge der flexibleren SED-Kulturpolitik ideologischen Ballast über Bord

und Musikwissenschaftler«. Johannes Paul Thilman, Vorsitzender des Sächsischen Landesverbandes (der ab 1952 Bezirksverband hieß), vertrat die stalinistische Linie und warnte in zahlreichen Vorträgen vor dem Einfluss der westlichen »Dekadenz«. Weil man diese im konservativen Dresden sowieso nicht fürchten musste und von daher kein Konflikpotential existierte, und weil der Verband sich sehr für die künstlerischen und sozialen Belange seiner Mitglieder einsetzte, identifizierten sich diese gewöhnlich mit ihm. Unter der Oberfläche manchmal bizarrer ästhetischer und politischer Diskussionen herrschte ein eher pragmatisches Klima. Auch unter dem Vorsitz von Karl Laux änderte sich die Situation nicht prinzipiell. Erst Siegfried Köhler konnte ab 1972 infolge der flexibleren SED-Kulturpolitik den ideologischen Ballast über Bord werfen. Von der SED-Führung wurde das Dogma der Unvereinbarkeit des sozialistischen Realismus und der westlichen Avantgardekunst stillschweigend aufgegeben, ideologisches Abweichlertum aber weiter mit allen Mitteln bekämpft. Das schuf günstige Bedingungen für die Karriere des Musikwissenschaftlers Gerd Schönfelder, der 1981 Vorsitzender des Bezirksverbandes wurde: Er förderte einerseits Experimente, war unter dem Decknamen »Hans Mai« aber ein aktiver Mitarbeiter der Staatssicherheit. Sein Amtsnachfolger wurde 1985 Udo Zimmermann, ein Komponist, der frei von ideologischen Scheuklappen und auch im Westen anerkannt war.

Die »älteren« Komponisten

»Weniger: Radikalismus, Experiment und Konfrontation. Mehr: Solidarität, Progression und Akzeptanz.« Diese »Forderungen an die zeitgenössische Musik« formulierte Karl-Rudi Griesbach (1916–2000), der 1950 aus Westfalen nach Dresden übersiedelte. Als Leitsatz standen sie über dem Schaffen jener Komponistengeneration, die heute, obwohl sie die Dresdner Musikgeschichte in den

Fidelo F. Finke
Der Komponist Fidelo F. (Fritz) Finke, 1946–1951 Rektor der Dresdner Musikhochschule, hinterließ ein umfangreiches Gesamtwerk vor allem von Instrumentalmusik.

1950er- und 1960er-Jahren bestimmte, in den Konzertprogrammen kaum noch eine Rolle spielt. Griesbach selbst ist vor allem mit szenischen Werken bekannt geworden. Sein Ballett »Schneewittchen« erlebte nahezu 1 000 Aufführungen auf 30 Bühnen, und mit der 1982 an den Sächsischen Landesbühnen Radebeul herausgekommenen Oper »Aulus und sein Papagei« wagte er auch Gesellschaftskritik in Gestalt einer Parabel.

Eine phänomenale Kreativität zeichnete Willy Kehrer (1902–1976) aus. Kehrer wirkte erfolgreich als Pianist, als Tanzrepetitor bei Gret Palucca und als Chorleiter und brachte es außerdem auf ein Oeuvre von neun Sinfonien, drei Opern, zahlreichen Konzerten und Kammermusikwerken, von denen die meisten aber nie aufgeführt wurden. Stilistisch sind diese Werke in Klassik und Romantik verwurzelt, woran auch die Einbeziehung dodekaphoner Mittel nichts ändert.

Unter den zahlreichen Chorwerken Otto Reinholds ist die 1929 entstandene »Geistliche Musik« für vier- bis achtstimmigen gemischten Chor wohl das interessanteste. Es steht harmonisch in der Tradition Max Regers, geht jedoch über diesen hinaus. In späteren Werken hat Reinhold die Expressivität seiner »Geistlichen Musik« nie mehr erreicht.

Fidelio F. Finke (1891–1968) war Schüler des aus der Dvořák-Tradition stammenden Vitezlav Novák und wurde im Dresden der 1950er- und 1960er-Jahre vor allem durch seine humorvollen Kammermusikwerke und Orchestersuiten beliebt.

Als Komponist, Hochschullehrer und Musikschriftsteller wirkte der bereits erwähnte Johannes Paul Thilman (1906–1973). Polyphonie, Prägnanz und aphoristische Kürze zeichnen seine Werke aus, unter denen die einsätzigen Orchesterstücke und originelle Kammermusik zu den persönlichsten gehören. Sein ästhetisches Credo »ein Werk zu gestalten, das soviel Avanciertheit enthält, dass es wirklich vorwärts weist, das aber auch soviel Tradition aufweist, dass es nicht nur Rätsel aufgibt«, ordnet sich nahtlos in das damalige Umfeld des Komponierens in

Hermann Hosaeus (1875–1958): Personifikation der »Ernsten Musik« auf der Dresdner Bürgerwiese, 1907, Bronze

Dresden ein. Der Nachruhm Rudolf Mauersbergers (1889–1971) gründet sich vor allem auf seine zweiundvierzig Dienstjahre als Kreuzkantor, in denen er den Chor auf eine legendäre künstlerische Höhe führte. Mauersbergers Kompositionen wie die bekannte Motette »Wie liegt die Stadt so wüst«, das »Dresdner Requiem«, eine »Lukas-Passion« und Chorzyklen sind für den Kreuzchor maßgeschneidert. Ihr avanciertes Moment, auf das sich spätere Komponisten wie Michael-Christfried Winkler und Manfred Weiss erklärtermaßen bezogen, liegt vor allem in der bewussten Nutzung des Raumes, der Aufteilung des Chores in Gruppen.

Kulturelle Lockerung nach 1970

Seit den 1970er-Jahren begannen Komponisten, die nach dem Zweiten Weltkrieg ihr Studium absolviert hatten, vor dem Hintergrund der kulturpolitischen Lockerung in Dresden verstärkt Akzente zu setzen. Nachhaltige Eindrücke beim Publikum hinterließen vor allem Opern und andere textgebundene Werke wie Oratorien, aber auch Sinfonien und Kammermusik.

Udo Zimmermann (geb. 1943) wurde mit dramaturgisch ausgefeilten Opern wie »Levins Mühle« (1972) oder »Weiße Rose« (1985), in deren linearen Strukturen wohl prägende musikalische Erfahrungen Zimmermanns als Kruzianer nachwirken, international bekannt. Vokales Denken in großen Bögen findet

Szene aus »Levins Mühle« von Udo Zimmermann

man auch in seinen sinfonischen Werken wie »Sinfonia come un grande lamento« (1978) und »Pax Questuosa« (1982).

Rainer Kunad (1936–1995) erreichte mit Werken wie der dodekaphonen van-Gogh-Oper »Vincent« (1978) und der Oper für Schauspieler »Litauische Claviere« (1974) bis zu seinem Weggang aus der DDR 1984 den Höhepunkt seines Schaffens.

Auch im äußerst vielgestaltigen Schaffen von Jörg Herchet (geb. 1943) stellen Opern einen Höhepunkt dar. Allerdings erlebten seine stilistisch und dramaturgisch unkonventionellen Werke keine Dresdner Inszenierung. Sowohl »Nachtwache« nach Nelly Sachs (1993) als auch »Abraum«, ein Werk, das als Sprechtheater beginnt und als Sinfonie endet, wurden in Leipzig uraufgeführt.

Bei aller Verschiedenartigkeit verbindet die drei genannten Komponisten neben der Prägnanz ihres Personalstils ein zum Teil christlich geprägter Appell an die moralische Eigenverantwortlichkeit des Individuums.

Etwa im selben Zeitraum wie Herchet wandte sich auch Eckehard Mayer (geb. 1946) der Oper zu. 1989 wurde als erste große Oper eines Dresdner Komponisten seit dem Wiederaufbau der Semperoper »Der Goldene Topf« nach E. T. A. Hoffmann in Dresden uraufgeführt, und 1994 folgte Mayers für Schwetzingen geschriebenes Stück »Sansibar«, 2000 »Das Treffen in Telgte«.

Manfred Weiss (geb. 1935) bekennt sich zum christlichen Ethos als Schaffensideal. In den 1970er-Jahren setzte er sich kompositorisch unter anderem mit Schönberg, Lutoslawski und Ligeti auseinander, es entstanden so eindrucksvolle Werke wie das mit dem Hanns-Eisler-Preis ausgezeichnete »Konzert für Streichorchester, Orgel und Schlagzeug«, das 1977 von der Staatskapelle Dresden uraufgeführt wurde. Wilfried Krätzschmar (geb. 1944) schrieb klangfarblich sehr nuancierte, von expressiver Konstruktivität geprägte Werke, darunter in den Jahren 1978–1984 vier Sinfonien. Siegfried Köhler (1927–1984) verband in seinen Kompositionen handwerkliche Gediegenheit und humanistische

Verschlüsselte Kritik
Nach 1970 kam mit den von der Kulturpolitik gestatteten Freiheiten eine größere stilistische Vielfalt in die Dresdner Musik. Erst jetzt wurde Arnold Schönbergs Zwölftontechnik als eine von vielen Möglichkeiten des Komponierens akzeptiert. Besonders in oratorischen Werken und Opern versuchten Komponisten wie Udo Zimmermann oder Rainer Kunad mehr oder weniger verschlüsselt auch Kritik an den sozialistischen Dogmen und wurden vom Publikum sehr gut verstanden.

Wilfried Jentzsch, Spezialist für Elektronische Musik

Positionen. Hervorgehoben sei die in seinem Todesjahr zu den Dresdner Musikfestspielen uraufgeführte Vokalsinfonie »Pro Pace«. Über lange Zeit mit interessanten kompositorischen Beiträgen immer wieder präsent waren oder sind auch Wolfgang Strauß (geb. 1927), der besonders dem Chorschaffen verbundenen Volker Hahn (geb. 1940), Michael-Christfried Winkler (geb. 1946), der Spezialist für Elektronische Musik Wilfried Jentzsch (geb. 1941) und Rainer Lischka (geb. 1942), welchem vielfach niveauvolle Brückenschläge zwischen E- und U-Musik gelangen.

Die Mühen der Ebene

Die Dresdner Komponisten, die heute zwischen 25 und 40 Jahre alt sind, lassen sich ebenso wie die vorangegangener Generationen kaum zu einer Gruppe zusammenfassen. Zwei auffällige Gemeinsamkeiten gibt es jedoch: Da ist zunächst ein tendenzieller Rückzug von gesellschaftlichen und moralischen Grundfragen, deren Thematisierung zwischen Opportunismus, Verweigerung und Widerstand für die Älteren noch eine wesentliche Schaffensgrundlage bildete. Dagegen gewinnen abstrakt philosophische, vieldeutig symbolische, psychologisierende oder in einem l'art-pour-l'art wurzelnde Inhalte an Bedeutung, was bei textgebundenen, aber auch rein instrumentalen Werken deutlich wird. Zweitens ist ein Zurücktreten der großen Form, also von Sinfonik und großer Oper, festzustellen. Um eine materielle Lebensbasis zu haben und dabei ihre künstlerischen Vorstellungen realisieren zu können, gehen die Komponisten verschiedene Wege: Einige erhalten zwar künstlerische und persönliche Bindungen an Dresden aufrecht, haben die Stadt aber auf Dauer oder zeitweilig verlassen: Annette Schlünz (geb. 1964) fand ein Wirkungsfeld in Frankreich, Henry Koch (geb. 1960) in den Niederlanden und Berlin, René Hirschfeld (geb. 1965) in Berlin, Karsten Gundermann (geb. 1966) in Hamburg und China, wo er eine dort sehr erfolgreiche Pekingoper komponierte. Christian Münch (geb. 1951) gehört zu den Komponisten, die an der Dresdner Musikhochschule »Carl Maria von Weber« lehren. Matthias Drude (geb. 1960) unterrichtet an der Hochschule für Kirchenmusik. Thomas Kupsch (geb. 1959), Silke Fraikin (geb. 1967) und Bert Handrick (geb. 1968) fanden verschiedene Existenzmöglichkeiten u. a. als Kunst-Organisatoren und

Annette Schlünz studierte an der Hochschule für Musik in Dresden Komposition und befasste sich auch mit elektronischer Klangerzeugung. Sie ist mit erfolgreichen Bühnenwerken, Orchester- und Kammermusik bekannt geworden und widmet sich zunehmend auch multimedialen Konzepten. Heute lebt die Komponistin in Frankreich

Interpreten. Der als Komponist schon profilierte Benjamin Schweitzer (geb. 1973) hat als künstlerischer Leiter des ensemble courage viel für den ausgezeichneten Ruf dieses jungen Dresdner Ensembles für zeitgenössische Musik geleistet. Alexander Keuk (geb. 1971), Peter Andreas (geb. 1970), Michael Flade (geb. 1975), Alfred Holzhausen (geb. 1974) und Eva Geißler (geb. 1973) sind in den vergangenen Jahren deutlich aus der Rolle »junger Talente« herausgewachsen.

Die genannten Komponisten haben bereits eine Reihe bemerkenswerter Beiträge zur Dresdner Musik geleistet, wobei das stilistische Spektrum den heute europaweiten postavantgardistischen Pluralismus widerspiegelt.

Neue Musik an der Hochschule

Viele der genannten Komponisten wirken bzw. wirkten an der Dresdner Hochschule für Musik »Carl Maria von Weber« als Professoren oder Dozenten, so dass die Situation in der Lehre die Ästhetik des Komponierens in Dresden widerspiegelt.

1974 begann unter dem Titel »Neue Musik im Gespräch« an der Hochschule eine wesentliche Konzertreihe, in der bis 1990 über 70 Abende stattfanden. Kooperationspartner waren unter anderem der Komponistenverband und die Spezialabteilung für zeitgenössische Musik des Petersverlages. Zunächst vergingen aber drei Jahre, bis die erste Komposition aus dem kapitalistischen Ausland erklang: Luciano Berios »O King«. In der gesamten Reihe wurden es nur mehr als 30 solcher Stücke, was aber weniger kulturpolitischen Beschränkungen als dem Mangel an brauchbarem Aufführungsmaterial geschuldet war. Die Reihe wurde 1991 zum »Studio Neue Musik« umprofiliert und die Gespräche entfielen. Interpreten sind hier meist Studenten der Hochschule, die seit 1990 einen vom Komponisten Christian Münch betreuten obligatorischen Kurs »Aufführungspraxis Neue Musik« absolvieren.

Ein wichtiger Schritt war 1984 die Gründung des »Studios für elektronische Klangerzeugung«. 1993 übernahm Wilfried Jentzsch das Studio (nun »... für elektronische Musik«), seitdem ist es in die Ausbildung einbezogen und dient hauptsächlich dem Komponieren. Seit 1982 bemüht sich die Dresdner Hochschule durch die Ausweitung einer, vom Komponisten Hans J. Wenzel ursprünglich in Halle gegründeten, Komponistenklasse auch intensiv und erfolgreich um die Förderung kompositorischer Talente von acht bis 18 Jahren. 2005 wurde an der Hochschule das »Institut für Neue Musik« unter Leitung von Jörn Peter Hiekel gegründet.

»70er« und »80er«: Brücken der Musik

Am 1. Mai 1980 gründete die VEB Edition Peters in Dresden eine Spezialabteilung für zeitgenössische Musik, die sich bis zur Auflösung im September 1986 auch mit vielen Aktivitäten jenseits verlegerischer Arbeit profilierte. Die Spezialabteilung förderte vor allem jüngere Komponisten aus der DDR sowie Autoren aus dem sozialistischen Ausland, die sich in ihrer Ästhetik konsequent von der sozialistischen Doktrinierung lösten, und nahm auch Werke aus dem kapitalistischen Ausland in Verlag. Bernd Pachnicke und seine Mitarbeiter setzten sich immer wieder für die Aufführung von avancierter Musik ein. Höhepunkte dieser Bemühungen waren die Konzertreihe »Peters Concertino – Brücken der Musik« mit sechs thematisch konzipierten Konzerten (z. B. »Musik, Sprache, Tanz«) in den Jahren 1984 und 1985 und die Großveranstaltung »Klanghaus«, bei der auf sechs Bühnen Kunstformen wie Performance, Environment und Happening einbezogen waren.

Am 2. Oktober 1978 fand im Kleinen Haus der Staatstheater das erste Konzert des neugegründeten »musica-viva-ensemble dresden« statt. Auf dem Programm der Kammermusikvereinigung aus Musikern der Philharmonie und Staatskapelle unter Leitung von Ulrich

Das rekonstruierte »Kleine Haus« heute. In ihm fand 1978 das erste Konzert des neugegründeten »musica-viva-ensemble dresden« statt

Backofen standen unter anderem Werke von Karlheinz Stockhausen und John Cage. Diese Auswahl wirkt im Nachhinein programmatisch, häuften sich doch in den 1980er-Jahren die Versuche, geistige und ideologische Mauern um die DDR-Musik weiter einzureißen. Eine Reihe von Konzerten bemühte sich gerade um solche Komponisten, die wegen ihrer philosophischen und religiösen Bezüge oder wegen Infragestellung tradierter Kunstschemata von den Kulturpolitikern beargwöhnt wurden. An der Staatsoper rief Udo Zimmermann in diesem Sinne ein »Studio Neue Musik« ins Leben. Die Pianistin und Cembalistin Bettina Otto installierte eine Konzertreihe »Modernes auf Tasten«, in der sie zahlreiche Werke uraufführte.

Am Staatsschauspiel hatten nach dem Zweiten Weltkrieg mit Siegfried Kurz (geb. 1930) und Rainer Kunad innovative Komponisten gewirkt. 1982 erfuhr die Schauspielmusik durch die Gründung eines eigenen, von Eckehard Mayer geleiteten, Schauspielmusikensembles eine Aufwertung.

Jenseits der staatlichen Kontrolle

Schon ab 1970 entwickelten sich in Dresden Ansätze einer alternativen Kunst außerhalb der staatlichen Förderung und Kontrolle. Es ist bemerkenswert, dass auch bei den musikalischen Aktivitäten dabei oft Bildende Künstler im Mittelpunkt standen. Aus heutiger Sicht würde man für viele Projekte Begriffe wie Happening, Fluxus oder Konzeptkunst verwenden. Doch waren solche westlichen Entwicklungen damals kaum bekannt, und vieles entstand in spontaner Konvergenz. An der Hochschule für Bildende Künste vollzog sich unter dem Rektorat Gerhard Kettners in den 1970er-Jahren eine für die DDR einmalige Entwicklung, die die Hochschule 1989 an den Rand ihrer Schließung brachte. Der »Wendelclub«, der Studentenclub der Hochschule, wurde unter der organisatorischen Leitung von Claudia »Wanda« Reichert zu einem Ort, der aktionistische Grenzgänge aller Art aufnahm. Der jährliche Fasching und ab 1987 der Frühlingssalon, eine gemeinsame Mal-, Ausstellungs- und Veranstaltungswoche der Studenten, boten Raum für Performances, die mit Texten, Tanz und zum Teil mit Musik verbunden waren.

Die Hochschule für Bildende Künste – seit den 1970er-Jahren ein Ort spontaner Konvergenz

A. R. Penck (Ralf Winkler): Go Go Gorbatschow, 1988

An erster Stelle stand eine Gruppe, die unter dem Namen »Autoperforationsartisten« das Prinzip der Selbstverletzung ausagierte. Bei ihrer Musik handelte es sich vor allem um Experimente mit Geräuschen und Punk. Zu den bildenden Künstlern, die hier als Musiker agierten, gehörte Helge Leiberg. Mit Ralf Winkler (bekannt als A. R. Penck) und dem Dresdner Maler Michael Freudenberg trat Leiberg erstmals 1979 in einer Maler-Band auf, deren bizarre Musik bis in den Grenzbereich von Geräusch ging. Außerdem war Leiberg Mitglied der Art-Punk-Band »Zwitschermaschine«, die sich aus Cornelia Schleime, Ralf Kerbach, Michael Rom und Sascha Anderson zusammensetzte. Auch ihre Auftritte waren aus der Perspektive damaliger Kulturpolitik ein Affront und wurden von der Staatssicherheit extrem überwacht.

Derartige Aktivitäten an der Kunsthochschule behaupteten sich in der DDR gegen alle Anfeindungen, verloren jedoch 1989 schlagartig ihre Existenzbasis.

Thomas Hertel (geb. 1951) gehörte als Leiter der Schauspielmusik in Dresden 1974–1982 zu den geförderten und anerkannten Komponisten, bis er in den 1980er-Jahren mit der Kulturpolitik zunehmend in Konflikt geriet. Die Notwendigkeit, Projekte am Komponistenverband vorbei zu realisieren, ergab sich für ihn vor allem aus der kulturpolitisch bedingten Ablehnung von multimedialen Experimenten und Konzeptkunst. Dabei wurden Hertels Initiativen in dieser Richtung im Dresdner Komponistenverband durchaus stillschweigend oder wohlwollend toleriert, manchmal sogar in bescheidenem

Umfang, zum Beispiel durch Interpretenhonorare, gefördert. »Interferenzen« war 1982 das erste künstlerisch unabhängige Multimediaprojekt in Dresden, es wurde in der Mehrzweckhalle des Kulturpalastes aufgeführt. Thomas Hertel arbeitete hier wie bei mehreren Initiativen besonders mit den Komponisten Matthias Kleemann, Wilfried Krätzschmar und Christian Münch sowie mit Leipziger und Chemnitzer Bildenden Künstlern zusammen, darunter die Künstlergruppe Galerie Clara Mosch, eines der Hauptobservationsziele der Staatssicherheit.

Eine Konfrontation ergab sich aus einem Projekt mit deutlich politischen Intentionen. Ende 1983/Anfang 1984 trafen sich ungefähr 15 Künstler, darunter die Tänzerin Arila Siegert und der Regisseur Wolfgang Engel, zweimal wöchentlich in der Privatwohnung Hertels, um angesichts der SS 20- und Pershing-Raketen-Stationierungen ein multimediales »Friedensprojekt« zu konzipieren. Zu einer szenischen Ausarbeitung kam es nie.

Tanz auf dem Vulkan
Das ersten Happening der Kunstgeschichte führte der Komponist Cage mit dem Tänzer Merce Cunningham, dem jungen Robert Rauschenberg und David Tudor 1952 im Black Mountain College in North Carolina auf. Beim Happening erlebte der Zuschauer sich als Mitakteur, als Teil der Aufführung, was oft durch Provokation erreicht wurde. Die Kunstszene, die seit den 1970er-Jahren an der Hochschule für Bildende Künste entstand, entwickelte eigenständig ähnliche Formen und verursachte damit fast die Schließung der Hochschule.

Nach der Freiheit: Freie Szene

Ab 1990 entstand die gesellschaftliche Basis für das, was »Freie Szene« an künstlerischer und personeller Vielfalt impliziert. Die Dresdner »Freie Szene« wird geprägt von Musikern wie Hartmut Dorschner oder Günter Heinz, die als Künstler und Organisatoren wirken und andere Musiker in verschiedenen Konstellationen um sich sammeln. Es gehören dazu Initiatoren von Musik wie der Filmemacher Tilo Schiemenz oder die Tänzerin Hanne Wandtke, Ensembles wie die musizierenden Gruppen bildender Künstler SARDH und RUIN. Eine wichtige Funktion haben Spielstätten, vor allem die Blaue Fabrik. Sie wurde vom Drucker Thomas Haufe und Lutz Fleischer mit Unterstützung von Penck zunächst als Galerie gegründet. Die beiden Betreiber veranstalteten 1994/95 unter Beteiligung renommierter Musiker Projektwochen »Tanzmalmusik«. Im März 1996 entschlossen sich die Komponisten Hartmut

Zwischen Tradition und Neuzeit Musikalische Moderne und Neue Musik

Seit 1994 im riesa e. V. zuhause: die NOVUM-Reihe

Dorschner und Uwe Krause, der Musiker Günter Heinz sowie die Tänzerin Hanne Wandtke, die Blaue Fabrik für künstlerische Projekte privat zu mieten. Die Konzeption sah vor, Brücken von improvisierter Musik über neue komponierte Musik zum Jazz zu schlagen. Unter den ersten Aktivitäten der neuen Betreiber war die Reihe »Konzerte am Kamin«, bei der bis März 1996 Hartmut Dorschner und Matthias Macht wöchentlich mit Gästen frei improvisierten. Günter Heinz initiierte das Festival »Improvisierte Musik«, das bis 1999 zweimal stattfand. Ein Projekt von Hartmut Dorschner und Dietmar Diesner, das Festival »Bedrohte Art« im Februar 1999, hatte die Bündelung der Freien Musikerszene Dresdens zum Anliegen.

Viele Konzerte werden nur dank außergewöhnlicher Kraftanstrengungen der Beteiligten und für geringes oder gar kein Honorar realisiert. Es besteht zwar die Möglichkeit, Förderanträge an das Kulturamt zu stellen, aber die Gelder dafür sind knapp.

Ein aufwändiges Projekt wie »Die Tragödie vom Ende des Atahualpa« der Komponistin Agnes Ponizil (geb. 1969) ist unter diesen Umständen die Ausnahme. Es entstand eine musikalisch-szenische Fassung eines alten Inka-Dramas, das das Ende des Inkareiches schildert. Agnes Ponizil hat es mit Hilfe der

»Freien Szene« als über mehrere Fassungen und Teilstücke weiterentwickeltes »work in progress« angelegt, dessen erste Fassung 1997 in der Blauen Fabrik aufgeführt wurde.

Neben der eigentlichen Freien Szene fördern seit den 1990er-Jahren verschiedene unabhängige Initiativen und Einrichtungen, darunter seit 1993 die Sächsische Gesellschaft für Neue Musik, seit 1994 der riesa e. V. mit seiner NOVUM-Reihe und das Societaetstheater mit unterschiedlichen Programmen seit 1999 verschiedene Projekte.

Das »zeitgenössische Zentrum«

Im Herbst 1986 gelang dem Komponisten Udo Zimmermann mit der Gründung des seitdem von ihm geleiteten »Dresdner Zentrums für zeitgenössische Musik« ein Durchbruch für die avancierte Musik. Diese Einrichtung war für die DDR beispiellos, im Vergleich mit westlichen Zentren der Neuen Musik wie Darmstadt, Donaueschingen oder Witten fällt das große Spektrum von Aufgaben auf, an die man sich in Dresden heranwagte: Das DZzM stellte herausragende Werke des 20. Jahrhunderts wie Olivier Messiaens »Turangalila-Sinfonie« erstmals hier vor, es förderte bis heute regelmäßig junge Komponisten durch Aufträge und Uraufführungen, es veranstaltete Kolloquien zu ästhetischen und gesellschaftlichen Fragen von Musik und Tanz, es verstand sich als Forschungsstätte und Archiv. Im Herbst 1987 fanden vom 1.–10. Oktober erstmals »Dresdner Tage« der zeitgenössischen Musik statt, die neben anderen Veranstaltungen seitdem jährlich durchgeführt werden. Die Festivals beziehen außer Musiktheater, Sinfonik, Kammer- und Vokalmusik auch Jazz und gelegentlich Rockmusik ein. Eine solche Kombination wie auch multimediale Verbindungen zwischen verschiedenen Künsten sollen ein möglichst breites Publikum erreichen. Ein Konzept, das nicht zuletzt durch die starke internationale Ausrichtung der Programme funktioniert. Von Anfang an stehen

Spannungsfeld

Udo Zimmermann, Gründungsdirektor des Dresdner Zentrums für zeitgenössische Musik, sieht illusionslos das Spannungsfeld, in das sich innovative Kunst unabhängig von der politischen Situation begibt »… weil ihr Prinzip des Widerspruchs gegen festgefahrene Ordnungen sehr wohl verstanden wird, aber die Bereitschaft fehlt, die damit verbundene Beunruhigung auszuhalten.« Seit Gründung des DZzM 1996 hatten seine Veranstaltungen trotzdem mehr als 150 000 Hörer.

Durchbruch für avancierte Musik: das 1986 von Udo Zimmermann gegründete und seitdem von ihm geleitete Dresdner Zentrum für zeitgenössische Musik

die »Dresdner Tage...« in jedem Jahr unter einem bestimmten Thema, dem sowohl künstlerische als auch wissenschaftliche Veranstaltungen gewidmet sind. 1989 war das zum Beispiel »Musik und Politik« – ein in der explosiven politischen Situation mit viel Mut künstlerisch realisiertes und und heiß diskutiertes Thema.

Nach den politischen Veränderungen im Jahre 1989 kamen neue Impulse unter anderem durch den, gemeinsam mit der Kulturstiftung Dresden der Dresdner Bank, initiierten Wettbewerb »Blaue Brücke«, der im Zweijahresrhythmus die Zusammenarbeit von Künstlern verschiedener Gebiete förderte, oder die »Europäische Werkstatt zeitgenössischer Musik«, eine Reihe von Workshopveranstaltungen, in der Komponisten und Interpreten Einblicke in ihre Arbeit gaben. Mit der Gründung eines Forschungs- und Informationszentrums für verfemte Musik leistete das DZzM auf diesem Gebiet einen wichtigen Beitrag. Die von hier aus wiederentdeckte, einst vom Nationalsozialismus oder Stalinismus verfemte Musik war seit den 1990er-Jahren regelmäßig Bestandteil der Konzertprogramme des Zentrums. Auch in der Musikpädagogik war das Zentrum präsent – besonders durch das gemeinsam mit dem Heinrich-Schütz-Konservatorium durchgeführte Projekt »Musik erfinden in der Schule«. Schulklassen komponieren, von Komponisten und Interpreten angeregt, eigene Werke bis zur Größe eines Konzertes und entdecken dabei auch spielerisch die Möglichkeiten avancierter kompositorischer Techniken.

Wie in der ersten Hälfte des Jahrhunderts Hellerau oder Paul Aron mit seinen Konzerten, hat das DZzM bewiesen, dass das Dresdner Publikum nicht durchweg so konservativ ist, wie oft behauptet wird.

Im Sommer 2002 zog das DZzM auf das Gelände des Festspielhauses Hellerau um, wo es als »Europäisches Zentrum der Künste Hellerau« seit Januar 2004 unter anderem Neue Musik in vielfältigeren Kontexten als bisher fördert.

Dixieland und Modernjazz

Mathias Bäumel

Natürlich ist die sächsische Landeshauptstadt weltweit für ihr Dixielandfestival bekannt, aber eigentlich hat die Jazzstadt Dresden – sowohl historisch als auch gegenwärtig – weit mehr als lediglich die Gute-Laune-Musik zu bieten.

»Nachkriegsjazz im ›Roten Kakadu‹«
Bereits 1947 besaß Dresden mit Günter Hörig's FDJ (Freien Deutschen Jugend)-Sextett, dem Peterka-Kretzschmar-Orchester, Heinz-Kretzschmar-Trio/Sextett, Heinz-Kunert-Quintett sowie den 1946 gegründeten »Original Dixies/Dresdner Tanzsinfonikern« herausragende Gruppierungen unter dominierendem Jazzaspekt (Swing bis Bebop). Es gab wöchentliche total überfüllte Jam-Sessions im »Haus Freund« (Comeniusstraße) und (mit Kretzschmar-Solisten als Stammbesetzung) im Löbtauer »Café Brettschneider«.

Ab 1947 fanden in der riesigen, stets ausverkauften Nordhalle Swing-Jazzkonzerte statt, auch mit »westlichen« Bands wie Kurt Hohenberger's Solistenorchester, Walter Dobschinskis Berliner Swingband und speziellen Gruppierungen aus dem Berliner RBT-Orchester. Als Höhepunkt jener Dresdner Frühzeit darf ein Sonntags-Konzert, »Symphonie in Jazz«, am 4. April 1950 in der Nordhalle gewertet werden. Unter der Leitung von Joe Dixie spielte ein 45-köpfiges Orchester, bestehend aus den Dresdner Tanzsinfonikern, dem Heinz-Kretzschmar-Orchester sowie zusätzlichen Musikern. Das Konzert erwies sich als ein hochinteressantes, auch gewagtes (zum Teil mit »verjazzter« Klassik) und vielbejubeltes Dresdner Jazzereignis, das allerdings in der politisch gleichgeschalteten Presse als »Höhepunkt amerikanischer Unkultur« verunglimpft wurde.

Wo immer in Dresden Jazz bzw. jazzhafte Musik gespielt wurde, erlebte man voll gefüllte Veranstaltungshäuser und stets allgegenwärtig die Staatsmacht mit Polizeiaufgeboten, Hunden und Einsatzwagen. Trotzdem ließen sich die Protagonisten des Jazz in Dresden nicht stoppen, auch nicht durch Repressalien, wie sie im Dezember 1951 gegen das offiziell anerkannte Spitzen-Jazzorchester der DDR, Heinz Kretzschmar, in Szene gesetzt worden waren.

Weil das »Wildwest«-Orchester (wie in der Presse zu lesen war), trotz staatlicher »Ermahnungen«, von seiner »abartigen amerikanischen« Musik nicht abließ, inszenierte man mit bezahlten Leuten während eines Tanzabends im »Königshof« in Dresden-Strehlen (später Strehlener Hof) eine regelrechte Saalschlacht, die schließlich von einer bereits seit Stunden (!) mit Hunden postierten Polizei-Hundertschaft rigoros beendet wurde. Noch im Saal erhielt der »Schuldige«, selbstredend das Heinz-Kretzschmar-Orchester, sofortiges Spielverbot erteilt. Später lautete das Gerichtsurteil: Berufsverbot für Heinz Kretzschmar, verbunden mit der Auflage, sich zwei Jahre im Wismut-Bergbau zu bewähren. Das Orchester bekam zwangsweise einen staatlichen Leiter zugewiesen, um künftig deutsche Musik für deutsche Werktätige zu spielen. Fazit: Heinz Kretzschmar ging im Januar 1952 in den Westen, woraufhin ihm im Februar das gesamte Orchester – mit Ausnahme des Pianisten Günter Hörig, der seit 1948 mit Kretzschmar spielte – nachfolgte.

Gleich nach dem Kriegsende sammelte Karlheinz Drechsel, später dann der einflussreichste Jazzpublizist der DDR, innerhalb der Antifa-Jugend Jazzfreunde zum »Jazz-Zirkel Dresden-Neustadt« zusammen. Schon bald darauf, 1948, musste dieser Zirkel seine Tätigkeit wegen »Unvereinbarkeit mit der Erziehungsaufgabe« einstellen.

Im März 1956 wurde im FDJ-Klubhaus Alaunstraße (heute »Scheune«) vor überfülltem

Der heutige, inzwischen rekonstruierte »Rote Kakadu« am Weißen Hirsch – Handlungsort auch eines gleichnamigen Films

Saal die (FDJ-) »Interessengemeinschaft Jazz Dresden« mit Karlheinz Drechsel als Leiter gegründet. Es war Hauptanliegen der IG, mit Vorträgen, »Pro und Kontra«-Diskussionen und mit regelmäßigen Konzerten im FDJ-Klubhaus Alaunstraße, im Lingner-Schloss oder im Steinsaal des Hygienemuseums dem Jazz zu offizieller Anerkennung zu verhelfen. Die Planung eines Konzertes im März 1957 mit der in Westdeutschland eben zur Nummer Eins des deutschen Modern Jazz gewählten Helmut-Brandt-Combo verdeutlicht, was es damals in Dresden hieß, sich für Modern Jazz einzusetzen. Die FDJ-Stadtleitung hatte zwar den Vertrag für das Konzert im Steinsaal unterschrieben, aber dann, da die Combo aus Westberlin kam, noch in letzter Minute das Vorhaben verboten. Daraufhin organisierte Karlheinz Drechsel auf eigene Faust den Kultursaal des Arzneimittelwerkes in Radebeul, wodurch das Konzert dennoch und ohne jede Unruhe bei vollem Haus stattfinden konnte. Drechsel erhielt allerdings eine strenge politische Verwarnung und musste, nachdem die FDJ den

Das heutige, komplex rekonstruierte Dresdner Hygiene-Museum

Rückzieher gemacht hatte, die Gage für die Brandt-Combo aus eigener Tasche bezahlen.

Ende 1956 konnte im »Roten Kakadu« (eigentlich eine Bar) der Montags-»Jazzkeller« der IG Jazz Dresden – der einzige seiner Art damals in der DDR – eröffnet werden, der sich schnell zu einem vielbesuchten Dresdner Jazz-Spot entwickelte. Es spielten überwiegend moderne Bands, etwa die neugebildete Theo-Schumann-Combo, das Günter-Hörig-Sextett, die TH (Technische Hochschule)-Combo, die neue Fred-Herfter-Combo oder das neue H. G.-Werner-Bebop-Quintett. Es gab auch Dixieland, z. B. mit den 1955 gegründeten Elb Meadow Ramblers (der heute ältesten Amateurformation Europas). Doch schon ein Jahr später wird der Montagsjazz in Dresden verboten.

Bereits in der ersten Hälfte der 1950er-Jahre legte in Dresden der Komponist und Pianist Günter Hörig Grundlagen für die Entwicklung des Nachkriegsjazz der DDR, und bis in die 1990er-Jahre hinein sollte Hörigs Einfluss deutlich spürbar bleiben.

Als Hörig 1952 die 1946 von Joe Dixie gegründeten Dresdner Tanzsinfoniker übernahm, begründete er damit gleichzeitig gemeinsam mit Gesinnungs- und Orchestergenossen eine ganze »Schule« des Jazzmusizierens in der DDR: Gespielt und in gewissem

Maße somit auch propagiert wurden Swing und einige Jahre später auch gemäßigte Moderne in einem hochartifiziellen, konzertant anmutenden Gewand. Da Günter Hörig von Anfang an, zunächst als Student, später dann als Lehrer, mit »seiner« Dresdner Musikhochschule verbunden war, gingen Musikanten- und Lehrerleben Hand in Hand – für viele seiner Studenten eine glückliche Fügung. Auch als sich ab der Mitte der 1960er-, Anfang der 1970er-Jahre in der DDR das Spektrum der Stile und Spielauffassungen durch die Herausbildung von Freejazz und Jazzrock Schritt für Schritt zu verbreitern begann, stand Hörig unbeirrbar für den Grundsatz »Handwerk hat goldenen Boden« – ein Prinzip, für das besonders Dresden und seine Musikhochschule bekannt wurde. Wenn – um im Bereich des Jazz zu bleiben – zwei der wichtigsten Innovatoren des freien europäischen Jazz, Günter Sommer und Conny Bauer, ihr »Handwerk« in den 1960er-Jahren in Günter Hörigs Tanzmusikabteilung der Dresdner Hochschule erlernten, spricht dies für den Nestor des Dresdner Swingpianos und dessen Kollegen. Dass die beiden frühzeitig die auch als

Günter Hörig, Nestor des Dresdner Swingpianos

Fesseln empfundenen Dresdner Verhältnisse verließen, gehört allerdings auch zum Dresdner Spezifikum. Doch bis dahin war es Mitte der 1960-er Jahre noch ein ziemlich weiter Weg.

Häufig in Hörsälen
Nicht nur in Dresden, sondern auch in anderen Hochschulstädten der DDR spielten die Studenten und jungen Wissenschaftler eine besondere Rolle für den Jazz. Studentenklubs waren stets wichtige, teils die einzigen Veranstalter von Jazzkonzerten, die bis in die Zeit der politischen Wende hinein häufig in Hörsälen stattfanden.

Der Jazz etabliert sich

Der noch ganz junge, an der Technischen Universität (TU) Dresden arbeitende Elektromeister Frank Lüning, geboren 1943, ist einer der Ur-Väter der Dixie-Konzerte an der frischgebackenen Universität. Im Frühjahr 1961 hatte Lüning gemeinsam mit Klaus Ander und Dieter Lenkeit die Arbeitsgemeinschaft Tanz/Jazz im FDJ-Studentenklub gegründet, und noch im selben Jahr fand das erste Jazzkonzert mit Elb Meadow Ramblers im Physik- oder Mathehörsaal der TU Dresden statt. Das waren nach dem Verbot der Montagskonzerte im Parkhotel die ersten nachdrücklichen Jazzaktivitäten in Dresden. Frank Lüning: »Es lässt sich nicht mehr ganz nachvollziehen, ob im Mathe- oder im Physikhörsaal, aber auf jeden Fall begann damit der Jazz an der TU Dresden.« Es habe damals im Jazz gerade eine Aufbruchstimmung gegeben. »So haben die Dixiebands zum Beispiel zu den Semesterabschlussbällen und zu Fasching gespielt, und jährlicher Höhepunkt ab 1963 waren unsere TU-Riverboat-Shuffles, zu denen wir jedes mal das Klavier auf den Dampfer schleppen mussten«, berichtete Lüning, der selbst auch Plakate für die Konzerte entworfen hatte. Dabei sei es stets sehr kompliziert gewesen, den Physikhörsaal immer wieder neu von Professor Recknagel genehmigt zu bekommen. »Chaotenmusik« habe der Ausnahmephysiker dazu gesagt. Weitere Spielorte waren Lüning zufolge noch der Steinsaal des Deutschen Hygienemuseums sowie der Hörsaal 222 im Zeunerbau der TU Dresden (unter Studenten wegen der steil abfallenden Raumform salopp »Bombentrichter« genannt). Im sogenannten Bombentrichter hielt sechs, sieben Mal Karlheinz Drechsel

Der Zeunerbau der TU Dresden, in dessen »Bombentrichter« Karlheinz Drechsel seine legendären Schallplattenvorträge hielt

vor hundert, hundertfünfzig Leuten seine berühmten Schallplattenvorträge.

»Klar, die meisten Konzerte waren Dixiekonzerte, neben den Elb Meadows spielten noch die Jazzoptimisten Berlin und – für uns ein Riesenerfolg – die ungarische Sándor Benkö-Dixielandband. Doch auch einige Konzerte mit Modern Jazz haben wir damals veranstaltet«, erinnerte sich Lüning, der dazu Klaus Lenz und Günther Fischer nannte. »1962 hatte ich versucht«, so Lüning, »unsere Jazzaktivitäten an der TU Dresden zu bündeln und einen regelrechten Klub mit eigenen Konzerträumlichkeiten zu gründen.« Doch in der SED-Bezirksleitung wollte man davon absolut nichts wissen. »Für die Dresdner Öffentlichkeit spielte der Jazz an der TU deswegen eine besondere Rolle«, hob Lüning hervor, »weil es außer dem Jazz der Konzert- und Gastspieldirektion (KGD) im Hygienemuseum sonst nichts dergleichen gab – weder an der Pädagogischen Hochschule, noch an der Verkehrshochschule oder an der Medizinischen Akademie.«

»KGD-Jazz« im Hygienemuseum

Erst ab Mitte der 1960er-Jahre begann in Dresden wieder so etwas wie ein Jazzleben zu entstehen. Die Reihe »Jazz im Abo« der Konzert- und Gastspieldirektion Dresden war angelaufen und bot vielen Jazzfreunden einmal im Monat einen Konzerthöhepunkt, zunehmend auch mit Musikern aus dem Ausland. Am 8. Dezember 1965 fanden sich auf der Bühne des Kongress-Saales des Hygienemuseums erstmals viele führende DDR-Musiker des neuen, zeitgenössischen Jazz (das Konzert war offiziell ein »DDR All Stars Konzert«) zu einem überwältigenden Konzert zusammen, dessen Mitschnitt sogar auf Schallplatte erschien.

Die Idee für dieses Konzert, dem allerersten seiner Art und dem bis 1968 noch drei weitere vergleichbare folgten, stammt von Karlheinz Drechsel, dem es gelungen war, die Konzert- und Gastspieldirektion für diese Sache als Veranstalter zu gewinnen. Mit dabei waren 1965 neben Joachim Kühn und Ernst-Ludwig Petrowsky das Günter-Hörig-Quartett, Heinz Becker (Trompete), Friedhelm Schönfeld (Altsaxofon), Eberhard Weise (Piano) und Günter Kiesant (Drums).

Der erhaltene Saal des »Lindengartens«, heute Plaza-Hotel

Dixieland und Modernjazz Zwischen Tradition und Neuzeit

Schon als Student Mitte der 1960er-Jahre am Modern Jazz interessiert, half Günter »Baby« Sommer (r.) dennoch beim Dixieland, hier bei den College Minstrels, aus

Doch vor allem in der Großgaststätte »Lindengarten« auf der damaligen Otto-Buchwitz-Straße (heute wieder Königsbrücker Straße; das »Lindengarten«-Gebäude wurde nach der politischen Wende abgerissen und an dessen Stelle ein Neubau der Park-Plaza-Hotelkette errichtet) fanden regelmäßig Konzerte mit jazznaher Musik statt; das Modern Septett Berlin (mit Conny Bauer), später, ab 1971, Panta Rhei und SOK (mit »Baby« Sommer und Ulli Gumpert) begeisterten die Zuhörer mit zünftigen Bläserarrangements und fast schon freien Improvisationen. Auch Studentenklubs der FDJ veranstalteten immer häufiger Konzerte in eigenen Räumen und in Hörsälen.

Doch erst später kam es zur Gründung zweier voneinander unabhängiger Jazz-Interessengemeinschaften, die dem Jazzleben

Die Landesbühnen Sachsen heute

Solo: **Jazz visuell**

Mathias Bäumel

Jazz hat stets auch eine visuelle Komponente – psychisch intensive, musikalisch expressive Spielsituationen äußern sich bei den Musikern in angespannter oder selbstversunkener Mimik und in dynamischen Körperhaltungen; die Ästhetik der Jazzfotos, Konzertskizzen sowie von Jazzplakaten tragen dem häufig Rechnung. In Dresden wirkten bzw. wirken zwei Künstler von europaweiter Geltung, deren Arbeit eng mit dieser Spezifik des zeitgenössischen Jazz verbunden war und ist: der im Herbst 1999 verstorbene Grafiker, Grafikdesigner und Maler Jürgen Haufe und der heutige Jazz- und Theaterfotograf

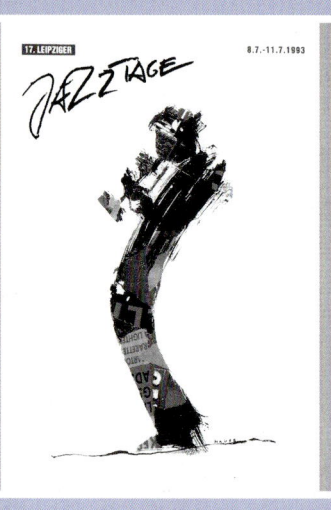

Plakat von Jürgen Haufe, 1993

Matthias Creutziger. Die jazzbezogenen Arbeiten der beiden besitzen über Dresden hinaus Geltung; sie sind in Plakat-, Galerie- und Fotoausstellungen von Osaka (Japan) bis Ljubljana (Slowenien), von Saalfelden (Österreich) bis Pori (Finnland) zu sehen gewesen und in Kunstbüchern präsent. Jürgen Haufe war ausgemachter Liebhaber des zeitgenössischen Jazz. Seine vielen, vor allem seit 1990 bei Konzerten zwischen Dresden, Leipzig und Saalfelden entstandenen ad-hoc-Bleistiftskizzen bannen rasante Bewegungen, typische

Spielhaltungen, ganze Spielabläufe oder eher abstrakt wirkende Körperverdrehungen der meist in höchster Anspannung spielenden Musiker aufs Papier. So entstand über die Jahre das sogenannte »Skizzenbuch«, das immer wieder visuelles Material, gedankliche Impulse, ästhetische Anregungen für eine ganze Reihe von Haufe-Jazzpostern lieferte – viele der schon zu Kult erhobenen Plakate für die Leipziger Jazztage, aber auch für »Jazz in der Philharmonie« (Ludwigshafen) und für den »Dresdner Jazzherbst« beziehen ihre Bildideen, ihre Dynamik und ihr spielerisches Flair aus diesem Skizzenbuch.

Matthias Creutziger (l.) und Jürgen Haufe auf dem Weg nach Peitz 1981

Michel Petrucciani, 1995 – preisgekröntes Foto von Matthias Creutziger

Anfang der 1980er-Jahre begann – geprägt auch von einer persönlichen Freundschaft – die Zusammenarbeit mit Matthias Creutziger, der sich damals gerade anschickte, ein zunehmend anerkannter Jazzfotograf zu werden. Schon nach kurzer Zeit griff Haufe ausschließlich auf Creutziger-Fotos zurück, die sich dann collagiert, übermalt, fragmentiert in Plakaten wiederfanden. Dass dies ästhetisch möglich wurde, liegt an der Art von Creutzigers Jazzfotografie. Nicht die oberflächliche Dokumentation des Spielmoments oder einer rasanten Spielsituation auf der Bühne ist dessen Ziel, sondern das Nach- und Aufspüren des Musizier-Psychischen im Jazz. Creutzigers Fotos sind so nicht selten visuelle Psychogramme der Akteure beim Spiel. Seit 2003 als Fotograf der Semperoper arbeitend, ist er weiterhin immer wieder mit Jazzfotoausstellungen und mit Fotos in Büchern vertreten.

Zwischen Tradition und Neuzeit Dixieland und Modernjazz

Das »Rundkino« an der Prager Straße

Dresdens entscheidende Impulse verliehen. Die Interessengemeinschaft (IG) Jazz Dresden im Kulturbund der DDR wurde 1977, der Klub »Jazz & Sonstiges« 1978 gegründet.

»Jazz & Sonstiges« widmete sich in der kurzen Zeit seiner Existenz dem zeitgenössischen freien Jazz und der gesellschaftskritischen Liedermacherei (Bettina Wegner) und Literatur (Klaus Schlesinger). Der Klub »Jazz & Sonstiges« war es, der erstmals in Dresden und im Nachbarstädtchen Radebeul westliche Freejazzer auftreten ließ – im Kleinen Haus der Staatstheater Dresden, in den Sächsischen Landesbühnen Radebeul, im Kino Radebeul. Evan Parker, Paul Lovens, Alexander von Schlippenbach, Irene Schweitzer, Sven Ake Johannsen, Peter Kowald und andere einflussreiche Freejazzer aus dem »Westen« wurden durch die Enthusiasten von »Jazz & Sonstiges« den Dresdnern vorgestellt.

Die IG Jazz Dresden, die sich bald nach ihrer Gründung vor allem dem Dixieland und den eher »gemäßigten« Jazzformen zuwandte, veranstaltete zunächst Jazzkonzerte im »Rundkino« auf der Prager Straße, im Studentenklub »Bärenzwinger« und in Hörsälen. Im März 1981, zu einem Zeitpunkt, als »Jazz & Sonstiges« gerade das Handtuch geworfen

Dixieland und Modernjazz Zwischen Tradition und Neuzeit

Der Studentenklub »Bärenzwinger« am Terrassenufer

hatte, zog die IG in die Gewölbe der Ruine des Kurländer Palais ein. Diese tonnenförmigen Gemäuer, einst fast hundert Jahre lang ein Weinlager, wurden durch die Mitglieder der IG selbst in 15 000 Stunden unbezahlter Arbeit ausgebaut und für Jazzkonzerte nutzbar gemacht. Nun verlagerte sich Dresdens Jazzgeschehen immer mehr in die »Tonne« der IG Jazz. Dort fanden mittlerweile alle stilistischen Richtungen von Dixieland über Blues und Swing bis hin zu zeitgenössischen Formen eine Heimstatt. Die Reihe »Jazzclub International« stellte ausländische, meistens frei improvisierende Musikanten vor, »Jazz Today« präsentierte regelmäßig die mittlerweile europaweit anerkannte Creme des DDR-Freejazz, das »Jazzpodium« den Jazznachwuchs.

Hauptstadt des Dixieland

Doch zunächst wieder ein Blick zurück: Zum Pfingstsonntag 1971 wurde das Dresdner Dixielandfestival aus der Taufe gehoben. Initiiert und von dem Musikredakteur des Deutschlandsenders (später Stimme der DDR) Erich Knebel, befördert durch Karlheinz Drechsel und unterstützt durch den

Der Festsaal des Kulturplastes, Veranstaltungsort des ersten Dixieland-Konzertes

Kulturbund

Der Kulturbund, eine kulturelle Massenorganisation in der DDR, wurde im Juni 1945 als Kulturbund zur demokratischen Erneuerung Deutschlands von der Sowjetischen Militäradministration (SMAD) gegründet. Ziel war es, die Bürger an einer demokratischen, antifaschistischen Kulturentwicklung teilhaben zu lassen. Präsident wurde Johannes R. Becher, der dieses Amt bis 1958 innehatte. Vor der Umbenennung in Deutscher Kulturbund 1958 wurden die Vereinigungen der Intellektuellen in den Kulturbund eingegliedert. 1974 erfolgte eine weitere Umbenennung in Kulturbund der DDR, der 1985 etwa 265 000 Mitglieder hatte.

damaligen Regisseur im Kulturpalast, Joachim Schlese, (danach lange Zeit Redakteur bei MDR 1 Radio Sachsen, 2006 Leiter des Festumzuges zum Dresdner Stadtjubiläum) fand im Festsaal des Dresdner Kulturpalastes das erste Konzert statt. Teilnehmer war die Creme

Karlheinz Drechsel

des traditionellen Jazz der sozialistischen Länder: die Benkö Dixieland Band aus Budapest, die Prager Dixieland Band, die Warschauer Oldtimers, die Tower Jazz Band aus (Ost)Berlin, die Jenaer Oldtimers und die eigens für diesen Auftritt zusammengestellten Dixieland Allstars Berlin. Um das Konzert bei den kulturpolitischen »Oberen« durchzukriegen, musste eine Erklärung her, was »Dixieland« eigentlich sei. »Ein Zwischending aus Singebewegung der DDR und böhmischer Blasmusik«, war angeblich die Antwort Knebels – und damit hatte er wohl, auch aus heutiger Sicht, in gewisser Weise gar nicht so Unrecht. Das erste »Festival«, ein Konzert mit Rundfunkübertragung, fand jedenfalls im nur zur Hälfte gefüllten Festsaal des Kulturpalastes statt, doch schnell entwickelte sich das Ereignis zu einem regulären internationalen Festival, zu einem Dauerbrenner, und dehnte sich fast aufs gesamte Stadtgebiet Dresdens aus. Längst gehören Freilichtbühnen, Fußgängerpassagen,

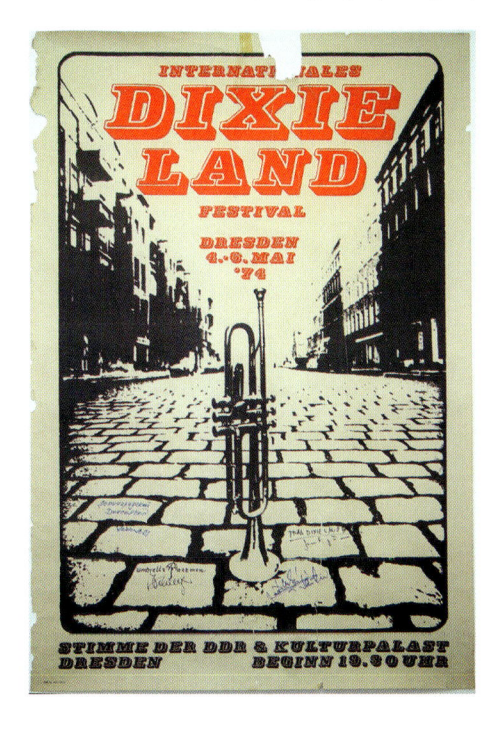

Jamsession

Eine Jamsession (von engl. »jam = Marmelade«, also »Zusammengemixtes«, und »session = Sitzung, Veranstaltung«) ist ein zwangloses Zusammenspiel von Jazzmusikern, die sonst nicht in einer Band zusammenspielen. Auf solchen Jamsessions werden meist Stücke gespielt, deren Harmonie und Melodie allen Mitmusikern bekannt sind (sogenannte Standards). In Dresden fanden bzw. finden Jamsessions in der früheren Szene-Kneipe ReiterIn, im Keller des riesa efau, in der früheren »Tonne«, im Blue Note und während des Dixielandfestivals im sogenannten Jazzklub im Feldschlösschen-Stammhaus statt.

Plakat zum Dixielandfestival 1974

Brauereien, die Universität und der Flughafen, Studentenklubs, Schlösser, Palais, Altersheime, Kindergärten und Kaufhäuser zu den Veranstaltungsorten, sowohl Straßen als auch die Elbe dienen seit vielen Jahren als »Show-Room« für Dixieland-Paraden zu Fuß, auf Pferdewagen, auf motorisierten Lastkraftwagen und auf Schiffen. Das Internationale Dixielandfestival Dresden, mittlerweile organisiert von der Sächsischen Festivalvereinigung e. V., avancierte nach dem Festival in New Orleans zum zweitgrößten dieser Art in der Welt. Im Zusammenhang mit diesem außerordentlichen Festival entwickelten sich auch Dixielandbands aus Dresden zu festen Größen der hiesigen Jazzszene: die Elb Meadow Ramblers, die Blue Wonder Jazz Band (nach der »Blaues Wunder« genannten Blasewitzer Elbbrücke), die Saxonia Feetwarmers, die deutsch-tschechisch besetzte Sunshine Dixieland Band Georg Hinows oder weitere Bands um den Saxofonisten Herbert Reimann und den Trompeter Dieter »Mo« Modrakowski (»Mo & Co.«, »Rubin«).

Und noch ein anderer Impuls für die Entwicklung der Dresdner Jazzszene ging von

Die Ruine des Kurländer Palais, in dessen Keller sich jahrelang die ersten eigenen Räume des Dresdner Jazzclubs »Tonne« befanden

Dixieland und Modernjazz Zwischen Tradition und Neuzeit

Mitreißende Rhythmen in der »Garde« zum Dresdner Dixielandfestival

diesem Festival aus. Bald schon wurde das Dixielandfestival zu einem internationalen Aushängeschild der DDR, und das brauchte mehr Flair und einen rustikal-romantischen Raum für die Mitternachtssessions, als es im drögen Kulturpalast zu schaffen möglich war. So passierte das »Wunder«. Was Frank Lüning 1962 noch verwehrt wurde, nämlich die Genehmigung für eigene Räume für »seinen« Jazzclub, wurde nun den Dresdner Jazzenthusiasten, konkret: der IG Jazz, genehmigt – die Interessengemeinschaft durfte den tonnenförmigen Gewölbekeller unter der Ruine des Kurländer Palais zur »eigenen« Spielstätte umbauen. Noch vor dem offiziellen Bezug 1981 fanden dann in der »Tonne« die ersten Sessions des Dixielandfestivals statt.

Neben der IG Jazz mit ihrer Tonne hatten während der 1980er-Jahre vor allem Veranstalter im Umfeld der Technischen Universität, so der Zentrale Studentenklub, der »Bärenzwinger« und die »Spirale«, nach wie vor die Konzert und Gastspieldirektion, der Kulturpalast und der Jugendklub »Scheune« eine größere Bedeutung.

Freie Improvisation
Die so genannte Freie Improvisationsmusik hat sich seit den 1960er-Jahren des 20. Jahrhunderts in Europa als eigenständige musikalische Sprache entwickelt. Beeinflusst wurde sie besonders durch die in der Nachfolge der 2. Wiener Schule wirkenden Komponisten und durch das Musikdenken von John Cage. Zeigt sich der Einfluss von Cage in der Emanzipation von Geräusch und Stille, so bewirkte der Free Jazz vor allem die Befreiung vom beat. Charakterisiert wird die Freie Improvisationsmusik auch durch die von Misha Mengelberg geprägte Wortfügung des »instant composing«. Der Pianist und Komponist Frederik Rzewski schrieb: »In der frei improvisierten Musik können wir die unerwünschten Dinge, die geschehen, nicht entfernen. Also müssen wir sie akzeptieren. So gesehen ähnelt die freie Improvisation dem wirklichen Leben«. Auf diese Weise bestätigt sich in dieser Musik, was auch der Filmemacher Buñuel erkannt hat: »Der Zufall ist der große Meister aller Dinge. Danach erst kommt die Notwendigkeit«.

Jazz-Wende zur politischen Wende

Doch spulen wir den Dresdner Jazzfilm wieder vorwärts. Unmittelbar nach 1989/90 brach auch in Dresden fast das gesamte Spektrum der Jazz-Veranstalter weg. Studentenklubs wurden aus den Hochschulen ausgegliedert und fanden sich als nahezu mittellose Vereine wieder. Die Konzert- und Gastspieldirektion wurde aufgelöst; damit entfiel auch das Jazzabonnement im Hygienemuseum. Der Kulturpalast begann, nach kommerziellen Gesichtspunkten zu arbeiten; er stellte alsbald aus wirtschaftlichen Gründen alle finanziell nicht einträglichen Veranstaltungsreihen ein.

Die IG Jazz des Kulturbundes allerdings gründete sich 1990 als »Jazzclub Tonne Dresden e. V.« neu und avancierte unter denkbar schlechten Voraussetzungen zum zunächst einzigen bedeutenden Jazzveranstalter in der neuen sächsischen Landeshauptstadt. Die »Tonne«, wie der Verein bald genannt wurde, hatte sich zwischen zwei Polen zu bewähren. Einerseits konnte man nun – anders als zu DDR-Zeiten – ohne ideologische Einschränkungen von »oben« jeden Künstler buchen, andererseits reichten die (in der Anfangszeit gar nicht vorhandenen) kommunalen Zuschüsse immer weniger, um den Ansprüchen eines überregional bedeutenden Jazz-Zentrums zu genügen. Durch großen Enthusiasmus, durch die Erarbeitung eines sehr guten Rufes (viele Musiker aus allen Ecken der Welt wollten unbedingt in der »Tonne« spielen) und – wie die damalige Geschäftsführerin des Vereins, Angelika Schmidt, zu Recht sagte – durch »gnadenlose Selbstausbeutung« (unentgeltliche Arbeitsstunden und Lohnverzicht) gelang es der Dresdner »Tonne«, zur Nummer Eins unter Ostdeutschlands Jazzklubs zu werden. »Tonne« stand für Qualität – bis 1997 galt, dass jeder, der übers Jahr regelmäßig die »Tonne« besucht, viele der wichtigen innovativen Jazzer aus den USA und Europa gehört hat.

Musiker wie Tim Berne, Dave Douglas, Chris Speed, Charles Gayle, Abraham Burton, Kenny Wollesen, Marc Ribot, Wayne

Dixieland und Modernjazz Zwischen Tradition und Neuzeit

Die Waldschlösschenbrauerei, deren ehemaliger Bierlagerkeller dem Jazzclub später als Bleibe diente

Horvitz, Stomu Takeishi, Paul Motian, Drew Gress, Ben Perowsky, Brad Shepik (Schoeppach), Mark Turner, Joshua Redman, Sun Ra, Anthony Coleman und viele andere spielten damals in der »Tonne«. Auch quantitativ machte die »Tonne« von sich reden, denn die Zahl ihrer Veranstaltungen pro Monat übertraf manches, was von kommunalen Einrichtungen geboten wurde.

Der Einschnitt kam 1997. Weil das Land Sachsen die Ruine des Kurländer Palais zum Verkauf ausschrieb, ohne ein Bleiberecht für die »Tonne« zu garantieren, und weil deswegen kein Investor zwischenzeitlich bereit war, für den mittellosen Jazzclub auf Sponsoringbasis Sanierungs- und Investitionsarbeiten zu übernehmen, sah sich die Mitgliederversammlung des Vereins nach harten Diskussionen und einer äußerst knapp ausgehenden Abstimmung gezwungen, in die historischen Bierlagerkeller der ehemaligen Waldschlösschenbrauerei umzusiedeln. Dort wurde der Klub jedoch weder vom Großteil der Gründungsmitglieder noch vom Dresdner Jazzpublikum ausreichend angenommen. Die laufenden Kosten der opulenten Untertage-Anlage konnten nicht annähernd erwirtschaftet werden; die städtischen Zuschüsse trugen weder der kulturellen Bedeutung des Jazzclubs »Tonne« noch der

Der »Jazzclub Neue Tonne e. V.« hat sein Domizil seit April 2002 im Keller des Kulturrathauses an der Königstraße 15

Größe der Räumlichkeiten auch nur ansatzweise Rechnung. Bereits 1998, ganz deutlich jedoch 1999 waren diese Kalamitäten am Programm zu erkennen, dem man die hilflose, in alle musikalische Richtungen gehende Suche der Geschäftsführung nach den rettenden »Geldbringer-Konzerten« anmerkte. Nachdem im Frühjahr 2000 die Geschäftsführerin Angelika Schmidt das Handtuch geworfen hatte, sah sich die neue Führungsriege der »Tonne« mit einem finanziellen Desaster konfrontiert, dessen wahres Ausmaß erst Schritt für Schritt sichtbar wurde. Konsequenz: Gegen Ende 2000 musste der Jazzclub »Tonne« e. V. Insolvenz anmelden.
Noch im Jahr 2000, am 21. November, haben Jazzfreunde den »Jazzclub Neue Tonne Dresden e. V.« gegründet, der die künstlerischen Traditionen des bisherigen Vereins aufgreifen und auf wirtschaftlich gesunden Füßen weiterführen und ausbauen will. Im März 2002 hat der Jazzclub Neue Tonne sein Domizil in den Kellerräumen des Kulturrathauses auf der Königstraße 15 bezogen. Seither bietet er wöchentlich etwa drei, vier Konzerte an – dienstags Jamsessions mit Studenten der Dresdner Musikhochschule, an den Wochenenden internationale und nationale Stars des innovativen Jazz nahezu aller Spielarten und – unter dem Motto JazzDD – die Creme des modernen Dresdner Jazz.

Neue Angebote in der Neustadt

In der zweiten Hälfte der 1990er-Jahre bis ins neue Jahrhundert hinein bildete sich – unabhängig vom Jazzclub – eine in Dresden bisher nicht gekannte Breite des Jazzangebotes heraus. Karstadt brachte Top-Stars wie James Morrison oder Dave Brubeck auf die Bühne, die Semperoper etablierte ihre Jazz-Reihe, im Musikkeller der Galerie Saite gab es unter der künstlerischen Leitung des Avantgarde-Saxofonisten Dietmar Diesner die Reihe »30plus«, die Deutschen Werkstätten Hellerau boten zeitgenössischen Jazz, die Scheune holte regelmäßig Kultmusiker aus den USA und Großbritannien, das sozio-kulturelle Zentrum riesa efau veranstaltete ebenfalls kleine, aber feine Konzerte im Bereich des zeitgenössischen Jazz, und in den Kneipenklubs Blue Note und Groove Station ging die Post mit überwiegend Dresdner Funk-, Mainstream-, Acid-, Soul- und Countryjazz ab.

Schon in der ersten Hälfte der 1990er-Jahre hatte sich die Blaue Fabrik, eine Künstlervereinigung anfangs aus Musikern, Tänzern und Malern, die sich den improvisierten Künsten widmete, als Veranstalter ins Rampenlicht »gespielt«. Eine neue Qualität erreichte dieser Veranstalter in der Dresdner Neustadt, als der Posaunist und Komponist Günter Heinz das Festival Frei Improvisierter Musik 1997 von Berlin nach Dresden in die Blaue Fabrik brachte. Seither hat sich dieses Festival als deutschlandweit einziges seiner Art in Sachsens Landeshauptstadt etabliert; im September 2006 fand das Festival hier nun bereits zum zehnten Mal statt. Bis in die Gegenwart hinein gilt damit zu Recht die Blaue Fabrik (die neben diesem Festival noch die »Konzerte am Kamin« und die Konzerte bzw. Minifestivals »Bedrohte Art« veranstaltet) als der zentrale Spielort für frei improvisierte Musik in Dresden.

Doch davon abgesehen: Von der Vielfalt der 1990er-Jahre ist in den Jahren nach 2003 nicht mehr allzu viel geblieben – in einigen Fällen erlosch das Angebot ganz, in anderen wird es ausgedünnt weitergeführt.

*Avantgarde-Saxofonist
Dietmar Diesner*

Über eine Besonderheit verfügt Dresden auch noch: Im Norden der Stadt haben Enthusiasten den ehemaligen Bahnhof Weixdorf-Bad zu einem Dixiebahnhof umgebaut. Das gemütliche Anwesen sollte als Dixielandjazz-Zentrum genutzt werden; mittlerweile wird im »Kulturzentrum im Dresdner Norden« (so die Selbstbezeichnung) ein breit gefächertes Kleinkunstprogramm quer durch fast alle Genres veranstaltet – inklusive einiger Dixie-Konzerte.

Als stimmungsvolle Jazz-Klubkneipe mit anspruchsvollem Programm hat sich das Blue Note in der Dresdner Neustadt entwickelt. Tag für Tag musiziert hier die Creme der Dresdner Mainstream- und Modernjazz-Musiker.

Der gute Ruf der Dresdner Musiker

Die Zahl der aktiven, guten Dresdner Jazzmusiker ist kaum noch wirklich überschaubar. Neben den international renommierten Stars der europäischen Freejazz- und Improvisationsszene wie Drummer Günter »Baby« Sommer (gleichzeitig eine Weile lang Prorektor für Künstlerische Praxis der Dresdner Musikhochschule), dem »Saxophon-Actor«

Dietmar Diesner und dem Cello-Avantgardisten Peter Koch haben sich noch weitere Improvisatoren einen außerordentlich guten Ruf erspielt: der Posaunist, Komponist und Mathematiker Günter Heinz, einer der eigenwilligsten und künstlerisch konsequentesten Musik-Künstler Ostdeutschlands überhaupt, der Violinist Steffen Gaitzsch (hauptberuflich in der Dresdner Philharmonie), der Saxofonist und Computer-Künstler Hartmut Dorschner und der Schlagzeuger Matthias Macht (2003 als Drummer von Chris Whitley unterwegs). An dieser Stelle sollen auch vier Musiker erwähnt werden, die eigentlich mit Dresden verbunden sind, aber der hiesigen Szene verloren gingen: der viele Jahre in Dresden lebende Avantgarde-Geiger Hansi Noack (jetzt Leipzig), der Ausnahmebassist Steffen Landgraf (hat schon vor Jahren das Musizieren aufgegeben), der seit langem schon in der Berliner Improvisationsszene tätige Gitarrist Lothar »Fiedi« Fiedler und der mittlerweile in der Versandabteilung eines Wuppertaler CD-Unternehmens arbeitende Heinz Becker, einst der wohl kompetenteste Trompeter Deutschlands. Erst vor wenigen Jahren verlegte der handwerklich-musikalisch brillante Pianist Andreas Gundlach seinen Lebensmittelpunkt von Dresden nach Berlin.

Zur Dresdner Jazzszene gehört auch und gerade das Duo Matthias Macht (l.) und Hartmut Dorschner, hier in der Blauen Fabrik 1996

Zwischen Tradition und Neuzeit Dixieland und Modernjazz

Günter »Baby« Sommer im Solo

Mit Weltgeltung
Günter »Baby« Sommer, Drummer und Perkussionist mit Weltgeltung, gehört zu den ganz wenigen Dresdner Musikern, die die Entwicklung und Profilierung eines europäischen neuen Jazz nachhaltig mitgeprägt haben. Seine Konzerttätigkeit erstreckt sich von ganz Europa bis in die USA, nach Brasilien und Asien. Seine CDs sind in fast allen Welt-Metropolen zu kaufen.

Auf dem Grenzgebiet zwischen Improvisationsmusik und modernem Jazz arbeitet der Pianist, Organist, Vibraphonspieler und Bassgitarrist Andreas Scotty Böttcher. Dessen Musik brilliert mit außerordentlicher Präzision und einer großen Ausdrucksfülle. Die Übergänge vom Jazz zu Rock, Post-Rock beziehungsweise auch Film- und Theatermusik gestalten die Gitarristen Frieder Zimmermann und Matthias Petzold.

Jazzer reinsten Wassers zwischen Mainstream und Moderne sind die Musiker des »Monday Night Long Island Ice Tea Jazz Fanatics Orchestra« und aus dessen Umfeld, eine Working-Big Band, die einst als regelmäßig montags auftretende Band des Jazzclubs Tonne begann und die nun ihren Montagsauftrittsort im Restaurant »Lingners« im Hygienemuseum hat. Die Drummer Volkmar Hoff (vom Michael Fuchs Trio), Heiko Jung und Sven Helbig (der zudem noch »Drahtzieher« verschiedener Musikprojekte der Dresdner Sinfoniker ist), der versierte Bassist Tom Götze, der stilistisch außerordentlich vielseitige, souveräne Trompeter und Flügelhornist Frank Bartsch, der Gitarrist Rüdiger Krause sowie die Saxofonisten Dittmar Trebeljahr, Jens Bürger und Thomas Walter gehören dazu.

Dixieland und Modernjazz Zwischen Tradition und Neuzeit

Eine weitere in Dresden beheimatete Big Band ist das »New Fantastic Art Orchestra of North«, ein Ensemble, das sowohl personell als auch von der humor-orientierten Ästhetik auf DEKAdance zurückgeht. Mitglieder sind Bert Stephan – Dirigent/Chef, Friedemann Seidlitz – cl, Jan Heinke – as, Jens Bürger – ts, Kerstin Flath – bs, Bernd Aust – fl, Klaus Weichelt – tb, Helge Petzold – tb, Arne Fischer – tu, Hansi Noack – v, Willi Wagner – vib, Christian Pietsch – keyb, Frank Fröhlich – ac-g, Marc Dennewitz – e-g, Tom Vogel – bg und Michael Haubold – dr (als Komödiant unter »Olaf Schubert« bekannt).

Einen ganz eigenen Weg jenseits aller »Szenen« geht der Saxofonist Michael Schulz. Dieser Musiker besticht mit seiner dynamischen, einfallsreichen Spielweise, mit expressiven Improvisationen zwischen John Coltrane und zeitgenössischer komponierter Musik. Schulz, seit 1988 Freiberufler, gab Konzerte in vielen Städten Deutschlands, außerdem in Frankreich, Schweden, Belgien,

Hartmut Dorschner, Saxofonist und Computer-Künstler

der Schweiz und Großbritannien. Darüber hinaus führte ihn eine Tournee für über ein halbes Jahr nach Korea. Seine Projekte waren bzw. sind »Blue Tune« mit wechselnden Pianisten, unter anderem mit Jochen Aldinger, Wolfgang Torkler, Andreas Gundlach, seine Solo-Auftritte und seine verschieden besetzten Trios, die freien Jazz jeweils mit zeitgenössischer Musik oder auch mit Rockmusik verbinden. Dabei ist die ad-hoc-Combo »Stahl-in-Orgel« besonders hervorhebenswert. Schulz konzipierte und leitete auch mehrere größere Projekte, die Brücken vom freien Jazz zu anderen Künsten schlagen: das von mehreren tausend Gästen besuchte Picasso-Projekt 2004 in der ALTANA-Galerie der TU Dresden, das Projekt »Stadt-Musik« anlässlich des Dresdner Stadtjubiläums 2006, das an verschiedenen Veranstaltungsstätten im Dresdner Stadtgebiet gleichzeitig stattfand, sowie mit »vor den Bildern. Feininger«, ein Projekt anlässlich des Feininger-Jahres 2006 vorwiegend in Quedlinburg.

Michael Schulz

Rock von »Punk« bis »Funk«

Mathias Bäumel

Rockmusik – oder Beat, wie es noch Ende der 1960er-Jahre hieß – »lebte« in Dresden und Umgebung von Anbeginn unter den Bedingungen eines fehlenden »West-Empfanges«. Es gab weder UKW-Radioempfang noch die entsprechenden Schallplatten. Wer Rockmusik hören wollte, hatte nur folgende Möglichkeiten: Entweder man hatte Kontakt zu einem illegalen Schallplatten-Tauschring oder man gab sich zufrieden mit dem Gequietsche und Gekreische beim Hören von AM-Rundfunk-Sendern wie Deutschlandfunk, Radio Free Europe, Soldatensender oder Radio Luxemburg.

Tonangebend: »Sachsendreier«
Doch es gab noch eine dritte Möglichkeit: den sogenannten Jugendtanz. Dort traten hiesige Bands auf, die die Originale aus dem Westen nachspielten, und das nicht etwa schlecht. Studenten der Dresdner Musikhochschule, später deren erste Absolventen, Mitglieder des Kreuzchores sowie Schüler der Kreuzschule sorgten dafür, dass die Beat- und Rockmusik Dresdner Bands – zumindest spieltechnisch gesehen – mehr als ordentlich war. Vor allem die Electra-Combo (später nur noch als »electra« firmierend), die Stern-Combo Meißen (später Stern Meißen) und das Dresden-Sextett (später wurde daraus Lift) spielten diesbezüglich ab Ende der 1960er-Jahre eine Rolle, wobei damals schon eine Vorliebe dieses später so genannten »Sachsendreiers« für große Werke beziehungsweise für West-Bands, die sich an »großer«, durchkomponierter Musik orientierten (Collosseum, Jethro Tull, Chikago,

Die »Electra-Combo« ...

Flock), zu spüren war. Vorher jedoch hießen die kultigen Bands Kreuz-Combo (nomen est omen: Kreuzschule), Fred-Herfter-Combo, Diana, Syncopators, Studio 66 oder Quintanas. Das waren die Bands, die den jungen Dresdnern die Stones, Beatles, Jimi Hendrix oder später dann auch Cream nahe brachten. Auch Heinz Kunert und die Theo-Schumann-Combo spielten eine gewisse Rolle, obwohl denen ein klein wenig das Flair der Subalternität anhaftete. Bands aus Berlin und – in geringerem Ausmaß – aus Leipzig kamen dazu: die Music Stromers (später Modern Soul Septett), Jewgeni Kantscheff (mit dem späteren »Puhdy« Birr), die Alexanders (mit Herbert Dreilich), dann auch Panta Rhei, vor allem auch die Uwe

... die »Stern-Combo« Meißen ...

Rock von »Punk« bis »Funk« Zwischen Tradition und Neuzeit

... *und die Gruppe »Lift« – sämtlich in späteren Jahren*

Rock-»Schmiede«
Im Mai 1962 wurde an der Dresdner Hochschule für Musik »Carl Maria von Weber« die Klasse für Tanz- und Unterhaltungsmusik gegründet. Leiter war Günter Hörig, renommierter Jazzpianist, Komponist und Orchesterleiter der »Dresdner Tanzsinfoniker«. Damit war die deutschlandweit erste Hochschul-Ausbildung für Tanz- und Unterhaltungsmusiker geschaffen worden. Der heute weltweit anerkannte Freejazz-Schlagzeuger und Hochschulprofessor Günter »Baby« Sommer gehörte damals zu den ersten Studenten. Weitere Ex-Studenten der mittlerweile »Jazz, Rock, Pop« benannten Abteilung haben sich seit Jahrzehnten in den entsprechenden Musikbereichen einen Namen gemacht: Veronika Fischer, Konrad Bauer, Helmut Forsthoff, Michael Fuchs, Bernd Aust (»electra«), Uwe Schikora, Jäcki Reznicek (»Pankow«, »Silly«), Barbara Kellerbauer, Elke Martens, Gerhard Schöne.

Schikora Band, deren im Volkshaus Laubegast zelebrierte Version von Deep Purples »Child in Time« zu den Meilensteinen Dresdner Musikkultur zählen muss, seit Anfang der 1970er-Jahre auch die als die gefährlichste Undergroundband der DDR geltende Bürkholz-Formation, die mit ihren exzessiven Auftritten im Lindengarten Hellerau für atemberaubende Rock-Orgien im musikalischen Stile von Colosseum sorgten. Dass in beiden zuletzt genannten Bands der später zum Schlagersänger mutierte Sänger Hans-Jürgen Beyer eine Zentralfigur abgab, soll nicht verschwiegen werden. Die nachmals weithin bekannt gewordene Veronika Fischer sang zuerst bei Herfter, dann bei der Stern Combo Meißen, bevor sie zu Panta Rhei ging, um danach eine eigene Band zu gründen. Überhaupt: Viele der zunächst (meist in Zusammenhang mit der Hochschule) in Dresden wirkenden Musiker wanderten ziemlich schnell nach Berlin – das kulturelle Zentrum der DDR – ab, so dass sie in Dresden kaum Spuren hinterließen: Franz Bartsch ist unter den »Rockern« der wohl bekannteste.

Rockschuppen – heute vergessen

Rockmusik oder Beat brauchte nicht nur Musiker, sondern auch Säle, in denen es »zur Sache« ging. In Dresden und Umgebung waren das zuallererst der Lindengarten an der Otto-Buchwitz-Straße, der Lindengarten Hellerau, das Parkhotel auf dem Weißen Hirsch (noch heute mit seinen verschiedenen Sälen »Austragungsort« diverser Partys und Konzerte), das Volkshaus Laubegast, der Untere Gasthof Lockwitz (heutzutage eine halbe Ruine mit seit vielen Jahren ungenutztem Saal), das Klubhaus der Sachsenwerker in Leuben/Niedersedlitz (nach der politischen Wende zunächst unter dem Namen SACHS privat weiter geführt, dann auf mysteriöse Weise abgebrannt), das sogenannte BC (»Ballsäle Coßmannsdorf«) in Freital-Coßmannsdorf (Hainsberg), zum Teil auch der damalige Klub der Jugend und Sportler (Scheune) und das Kurhaus Bühlau.

In der zweiten Hälfte der 1960er-Jahre spielten die Erweiterten Oberschulen (»EOS« – heute Gymnasien) eine spezifische Rolle – die Schul- und Faschingsbälle gerieten im »Tal der Ahnungslosen« zunehmend zu Rockmusik-»Schaffen«, denn wo sonst sollte man im rundfunkempfangslosen Gebiet handfesten Rock hören? Das Wichtigste bei diesen regelmäßig in den eben aufgezählten Etablissements veranstalteten »Bällen« (Frühjahrs- und Herbstball, Fasching) war nicht unbedingt das Tanzen, sondern das Zelebrieren von Rockmusik. Die Leute standen auf der Tanzfläche und hörten, so lange es der Alkoholpegel erlaubte, der Musik zu. Einfach nur tanzen wollen, ohne an diesen Rockritualen teilzunehmen, war verpönt. Die »Liga« (der Lindengarten auf der Buchwitzstraße) war für den Slogan »Drei Säle, drei Möglichkeiten« bekannt, doch vom Ende der 1960er- bis in die 1970er-Jahre hinein gab es nur eine »ehrenhafte« Möglichkeit: Rock im großen Saal.

In dem Maße, wie die Rockbands mit eigener Musik anstelle mit ausschließlich nachgespielter »West-Rockmusik« hervortraten, gewannen auch Hörsäle der TU Dresden

Rock von »Punk« bis »Funk« Zwischen Tradition und Neuzeit

Das rekonstruierte Volkshaus Laubegast

und die Studentenklubs (Spirale, Bärenzwinger) und ganz besonders die staatlich noch mehr kontrollierten Spielorte wie der Kulturpalast, der Kongress-Saal des Hygienemuseums und die Freilichtbühne Junge Garde als Konzertstätten an Bedeutung. Ab Mitte der 1970er-Jahre gastierten hier regelmäßig alle bedeutenden DDR-Rockbands, natürlich auch jene aus Dresden und dem Umfeld. Auch die Creme der Rockmusik aus Ungarn und Polen – so Locomotiv GT und Niemen – zelebrierte da seine Kunst.

Kunst und Kunsthaftigkeit

Die 1970er- und die erste Hälfte der 1980er-Jahre war die hohe Zeit der Bands electra, Stern Meißen und Lift. Diese drei Formationen, über die mittlerweile der Autor Jürgen Balitzki ein ganzes Buch geschrieben hat, entwickelten sich zu den imposantesten Vertretern eines »Art-Rock made in Dresden« – jede auf eine ganz spezifische Weise. Lift orientierte sich an kammermusikalischen Strukturen, bezog einiges aus der Welt des Kunstliedes mit ein und wusste auch mit Jazzelementen umzugehen; die Band in ihrer damaligen Form gehört zum Besten, was deutsche Rockmusik überhaupt bis heute zu leisten vermochte.

*»electra«, 1984, mit
Wolfgang Riedel,
Gisbert Koreng,
Bernd Aust (v. l. n. r.)*

DDR-»Jugendmusik«
Ab 1971 maß die DDR-Kulturpolitik der »Jugendmusik« eine neue, wichtigere und ideologisch offenere Rolle zu. Gründe dafür waren einerseits die Tatsache, dass man die Jugendlichen kulturell kaum noch erreichte, und andererseits Vorbereitungen auf die im Sommer 1973 stattfindenden »Weltfestspiele der Jugend« in der DDR-Hauptstadt Berlin; dort wollte man sich als weltoffener Gastgeber zeigen. Folge: Es entstanden praktische und ideologische Freiräume für eine eigene, DDR-spezifische Rockmusik. So wurden ab 1971 beim staatlichen Plattenlabel Amiga deutlich mehr LPs mit der Musik von DDR-Rockgruppen veröffentlicht, ganze LP-Reihen (»Rhythmus«, »hallo«) wurden herausgegeben.

Auch Songs wie »Tritt ein in den Dom« und viele weitere von electra sowie einige bombastisch wirkende Werke von Stern Meißen (»Weißes Gold« – Synonym für Meißner Porzellan) verpassten der DDR-Rockmusik einen »Dresdner Akzent« der Kunsthaftigkeit. Das Flair des Mottos »Handwerk hat goldenen Boden« spürte man auch bei weiteren, sehr auf das Songhafte orientierten Bands aus Dresden und Umgebung, deren Bedeutung über die Region hinausstrahlte: Simple Song, Zwei Wege und – theatralisch agierend – Regenwiese.

Banddebüts lassen aufhorchen

Doch spätestens Mitte der 1980er-Jahre ließ sich auch im »Tal der Ahnungslosen« Neues nicht mehr überhören, Punk, New Wave und Hip Hop fassten auch hier Fuß. Was in

»Stern Meißen« bei einem Konzert 1985 (Ralf Schmidt, Uwe Bassbecker, v. l. n. r.)

Rock von »Punk« bis »Funk« Zwischen Tradition und Neuzeit

Wolfgang Scheffler im Solo, »Lift«, 1986

Berlin schon Jahre zuvor mit Pankow, Keks, Silly und den sogenannten »anderen Bands« wie Feeling B oder Herbst in Peking Bahn gebrochen hatte, setzte sich nun in Dresden auch langsam durch: Punkbands wie Kaltfront und vor allem »Freunde der italienischen Oper« sowie der unvergleichliche Electric Boogie (grandioser Hip Hop lange vor den westdeutschen Fantastischen Vier –

DekaDance, 1988, mit Josef Grohs, Klaus Weichelt, Hans-Jürgen Noack, Bert Stephan (v.l.n.r.)

»Kaltfront«, 1988, mit Jörg Löffler, Donald Schönfelder, Jens Dittschlag, Tom Wittig (v.l.n.r.)

Spielarten

Post-Rock ist ein Sammelbegriff für unterschiedliche Spielarten des Rock, die einerseits sehr stark mit Alternative- oder Indierock verwandt sind, andererseits Anklänge an den Progressive Rock der 1970er-Jahre bieten. Vergleichbar mit anderen Bildungen mit dem Präfix post- soll die Zwitterstellung angedeutet werden, in der sich der Post-Rock befindet; einerseits gehört diese Musik in den Bereich der Rockmusik, andererseits versucht sie, diesen zumindest in seiner herkömmlichen Form zu überwinden. Post-Rock ist häufig geprägt durch melancholisch wirkende Melodie- und Harmonieläufe, durch kammermusikalische Anklänge und durch eine ausgeprägte Melodiösität der Themen.

eigentlich bürgerlich Alexander Morawitz) mischten die Stadt auf. Das Neue wurde gespielt im Kino »Schauburg« und vor allem auch in der Scheune. Dort hatte die Band Dekadance ihre Heimspiele, eine Gruppe, die es irrlichternd gut verstand, zupackenden Funk-Free-Rock à la Doctor Nerve zu verbinden mit sächsischem Blödelhumor, satten Bigband-Bläser-Sounds und bissigem Rock. Lange Zeit, bis weit in die Jahre nach der Wende hinein, war Dekadance die Stimmungsband Dresdens, und beide sich aufdrängenden Bedeutungen des Namens trafen zu. Dekadance machte Stimmung und gab auch die spezifisch in Dresden existierende Musikstimmung wider.

Post-Rock als Vorahnung

Die Scheune und die – ansonsten wohl eher an frei improvisierten Künsten orientierte – Blaue Fabrik waren Heimstatt mehrerer Bands, die sich um den Bassgitarristen und Gitarristen Matthias Petzold sowie den Drummer Matthias Macht gruppierten: Broom, um 1994, orientierte sich an der Band Codeine (eigentlich ein reizberuhigendes Mittel, das in hohen Dosen Morphium-ähnlich wirken kann) und war der hypnotisch-melancholische »Rockhammer« in Dresden, dessen Sounds die wenige Jahre später ausbrechende Dresdner Post-Rock-Mode vorwegnahm; dann um 1997 Thermoking und Forkefeld, zwei Bands, die wehmütige Melodien mit kräftigen Rockrhythmen verbanden. Das Besondere dieser Bands bzw. der sie tragenden Musiker ist deren ästhetische Offenheit. Wenn Petzold und Macht einerseits Post-Rock-artiges spielen, finden sie sich andererseits in Improvisationsbands wie Bang Johannsen zusammen oder betätigen sich – ganz besonders im Falle Frieder Zimmermanns – auf den Gebieten der Film- und Theatermusik. Die Band Goldoni – neben den Bassisten Heiko Schramm und Rüdiger Päßler ebenfalls mit Drummer und Keyboarder Matthias Macht und dem Sänger/

Gitarristen/Bassgitarristen Matthias Petzold – setzte diese Reihe um 1999 fort; nach 2000 macht deren Projekt »Tijuana Mon Amour Broadcasting Inc.« von sich reden – vor allem mit einem musikalischen Kontrapunkt zum Film »Matrix«.

Doch auch Grunge im Gefolge von Bands wie Nirvana oder auch Pearl Jam faßte in Dresden Fuß. Need A New Drug und darauf folgend Gaffa sowie die Band »Funk und Fernsehen« und deren bekanntere Nachfolge-Gruppe Manic S.O.X. verfügten über eine große regionale Präsenz und beharrliche Fangemeinden.

Andere Welt: Blue Jay Fun Cayz

Eine Sonderstellung nimmt die ab etwa 2000 auftauchende Band Blue Jay Fun Cayz von Hagen Gebauer ein. Ein Fall von Blues, Jazz, Fun und Funk (so die »verslangte« Abkürzung), lehnt sich diese Band an das Prinzip einer Verknüpfung von melodieorientierten, komplexen Songstrukturen mit Soul, Funk und Jazz – wie etwa bei der Dave-Matthews-Band aus den USA – an. Keiner Zeitgeistströmung folgend, sehr eigenständig und dennoch brandneu Heutiges mit den 1970er-Jahren verknüpfend (obwohl sämtliche Musiker blutjung sind!), hat sich diese Band mittlerweile eine kleine Fangemeinde erspielt, deren Altersstruktur von »Teenie« bis »agile Großeltern« reicht. Aus den »BJFC« wurden dann im April 2005 die Cosmofonics, eine zupackende Rockband mit einer intelligenten, wilden Musik wie kaum eine zweite im Osten Deutschlands; im Mai 2006 jedoch fiel diese vielversprechendste Band, die Dresden seit der Wende hatte, auseinander.

Neue Zeit – neue Locations

Doch nach 1989/90 entstanden nicht nur neue Bands. Die Szenerie der Spielorte veränderte sich grundsätzlich. Hörsäle und

Die »Scheune« entwickelte sich nach der Wende zu einem Zentrum interessanter Pop-Elektronik- und Rock-Projekte

Studentenklubs fielen als Veranstaltungsorte für Rock weg, wenn auch kleinere Konzerte noch im Klub Neue Mensa (montags als Disko-Programmeinlage) und dem Bärenzwinger stattfanden. Auch im Kulturpalast und im Hygienemuseum rockte es kaum noch. Die Scheune dagegen, bis heute eine Einrichtung der Stadt (wenngleich im Jahre 2006 die Bemühungen um eine Privatisierung schon weit gediehen waren), entwickelte sich immer mehr zu einem Zentrum interessanter Rock- und anspruchsvoller Pop-Elektronik-Projekte.

Ein kurzes Leben nach der politischen Wende hatte in Radebeul bei Dresden die »Sekte« – schon um 1992 waren die dortigen Aktivitäten wieder erloschen. In einem alten Kinogebäude in Dresden-Briesnitz startete der Starclub, zunächst noch unter Leitung von Bernd Aust, dann ab 1993 als Spielstätte des Starclub-Vereins, dessen Geschäfte von »Lotte« Lachotta geführt und dessen Programm zuerst von Uwe »Hebbe« Heberer, seit einigen Jahren nach Hebbes Tod von Heiko Wolfram »gebooked« wurde. Der Starclub – von der Dresdner Kulturpolitik nicht gerade gehätschelt – hat sich zu Recht den Ruf des wichtigsten und anerkanntesten Independent Rockklubs in Ostdeutschland erarbeitet. Alles, was Rang und Namen hat auf dem Gebiet des Nicht-Mainstream, trat und tritt hier auf. Nicht selten bewiesen dabei die »Macher« ein besonderes Gespür und erwiesen sich als »Scouts«: So traten hier beispielsweise lange vor ihrem großen Ruhm Moby oder auch die Fanta Vier auf.

Bernd Aust dagegen eröffnete seinen Alten Schlachthof an der Leipziger Straße – hier finden Konzerte in einer stilistisch großen Bandbreite statt, von Diamanda Galas bis zum Kocani Orkestar, von Sinfoniekonzerten bis zu Latino-Musik, von Jazz bis zeitgenössischer Konzertmusik. Dabei ist unerheblich, ob es eigene Aust-Veranstaltungen oder solche von eingemieteten Veranstaltern sind. Neben der lediglich im Sommer nutzbaren Freilichtbühne Junge Garde ist in Dresden der Alte Schlachthof die mittlerweile gut eingeführte, einzige Konzertstätte für große, viel Publikum ziehende renommierte Bands.

Nach wie vor treten die großen Mega-Acts im Rockbereich in Dresden nicht auf – zu Stones-Konzerten etwa fahren Dresdner nach Prag, Leipzig oder Berlin. Wer aber mehr und anderes will als lediglich die Rock-Dinosaurier vergangener Zeiten zu erleben, der kann im Dresdner Starclub hören, was die Welt an Rockinnovation gerade hervorbringt und in der Scheune, wie kreativ auch Dresdner Bands sein können.

Der Alte Schlachthof an der Leipziger Straße: Konzerte mit Stilvielfalt

Die Stars von morgen

Musikalische Bildungseinrichtungen

Gabriele Gorgas

Dresden als herausragendes europäisches Musikzentrum findet seinen Nährboden auch darin, wie es aus eigener Kraft gelingt, das künstlerische Potenzial der Stadt ständig aufzufrischen, einen Verjüngungsquell zu schaffen, der hohen Ansprüchen genügen kann. Dieses offene Geheimnis zieht sich durch alle Jahrhunderte, ist frühzeitig verknüpft mit der wechselvollen Geschichte der Musik und des Theaters am Hofe der Kurfürsten von Sachsen, wie sie zum Beispiel von Moritz Fürstenau, Königlich Sächsischer Kammermusikus, im 19. Jahrhundert sorgsam nach Archivalien aufgezeichnet wurde.

» ... nach Hof-Capellen Art«

Vor allem in Kostenaufstellungen und Bestallungsurkunden des sächsischen Hofes finden sich Hinweise zur Ausbildung und Erziehung junger Musiker und Sänger. Für den Hofkantor war im 17. Jahrhundert beispielsweise aufgeführt, er habe die Kapellknaben »in der Pietät, wahren Gottesfurcht und unserer Seligmachenden Religion, auch in der Lateinischen und wo es nötig, Griechischen Sprache, mit sonderbaren vleiß zu instituieren«. Oft unterrichteten als Meister auch Mitglieder der Hofkapelle die »Instrumentisten-Knaben« sowie »Cantorey-Knaben«, und selbst dem vielbeschäftigten Hofkapellmeister Heinrich Schütz oblag neben seinen Komponier- und Musizierverpflichtungen noch die Aufgabe, das zu koordinieren. Als ab 1697 Johann Christoph Schmidt, Sänger und Instrumentalist, für die Kapellknaben zuständig war, wurde ihm auferlegt, diese

Die Stars von morgen Musikalische Bildungseinrichtungen

Nachrufgedicht
»So hast du, werter Schütz, auch etlich hundert Knaben nach Hof-Capellen Art zu singen angeführt.« Aus einem Nachrufgedicht, 1672, zitiert nach Wolfram Steude.

im Singen so zu unterrichten, dass sie »in der Capelle, als bei der Taffel und Operen Dienste leisten können, zu welchem sie auch die Italienischen Arien« lernen sollen. Zudem musste er »selbige auf dem Clavier und ihm bewussten Instrumenten abrichten.«

Die Hochschule für Musik

Auf Kapellehrer-Traditionen geht auch die Gründung des Dresdner Konservatoriums, Vorgängereinrichtung der heutigen Hochschule für Musik Dresden »Carl Maria von Weber«, zurück. Das Dresdner Konservatorium wurde am 1. Februar 1856 durch Friedrich Tröstler, Geiger und Kammermusiker der »Königlichen Musikalischen Kapelle«, als private musikalische Bildungsanstalt mit Sitz in der Landhausstraße 11 eröffnet. Bereits

Das Vestibül der heutigen Hochschule für Musik Dresden »Carl Maria von Weber« am Wettiner Platz

Staatskapellmeister Kurt Striegler, 1933 bis 1936 künstlerischer Leiter des Konservatoriums, wurde zum Namensgeber des Striegler-Quartetts

1860 übernahm Johann Friedrich Pudor die geschäftsführende Leitung der bankrott gegangenen Einrichtung, ließ Statuten ausarbeiten und eröffnete 1867 das erste Musiklehrerseminar Deutschlands. 1881 wurde dem Konservatorium das Prädikat »Königlich« verliehen. Ab 1890 befand es sich für 47 Jahre im Besitz der Familie Krantz, zunächst von Georg Eugen Krantz, der es dann seinen Söhnen vererbte. So wurde es auch als »Krantzsches Konservatorium« bekannt. Im Jahre 1906 beispielsweise studierten hier etwa 500 Vollschüler und 1 000 Einzelfachschüler.

Noch vor dem Ersten Weltkrieg kam es in Dresden zu Bestrebungen, die private Bildungsanstalt in eine »staatliche Hochschule für Musik« zu erheben. Nach dem Abdanken des sächsischen Königs im Jahre 1918 griff Dr. Paul Adolph, eingesetzt als Staatskommissar, dieses Bemühen mit konkreten Reformvorschlägen wieder auf. 1923 spaltete sich die Orchesterschule der Sächsischen Staatskapelle vom Dresdner Konservatorium ab. Beide Einrichtungen wurden auf Druck

Paul Büttner
Besondere Verdienste als Musikerzieher wie auch als Komponist, Chor- und Orchesterleiter hat sich in Dresden Paul Büttner erworben. 1962 erhielt die damalige Volksmusikschule seinen Namen. Büttner leitete über vier Jahrzehnte Volkschöre in der Stadt und Umgebung, setzte sich in seiner zehnjährigen Amtszeit als künstlerischer Leiter des damaligen Dresdner Konservatoriums (1923–1933) engagiert auch für die Etablierung einer Volksmusikschule an seinem Institut ein.

der Nationalsozialisten 1937 zum »Konservatorium der Landeshauptstadt Dresden – Akademie für Musik und Theater« vereint. Karl Böhm übernahm vorübergehend die »oberste künstlerische Leitung«. Der Festakt fand am 11. Oktober 1937 im Rahmen der »Gaukulturwoche« statt, und der Einzug ins neue Hauptgebäude am Seidnitzer Platz 6 erfolgte am 8. April 1938. Dieser Zusammenschluss war, historisch gesehen, eine Art Rückkoppelung. 1923 hatten persönliche Differenzen zwischen dem Solocellisten, Konzertmeister und künstlerischen Leiter des Konservatoriums, Georg Wille, und der Pianistin Laura Rappoldi-Kahrer dazu geführt, dass fast alle am Konservatorium als Honorarlehrkräfte tätigen Staatskapellmitglieder ihre Verträge kündigten und besagte Orchesterschule als eingeschriebenen Verein gründeten. Für das Konservatorium bedeutete das quasi den Zusammenbruch, der aber mit der Verpflichtung von Mitgliedern der Philharmonie und freien Musikern abgewendet werden konnte. Dennoch blieb die Absplitterung für das Institutsgefüge ein irreparabler Schaden.

Unter dem Diktat der Nationalsozialisten hatten sich für das Konservatorium einschneidende Veränderungen ergeben. Bereits am 1. April 1933 war der Komponist, Chorleiter und Kapellmeister Paul Büttner aus politischen Gründen aus seinem Amt als künstlerischer Leiter entfernt worden. Nachfolger wurde von 1933 bis 1936 Staatskapellmeister

Das 1938 bezogene neue Hauptgebäude des Konservatoriums am Seidnitzer Platz 6

Kurt Striegler. 1934, zur ersten Reichs-Theaterfestwoche in Dresden, zu der auch Adolf Hitler anreiste und Aufführungen besuchte, sprach Joseph Goebbels vor Pressevertretern über die Absicht, im Festspielhaus Hellerau eine Reichstheaterschule und eine Staatliche Akademie der Tonkunst zu errichten. Es sei nur noch die Klärung einiger finanzieller und organisatorischer Fragen nötig, bemerkte er. Realisiert wurde das Vorhaben nicht.

Schule oder Konservatorium?

Zur noch wenig erforschten Geschichte des Konservatoriums in der Zeit von 1933 bis 1945 hat der Musikhistoriker Hans John, ehemaliger Leiter des Instituts für Musikwissenschaft der Dresdner Musikhochschule, beim Auswerten der im Stadtarchiv Dresden befindlichen Dokumente aus dem Nachlass Krantz spannende Details und Zusammenhänge herausgefunden. Er zitiert beispielsweise aus einem Brief von Curt Krantz, den dieser am 15. August 1936 an Carl Holtschneider richtete, den Direktor des Städtischen Konservatoriums Dortmund: »Die berühmten Dresdner Verhältnisse haben sich nicht gebessert. Der Kampf zwischen Konservatorium und Orchesterschule ist entbrannt wie noch nie, und man ist wieder dabei, mit Verstaatlichung oder neuen Hochschulplänen, natürlich wie immer mit der Orchesterschule als Grundlage, zu operieren. Da man aber doch nicht so ganz ohne weiteres über das Dresdner Konservatorium hinweggehen kann, schwebt die Frage einer völligen Übernahme oder einer erhöhten Bezuschussung des Bestehenden.«

Aus Tanzschule wird Tanzabteilung

Im Vergleich zur Übernahme des Konservatoriums war die der Tanzschule von Mary Wigman auf der Bautzner Straße 107 nur ein kleiner Fisch, den der NS-Staat für seine

Unterricht an der »Akademie für Musik und Theater« im Nachkriegsprovisorium an der Mendelssohnallee 34

Wigman-Notat
»Diese, meine Schule gibt es von heute an nicht mehr. Ich habe sie 1920 gegründet. 22 lange Jahre Liebe, Mühe, Sorge, auch Freude ... Nun verschwindet nicht nur der Name an diesem Haus, auch der Geist geht fort.«
Mary Wigman, Tagebuch, 2. April 1942.

Zwecke vereinnahmte. Dresden hatte aufgrund der Vorwürfe politischer Untragbarkeit zunächst gezögert, Mary Wigman für die neue Tanzabteilung des Konservatoriums zu gewinnen – und ihr dann im Endspurt des Tauziehens mit Leipzig die Leitung derselben als »Entschädigung« für die Verstaatlichung ihrer privaten Schule vergeblich angetragen. Trotz erheblicher Widerstände hatte Mary Wigman an der Leipziger Musikhochschule einen Gastlehrervertrag für künstlerischen Tanz erhalten und war intern mit der Leitung der Tanzausbildung betraut worden. In ihr Tagebuch schrieb sie am 28. Februar 1942: »Heute morgen um 11 Uhr habe ich im gelben Saal den Schülerinnen gesagt, dass die Wigman Schule von der Stadt Dresden übernommen wird und unter Leitung von Frau Curth-Hasting als Abteilung Tanz des städtischen Konservatoriums weitergeführt werden soll ...«

Dank seiner dezentralen Lage war es gerade das Gebäude an der Bautzner Straße, das der Hochschule 1945 bei allen Kriegsverlusten zunächst noch erhalten geblieben war. Bereits Ende März fand hier ein Appell für Schüler und Lehrer statt, Anfang April

1945 wurde der Unterricht für den kurzen Zeitraum bis zum Einmarsch der Roten Armee wieder aufgenommen. Später ging die ehemalige Wigman-Schule an die Staatsoper Dresden, wurde bekannt als «kleine szene».

Ein künstlerisches Beginnen gab es im Juni 1945 auch in der Rothermundt-Villa, dem repräsentativen Jugendstilbau auf der Mendelssohnallee 34, heute Sitz des Landesmusikgymnasiums. Ab 1946 formierte sich in diesem zeitweiligen Domizil das Hochschulprovisorium zur »Akademie für Musik und Theater«, geleitet von Fidelio F. Finke. 1952 erfolgte die Umwandlung in eine staatliche Hochschule für Musik, ab 1959 mit dem Namen »Carl Maria von Weber«. Trotz wechselvoller politischer Einflüsse und Machtkämpfe hat das Musikinstitut zu allen Zeiten einen soliden Fachunterricht vermittelt. Ursächlich hängt das mit der Präsenz hervorragender

Karl Laux, erster Rektor der Musikhochschule ab 1952

Erbe und Auftrag
»Hier deckt sich Geist, Musizierhaltung und Moral, mit der wir von unseren Kapelllehrern ausgebildet wurden, mit der großen Verantwortung, mit der wir versuchen, unsere nachfolgende Generation auf ihren Beruf vorzubereiten.«
Reinhard Ulbricht: Zum Streicherklang der Sächsischen Staatskapelle. Der Geiger, Musikpädagoge, Konzertmeister ist Ehrenmitglied der Staatskapelle.

Ankündigung eines Konzerts von Studenten der Hochschule für Musik

Die Stars von morgen Musikalische Bildungseinrichtungen

Das Orchester der Hochschule für Musik unter seinem Leiter Prof. Ekkehard Klemm

Künstler zusammen, besonders von der Sächsischen Staatskapelle, der Dresdner Philharmonie und der Sächsischen Staatsoper. Heute gibt es neben den klassischen Fachbereichen für Komponisten und Dirigenten, der Orchestermusiker-, Solisten- und Gesangsausbildung auch weitere Studienangebote für Korrepetitoren, Musikpädagogen, Musikwissenschaftler, Schulmusiker, Jazz-, Rock-

Ensembleunterricht Neue Musik bei Prof. Christian Münch

Musikalische Bildungseinrichtungen Die Stars von morgen

Studenten der Opernabteilung in Georg Friedrich Händels Oper »Amadigi« in der Inszenierung von Axel Köhler, 2006

und Popmusiker sowie Ausbildungszweige Alte und Neue Musik, Elektronische Musik, Rhythmik, Musikalische Aufführungspraxis. Seit 1959 arbeitet ein international anerkanntes Studio für Stimmforschung an der Hochschule und bildet den Kern des Instituts für Musikmedizin, das mit Beginn des Wintersemesters 2000/01 seine Tätigkeit aufnahm.

Das dem Institut für Musikwissenschaft angegliederte, 1988 von Wolfram Steude gegründete und 2006 wieder aufgelöste Heinrich-Schütz-Archiv erforschte die mitteldeutsche Musikgeschichte des 16. und 17. Jahrhunderts. Die Einrichtung einer Jazz- und Tanzmusikausbildung 1962 geht als äußerst vorausschauende Entscheidung auf Frank-Harald Greß zurück. Unterstützt wurde das umstrittene Projekt auch vom damaligen Rektor Karl Laux. Seit 1990 nennt sich die Abteilung Fachbereich Jazz/Rock/Pop. 1995 übernahm Günter »Baby« Sommer in der Nachfolge von Siegfried Ludwig die Leitung. Neue Wege gingen 1973 auch die Initiatoren mit dem »Studio Neue Musik«. Der Komponist Siegfried Köhler, der Musikwissenschaftler Gerd Schönfelder und der Pianist Gerhard Berge regten eine Konzertreihe an, in der Studenten und Dozenten Neue Musik vorstellten und auch im wörtlichen Sinne ins Gespräch brachten. Von 1974 bis 1990 gab es über 70 solcher Konzerte.

Die Präsenz der Hochschule für Musik »Carl Maria von Weber« ist in Dresden deutlich zu spüren. Mit kaum zu übertreffender Spiellust und Fantasie erarbeitet beispielsweise die Opernklasse alljährlich Inszenierungen im Zusammenwirken vor allem mit der Hochschule für Bildende Künste. Seit Januar 2005 steht für diese Aufführungen wieder das rekonstruierte Kleine Haus in der Neustadt zur Verfügung. Nicht minder sorgen das leistungsstarke Sinfonieorchester, begleitet von Instrumentallehrern der Staatskapelle und Philharmonie, sowie viele andere Klangkörper und Ensembles für Konzerthöhepunkte. Zu europäischer Spitzenklasse aufgerückt ist unter Leitung von Hans-Christoph Rademann der Dresdner Kammerchor. Er ist aus der Musikhochschule hervorgegangen, blieb dieser stets verbunden. Die hohe Klangkultur dieses Ensembles gehört zum musikalisch Besten, das Dresden zu bieten hat.

Die Hochschule für Kirchenmusik

Im Jahre 1949 übernahm der spätere Kreuzkantor Martin Flämig, damals Kantor der Versöhnungskirche Dresden-Striesen und Landeskirchenmusikdirektor, die Leitung der neu eingerichteten kirchenmusikalischen Ausbildungskurse. Die strikte Trennung von Staat und Kirche in der DDR hatte zur

Chorprobenraum der Hochschule für Kirchenmusik

Prof. Dr. Christfried Brödel, Leiter der Hochschule für Kirchenmusik

Ausgrenzung von Kirchenmusikern an den pädagogischen Instituten geführt, und 1949 kam es in Dresden auch zur Schließung der Orgelabteilung an der damaligen »Akademie für Musik und Theater«. Eine Ausbildung in kirchlicher Trägerschaft war dringend erforderlich geworden. 1952 wurde Martin Flämig vom Landeskirchenamt offiziell zum Direktor der Kirchenmusikschule berufen. Vier Jahrzehnte später erhielt diese den Status einer Hochschule für Kirchenmusik der Evangelisch-Lutherischen Landeskirche Sachsens.

Das Hochschulgebäude befindet sich am Käthe-Kollwitz-Ufer in Dresden. Die Ausbildung (unter anderem mit den Schwerpunkten Klavier, Orgel, Chorleitung, Popularmusik und theologische Grundlagen) zielt vor allem auf eine Tätigkeit in Kirchgemeinden, insbesondere auf den Kantorendienst, wobei der Wirkungsbereich der Absolventen sehr unterschiedlich ist, sie je nach Erfordernissen sowie Größe der Gemeinde mit umfassenden künstlerischen wie auch Aufgaben im kommunikativen, pädagogischen und sozialen Bereich betraut sein können. Das Kirchenmusikstudium, unterteilt in Direkt-,

Solo: **Musikvereine und -verbände**

Matthias Drude

Die Musikstadt Dresden lebt nicht zuletzt von einem breit gefächerten ehrenamtlichen Engagement ihrer Bürgerinnen und Bürger in Vereinen und Verbänden. Fast jede der in diesem Band beschriebenen Institutionen, Bildungseinrichtungen und Klangkörper verfügt über einen eigenen Förderverein. Naturgemäß verfolgen die Vereine innerhalb des Satzungszwecks – Förderung der Kultur, aber auch der Bildung oder der Kirche – ganz unterschiedliche Ziele. Diese können z. B. sein: Förderung von Orchestern und Chören, Förderung des Laienmusizierens, jugendkultureller Projekte, der musikalischen Aus- und Weiterbildung und des zeitgenössischen Musikschaffens

Logo des Sächsischen Musikrates e. V.

einschließlich experimenteller Formen ebenso wie der Pflege der reichen sächsischen Musiktradition einschließlich der Archivierung von historisch bedeutsamen Quellen, der Restaurierung einer Orgel und vieles andere mehr. Es gibt darüber hinaus wichtige Dresdner Vereine, bei denen Musik nur am Rande eine Rolle spielt. Nur im weiteren Sinne mit Musik befassen sich zum Beispiel der Lingnerschloss-Verein e. V. oder der Förderverein Palais Großer Garten e. V. Ihnen geht es primär um die denkmalgerechte Wiederherstellung von Räumlichkeiten, um diese auch für Konzerte nutzen zu können.

Verschiedene gemeinnützige Vereine sind eng mit Ensembles verbunden, die sich auch der Aufführung von Werken Dresdner und sächsischer Komponisten verpflichtet fühlen. Hierzu gehören einerseits der Dresdner Hofmusik e. V. mit seinen Ensembles Dresdner Barockorchester, Dresdner Kammerchor, Ensemble »Alte Musik Dresden«, deren Schwerpunkt in der Pflege der sächsischen Musik des 16. – 18. Jahrhunderts liegt, und zum anderen Vereine wie z. B.

Sinfonietta Dresden e. V. oder Meißner Kantorei 1961 e. V., die sich stärker bzw. ganz überwiegend dem zeitgenössischen Schaffen widmen. Größter kultureller Dachverband Sachsens mit 49 angeschlossenen Landesverbänden und Institutionen ist der Sächsische Musikrat e. V. in Dresden-Blasewitz. Er versteht sich mit seinen Mitgliedsverbänden als Ratgeber und Kompetenzzentrum für Politik und Zivilgesellschaft. Er möchte mit seiner Arbeit das Bewusstsein für den Wert der Kreativität stärken und das Laienmusizieren als unverzichtbaren Bestandteil des kulturellen Lebens fördern. Auf der Website www.saechsischer-musikrat.de sind die Kontaktadressen der

Unter dem Titel »Saxonia Cantat« fand im Juni 2006 auf der Hutbergbühne Kamenz das 1. Sächsische Chortreffen seinen festlichen Abschluss. Begleitet von der Vogtlandphilharmonie Greiz-Reichenbach sangen zahlreiche sächsische Chöre

Mitgliedsverbände und -vereine aufgeführt, von denen nachfolgend diejenigen mit Dresdner Adresse (einschließlich Bannewitz und Radebeul) genannt werden (ohne Zusatz e. V. und/oder Landesverband): Deutscher Akkordeonlehrerverband, Deutscher Komponistenverband, Deutsche Orchestervereinigung, Deutscher Harmonika-Verband, Landesverband Sächsischer Liebhaberorchester, Sächsische Gesellschaft für Neue Musik, Ostsächsischer Chorverband, Sächsische Posaunenmission, Verband deutscher Schulmusiker.

Die für musikalische Belange landesweit wichtigste Stiftung ist die Kulturstiftung des Freistaates Sachsen mit Sitz in Dresden-Hellerau, in der unter dem Stichwort »Projektförderung« unter anderem über die Vergabe von staatlichen Fördermitteln an Komponisten (Arbeitsstipendien im In- und Ausland), an Konzertveranstalter und Bildungsträger für vorwiegend überregional bedeutsame Projekte entschieden wird. Daneben nimmt auch das private Stiftungswesen in Dresden einen bedeutenden und weiter zunehmenden Stellenwert ein. Unter dem Dach der Bürgerstiftung Dresden (www.buergerstiftung-dresden.de) haben einen Bezug zur Musik die Stiftung zur Förderung des Orchestermusikernachwuches und der Stiftungsfonds zur Förderung der kirchenmusikalischen Ausbildung in Dresden. Durch steuerlich absetzbare Spenden und Zustiftungen zu den hier genannten, aber auch zu den nicht ausdrücklich erwähnten Fördervereinen und Stiftungen kann jeder einen spürbaren Beitrag für eine lebendige Dresdner Musikkultur leisten.

Probe des Hochschulchores

Fern- und Aufbaustudiengänge, vermittelt dafür mit Hilfe erfahrener Lehrkräfte differenzierte Kenntnisse und Fähigkeiten, schließt auch ein mehrwöchiges Gemeindepraktikum ein. Ebenso bieten postgraduale Zusatzqualifikationen an weiteren Ausbildungsstätten, zum Beispiel in Religionspädagogik, Musikpädagogik, Musikwissenschaft und Musikjournalistik, Möglichkeiten für ergänzende Tätigkeiten. Sämtliche Studenten gehören dem Hochschulchor an, der in Gottesdiensten von Dresdner Gemeinden sowie in Konzerten besonders in der Versöhnungskirche und in der Annenkirche zu erleben ist. Der Chor ist speziell auch durch Ur- und Erstaufführungen zeitgenössischer Werke sowie exemplarische Aufführungen romantischer und Alter Musik bekannt geworden, gastierte beispielsweise in der Schweiz, in den baltischen Staaten, Polen und Tschechien.

Das Landesgymnasium für Musik
Für die nachhaltige Förderung musikalischer Begabungen gibt es seit 1965 die Spezialschule für Musik, zugeordnet der Dresdner Hochschule für Musik. Am 4. Juni 2004

wurde die Spezialschule in einem Festakt in »Sächsisches Landesgymnasium für Musik Carl Maria von Weber Dresden« umbenannt. Der Freistaat Sachsen bestätigte damit auf verpflichtende Weise sein Engagement für die Begabtenförderung. Schirmherr des Landesmusikgymnasiums ist der Dirigent Sir Colin Davis. Insgesamt erhalten hier nahezu 150 Schüler neben der Vorbereitung auf das sächsische Zentralabitur eine fundierte allgemeinmusikalische und instrumentale Ausbildung. Seit 2004/05 können sie das Landesmusikgymnasium schon ab der 5. Klasse besuchen, für außergewöhnliche stimmliche Begabungen gibt es ab der 11. Klasse auch Gesangsunterricht.

Sir Colin Davis, Schirmherr des Landesgymnasiums

Zu den Besonderheiten des Sächsischen Landesgymnasiums für Musik gehört es, dass die Schüler die Möglichkeit erhalten, kontinuierlich und kostenfrei von erfahrenen Hochschullehrern und hervorragenden Künstlern unterrichtet zu werden, mit dem Ziel, aber nicht der Bedingung, ein Musikstudium aufzunehmen. Das Domizil des Ausbildungsinstituts befindet sich in der Rothermundt-Villa auf der Mendelssohnallee 34 in Dresden-Blasewitz. In Anbetracht der hervorragenden musikalischen Ausbildung – die jungen Dresdner Musiker treten überaus erfolgreich in regionalen, nationalen und internationalen Wettbewerben auf – ist es nicht verwunderlich, dass beispielsweise 1998 insgesamt 49 ehemalige Spezialschüler der Sächsischen Staatskapelle angehörten, somit der kontinuierliche Erhalt der Klangeigenart des Orchesters auch auf diesen Ausbildungsweg zurückzuführen ist. Als beim Festakt anlässlich des 450-jährigen Bestehens der Staatskapelle Studenten der Dresdner Musikhochschule ein Concerto von Pisendel spielten, waren von den 16 Ausführenden 13 ehemalige Spezialschüler.

Es gibt viele Gründe, nicht zuletzt auch die ständig komplizierter werdende Beschäftigungssituation für Musiker sowie die Notwendigkeit, sich aktuellen Entwicklungen anzupassen, dass sich die Ausbildungsanforderungen für Kinder und Jugendliche

Yehudi Menuhin bei einem Besuch im Sächsischen Landesgymnasium

Menuhin-Brief

»Wenn die meisten Menschen eine musikalische Erziehung hätten, wäre auch eine Menschheit, die sich musikalisch benehmen würde, wie eine schöne Sinfonie – kritisch gegen sich selbst und behilflich zu anderen.« Brief von Yehudi Menuhin vom 17. Januar 1997 an die Spezialmusikschule Dresden, deren Schirmherr er bis zu seinem Tode 1999 war.

Das in der Rothermundt-Villa beheimatete heutige Sächsische Landesgymnasium für Musik

deutlich verändert haben. Zu den traditionellen sind auch im Landesgymnasium für Musik längst Unterrichtsfächer wie E-Gitarre, Saxophon, Jazz-Klavier, Jazz-Schlagzeug, Jazz-Gesang hinzugekommen, und die fakultativen Angebote reichen über Theaterspiel, Malerei/Grafik und Tontechnik bis hin zu Notationsprogrammen am Computer.

Erstmals in die Ausbildung integriert ist das Fach Rhythmik. Es biete sich dafür, so Prof. Uta Vincze – seit 1993 Professorin für Viola an der Dresdner Musikhochschule und seit 2000 Künstlerische Direktorin der Spezialschule/Sächsisches Landesmusikgymnasium – als »ganzheitliche Vermittlungsform elementar-musikalischer Grundkenntnisse und Fertigkeiten über verschiedene Ebenen der körperlichen Wahrnehmung« besonders an. Mit dieser Wertschätzung assoziiert sie Entwicklungen, die schon zu Beginn des 20. Jahrhunderts in der berühmten Bildungsanstalt des Schweizer Musikpädagogen Emile Jaques-Dalcroze in Hellerau Bestandteil »einer Erziehung zu Musik mit Bewegung« waren.

Erziehung der Sinne – die Reform

Geradezu visionär klingen die Worte, mit denen Emile Jaques-Dalcroze einst den Boden für den Start in Hellerau bereitete: »Es gibt in Deutschland wie in anderen Ländern tausende von Anstalten, die nur den Verstand oder nur das Ohr, oder nur die zeichnenden Hände, oder nur die tanzenden Füße, die singenden Kehlen, die spielenden Finger ausbilden. Aber es gibt keinen Ort, in welchem man die Kunst als die Erzieherin unserer Sinne in den Mittelpunkt des Lebens stellt und ihr die Aufgabe zuweist, Sinne und Gefühl des Menschen in Harmonie mit dem menschlichen Willen zu der gleichen Höhe auszubilden, zu der die Wissenschaft unseren Verstand emporgezüchtet hat.«

Herauszufinden, wie wichtig dieser ganzheitliche Ansatz für die musikpädagogische Arbeit der Gegenwart ist, scheint für Dresden ein komplizierter Erkenntnisprozess zu sein, der sich nicht allein mit schönen Worten über die musikalische Reformbewegung und die allzu kurze Blütezeit der Dalcroze-Schule vor dem Ersten Weltkrieg voranbringen lässt. Die Rhythmiker der Dresdner Musikhochschule, die jährlich eine stark beachtete, von der Hochschule geförderte Internationale Rhythmik-Werkstatt veranstalten, können davon ein Klagelied singen. Aufmerksamkeit verdienen auch spezielle, künstlerisch-ganzheitliche Ausbildungsformen der russischen Theatergruppe Derevo. Seit geraumer Zeit bieten sie – parallel zu Erfahrungen in St. Petersburg – entsprechende Möglichkeiten auf dem Festspielgelände Hellerau, um die besonderen theatralen Eigenheiten des Ensembles fortzuführen. Derevo-Gründer Anton Adassinsky leitet beispielsweise auch Kurse im ImproWinter von Tanzplan Dresden, veranstaltet an der Palucca Schule Dresden – Hochschule für Tanz.

Heinrich-Schütz-Konservatorium e.V.

Das Heinrich-Schütz-Konservatorium Dresden e. V. auf der Glacisstraße ist 1996 in der privaten Trägerschaft eines eingeschriebenen Vereins aus der Fusion von Landesmusikschule (gegründet 1950 als Volksmusikschule) und Städtischer Musikschule hervorgegangen. Den Vorsitz des Vereins übernahm, als damaliger Präsident des Sächsischen Musikrates, Prof. Dr. Ingo Zimmermann. Zum Gründungsfestakt am 13. Januar 1996 im Kulturrathaus sprach er von der »Konstituierung eines neuen Typs der Musikschularbeit« und verwies auf die »innovative Verbindung der auf ästhetische Bildung gerichteten Breitenarbeit mit differenzierter Begabtenförderung«.

Die jährlich steigende Zahl der von namhaften Lehrkräften unterrichteten Schüler – 2007 sind es insgesamt 4 400 – wie auch zahlreiche Auftritte und Konzerte sprechen

Wettbewerb
»Jugend musiziert«

Unterricht im Akkordeonspiel

für das gute Renomee des Konservatoriums. Dazu tragen auch bekannte Ensembles wie das Dresdner Jugendsinfonieorchester, der Knabenchor Dresden, das Sinfonische Blasorchester, die Big-Band oder das Akkordeonorchester bei. Erfolgreich nehmen junge Instrumentalisten und Sänger an den Wettbewerben »Jugend musiziert« und »Jugend jazzt« teil, und seit dem Start 2004 für »Jugend tanzt« gehören Schüler des Konservatoriums auf allen Ebenen auch zu den ersten Preisträgern in diesem Bereich. Die Abteilung, initiiert von der einstigen Palucca-Mitarbeiterin Irmgard Schaaf (später Naumann), begann 1956 ihr verdienstvolles Wirken in der Kindertanzabteilung, und 1963 übernahm Sabine Hiebsch für knapp drei Jahrzehnte die Leitung der Ausbildung, aus der bekannte Tänzer, Tanzpädagogen und Choreografen hervorgegangen sind.

Tanz im Grünen

Die Musikschularbeit in Dresden wurzelt in zahlreichen früheren Gründungen. 1890 beispielsweise hatte Richard Ludwig Schneider, Pianist und Professor des Königlichen Konservatoriums, die Dresdner Musikschule e. V. als »Pflegestätte wahrhafter Kunst« begründet, dem höchsten »aller musikalischen Unterrichtsziele«. Die anfänglich geringe Schülerzahl erhöhte sich in den folgenden Jahren auf bis zu 650; der Lehrplan wurde erweitert und die Präsenz der Musikschule in der Öffentlichkeit nahm permanent zu. Ab 1902 gab es ein Schulpatronat, das sich, privat und offiziell unterstützt, auch für die Förderung von Schülern mit begrenzten finanziellen Mitteln einsetzte. Als Richard Ludwig Schneider 1913 in Dresden-Blasewitz verstarb, übernahm Hans Schneider die Leitung der Musikschule.

Nach der Neugründung 1950 erhielt die damalige Volksmusikschule 1962 den Namen Paul Büttners, eines Musikerziehers, der sich Verdienste auch als Komponist, Chor- und Orchesterleiter sowie als Musikkritiker erworben hat. Büttner leitete über vier Jahrzehnte

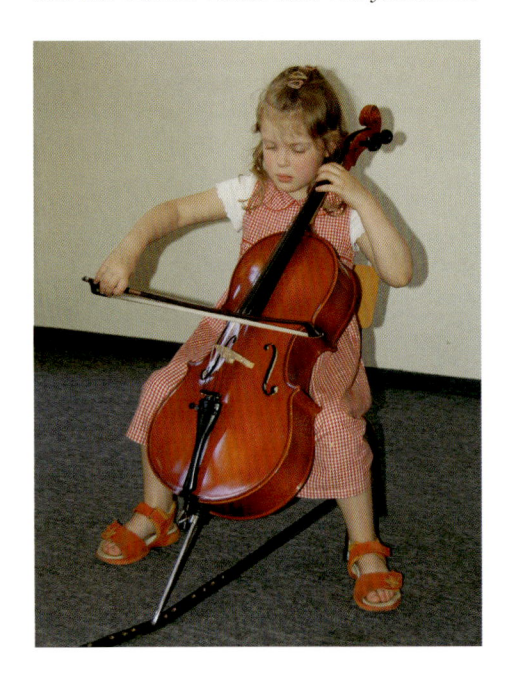

Ausbildung am Cello

Früh übt sich...

Volkschöre in Dresden und Umgebung, setzte sich in seiner zehnjährigen Amtszeit (1923–1933) als künstlerischer Leiter des damaligen Dresdner Konservatoriums, heute Hochschule für Musik, engagiert dafür ein, an seinem Institut eine Volksmusikschule zu etablieren. 1933 wird er von den Nationalsozialisten entlassen.

»Musik macht FreuNde« verspricht das Heinrich-Schütz-Konservatorium in bester Voraussicht, und es sorgt in all seinen Ausprägungen mit für jenen Humus, aus dem Dresdens vielgestaltiges wie eindrucksvolles Musikleben erwächst. Besonders ist das Heinrich-Schütz-Konservatorium auch darum bemüht, ohne jede Alterseinschränkung Unterrichts- und Kursangebote für Menschen mit Handicaps zu öffnen. »Behinderte Menschen sollen sich ebenso musisch bilden können wie alle anderen Schüler und Kursbesucher«, so Ina Kronesser, seit 1996 künstlerische Direktorin und Geschäftsführerin. Bereits in der musikalischen Früherziehung singen, tanzen und musizieren behinderte wie nicht behinderte Kinder gemeinsam miteinander.

Damit bereitet diese wie alle musikalischen Bildungseinrichtungen jenen Boden mit, auf dem Dresdens ebenso vielgestaltiges wie eindrucksvolles Musikleben beruht: ein Musikschaffen, das Dank seiner Verbindung aus gegenwärtiger Vielfalt und lebendig erhaltener Vergangenheit einzigartig ist.

Anhang

C

Zeittafel

Heinz Weise

10. Jh.	Gründung der Frauenkirche, der ältesten Pfarrkirche der Stadt
12. Jh.	Errichtung der Kreuzkirche als Marktkirche St. Nikolai
1206	urkundliche Ersterwähnung Dresdens
1265	Heinrich der Erlauchte stiftet das Franziskanerkloster, aus dem später die Sophienkirche hervorgeht
13. Jh.	Gründung des Heilig-Geist-Hospitals, aus dem vor dem Wilsdruffer Tor 1578 die Annenkirche entstand
1370	Ersterwähnung des Kreuzorganisten-Amtes
1398	erste dokumentarisch belegte Anfänge der Dresdner Kirchenmusik in Form des Salve-Singens
1420	in Dresden musizieren zum ersten Mal Stadtpfeifer, die seit 1559 auch an Kirchenkonzerten beteiligt sind
1470	Kreuzchor wirkt erstmals am musikalischen Geschehen bei Hofe mit
1485	»Leipziger Teilung« der ernestinisch-kurfürstlichen und albertinisch-herzoglichen Linie der Wettiner, daraufhin wird die Hofkantorei um 1500 in Torgau zu einer der bekanntesten ganz Deutschlands
15. Jh.	Pfarrkirche »Zu den heiligen drei Königen« wird erbaut
1539	zum ersten Mal wird die Bezeichnung »Cantor« in Verbindung mit einer eigenen Lehrstelle genannt
1547–1553	Schmalkaldischer Krieg; in der Schlacht bei Mühlberg (1547) erlitt der Ernestiner Johann Friedrich der Großmütige gegen Kaiser Karl V. eine schwere Niederlage, in deren Gefolge die Kurwürde an die Albertiner überging; der neue Kurfürst Moritz wählte Dresden zu seiner Residenz, die von da an kulturell aufstieg
1548	mit der Einrichtung einer Kantorei-Ordnung durch Kurfürst Moritz wird ein Musikensemble als Hofkapelle institutionalisiert
1557	die 1518 vermutlich in Freiberg gegossene Glocke »Maria« für das Kloster Altzella kommt in die alte Frauenkirche
1568	Unter der Leitung von Antonio Scandello erlebt die Dresdner Hofkapelle ihre erste Blütezeit

1611	Hans Leo Haßler, seit 1608 unter Christian II. Kammerorganist am Dresdner Hof, schafft ein »venetianisch Zipreßen doppelt Instrument« an
1615	Heinrich Schütz wird Hofkapellmeister
1622	erstes schriftliches Dresdner Ballett-Zeugnis
1627	Schütz komponiert die »Musicalische Comoedia« »Dafne«
1638	Uraufführung des ersten deutschen Handlungsballetts im Riesensaal des Dresdner Schlosses
1653	»Sächsische Musikantenartikel« gewähren den Ratsmusikern Schutz gegen freie Stadt- und Dorffiedler
1667	Dresden erhält mit dem Klengelschen Theaterbau am Taschenberg sein erstes festes Opernhaus
1678	Aufführung des Festzyklus' »Die sieben Planeten«
1686	mit der Primadonna Margherita Salicola betritt zum ersten Mal eine Sängerin die Dresdner Opernbühne
1691	der Klengel-Schüler Johann Georg Starke baut das Opernhaus am Taschenberg zu einem Logentheater mit vier Rängen um
1696/97	das »Kleine Komödienhaus am Zwinger« in der Nähe des heutigen Nymphenbades wird erbaut
1709	August der Starke veranstaltet zum Besuch des dänischen Königs eines der größten Feste des sächsischen Hofes, das fünf Wochen dauert
1710/12	Jan Dismas Zelenka und Johann Georg Pisendel treten in die Hofkapelle ein
1717	Antonio Lotti trifft in Dresden ein
1719	das neue Opernhaus wird fertiggestellt; nach ihrer Vermählung in Wien treffen der Kurprinz und Erzherzogin Maria Josepha in Dresden ein, wo fünfwöchige Hochzeitsfeierlichkeiten beginnen
1720	Entlassung aller italienischen Opernsänger, im selben Jahr baut Gottfried Silbermann für die Sophienkirche eine Orgel als sein erstes Werk in der Residenzstadt überhaupt
1734	Johann Adolf Hasse wird in Dresden engagiert
1750	Silbermann beginnt mit dem Bau einer, bis heute zu hörenden, Orgel für die Katholische Hofkirche
1751	Weihe der Hofkirche
1756–1763	der Siebenjährige Krieg beendet die glanzvollste Periode der sächsischen Hofkultur
1758	erstes Dresdner Dilettantenkonzert
1760	bei dem durch die preußische Belagerung ausgelösten Brand der Dresdner Altstadt wird das älteste Notenmaterial des kurfürstlichen Hofkapellarchivs (16. und 17. Jahrhundert) vernichtet
1761	der italienische Impresario Pietro Moretti eröffnet am Wall ein Komödienhaus

1769	das Moretti'sche Theater wird Opernhaus
1776	Johann Gottlieb Naumann wird Hofkapellmeister
1790	Joseph Seconda eröffnet sein Holztheater auf dem Linckeschen Bad
1804	aus dem Namen »Stadtmusicus« wird »Kapellmeister«, später »Stadtmusikdirektor«
1806	Hoforganist Anton Dreyßig ruft zur Gründung einer Gesangsvereinigung aus Laiensängern auf
1810	Francesco Morlacchi wird das Amt des Hofkapellmeisters übertragen
1815	Rückkehr König Friedrich Augusts I., des »Gerechten«, in sein verarmtes Land
nach 1815	Entstehung von Sommerbühnen in Dresdens Umgebung
1816	in der aus der von Kurfürst August gegründeten »Liberey« hervorgegangenen Königlichen Bibliothek wird eine »Musikalische Abteilung« eingerichtet
1817	Carl Maria von Weber wird Kapellmeister des nunmehrigen Königl. Sächsischen Hoftheaters
1822	Dresdner Erstaufführung des »Freischütz«
1823	Debüt Wilhelmine Schröder-Devrients in Dresden
1825	erste Anstellung eines Ballettcorps an der Hofoper
1828	nach dem Tod Carl Maria von Webers wird Carl Gottlieb Reißiger Hofkapellmeister
1841	Weihe des 1. Semperbaues am Theaterplatz
1842	Uraufführung von Wagners »Rienzi« unter Reißiger
1848	das Kurrende-Singen auf den Straßen wird abgeschafft
1848/49	bürgerlich-demokratische Revolution in Deutschland; wegen deren Unterstützung müssen Gottfried Semper und Richard Wagner aus Dresden fliehen
1854	Ferdinand Nesmüller eröffnet seine Winterbühne,
1856	sein Sommertheater
1856	Eröffnung des Dresdner Konservatoriums als private musikalische Bildungsanstalt in der Landhausstraße 11
1861	Dresdner Erstaufführung der Offenbach-Operette »Orpheus in der Unterwelt«
1865	1. Deutsches Sängerbundfest in Dresden
1867	Eröffnung des ersten Musiklehrerseminars Deutschlands
1881	dem Dresdner Konservatorium wird das Prädikat »Königlich« verliehen
1869	Dresdner Erstaufführung der »Meistersinger« unter dem neuen Kapellmeister Julius Rietz; der 1. Semperbau brennt ab
1870	Einweihung des Gewerbehaussaales an der Ostra-Allee 13, der Spielstätte der späteren Dresdner Philharmonie
ab 1871	das Gewerbehausorchester unternimmt zahlreiche Gastspielreisen ins Ausland

1872	Ernst von Schuch gastiert erstmals in Dresden; im selben Jahr Auflösung des Stadtorchesters und Eröffnung des »Residenztheaters«
1873	Eröffnung des »Albert-Theaters« in der Neustadt
1874	Weihe der russisch-orthodoxen Kirche des Ehrwürdigen Simeon zum Heiligen Berg
1879	Premiere von Carl Millöckers »sächsischster« Operette »Der Bettelstudent«
1884	der Dresdner Lehrergesangsverein entsteht
1885	erste philharmonische Konzerte in Dresden
1887	Fertigstellung der Martin-Luther-Kirche
1889	mit der Aufführung der »Puppenfee« festigt das Ballett seine selbständige Stellung am Dresdner Hoftheater
1895	Gründung von »Tymians Thalia Theater« in der Neustadt
1897	Uraufführung von Richard Heubergers »Struwwelpeter-Ballett«
1898	Eröffnung des »Central-Theaters«, Dresdens bis dahin größten und modernsten Theaters
1900	Gründung der Volkssingakademie
1906	Premiere von Franz Lehárs »Die lustige Witwe«
1911	Der Schweizer Emile Jaques-Dalcroze gründet in Hellerau seine »Bildungsanstalt für Musik und Rhythmus«
1913	Djaghilews »Ballets Russes« gastiert in Dresden
1914	Michail Fokin veröffentlicht in der Londoner »Times« seine Thesen für ein neues Ballett
1915	Richard Strauss unterstreicht seine Verbundenheit mit Dresden durch sein Dirigat eines Gedenkkonzertes für Schuch, der Aufführung der »Alpensinfonie« und des »Rosenkavaliers«; aus dem Gewerbehausorchester geht das »Dresdner Philharmonische Orchester« hervor, das bis 1923 von Edwin Lindner geleitet wurde
1918	nach dem Ende des Ersten Weltkrieges und des Deutschen Kaiserreiches Überführung des Hoftheaters in Staatshand
1919	Erwin Schulhoff, ein aus Prag stammender Komponist und Pianist, kommt nach Dresden und setzt sich hier für avantgardistische Musik ein
1920	Dresdner Erstaufführung von Gustav Mahlers 8. Sinfonie in der Frauenkirche mit der Volkssingakademie und dem Philharmonischen Orchester unter Kurt Striegler; Mary Wigman gründet auf der Bautzner Straße 107 ihre Tanzschule, Paul Aron siedelt sich in Dresden an und veranstaltet bis 1933 fünfmal jährlich seine »Abende Neue Musik Paul Aron«
ab 1921	Harald Kreutzberg verbreitet den in Dresden erlernten Freien Tanz in der Welt

1922	Fritz Busch wird neuer Generalmusikdirektor und Operndirektor
1923	das »Central-Theater« wird zum Varietétheater
1924	Eduard Mörike, ein Großneffe des gleichnamigen Dichters, wird Chefdirigent des nunmehr »Dresdner Philharmonie« heißenden Klangkörpers
1925	Gret Palucca gründet in Dresden die nach ihr benannte Schule des Freien Tanzes; im Stadthaus in der Theaterstraße 11 wird die Dresdner Musikbücherei der Öffentlichkeit übergeben
1927	Gesangsabteilung des Touristenvereins »Die Naturfreunde« formiert sich und wird später zum »Bergsteigerchor Kurt Schlosser«
1929	Marianne Vogelsang beginnt ihr Studium bei Palucca; Paul Scheinpflug wird Generalmusikdirektor der Dresdner Philharmonie
1930	Rudolf Mauersberger wird Kreuzkantor
1933	nach der Machtübernahme der Nationalsozialisten beginnt die Gleichschaltung der deutschen Theater und die Entlassung nichtarischer Künstler; zugleich verhindern die Nazis Fritz Buschs Dirigat des »Rigoletto« und treiben ihn zum Weggang aus Dresden; der Komponist, Chorleiter und Kapellmeister Paul Büttner wird aus seinem Amt als künstlerischer Leiter des Konservatoriums entfernt, Nachfolger wird Staatskapellmeister Kurt Striegler; Goebbels verkündet die sogenannte »stählerne Romantik«; Baubeginn des Porzellanglockenspieles auf der Hofseite des zur Stadt gelegenen Zwinger-Pavillons
1934	Karl Böhm wird neuer Generalmusikdirektor der Oper; die Dresdner Philharmonie erringt unter dem Holländer Paul van Kempen Weltruhm
1937	europäische Erstaufführung von Igor Strawinskys »Jeu de Cartes« in der Choreografie von Valeria Kratina; im selben Jahr Bildung des »Konservatoriums der Landeshauptstadt Dresden – Akademie für Musik und Theater« aus der Orchesterschule der Sächsischen Staatskapelle und des Dresdner Konservatoriums
1938	Einzug des Konservatoriums ins neue Hauptgebäude am Seidnitzer Platz 6
1942	die Nazis drängen Paul van Kempen aus seinem Amt als Chefdirigent der Dresdner Philharmonie
1943	Karl Böhm wechselt von Dresden an die Wiener Staatsoper
1944	Goebbels erkärt den »totalen Krieg«, wodurch das Dresdner Musikleben weitestgehend erstickt wird; erste Bombenangriffe zerstören den Gewerbehaussaal; ab 1. September werden alle Theater geschlossen

13./14.2. 1945	infolge der Bombardements bei der Zerstörung Dresdens und der späteren Plünderung durch die sowjetische Trophäenkommission gelten der gesamte ehemalige Besitz an gedruckten Musikalien und Büchern des Erscheinungszeitraums 1830 bis 1945 und alle damals noch unkatalogisierten Musikernachlässe als verschollen
15.2.1945	die Frauenkirchen-Kuppel implodiert unter der Hitzeeinwirkung des brennenden Kircheninneren
8.6.1945	mit einem Konzert der Philharmoniker unter Gerhart Wiesenhütter im Kirchgemeindesaal in Strehlen beginnt das Musikleben in Dresden nach dem Zweiten Weltkrieg
12.7.1945	die Staatskapelle, noch 90 Mitglieder zählend und aus den Evakuierungsorten Bad Elster und Bad Brambach in ihre Heimatstadt zurückgekehrt, gibt ihr erstes Nachkriegs-Opernkonzert in der Tonhalle; im selben Jahr veranstaltet Fritz Randow im 1889 erbauten Gasthof in Dresden-Leuben sogenannte Apollo-Künstlerspiele
1946	Erich Schneider wird Kantor der Martin-Luther-Kirche, gefolgt 1964 von Karl Frotscher; in der Rothermundt-Villa auf der Mendelssohnallee formiert sich die von Fidelio F. Finke geleitete »Akademie für Musik und Theater«
1947	Heinz Bongartz wird Generalmusikdirektor der Dresdner Philharmonie; das »Apollo-Theater«, ab 1964 Staatsoperette, wird eröffnet; im Kulturbund konstituiert sich die »Sektion Neue Musik«
1948	das Zentralkomitee der KPdSU verurteilt all jene Musik als »formalistisch«, die außerhalb der klassischen Tradition steht
1950	DDR-Erstaufführung von Sergej Prokofjews Ballett »Aschenbrödel«; aus den Programmen des Kulturbundes verschwinden die Studioabende mit Neuer Musik
1951	Gründung des »Verbandes Deutscher Komponisten und Musikwissenschaftler«; Johannes Paul Thilman wird Vorsitzender des Sächsischen Landesverbandes, der ab 1952 Bezirksverband heißt
1952	Martin Flämig wird zum Direktor der Kirchenmusikschule (Käthe-Kollwitz-Ufer) berufen; die »Akademie für Musik und Theater« wird zur staatlichen Hochschule; Günter Hörig übernimmt die 1946 von Joe Dixie gegründeten Dresdner Tanzsinfoniker
1954	der Sächsischen Landesbibliothek wird die Pflege der Fächer Musik und Musikwissenschaft im Rahmen des Sammelschwerpunktplans der DDR übertragen

1955	Wiedereinweihung der Kreuzkirche; Mauersberger führt Mettenspiele, Christvespern und Kurrendetracht ein
ab 1956	DDR-Erstaufführungen unter Tom Schilling, u. a. Peter I. Tschaikowskys Ballett »Schwanensee« und Werner Egks »Abraxas«; Manfred Schnelle wird Solotänzer an der Staatsoper Dresden; Gründung der »Arbeitsgemeinschaft Jazz Dresden«
1958	Fritz Steiner wird Intendant des Operettentheaters
1959	die Musikhochschule erhält den Namen »Carl Maria von Weber«, ein international anerkanntes Studio für Stimmforschung wird eingerichtet
1960	nachdem in der Sächsischen Landesbibliothek 1945 auch das kleine Tonstudio nebst allen Schallfolien und Schellackplatten zerstört worden war, wird in der Musikabteilung mit dem Neuaufbau einer Tonträgersammlung begonnen, deren Wachsen 1983 die Einrichtung einer eigenen Abteilung Phonothek notwendig macht
ab 1960	Verbreitung des »Beat« (künftig »Rock« genannt) in Dresden
1961	Gründung der Arbeitsgemeinschaft Tanz/Jazz im FDJ-Studentenklub der TU Dresden; erstes Jazzkonzert mit Elb Meadow Ramblers im Physik- bzw. Mathematikhörsaal
1962	Wiedereinweihung der 1945 zerstörten Diakonissenhauskirche, in der seit 1973 Friedrich Kircheis als Kantor wirkt; an der Musikhochschule beginnt die Jazzausbildung
1963	Sprengung der bombenbeschädigten Sophienkirche
1965	der Dresdner Hochschule für Musik wird eine Spezialschule für Musik zugeordnet (seit 2004 Sächsisches Landesgymnasium für Musik Carl Maria von Weber)
1967	Kurt Masur wird Künstlerischer Leiter der Dresdner Philharmonie und regt die Gründung des Philharmonischen Chores an; ihm folgen im Amt u. a. Herbert Kegel, Michel Plasson, Marek Janowski
1969	der Kulturpalast, die neue Spielstätte der Philharmonie, wird eingeweiht; DDR-Rockbands, wie »electra«, »Stern Meißen« und »Lift« gewinnen an Bedeutung
1971	Martin Flämig übernimmt nach Mauersbergers Tod das Kreuzkantoren-Amt; das Dresdner Dixielandfestival wird aus der Taufe gehoben
1972	Harry Kupfer wird Operndirektor und Chefregisseur der Dresdner Staatsoper; Siegfried Köhler, neuer Vorsitzender des bezirklichen Komponistenverbandes, wirft infolge flexiblerer SED-Kulturpolitik den ideologischen Ballast über Bord; Premiere von Udo Zimmermanns Oper »Levins Mühle«

1974	an der Musikhochschule beginnt die Konzertreihe »Neue Musik im Gespräch«
1976	Dresdner Erstaufführung von Arnold Schönbergs »Moses und Aron«; Einrichtung des Fachbereichs Musikwissenschaft/Musikikonografie an der Deutschen Fotothek Dresden
1977	Gründung der Interessengemeinschaft (IG) Jazz Dresden im Kulturbund der DDR
1978	1. Dresdner Musikfestspiele, Gründungsintendant ist Winfried Höntsch; Rainer Kunads Oper »Vincent« hat Premiere; im Kleinen Haus der Staatstheater findet das erste Konzert des »musica-viva-ensemble dresden« statt; Reinhold Stövesand wird Intendant der Staatsoperette
1979	Mit Ralf Winkler (bekannt als A. R. Penck), Helge Leiberg und Michael Freudenberg formiert sich eine »Maler-Band«
1980	Edition Peters gründet in Dresden eine Spezialabteilung für zeitgenössische Musik in der Villa Schevenstraße
1981	die IG Jazz zieht in die Ruinen-Gewölbe des Kurländer Palais, die »Tonne«, ein
1983	die Deutsche Fotothek Dresden, 1945 aus der 1924 gegründeten Sächsischen Landesbildstelle hervorgegangen, wird der Sächsischen Landesbibliothek angegliedert
1984	an der Dresdner Musikhochschule wird das »Studio für elektronische Klangerzeugung« gegründet
13.2.1985	Wiedereröffnung der Semperoper mit Joachim Herz' Neuinszenierung von Webers »Freischütz«; Gründung des Beethovenchors Dresden, ab 1990 Singakademie Dresden e. V.
1985	Udo Zimmermann wird Vorsitzender des Komponistenverbandes im Bezirk Dresden; ihm gelingt
1986	mit der Gründung des »Dresdner Zentrums für zeitgenössische Musik« ein Durchbruch für die avancierte Musik, im darauffolgenden Jahr finden erstmals »Dresdner Tage der zeitgenössischen Musik« statt
ab 1990	die wiedergewonne Weltoffenheit zieht berühmte Dirigenten wie Sir Colin Davis, Bernard Haitink, James Levin und David Barenboim an die Sächsische Staatsoper; Intendantin der Staatsoperette wird Elke Schneider
1990	Gründung des Förderkreises zum Wiederaufbau der Frauenkirche; erstes deutsch-deutsches Tanzsymposium; Johannes Bönig wird als Choreograf an die Semperoper berufen; die IG Jazz des Kulturbundes gründet sich neu als »Jazzclub Tonne Dresden e. V.«

1991	Wiedereinweihung der kriegszerstörten Dreikönigskirche; Mattis Dänhardt übernimmt kommissarisch die Leitung der Dresdner Musikfestspiele
1992	Giuseppe Sinopoli wird Chefdirigent der Sächsischen Staatskapelle Dresden
1993	Michael Hampe wird Intendant der Dresdner Musikfestspiele; aus der Reihe der Musikhochschule »Neue Musik im Gespräch« wird das »Studio Neue Musik«; als Nachfolger des Kreuzkantors Martin Flämig wirkt bis 1994 Gothart Stier
1994	Wladimir Derevianko wird Ballettdirektor des Ballettensembles der Sächsischen Staatsoper; Matthias Jung wird kommissarischer Kreuzkantor (bis 1996)
1995	mit der Uraufführung des Balletts »Brennender Friede« von Harald Wandtke zu Udo Zimmermanns »Sinfonia come un grande lamento« und »Pax questuosa« kehrt das Ballett wieder in Sempers Opernbau zurück; Fritz Wendrich übernimmt die Leitung der Staatsoperette
1996	erste Konzerte in der fertiggestellten Unterkirche der Frauenkirche; Semyon Bychkov wird Chefdirigent der Semperoper; aus der Fusion von Landesmusikschule und Städtischer Musikschule entsteht der Heinrich-Schütz-Konservatorium Dresden e.V. auf der Glacisstraße; Beginn der Dresdner Post-Rock-Mode
1997	Roderich Kreile wird Kreuzkantor; die Städtischen Bibliotheken eröffnen im Gebäude des World Trade Center ihre Hauptbibliothek und Musikbibliothek; erstmals wird das »Festival Frei Improvisierter Musik« in der »Blauen Fabrik« veranstaltet
1998/99	der Online-Katalog der Sächsischen Landesbibliothek – Staats- und Universitätsbibliothek Dresden ersetzt zunehmend die konventionellen Kataloge
1999	das Festival »Bedrohte Art« wird ins Leben gerufen
2000	die Band »Blue Jay Fun Cayz« beginnt Furore zu machen
2001	Tod des designierten Generalmusikdirektors der Staatsoper Dresden, Giuseppe Sinopoli; Torsten Mosgraber übernimmt kommissarisch die Leitung der Dresdner Musikfestspiele
2002	Flutkatastrophe in Sachsen; das Palucca Tanz Studio Dresden rückt die mit Dresden verbundene Traditionslinie der Deutschen Tanzmoderne wieder ins öffentliche Bewusstsein; das Dresdner Zentrum für zeitgenössische Musik zieht auf das Gelände des Festspielhauses Hellerau und wird zum »Europäischen Zentrum der Künste Hellerau«; der »Jazzclub Neue Tonne Dresden e. V.« bezieht die Kellerräume des Kulturrathauses

2003	Opern-Intendant Christoph Albrecht übergibt seinem Nachfolger Prof. Dr. Gert Uecker die Schlüssel; Hartmut Haenchen wird Intendant der Dresdner Musikfestspiele; Wolfgang Schaller wird Intendant der Staatsoperette Dresden
2004	Proteste der Dresdner bringen das Vorhaben zu Fall, die Zuwendungen für die Dresdner Musikfestspiele ab 2007 »auf Null« zu fahren
2005	nach dem Ableben des Intendanten Olivier von Winterstein im Vorjahr übernimmt Anselm Rose dieses Amt bei der Dresdner Philharmonie, Chefdirigent ist Rafael Frühbeck de Burgos; am 30. Oktober festliche Weihe der rekonstruierten Frauenkirche und Einweihung der neu erbauten Orgel von Daniel Kern
2006	der Kanadier Aaron Watkin übernimmt die künstlerische Leitung des Ballettensembles der Sächsischen Staatsoper; anlässlich des 800-jährigen Jubiläums der Stadt Dresden wird an verschiedenen Veranstaltungsstätten das Jazz-Projekt »Stadt-Musik« in Szene gesetzt; festliche Wiedereröffnung des Festspielhauses Hellerau mir einem Festakt und einer eigens für das Europäische Zentrum der Künste Hellerau geschaffenen Neufassung von Mauricio Kagels »Fanfanfaren«; 1.–10. Oktober: 20. »Dresdner Tage der zeitgenössischen Musik«
2007	»Tanzplan Dresden«, ein Kooperationsprojekt des Dresden SemperOper Ballett, der Palucca Schule Dresden – Hochschule für Tanz und des Europäischen Zentrums der Künste Hellerau, startet mit ImproWinter in der Palucca Schule Dresden und einem Ballettabend im Festspielhaus Hellerau mit zwei Ballett-Uraufführungen von Angelin Preljocaj und Wayne McGregor

Personenregister

Andrea Wolter

Die kursiv gesetzten Zahlen beziehen sich auf ausführliche Darstellungen in der Rubrik Solo

Abbado, Claudio 284 (Abb.), 285
Abendroth, Hermann
  63, 87 (Abb.)
Abraham, Paul 207
Adam, Theo
  37, 166, *168 (Abb.)*, 283, 291
Adassinsky, Anton 379
Adolph, Paul 365
Albert, König (1897) 198
Albrecht, Christoph 171 (Abb.)
Albrecht, Herzog von Sachsen 95
Albrici, Vincenzo 104
Aldinger, Jochen 350
Amati, Antonius und Hieronymus 262
Ander, Klaus 330
Ander-Donath, Hanns 43 (Abb.)
Andersen, Hans Christian 247
Anderson, Sascha 320
Andreas, Peter 316
Andriessen, Louis 289
Angeloff, Therese 213
Anna, Kurfürstin 26
Annibali, Domenico 123
Antonius 262
Appen, Karl von
  164 (Abb.), 165, 166
Appia, Adolphe 298, 307
Arnold, Heinz 164, 165 (Abb.)
Aron, Paul 299, 301 f., 324
Auber, Daniel Francois Esprit
  141, 142
August (Herzog) 252
August der Starke
  113 (Abb.), 114 f., 118, 121 f.,
  132, 263

August von Sachsen 99
Aust, Bernd
  349, 353, 356 (Abb.), 360 f.

Bach, Anna Magdalena 245
Bach, Carl Philipp Emanuel 245
Bach, Johann Sebastian
  10, 15, 23 f., 29 f., 34, 37, 49,
  81, 120 f., 187, 119 f., 244
  (Abb.), 245, 268 f.
Bach, Rudolf 223
Bach, Wilhelm Friedemann
  23, 245, 268
Bachert 273
Backhaus, Wilhelm 59
Backofen, Ulrich 317 f.
Bähr, George 13 f., 24, 268
Balitzki, Jürgen 355
Bär, Olaf 37
Barenboim, Daniel
  171, 173 (Abb.)
Bartók, Bela 73, 300 f.
Bartsch, Frank 348
Bartsch, Franz 353
Bassbecker, Uwe 356 (Abb.)
Bauer, Conny 329, 333
Bauer, Gerhard Rolf 74
Bauer, Konrad 353
Baum, Hermann 308
Baum-Gründig, Gertrud 182
Bayer, Joseph 180, 182
Becher, Johannes R. 338
Becker, Heinz 332, 347
Becker, Olaf 233
Beechey, Jason 188, 190

Beethoven, Ludwig van
　42, 58, 62, 66, 68 ff., 81, 83,
　88 f., 137, 142, 164, 246, 303
Beinum, Eduard van　63
Bejach, Peter　212
Bellini, Vincenzo　142
Bělohlávek, Jiří　285
Benatzky, Ralph　205, 211
Benisch, Emanuel　15, 19
Berg, Alban
　168, 298 f., 301 (Abb.)
Berge, Gerhard　371
Berger, August　180
Bergmann, Gottfried　134, 140
Berio, Luciano　316
Berlioz, Hector　69 f.
Berne, Tim　342
Bernhard, Christoph
　104, 111, 177
Berté, Heinrich　203
Bertoldi, Antonio und Andrea
　129
Beutel, Jacob　18, 56
Beyer, Hans-Jürgen　353
Biedermann, Samuel　267
Bienert, Friedrich　226
Blacher, Boris　70
Bochmann, Otto　211
Bodenehr, Moritz　248
Böhm, Karl
　87 (Abb.), 158 (Abb.), 159,
　160 ff., 164, 366
Böhme, Fritz　225
Böhme, Marita　213 (Abb.), 214
Boieldieu, Francois Adrien　133
Bondini, Pasquale　194
Bongartz, Heinz　62, 66 f. (Abb.)
Bönig, Johannes　186, 232
Bontempi, Giovanni Andrea
　104, 108, 110, 242, 292
Bordoni-Hasse, Faustina
　121, *122 f. (Abb.)*
Borodin, Aleksandr　147
Bortoluzzi, Alfredo　182
Böttcher, Andreas Scotty　348
Brahms, Johannes
　59, 66, 69, 72, 88, 93, 245,
　247, 303

Brandt, Helmut　327 f.
Brants-Buys, Jan　147
Brecht, Bertold　167
Bretschneider, Daniel　111
Britten, Benjamin　34, 70, 289
Brödel, Christfried　373 (Abb.)
Brubeck, Dave　345
Bruch, Max　30
Bruchmann, Friedrich August　13
Bruckner, Anton
　48, 66, 72, 303, 305
Brühl, Christina von　77
Brühl, Hans Moritz von　77 (Abb.)
Brummers, die vier
　211 (Abb.), 212
Buchner, Christian　265
Bülow, Hans von　59
Bürger, Jens　349
Büttner, Paul　61, 302 f.,
　366 (Abb.), 382
Buffardin, Pierre Gabriel　116
Bungert, August　145
Buñuel, Luis　342
Burkhard, Willy　34
Burton, Abraham　342
Busch, Fritz
　148, 154 (Abb.), 155 f., 303, 305
Busoni, Ferruccio　59, 158
Bustelli, Giuseppe　129, 153
Bychkov, Semyon
　172, 173 (Abb.)

Cage, John　318, 321, 342
Calvisius, Seth　18
Carreño, Teresa　59
Carro, Enzo　295
Casals, Pablo　59
Casella, Alfredo　181f
Cerha, Friedrich　168
Cerrito, Fanny　179
Cherubini, Luigi　133
Chézy, Wilhelmine von　139
Chiaveri, Gaetano　109, 125
Chitz, Arthur　304
Chopin, Frédéric　236
Christ, Joseph Anton　145
Christian II.　102, 260, 267 f.

Cimarosa, Domenico 83
Clemens non Papa 26
Cleve-Petz, Ellen 181 (Abb.)
Coleman, Anthony 343
Collum, Herbert 31, 46, 272
Coltrane, John 349 f.
Copland, Aaron 183 f.
Corea, Chick 282
Creutziger, Matthias
 334, *335 (Abb.)*
Cullberg, Birgit 185
Cunningham, Merce 321
Cunradus 17
Curth-Hasting, Margarete 368
Czernowin, Chaya 39

d'Albert, Eugen 59, 147
D'Andrade, Francisco 59
Dänhardt, Mattis 281, 287
Danyluk, Igor 47
Davis, Sir Colin
 171, 377 (Abb.)
Dawson, David 190
Dayas-Söndlin, Karin 300
De la Marche, Louis 177
Debussy, Claude 303
Delibes, Léo 180, 182
Dellinger, Rudolf 198
Denissov, Edison 72
Denner, Wilhelmine 152
Dennewitz, Marc 349
Derevianko, Vladimir 187, 189
Dessau, Paul 35, 168, 184
Deutsch, Helmut 283 (Abb.)
Devrient, Karl 137
Diesner, Dietmar
 322, 345, 346 (Abb.), 347
Distler, Hugo 34
Ditters von Dittersdorf, Karl
 248
Dittrich, Paul-Heinz 247
Dittrich, Rudolf 168
Dittschlag, Jens 357 (Abb.)
Dix, Otto 228
Dixie, Joe 325, 328
Djaghilew, Sergej 146 f.
Dobschinski, Walter 325

Donath, Helen 282
Donizetti, Gaetano 142
Dörrie, Paul 74
Dorschner, Hartmut
 321 f., 347, 349 (Abb.)
Dostal, Nico 206
Dostojewski, Fjodor 47
Douglas, Barry 73
Douglas, Dave 342
Draeseke, Felix
 156 (Abb.) 300, 302 f.
Drechsel, Karlheinz
 326 f., 330 ff., 338 (Abb.)
Dreilich, Herbert 352
Dreyßig, Anton 80 f.
Duncan, Isadora 219
Dutilleux, Henri 73
Dvořák, Antonín
 49, 66 f., 146, 275, 311

Ebert, Friedrich Adolf 236
Edlinger, Thomas 267
Egk, Werner 183, 305 (Abb.)
Eichendorff, Joseph von 247
Eichhorn, Kurt 63
Eisenberg, Matthias 37 (Abb.)
Eisler, Hanns 313
Elman, Mischa 59
Elmendorff, Karl 162
Engel, Wolfgang 321
Erdmann, Eduard 299
Erdmuthe Sophie von Sachsen
 104, 107
Erfurth, Katja 232
Erhardt, Otto 151, 158
Erler, Goerg 154
Ernst Christian von Brandenburg-Bayreuth 104, 108
Ernst, Kurfürst 95
Eschenbach, C. G. 263

Fall, Leo 202, 206, 211, 215
Fasch, Johann Friedrich 243
Fehre, Christoph Ludwig 28
Feininger, Lyonel 350
Felsenstein, Walter 167

Feuerstein, Christoph 273
Fiedler, Lothar 347
Finke, Fidelio F. 310 f., 369
Fischer, Arne 349
Fischer, Carl August 28
Fischer, Edwin 63
Fischer, Günter 331
Fischer, Johann Adalbert 116
Fischer, Veronika 353
Fischer-Dieskau, Dietrich
  284 (Abb.)
Fischietti, Domenico 128, 153
Flämig, Martin
  35 (Abb.), 37 f., 283 (Abb.)
  372 f.
Flath, Kerstin 349
Fleischer, Lutz 321
Flesch, Carl 59
Flotow, Friedrich von 141
Fokin, Michail 189, 220 (Abb.)
Forster, Georg 99
Förster, Horst 67
Forsthoff, Helmut 353
Forsythe, William
  189, 190 (Abb.), 307
Fortner, Wolfgang 305
Fraikin, Silke 315
Freudenberg, Michael 320
Friedrich August I., gen. August
  der Starke
  113 (Abb.), 114 f., 118, 121 f.,
  132, 263
Friedrich August II. Kurfürst von
  Sachsen (August III. König
  von Polen)
  10, 118 (Abb.), 243 (Abb.),
  244 f.
Friedrich August III., gen. der
  Gerechte
  128, 130
Friedrich Christian 126, 128
Friedrich II. 117
Friedrich, Kurfürst 95
Friedrich, Rudolf 210
Fritzsche, Gottfried 264 f.
Fröhlich, Frank 349
Fröhlich, Pastor 52
Frotscher, Karl 49

Frühbeck de Burgos, Rafael
  74 (Abb.), 286
Fuchs, Michael 348, 353
Fürstenau, Moritz 152, 237
Funk, Friederike 134, 140
Furck, Sebastian 106 (Abb.)

Gabrieli, Giovanni 100
Gaitzsch, Steffen 347
Galli-Bibiena, Giuseppe 123
Galuppi, Baldassare 153
Gauck, Joachim 291 (Abb.)
Gayle, Charles 342
Gebauer, Hagen 359
Geißler, Eva 316
Geißler, Siegfried 74
Geistinger, Marie 196
Geitel, Klaus 224, 284
Genée, Ottilie 196
Georg von Hessen-Darmstadt
  102
Georgi, Yvonne 298
Gershwin, George 69
Gerstner, Johann Christian 26
Gieseking, Walter 63
Gilbert, Jean 201 (Abb.), 215
Glass, Phil 187
Gluck, Christoph Willibald
  83, 141 f., 152
Goebbels, Joseph
  160, 162, 304 f., 367
Goethe, Johann Wolfgang von
  20, 76, 247
Goldmann, Friedrich 247
Goldmark, Alexander 145
Goltz, Christel 165 (Abb.)
Gordon, Michael 289
Götze, Tom 348
Gräbner, Christian Heinrich 263
Gräbner, Johann Heinrich d. Ä.
  263, 268
Gräbner, Johann Heinrich d. J.
  263, 266
Grahn, Lucile 179
Grass, Günter 293 (Abb.)
Graun, Carl Heinrich 18 f.
Graun, Johann Gottlieb 18, 243

Greenaway, Peter 289
Greif, Heinrich 210
Gress, Drew 343
Greß, Frank-Harald 371
Grétry, André Ernest Modeste 133
Griebel, Otto 88
Grieg, Edvard 71
Griesbach, Karl-Rudi 310 f.
Grillparzer, Franz 247
Grohs, Josef 357 (Abb.)
Grünert, Matthias 44
Grünewald, Andreas 56
Grützner, Paul 46
Grundig, Johann Zacharias 18
Grundmann, Alfred
   43, 45, 273, 274 (Abb.), 275
Güttler, Ludwig
   43, 263, 273, *274 (Abb.)*
Gumpert, Ulli 333
Gundermann, Karsten 315
Gundlach, Andreas 347, 350

Haenchen, Hartmut
   37, 74, 281, 291 (Abb.), 292 (Abb.)
Hager, Kurt 283 (Abb.)
Hahn, Volker 314
Hähnel, Johann Ernst 263, 277
Haitink, Bernard
   171 f., 172 (Abb.)
Halévy, Jacques Fromental Elie 141
Halffter, Cristóbal 72
Hals, Frans 266
Hampe, Michael 281, 288, 293
Händel, Georg Friedrich
   89, 119, 289
Handrick, Bert 315
Hansen, Erwin 183
Harms, Oswald 111
Hartmann, Thomas 232
Hartung, Johann Wilhelm 57
Hasse, Johann Adolph
   15, 78 f., 120 f., *122 (Abb.)*, 123–126, 128 f., 152, 243, 248, 275, 292

Haßler, Hans Leo 260, 264
Haubold, Michael 349
Hauer, Josef 299
Haufe, Jürgen 334, *335 (Abb.)*
Haufe, Thomas 321
Hauptmann 15
Haydn, Joseph 15,68, 73, 131
Hebenstreit, Pantaleon 116
Heberer, Uwe 360
Heinichen, Johann David
   116, 118–121, 125, 152, 243 f., 275
Heinke, Jan 349
Heinrich der Erlauchte, Markgraf 16, 21
Heinrich, Prinz, Sohn Johann Georgs I. 176
Heintze, Hans 45
Heinz, Günter 321 f., 345, 347
Helbig, Sven 348
Hellmesberger, Joseph 180
Hendricks, Barbara 284
Hendrix, Jimi 352
Hentrich, Wolfgang 65
Hentschke, Heinz, 206
Herbig, Günther 68
Herbig, Matthias 53 (Abb.)
Herchet, Jörg 246 f., 313
Herden, Peter 213 (Abb.), 214
Herfter, Fred 328, 352
Hering, Alexander 19
Hertel, Thomas 320 f.
Herz, Joachim 170 (Abb.), 291
Hessenberg, Kurt 34
Hesterberg, Trude 204
Heuberger, Richard 180
Heym, Stefan 215 (Abb.)
Hiebsch, Sabine 381
Hildebrandt, Zacharias 125, 270
Hillebron, Mola 183
Hiller, Ferdinand 15, 194
Hilliger, Martin 272
Hindemith, Paul
   35, 69, 73, 158 f., 301 f.
Hinow, Georg 340
Hirschfeld, René 315
Hitler, Adolf 160, 205, 367
Hoff, Volkmar 348

Hoffmann, Ernst Theodor
  Amadeus
  83 (Abb.),195, 313
Hoffmann, Hans-Joachim
  283 (Abb.)
Hohenberg, Kurt 325
Holm, Hanya 225, 298
Holtschneider, Carl 367
Holzhausen, Alfred 316
Homilius, Gottfried August
  13, 15, *18 (Abb.)*, 19
Honegger, Arthur 301
Höntsch, Winfried 79, 281, 287
Hörig, Günter
  325–328, 329 (Abb.), 332, 353
Horne, Marilyn 284
Horvitz, Wayne 342 f.
Hosaeus, Hermann 311
Hoyer, Dore 219, 227, 231, 233
Hoyer, Eva 210
Hubermann, Bronislaw 59

Ingermann, C. G. 263
Isaye, Eugène 59
Ivogün, Maria 59

Jacques-Dalcroze, Emile
  221, 232, 297, 298 (Abb.), 379
Jan III. Sobieski 114
Janowski, Marek 72, 37 (Abb.)
Jansons, Maris 286
Jardin, Hermann 206
Jehmlich, Gebr. 46, 266, 271
Jentzsch, Wilfried
  314 (Abb.), 317
Jessel, Leon 203
Joachim, Joseph 59
Jochum, Eugen 63
Johann der Beständige 95 f.
Johann Friedrich I. von Sachsen,
  gen. der Großmütige 96
Johann Georg I.
  99 (Abb.) ff., 103, 176, 248, 267
Johann Georg II.
  104 (Abb.), 111, 242

Johann Georg III. 111 f.
Johann Georg IV. 113
Johannsen, Sven Ake 336
John, Hans 367
Joos, Kurt 184
Joseph I. 118, 281
Joseph II. 129
Jung, Franz 74
Jung, Heiko 348
Jung, Matthias 39, 92
Junghanns, Egbert 37

Kade, Ludwig Otto 26
Kaendler, Johann Joachim 277
Kagel, Mauricio 307
Kálmán, Emmerich
  201 (Abb.), 202 f., 206, 211, 215
Kandinsky, Wassily 226
Kantscheff, Jewgeni 352
Karajan, Herbert von
  282, 284, 285 (Abb.)
Karl V. 96
Karl von Sizilien 125
Karl, Engelbert 198 f.
Katzer, Georg 247
Kaubisch, Hermann 212
Kegel, Herbert 69 f.
Kehrer, Willy 311
Keilberth, Joseph
  164 (Abb.), 165
Kellerbauer, Barbara 353
Kempe, Rudolf 166
Kempen, Paul van 62 (Abb.)
Kempff, Wilhelm 63
Kerbach, Ralf 320
Kern, Daniel 270
Kesting, Edmund 164
Kettner, Gerhard 319
Keuk, Alexander 316
Kiesant, Günter 332
Kircheis, Friedrich 52, 274
Kleber, Martin 211
Klee, Paul 226
Kleemann, Matthias 321
Kleiber, Erich 63
Klemm, Ekkehard 370

Klemm, Johann 19
Klengel, Wolf Caspar von
    108 f., 177
Knauer, Bruno 50
Knebel, Erich 337, 339
Knöbel, Paul Julius 45
Koch, Henry 314
Koch, Peter 347
Köhler, Axel 370
Köhler, Siegfried
    35, 91, 282, 309 (Abb.), 310,
    313, 371
Kokoschka, Oskar 151 (Abb.)
Köller, Robert 180
Kollo, René 284
Kollwitz, Käthe 227
Konwitschny, Franz 166
Koreng, Gisbert 356 (Abb.)
Korndörfer, Johannes
    53 (Abb.)
Körner, Christian Gottfried
    77 (Abb.), 78 (Abb.), 79–82,
    92
Körner, Theodor 80
Korngold, Erich Wolfgang 147
Kowald, Peter 336
Krantz, Curt 367
Krantz, Georg Eugen 365
Kratina, Valeria 182 (Abb.)
Krätzschmar, Wilfried
    72, 313, 321
Krause, Ernst 308
Krause, Rüdiger 348
Krause, Uwe 322
Kreile, Roderich
    39, *40 (Abb.)*, 296
Kreisler, Fritz 59
Kremer, Gidon 296
Krenek, Ernst 301
Kretzschmar, Heinz 325 f.
Kreuder, Peter 213
Kreutzberg, Harald
    219 (Abb.), 223 f., 225 (Abb.),
    233
Kreutzer, Conradin 141
Kronos Quartett 296
Krüger, Brit 233
Kühn, Joachim 332

Künnecke, Eduard 203, 206
Kuhnau, Johann 18
Kujau, Beatrix 212
Kulenkampff, Georg 63
Kummer, Samuel 44
Kunad, Rainer 184, 313, 318
Kunert, Heinz 325, 352
Kupfer, Harry
    167 (Abb.), 170, 283 (Abb.)
Kupsch, Thomas 315
Kurz, Siegfried 214, 282, 318
Kussewitzky, Sergej 59, 157
Kutzschbach, Hermann
    147, 299 f.
Kwiatkowski, Fine 232
Kylián, Jiři 189

La Jana 204
Laban, Rudolf von 222
Lachotta, Lotte 360
Ladwig, Werner 62
Landgraf, Steffen 347
Lang, David 289
Lange, Hans 264
László, Alexander 61
Laux, Karl
    308, 310, 369 (Abb.), 371
Lebedenko, N.F. 210
Legrix, Dominique 295
Lehár, Franz 201 f., 207, 215
Lehmann, Lotte 59
Leiberg, Helge 320
Leidenberger, Markus 49
Leistner, Siegfried 74
Le Maistre, Matthäus 98
Lenkeit, Dieter 330
Lenz, Klaus 331
Leuterding, Johann 56
Levine, James 171, 173 (Abb.)
Liebermann, Max 157
Liebich, Matthias 51
Liepa, Andris 189
Ligeti, György 313
Lincke, Karl Christian 86
Lincke, Paul 205
Lindner, Edwin 61
Lischka, Rainer 214, 314

Liszt, Franz
 28 (Abb.), 31, 236, 247,
 300, 302
Locatelli, Giovanni Battista 153
Löffler, Jörg 357 (Abb.)
Loges, Stephan 37
Löhner-Beda, Fritz 207
Lohr, Michael 18
Lortzing, Albert 142
Lossow, William 198
Lotti, Antonio 93, 117–120, 243
Lovens, Paul 336
Ludwig II. von Bayern 143
Ludwig, Horst 214
Ludwig, Siegfried 371
Lüning, Frank 330 f., 341
Lutoslawski, Witold 313

Maazel, Lorin 275
Macht, Matthias 322, 347, 358
Magdalena Sibylla 267
Mahler, Gustav 42, 67, 69
Mainardi, Enrico 63
Mannsfeldt, Hermann Gustav
 59, 62
Mantua, Herzog von 111
Marche, Louis de la 177
Maria Amalia 125
Maria Antonia Walpurgis *126*
Maria Josepha
 118, 119 (Abb.), 120, 281
Marschner, Heinrich 141 (Abb.)
Marsop, Paul 254
Marteau, Henri 59
Martens, Elke 353
Martini, Padre 78
Martinu, Bohuslav 301
Massary, Fritzi 204 (Abb.)
Masur, Kurt
 67, 68 (Abb.), 72, 74, 285,
 291 (Abb.), 296
Matacic, Lovo von 166
Mathis, Edith 282
Matkey, Isolde 233
Matthews, Colin 275
Matthus, Siegfried
 70, 72, 247, 282, 289

Matzerath, Otto 63
Mau, Hofjuwelier 199
Mauersberger, Rudolf
 10, 32 (Abb.), 33 (Abb.),
 34 (Abb.), 35, 36 f., 248, 312
Mauro, Alessandro und Girolamo
 111, 117
Maximilian I. 95
Mayer, Eckehard 313, 318
Mehta, Zubin 286
Méhul, Etienne Nicolas 132 f.
Meier, Nicole 233
Meister Hans 21
Mendelssohn Bartholdy, Felix
 136, 236, 247
Mendelssohn, Arnold 30
Mengelberg, Misha 342
Mengelberg, Willem 63
Mensendieck, Bess 220
Menuhin, Yehudi 377 (Abb.)
Merkel, Gustav 19
Messiaen, Olivier 73, 322
Meunier, Constantin 157
Meyerbeer, Giacomo
 70, 141, 149, 247
Michael, Rogier 99
Millöcker, Karl
 195, 198, 201, 203
Mingotti, Angelo *152 f.*
Mingotti, Regina 123
Modrakowski, Dieter 340
Moholy-Nagy, László 226
Mölich, Gabriel 176
Molinari, Bernardino 63
Montagnana, Domenico 275
Morawitz, Alexander 358
Moretti, Pietro 153, 194
Möricke, Eduard 62
Moritz von Hessen-Kassel 100 f.
Moritz von Sachsen
 96 (Abb.), 97, 240, 260
Morlacchi, Francesco
 83, 130 (Abb.) f., 132, 136, 141
Morrison, James 345
Mosch, Clara 321
Mosgraber, Torsten 281, 293
Moszkowski, Moritz 59
Motian, Paul 343

Mottl, Felix 59
Mozart, Wolfgang Amadeus
  15, 57, 62, 76, 80, 83, 129, 131,
  134, 141f., 161, 163, 169, 275
Mraczek, Joseph Gustav
  61 f., 303
Müller, Frank 291 (Abb.)
Müller, Gottfried 305, 308
Müller, Vera 183 f.
Münch, Christian
  315, 316, 321, 370 (Abb.)

Napoleon 130
Natschinski, Gerd 214
Naumann, Johann Gottlieb
  76 f., *78 (Abb.)*, 79, 80, 82, 93,
  128 ff., 153, 243, 290, 292
Neander, Christoph 18
Nehmer, Rudolf 213 (Abb.)
Nesmüller, Agnes 195
Nesmüller, Ferdinand 194 f., 198
Nesterenko, Evgenij 282
Nestroy, Johann Nepomuk
  196
Neumeier, John 189, 286, 291
Nicodé, Jean Louis 59, 302
Niggl, J. M. 212
Nikisch, Arthur 61, 157
Niklaus, Walter 216 f.
Noack, Hans-Jürgen
  347, 349, 357 (Abb.)
Novák, Vitezlav 311

Ôdd, Conny 214
Offenbach
  196, 198, 206, 211, 215
Olsen, Willy 60, 62
Onegin, Sigrid 59
Opitz 242
Opitz, Martin 106, 107, 110
Orff, Carl 88, 164 f., 305
Orlando di Lasso 26, 98
Otto, Bettina 318
Otto, Ernst Julius
  19 (Abb.), 57, 85
Ozawa, Seiji 69

Pachnicke, Bernd 317
Paderewski, Ignaz 146
Paer, Ferdinando 83, 130
Paganini, Nicolò 247 (Abb.)
Paisiello, Giovanni 289
Pallavicini (Pallavicino), Carlo
  112, 118, 120, 290
Palucca, Gret
  190, 219 (Abb.), 223–229,
  231 ff., 311, 381
Pape, René 37
Parker, Evan 336
Päßler, Rüdiger 358
Paul, Jean 247
Paulik, Gerhard 272
Pauwels, Ferdinand 156
Pembaur, Karl Maria 50
Penck, A. R. (Ralf Winkler)
  320 f.
Penderecki, Krysztof 70, 282
Pepping, Ernst 305
Peranda, Marco Giuseppe
  110, 242, 292
Peri, Jacopo 106
Perowsky, Ben 343
Perrahia, Murray 296
Petri, Henri 157 (Abb.)
Petrowsky, Ernst-Ludwig 332
Petrucciani, Michel 335
Petzold, Helge 349
Petzold, Matthias 348, 358 f.
Pezold, Christian 23, 117
Pfannstiehl, Bernhard 31
Pfitzner, Hans 73, 147, 303
Picasso, Pablo 350
Pietsch, Christian 349
Pinelli, Giovanni Battista 98
Pisendel, Johann Georg
  114, 115 (Abb.), 243 ff., 275,
  290, 377
Pitra, Hans 211
Plangg, Volker M.
  217 (Abb.), 218
Plaschke von der Osten, Eva
  147 (Abb.)
Plasson, Michel 71 (Abb.), 72
Pleininger, Carl 198
Pollini, Bernhard 145

Ponizil, Agnes 322
Ponte, Francesco 122
Pöppelmann, Matthäus Daniel
 24, 111, 193, 277
Porpora, Nicola Antonio
 122 f., 126
Pösztenyi, Emöke 185
Poulenc, Francis 72
Praetorius, Michael
 99, 261, 265
Pretzscher, Paul 25
Prey, Hermann 283 (Abb.)
Prokofjew, Sergej 183, 187, 301
Promper, Gustl 212
Pudor, Johann Friedrich 365
Püschner, Karsten 270
Puffholdt, Moritz Erdmann 57 ff.

Quaas, Kurt 254
Quantz, Johann Joachim
 117, 243 (Abb.), 244

Ra, Sun 343
Rachel, Paul 81
Rachmaninow, Sergej 47, 59, 157
Racine, Jean 137
Rademann, Hans-Christoph
 37, 372
Raeder, Gustav 195
Raimund, Ferdinand 196
Ralf Winkler (A. R. Penck) 320 f.
Randow, Fritz 206, 208 (Abb.)
Rappoldi-Kahrer, Laura 366
Rauschenberg, Robert 321
Ravel, Maurice 187
Raymond, Fred 206
Recknagel 330
Redman, Joshua 343
Reger, Max
 30, 48, 66, 73, 269, 300 f.,
 303, 305, 311
Reichert, Claudia 319
Reichert, Johannes 89
Reimann, Herbert 340
Reiner, Fritz 147
Reinhold, Otto 183, 311

Reinhold, Theodor Christlieb
 14, 17, 18, 25, 28
Reißiger, Carl Gottlieb
 85, 141, *142 (Abb.)*, 146
Rennert, Siegfried 214
Rentzsch, Friedhelm 72
Repnin-Wolkonski, Nikolaus
 Grigorjewitsch 130
Reuker, Alfred
 154, 155 (Abb.), 159
Reznicek, Jäcki 353
Rheinberger, Josef Gabriel 48
Ribot, Marc 342
Riccius, August Ferdinand 180
Richter, Johann Christian 117
Richter, Karl 37
Richter, Otto 30, 32
Riedel, C. F. 263
Riedel, Wolfgang 356 (Abb.)
Ries, Franz 60
Rietz, Julius 141
Rimski-Korsakov 147
Ristori, Giovanni Alberto
 120, 125, 152
Riveros, Hilda 185
Röckel, August 143
Rodensteen, Hermann Raphael
 (Rottenstein-Pock) 264
Roeder, Ernst 179
Roller, Alfred 151
Rom, Michael 320
Römhild, Albert 48
Roschig, Edgar 44
Rösel, Peter 296
Rosenfeld, Gerhard 282
Rossini, Gioacchino 142
Rößler, Ernst Karl 272
Rößler, Wolfgang 74
Roth, Bertrand 299 ff.
Rothbein, Adrian 176
Rottenstein-Pock, Hermann
 Raphael (Rodensteen) 264
Rotter, Gebrüder 204 f.
Rousseau, Jean Jacques 121
Rubinstein, Anton 28, 59
Rudolph, Wilhelm 67
Rühling, Samuel 18, 20
Russu, Constantin 185

Ruzicka, Peter 172
Rzewski, Frederik 342

Sachs, Nelly 313
Saint-Léon, Arthur 179
Salicola, Margarita 111 f.
Samm, Franz Adam 116
Santinelli, Rosana 112
Sarasate, Pablo de 59
Sarassani 202
Sauer, Emil 59
Scalabrini, Paolo 152
Scandello, Antonio 98, 240
Scarlatti, Alessandro 122
Scarlatti, Domenico 187
Schaaf, Irmgard 381
Schäfer, Ernestine 76
Schäfer, Siegfried 214
Schaller, Wolfgang 218
Scheffler, Wolfgang 357 (Abb.)
Scheibner, Andreas 37
Scheinpflug, Paul 62
Schenker, Friedrich 247
Scherchen, Hermann 63, 299
Schicha, Ulrich 39
Schicht, Johann Gottfried 15
Schiemenz, Tilo 321
Schikora, Uwe 352 f.
Schiller, Friedrich 76, 80
Schilling, Tom 183 f.
Schillings, Max von 63
Schlegel, Joseph 25
Schleiermacher, Steffen 72
Schleime, Cornelia 320
Schleip, Johann Christian 267
Schlese, Joachim 338
Schlesinger, Klaus 336
Schlippenbach, Alexander von 336
Schlosser, Kurt 90
Schlünz, Annette 315 (Abb.)
Schmeding, Martin 31
Schmey, H. L. 263
Schmidt, Angelika 342, 344
Schmidt, Franz 70
Schmidt, Johann Christoph 363
Schmidt, Ralf 356 (Abb.)

Schmiedel, Traugott 56 f.
Schnabel, Artur 59
Schneider, Elke 216 (Abb.), 217
Schneider, Erich 43, 45, 49
Schneider, Hans 382
Schneider, Johann Gottlob 23, 81
Schneider, Richard Ludwig 382
Schnell, Martin 263
Schnelle, Manfred 229, 230 (Abb.)
Schneyer, Pancratz 267
Schoeck, Othmar 158 f.
Schoeppach, Ben (Shepik) 343
Scholz, Uwe 189
Scholze, Hansjürgen 51
Schönberg, Arnold 69, 167 (Abb.), 168, 227, 299 ff., 309, 313
Schönberg, Marschall von 76
Schöne, Alfred Paul 13, 42
Schöne, Gerhard 353
Schönfeld, Friedhelm 332
Schönfelder, Donald 357 (Abb.)
Schönfelder, Gerd 310, 371
Schott, Nora 233
Schramm, Heiko 358
Schraps, Rudolf 214
Schreiber, Bernhard 84
Schreier, Peter 37, *169 (Abb.)*, 282 f., 296
Schreker, Franz 147
Schröder-Devrient, Wilhelmine 137 (Abb.), 139 f.
Schtschedrin, Rodion 285
Schubert, Franz 145, 244 (Abb.), 247, 283
Schuch, Ernst von 145 (Abb.), 147, 149, 156 f.
Schürer, Johann Georg 78, 127
Schütz, Familie 18
Schütz, Heinrich 19, 29, 32 f., 34–37, *100 (Abb.)*, *101*, 102 ff., 106 f., 110, 176 f., 238, 241, 249, 253, 261–265, 363 f., 371
Schulhoff, Erwin 298, 299 (Abb.), 300 f.

Schulz, Michael 349
Schulze, Horst 213 (Abb.)
Schumann, Clara
    19, 84 (Abb.), 245, 247
Schumann, Gerhard 224
Schumann, Robert
    66, 84 (Abb.), 85, 236, 247
Schumann, Theo 352
Schuricht, Carl 63
Schuster, Joseph 82, 128 f.
Schweighofer, Felix
    198 (Abb.), 199 (Abb.)
Schweitzer, Benjamin 316
Schweitzer, Irene 336
Scott, Cyrill 299
Seconda, Joseph
    82 f., 131, 133, 194 f.
Seebach, Nikolaus Graf
    150 (Abb.)
Seidlitz, Friedemann 349
Semper, Gottfried 145 (Abb.)
Senesino 119
Seydelmann, Franz
    82, 128 f., 290 (Abb.)
Seyfarth, Lothar 74
Seyler, Abel 82, 194
Seyler, Madame 82
Shepik, Ben (Schoeppach) 343
Sibelius, Jean 71, 300
Siegert, Arila 230 f., 321
Silbermann, Andreas 270
Silbermann, Gottfried
    14, 23, 43 f., 125, 127, 268 ff.,
    296
Sinclair, Upton 298
Sinopoli, Giuseppe 172 (Abb.)
Sittard, Alfred 31
Skrjabin, Aleksandr 157, 299 f.
Slevogt, Max 154, 155 (Abb.)
Slezak, Leo 59
Smetana, Bedřich 146
Soldat, Marie 59
Sommer, Günter
    293 (Abb.), 329, 333 (Abb.),
    346, 353, 371
Sonntag, Henriette 139
Sophie (Sophia Eleonore)
    102, 105

Sophie, Kurfürstin 21 (Abb.)
Speed, Chris 342
Spohr, Louis (Ludwig)
    136, 141 f., 247
Spoliansky, Michael 205
Spontini, Gasparo 83, 136
Stainer, Jacobus 261
Stamm, Richard 214
Starke, Johann Georg 109
Steiner, Fritz 212 (Abb.), 213 f.
Stephan, Bert 349, 357 (Abb.)
Sterl, Friedrich Wilhelm 156
Sterl, Helene 157
Sterl, Robert 145, 150, *156 f.*
Sterl, Wilhelmine geb. Kühnel
    156
Steude, Wolfram 364, 371
Steudner, Fritz 271
Stier, Gothart 38
Stock, Dora 80
Stockhausen, Karlheinz
    307, 318
Stolz, Robert 205, 215
Stolze, Gerhard 166
Stövesand, Reinhold
    214, 215 (Abb.), 216
Straus, Oskar 202
Strauß 198, 201, 215
Strauss, Richard
    59, 87 (Abb.), 146 f.,
    148 (Abb.), 149 f., 154, 159 ff.,
    180 ff., 275, 303
Strauß, Wolfgang 314
Strawinsky, Igor
    35, 69, 87 (Abb.), 182, 184,
    300 f.
Striegler, Kurt 365 (Abb.), 367
Stuckenschmidt, Hans Heinz
    309
Stumpff, Johann Andreas 267
Suitner, Otmar 166
Sukfüll, Carl 206
Sullivan, Arthur 198
Suppé, Franz von 196, 198

Takeishi, Stomu 343
Tartini, Giuseppe 78

Tauber, Richard 204 (Abb.)
Telemann, Georg Philipp
 244 f., 248
Temirkanow, Juri 72, 74
Tesler, Giovanni 267
Thamm, Hans 37
Thibaud, Jacques 59
Thieme, Otto
 179 (Abb.), 180
Thilman, Johannes Paul
 72, 308, 310 f.
Thoss, Stefan 186
Tola, Benedikt 264 f.
Tola, Gabriel 264 f.
Torkler, Wolfgang 350
Trantow, Herbert 302, 308
Trebeljahr, Dittmar 348 f.
Trojanowski, Jan 180 (Abb.)
Tröstler, Friedrich 364
Trovesi, Gianluigi 293
Tschaikowsky, Petr 59, 182
Tschitschikow, Pawel
 Iwanowitsch 285
Tudor, David 321
Turner, Mark 343
Tzschimmer, Gabriel 111

Uecker, Gerd 174 (Abb.)
Ulbricht, Reinhard 369
Ullmann, Marcus 37
Ullmann, Viktor 289

van Beinum, Eduard 63
Verdi, Giuseppe
 141, 146, 149, 236, 284
Verrett, Shirley 284 (Abb.)
Viehweger, Hermann 199
Vincze, Uta 378
Vitzthum von Eckstädt,
 Heinrich Graf 132 (Abb.)
Vivaldi, Antonio
 187, 243 f., 248
Vogel von Vogelstein, Karl
 132
Vogel, Tom 349
Vogeler, Heinrich 157

Vogelsang, Marianne
 219 (Abb.), 226, 228 (Abb.),
 229–231, 233
Vogler, Georg Joseph, Abbé 138
Vogler, Jan *274, 275 (Abb.)*
Voigt, Rosa 300
Volumier (Woulmyer),
 Jean Baptiste 114

Wagner, Konrad 50 f.
Wagner, Richard
 14, 19, 42, 57, 62, 81, 84 f.,
 93, 139, 140 ff., *143 (Abb.)*,
 145, 147, 149, 159, 161, 173,
 236, 247, 249, 302
Wagner, Siegfried 63
Wagner, Willi 349
Walter, Christoph 24
Walter, Johann 97 f., 240
Walter, Thomas 349
Wand, Günter 286
Wandtke, Hanne 231, 321 f.
Wandtke, Harald 184 f., 232
Watkin, Aaron 188 ff.
Webber, Andrew Lloyd 218
Weber, Carl Maria von
 58, 79, 80, 83, 132–137,
 138 f. (Abb.), 140, 142 f.,
 145, 170 ff., 178, 237, 246 ff.,
 369
Weber, Daniel 56
Weber, Ehrenfried 28
Webern, Anton 187, 299 f.
Wegner, Bettina 336
Weichelt, Klaus 349, 357 (Abb.)
Weigle, Jörg-Peter 70 f.
Weill, Kurt 158 f., 302
Weinholdt, Heinrich August 273
Weinholdt, Johann Gottfried 273
Weinlig, Christian Ehregott 19
Weinlig, Christian Theodor 19
Weise, Eberhard 332
Weiss, Manfred 70, 93, 312 f.
Weiß, Sylvius Leopold
 116 f., 244 (Abb.), 245, 267
Weisse, Christian Felix 194
Wellesz, Egon 299

Wendrich, Fritz 217
Wenzel, Hans J. 317
Wermann, Friedrich Oscar
    276
Wermann, Oskar
    29 (Abb.), 86
Werzlau, Joachim 143
Whitley, Chris 347
Wiatowitsch, Dimitri 227
Wieck, Clara
    19, 84 (Abb.), 245, 247
Wigman, Mary
    181 (Abb.), 190, 219 (Abb.),
    221, 222 (Abb.), 223–227,
    229, 231, 233, 297 f., 367 ff.
Wildersinn, Kurt 211
Wilhelm I., Markgraf 24
Wille, Georg 366
Winkler, Johannes 74
Winkler, Michael Christfried
    31, 312, 314
Winkler, Ralf 320
Winogradov, Oleg 185
Winterstein, Olivier von 71
Winter-Tymian, Emil 202 (Abb.)
Wissmann, Friedbert 317
Witt, Carl 201
Wittig, Tom 357 (Abb.)
Wolf, Peter 277
Wolfe, Julia 289
Wolff, Hermann 59
Wolfram, Heiko 360
Wollesen, Kenny 342
Wörtge, Georg
    204 (Abb.), 206, 211, 214
Woulmyer (Volumier),
Jean Baptiste 114

Xaver, Prinz von Sachsen 128
Zechlin, Ruth 247
Zelenka, Jan Dismas
    93, 114, 120 f., 125, 242 f.,
    248, 275
Zeller, Carl Johann Adam 215
Zelter, Carl Friedrich
    53, 84, 85 (Abb.)
Ziani, Pietro Andrea 109

Ziehrer, Carl Michael 215
Zillmann, Johann Gottlieb 57
Zimbalist, Efrem 59
Zimmermann, Frank Peter 296
Zimmermann, Frieder 348, 358
Zimmermann, Heinz Werner 34
Zimmermann, Ingo 380
Zimmermann, Udo
    35, 37, 72, 185, 188, 247, 282,
    306 (Abb.), 307, 310, 312 f.,
    318, 323 f.
Zörner, Ernst 305
Zucker, Julie 134 (Abb.), 137
Zwart, Boudewijn 295
Zweig, Stefan 160 (Abb.)
Zwintscher, Oskar 303
Zwintscher, Rudolf 303

Die Autoren

Bartnig, Dr. Hella
in Leipzig geboren; studierte an der dortigen Universität, wo sie 1986 zum Dr. phil. promovierte. Von 1986 bis 2002 arbeitete sie an der Sächsischen Staatsoper Dresden. Danach war sie Chefdramaturgin an der Bayerischen Staatsoper München. Seit 2006 ist sie in gleicher Funktion an der Deutschen Oper am Rhein engagiert.

Bäumel, Mathias
Jahrgang 1953, kam durch Konzerte von Klaus Lenz und dem Jazzensemble Studio 4 in der zweiten Hälfte der sechziger Jahre zum Jazz. Erstmals Anfang der 70er-Jahre als Mitglied eines Studentenklubs half er, Jazzkonzerte zu veranstalten, ein Hobby, das ihn seither nicht mehr los ließ; seit mehreren Jahren ist er nun ehrenamtlicher Programmchef eines Jazzclubs. Bäumel schreibt seit mehr als 25 Jahren journalistische Artikel über Jazz, Rock und die Verbindung von Musik zu anderen Künsten für Tageszeitungen, Jazzmagazine, Bücher und CD-Cover. Er hält Seminare zur Jazz-Kritik und Vorträge zu verschiedenen jazzbezogenen Themen.

Blüthgen, Karsten
Jahrgang 1968, studierte Akustik und Musikwissenschaft, arbeitet als Referent eines Dresdner Forschungsunternehmens sowie als Journalist und Lehrbeauftragter.

Burde, Ines
geboren in Dresden; 1994–2000 Studium der Musikwissenschaft und Kunstgeschichte in Dresden und Wien; 2000 Abschluss Magister Artium mit einer Arbeit über die Musik G. F. Händels am Dresdner Hof im 18. Jh.; 2000–2001 Mitarbeit am Lehrstuhl für Musikwissenschaft an der TU Dresden; 2002–2006 Arbeit an einer Dissertation zur venezianischen Kirchenmusik von Baldassare Galuppi an der Universität Halle-Wittenberg; ab 2005 Referendariat an der Herzog August Bibliothek Wolfenbüttel und der Bayerischen Staatsbibliothek München.

Drude, Prof. Matthias
geboren 1960 in Dannenberg (Niedersachsen). Studium Schulmusik, Musiktheorie und Komposition in Hannover und Hamburg. 1993 Berufung zum Dozenten (seit 2001 Professor) für Musiktheorie an der Hochschule für Kirchenmusik Dresden. 1995–2003 auch Lehrauftrag für Musiktheorie an der Hochschule für Musik »Carl Maria von Weber« Dresden. 2001 und 2004 Wahl zum 1. Vorsitzenden des Landesverbands Sachsen im Deutschen Komponistenverband e. V.

Eckhardt, Wolfgang
geboren 1974 in Erlangen, Wohnort: Herzogenaurach, bis 1992 Besuch des musischen Gymnasiums in Erlangen mit Abschluss Allgemeine Hochschulreife, 1994–2000 Studium der Musikwissenschaft, Psychologie und Kommunikationswissenschaft an der TU Dresden mit Abschluss Magister Artium, seit 2002 Arbeit an einer Dissertation an der Universität Halle-Wittenberg, mehrere Publikationen in Fachzeitschriften bzw. Lexika.

Ernst, Michael
Schreiber und Bildner, lebt in und bei Leipzig. Herausgeber und Autor (zuletzt: »Rabenlatein«, Gedichte 2006). Ausstellungen in Leipzig, Dresden, München und Opole. Beschäftigungen als Journalist, dann Pressereferent der Oper Leipzig (1991–2002), seitdem für Presse, Marketing und Sponsoring der Dresdner Musikfestspiele zuständig.

Geißler, Frank
1959 in Wurzen geboren. 1977 Abitur. Bis 1982 Studium der Musikwissenschaft in Leipzig, Abschluss als Diplommusikwissenschaftler. 1982–1991 freiberuflicher Musikkritiker, Verlagsgutachter, Belletristikautor. Seit 1991 wissenschaftlicher Mitarbeiter am Dresdner Zentrum für zeitgenössische Musik. Seit 2002 dort Chefdramaturg. Beiträge für wissenschaftliche Publikationen, Lexika (Komponisten der Gegenwart, Grove Dictionary of Music and Musicians), Zeitungen, Zeitschriften, Programmhefte etc. Hrsg. u. a.: Die Musik des osteuropäischen Judentums – Totalitäre Systeme – Nachklänge, Leipzig/Dresden 1997. Musik – Macht – Missbrauch, mit Marion Demuth, Dresden 1999. Neue Musik und Medien, Altenburg 2000. Man sieht, was man hört – Udo Zimmermann über Musik und Theater, Leipzig 2003.

Gorgas, Gabriele
1948 in München geboren, Studium Theaterwissenschaft an der Humboldt-Universität zu Berlin, arbeitet als Kulturjournalistin seit 1972 in Dresden, Theaterkritikerin speziell für Tanz und Schauspiel, seit 1996 auch Autorin/Regisseurin für Dokumentarfilm, darunter ein Porträt der österreichischen Komponistin Grete von Zieritz, beteiligt an Buchveröffentlichungen über Tanz/Theater.

Grüner, Uwe
geboren 1964, Dipl. phil., studierte nach dem Abitur an der Spezialschule für Musik in Wernigerode Musikwissenschaft und an der Humboldt-Universität Berlin Geschichte und Musikerziehung; seit 1995 beim Dresdner Kreuzchor, zunächst Dramaturg, jetzt Manager.

Gunold, Peter
geboren 1939 in Dresden, hier lebend; 1957 Abitur, 1957–1962 Gesangsstudium und Staatsexamen an der Dresdner Hochschule für Musik, 1962–1964 Engagements als Sänger (Bariton), Schauspieler und Regieassistent an der Staatsoperette Dresden, 1964–1969 am Kleist-Theater Frankfurt/Oder und 1969–1984 am Stadttheater Cottbus, 1978–1981 postgraduales Studium der Theaterwissenschaft an der Theaterhochschule Leipzig, seit 1984 Dramaturg und 1990–1999 Chefdramaturg an der Staatsoperette Dresden; Herausgeber und Mitautor des Buchtitels »50 Jahre Staatsoperette Dresden – 225 Jahre musikalisches Volkstheater in Dresden«, Verlag und Galerie Buchkunst Läzer, Weimar 1997.

Härtwig, Prof. Dr. Dieter
geboren 1934 in Dresden, 1953 Abitur an der Kreuzschule. 1954–1959 Studium der Musikwissenschaft und Germanistik an der Universität Leipzig, hier 1959 Diplom, 1963 Promotion zum Dr. phil. sowie 1970 Habilitation. 1959–1960 Musikdramaturg am Staatstheater Schwerin, 1960–1965 an den Landesbühnen Sachsen, 1965–1997 Chefdramaturg (und bis 1992 zugleich Stellv. Künstlerischer Leiter) der Dresdner Philharmonie. Daneben 1960–1962 und 1973–1991 Lehrbeauftragter für Musikgeschichte (1980 Honorardozent, 1984 Honorarprofessor) an der Musikhochschule Dresden. 1974 Kunstpreis der Stadt Dresden. 1978–1990 Mitglied des Komitees und Künstlerischen Beirates der Dresdner Musikfestspiele. Seit 1990 Mitglied des Sächsischen Musikrates und 1996–2004 des Kuratoriums der Sächsischen Landesbibliothek (SLUB). Zahlreiche Veröffentlichungen zur Dresdner, sächsischen und mecklenburgischen Musikgeschichte sowie zum zeitgenössischen Musikschaffen (u. a. auch in internationalen Enzyklopädien).

Hodick, Dr. Horst
1959 in Frankfurt am Main geboren. Abschluss des Studiums der Musikwissenschaft, Kunstgeschichte und Kirchengeschichte mit einer Promotion zu einem orgelkundlichen Thema an der Universität Bonn. Seitdem freischaffender Musikwissenschaftler in Dresden. Hier widmet er sich vor allem denkmalpflegerischen Aufgaben als vom Landesamt für Denkmalpflege Sachsen beauftragter Orgelsachverständiger. Lehraufträge an der Technischen Universität Dresden und an der Kirchenmusikhochschule Dresden zu orgel-, musikinstrumenten-kundlichen und akustischen Themen.

Luick, Adi
kaufmännische Ausbildung, Studium der Musikwissenschaft und Kunstgeschichte in Tübingen, Assistent der Ballettdirektion an der Staatsoper unter den Linden Berlin, Dramaturg an der Sächsischen Staatsoper Dresden, danach Assistent des Ballettdirektors, heute Ballettbetriebsdirektor des Dresden SemperOper Ballett.

Poppe, Dr. Gerhard
geboren 1960 in Heiligenstadt/Eichsfeld, 1979–1987 Studium und Promotion in Halle, danach Anstellungen in Rostock und Dresden, 2006 Habilitation in Koblenz.

Reich, Dr. Wolfgang
geboren 1927 in Breslau, studierte nach Kriegsdienst und Gefangenschaft Musikerziehung, Musikwissenschaft und Germanistik in Jena sowie Bibliothekswissenschaft postgradual in Berlin. 1958/59 war er Mitarbeiter am Internationalen Quellenlexikon der Musik (RISM) und von 1960 bis 1992 Leiter der Musikabteilung der Sächsischen Landesbibliothek und späteren SLUB. Edierte mitteldeutsche Musik des 16. bis 18. Jahrhunderts und publiziert vorrangig zu Quellen dieses Bereichs.

Schmerler, Annett
geboren in Dresden, studierte Musikwissenschaft, Musikpraxis, Germanistik und Theologie in Berlin, Weimar, Jena und Dresden. Beschäftigungen in der Forschungs- und Gedenkstätte »Heinrich-Schütz-Haus« Bad Köstritz, in der Sächsischen Landesbibliothek – Staats- und Universitätsbibliothek Dresden und im Musikinformationszentrum in Bonn; seit 2006 betreut sie das Archiv des Kreuzchores und der Kreuzschule. Aufsätze u.a. zur Kirchenmusik und zur Geschichte der Oper in »Musik in Dresden« (Schriftenreihe der Hochschule für Musik Dresden).

Schreier, Birgit
geboren in Dresden, Abitur an der Sächsischen Spezialschule für Musik »Carl Maria von Weber Gymnasium« Dresden; 1995–2000 Studium der Musikwissenschaft, Germanistik und Politikwissenschaft an der Technischen Universität Dresden und der Universität Wien; 2001 Mitarbeit MDR Musiksommer; seit 2001 freie Mitarbeit/Beiträge, Feature MDR Figaro, Mitarbeiterin der Leipziger Mendelssohn-Gesamtausgabe an der Sächsischen Akademie der Wissenschaften. Publikationen: Artikel »Georg Vierling« in »Die Musik in Geschichte und Gegenwart«, Bärenreiter, Kassel 2006; »Der Komponist Carl Borromäus von Miltitz und der Scharfenberger Kreis. Ein Beitrag zum Musikschaffen im Umfeld der Dresdner Romantik«, Verlag Hochstift Meißen, 2006.

Stabel, Prof. Dr. Ralf
Tanzpublizist und Tanzhistoriker, war 1991–1993 wissenschaftlicher Mitarbeiter an der Theaterhochschule »Hans Otto« und der Hochschule für Musik und Theater »Felix Mendelssohn Bartholdy« Leipzig, 1993–1995 persönlicher Referent der Direktoren der Palucca Schule Dresden, bis 2002 dort wissenschaftlicher Mitarbeiter, seit 1995 Honorarprofessor für Tanzdramaturgie an der Hochschule für Schauspielkunst »Ernst Busch« in Berlin, lehrt seit 2001 als außerplanmäßiger Professor für Tanzgeschichte und Tanzdramaturgie an der Palucca Schule Dresden. Seit 2003 ist er stellvertretender Künstlerischer Leiter der Staatlichen Ballettschule Berlin und Schule für Artistik, Fachrichtung Bühnentanz.

Weise, Heinz
geboren in Dresden; Berufsausbildung und Abitur, 1961–1965 Studium der Journalistik an der Universität Leipzig, 1965–1981 Ressortleiter an der Tageszeitung »Die Union«, 1982–1989 freiberuflicher Schriftsteller, danach stellvertretender Chefredakteur der Wochenzeitung »Sachsen-Spiegel«, seit 1992 Inhaber des Verlags- und Publizistikhauses; Buchtitel: mehrere Monographien (u. a. »Dresdner Zwinger«, »Dresden«, »Pillnitz«), Mitautorenschaften (»Dresden. Silhouetten einer Stadt«, »Mark Meißen«, »Sehnsucht nach dem alten Dresden«) und Herausgaben (O. J. Bierbaum »Yankeedoodle-Fahrt«, G. F. Rebmann »Kreuzzüge durch einen Teil Deutschlands«, Karl Gjellerup »Seit ich zuerst sie sah«).

Weitz, Heike
Heike Weitz studierte Musikwissenschaft, Geschichte und Philosophie an der Universität zu Köln. Von 2003 bis 2007 war sie beim Deutschen Musikrat in Bonn beschäftigt, verfasste Texte für zahlreiche Publikationen und ist nun freiberuflich im Bereich Pressearbeit und als Texterin tätig.

Wolter, Andrea
Studium der Musikwissenschaft an der Humboldt-Universität Berlin, danach Aufbau des Fachgebiets Musikikonographie an der Deutschen Fotothek Dresden, Musikkritikerin in Dresden und Hamburg, freie Dramaturgin, Übersetzerin, unter anderem für Deutsche Grammophon, Philips Classics, Staatsorchester Braunschweig, Kremerata Baltica, Festspielhaus Baden-Baden, Salzburger Festspiele, 1997–2002 ständige freie Mitarbeit für Dramaturgie, Presse- und Öffentlichkeitsarbeit der Dresdner Musikfestspiele, Hrsg. (mit Torsten Mosgraber) und Mitautorin des Buches »25 Jahre Dresdner Musikfestspiele« 2002, 2004/05 leitende Dramaturgin und Pressereferentin am Nikolaisaal Potsdam, 2006/07 Pressereferentin am Europäischen Zentrum der Künste Hellerau, Lehrauftrag »Schreiben über Musik« am Institut für Musikwissenschaft der Technischen Universität Dresden.

Literaturverzeichnis

- Adolf, Paul: *Vom Hof zum Staatstheater,* Dresden 1932
- Archiv der Sächsischen Staatsoper, *Sammlung Sohrmann 1908–1944*
- Artikel »Dresden«, in: *Die Musik in Geschichte und Gegenwart,* 2. neubearb. Ausg. hrsg. von Ludwig Finscher, Kassel 1994, Sachteil, Bd. 2, Sp. 1522-1561

- Bach, Rudolf: *Der Mary Wigman Werk,* Carl Reissner Verlag, Dresden 1933
- Balitzki, Jürgen: *»electra. Lift. Stern Combo Meißen – Geschichten vom Sachsendreier«,* Schwarzkopf & Schwarzkopf, Berlin 2001
- Bauer, Katrin: *Die Entwicklung der Arbeitermusikbewegung in Dresden von den Anfängen bis 1933,* Halle 1990 (Universität Halle-Wittenberg, Dissertation)
- Blaschke, Karlheinz u. a. (Hrsg.): *Dresden – Kreuzkirche – Kreuzschule – Kreuzchor,* Gütersloh u. a. 1991
- Boettger, Gustav: *Die Geschichte der Annenkirche in Dresden,* Dresden 1860
- Böhm, Karl: *Ich erinnere mich ganz genau. Autobiographie,* München 1968
- Böhme, Fritz: *Zum 13.12.1925,* in: Deutsche Allgemeine Zeitung
- Busch, Fritz: *Aus dem Leben eines Musikers,* Zürich 1949

- Csiba, Gisela und Jozsef: *Die Dresdner Hoftrompeten des 18. Jahrhunderts,* Vortrag gehalten in Dresden am 12.12.1998

- Dähnert, Ulrich: *Historische Orgeln in Sachsen. Ein Orgelinventar,* Leipzig 1980
- de la Motte-Haber, Helga: *Dresden 1900–1930: Werkstatt der Zeit*
- Demuth, Marion (Hrsg.): *2. Dresdner Tanzsymposium 3.– 5.10.1988, in Zusammenarbeit mit dem Tanztheater im Staatsschauspiel Dresden, der Palucca Schule, dem Ballett der Staatsoper Dresden und dem Verband der Theaterschaffenden,* Dresden 1989

- Demuth, Marion und Zimmermann, Udo (Hrsg.): *Klang – Raum – Bewegung, 10 Jahre Dresdner Zentrum für zeitgenössische Musik,* Wiesbaden/Leipzig/Paris 1996
- Dibelius, Ulrich und Schneider, Frank (Hrsg.): *Neue Musik im geteilten Deutschland,* Bd. 1, Berlin 1993
- *Die Theaterstunde,* Berlin, Juni-Heft 1935
- Drechsel, F. A.: *Zur Geschichte des Klavierbaues in Dresden,* in: Zeitschrift für Instrumentenbau. 48. Jg. 1927/28
- ders.: *Zur Geschichte des Instrumentenbaues in Dresden,* in: Zeitschrift für Instrumentenbau. 49. Jg. 1928/1929

- Engländer, Richard: *Dresdner Instrumentalmusik in der Zeit der Wiener Klassik,* Uppsala 1956

- Finscher, Ludwig (Hrsg.): *Die Musik in Geschichte und Gegenwart,* Zweite Ausgabe (MGG2), Kassel u. a., ab 1994
- Fröhlich, Frank (Hrsg.): *Diesseits der Semperoper,* Dresden 1996
- Fürstenau, Moritz: *Zur Geschichte der Musik und des Theaters am Hofe der Kurfürsten von Sachsen, Johann Georg II., Johann Georg III. und Johann Georg IV.,* Dresden 1861

- Galkin, Georg W.: *A history of orchestral conducting in theory and practice,* New York 1986
- Geck, Karl Wilhelm: *Aufführungen zeitgenössischer Tonwerke – Bertrand Roth und sein Dresdner Musiksalon,* in: Herrmann, Matthias/Heister, Hans-Werner (Hrsg.), Dresden und die avancierte Musik im 20. Jahrhundert, Teil I: 1900–1933, Laaber 1999
- Gestaltung und Gestalten. *Dramaturgische Blätter der Landeshauptstadt,* Dresden 1929
- Greß, Frank-Harald: *Dresden als Orgelstadt,* in: Matthias Herrmann (Hrsg.): Die Dresdner Kirchenmusik im 19. und 20. Jahrhundert, Laaber 1998
- ders.: *Die Gottfried-Fritzsche-Orgel der Dresdner Schloßkapelle,* in: Acta organologica. Bd. 23, Kassel 1993
- Groß, Reiner: *Die Residenz des sächsischen Königreiches in der bürgerlichen Umwälzung von 1830 bis 1871,* Dresden 1990 (Dresdner Hefte Nr. 24)

- Haase-Messner, Gisela und Reinheckel, Günter: *Kunsthandwerk des 18. und 19. Jahrhunderts,* Dresden 1973
- Härtwig, Dieter (Hrsg.): *125 Jahre Dresdner Philharmonie,* Altenburg 1995
- ders.: *Zwischen Avantgarde und Tradition. Vor 25 Jahren starb der Komponist Johannes Paul Thilman,* in: Sächsische Zeitung, 30.8.1998

- ders.: *Die Dresnder Ratsmusik*, in: Dresdner Geschichtsbuch 9, hrsg. vom Stadtmuseum Dresden, Altenburg 2003
- ders. und Herrmann, Matthias (Hrsg.): *Der Dresdner Kreuzchor*, Leipzig 2006
- Heinemann, Michael und John, Hans (Hrsg.): *Die Dresdner Oper im 19. Jahrhundert*. in: Musik in Dresden, Band 1, Laaber 1995
- Heister, Hans-Werner: *Zur Struktur der Musikkultur in Dresden am Anfang des 20. Jahrhunderts – musiksoziologische Überlegungen in historiographischer Absicht*, in: Herrmann, Matthias/ Heister, Hans-Werner (Hrsg.), Dresden und die avancierte Musik im 20. Jahrhundert, Teil I: 1900–1933, Laaber 1999
- ders. und Sparrer, Walter-Wolfgang (Hrsg.): *Komponisten der Gegenwart*, Loseblatt-Lexikon, München seit 1992
- Held, Karl: *Das Kreuzkantorat zu Dresden*, Leipzig 1894
- Herrich, Klaus: *Zur Geschichte des musikalischen Volkstheaters in Dresden (1772–1944)*, in: »50 Jahre Staatsoperette Dresden«, hrsg. von Peter Gunold, Verlag und Galerie Buchkunst Läzer, Weimar 1997
- Herrmann, Matthias: *Vokalisten und Instrumentalisten am kurfürstlich-wettinischen Hof 1464– 1485. Bemerkungen zur Frühgeschichte der kursächsischen Kapellmusik vor Neugründung der Hofkantorei 1548*, in: Der Klang der Sächsischen Staatskapelle Dresden (Dresdner Beiträge zur Musikforschung, Bd. 1), Hildesheim u. a. 2001
- ders.: *Die Abende Neue Musik Paul Aron in Dresden*, in: Dresden und die avancierte Musik im 20. Jahrhundert, Teil I: 1900–1933, Laaber 1999
- ders.: *Kreuzkantor zur Dresden. Rudolf Mauersberger*, Mauersberger-Museum 2004
- ders.: *Arnold Schönberg in Dresden*, Dresden 2001
- ders. (Hrsg.): *Die Dresdner Kirchenmusik im 19. und 20. Jahrhundert*, Laaber 1998
- Heyde, Hubert: *Blasinstrumente und Bläser der Dresdner Hofkapelle in der Zeit des Fux-Schülers J. D. Zelenka*, in: Johann Joseph Fux und die barocke Bläsertradition. Kongressbericht Graz 1985, Tutzing 1987
- ders.: *Die Werkstatt von Augustin Grenser d. Ä. und Heinrich Grenser in Dresden*, in: Tibia 18, 1994
- Hiebert, Thomas: *The horn in early eighteenth century Dresden. The players and their repertoire*, Madison 1989
- Höntsch, Winfried: *Opernmetropole Dresden*, Dresden 1996
- Hunecke, Markus: *Die Sophienkirche im Wandel der Geschichte*, Leipzig 1999

- Intendanzprotokoll vom 3. September 1953, Sächs. HStA, Staatstheater Dresden, Akte Nr. 13/30

- John, Hans: *Der Dresdner Kreuzchor und seine Kantoren,* Berlin 1987
- ders.: *Die Frauenkirche im Musikleben der Stadt Dresden,* Kongressbericht der Hochschule für Musik, Dresden 1994
- ders.: *Das Musikleben in der Frauenkirche und in der Sophienkirche während des 19. Jahrhunderts,* in: Herrmann, Matthias (Hrsg.), Die Dresdner Kirchenmusik im 19. und 20. Jahrhundert, Musik in Dresden, Bd. 3, Laaber 1998
- ders.: *Zum musikalischen Vereinsleben in Dresden zwischen 1830 und 1890,* Dresden 1985 (Dresdner Hefte Nr. 1985, 3)
- ders.: *Dresdner Musikgeschichte im 19. Jahrhundert: ein Überblick,* Dresden 1983 (Dresdner Hefte Nr. 1983, 3)

- Katalog zum 450. Staatskapellen-Jubiläum: *Wunderharfe,* Staatliche Kunstsammlungen Dresden in Zusammenarbeit mit der Sächsischen Staatsoper Dresden, 1998
- Koegler, Horst: *Reclams Ballettlexikon,* Stuttgart 1984
- Köhler, Joachim: *Der letzte der Titanen. Richard Wagners Leben und Werk,* München 2001
- Köhler, Siegfried: *Musikstadt Dresden,* Leipzig 1976
- Kolloquienreihe 1996/1998/2000: *Dresden und die avancierte Musik im 20. Jahrhundert,* veranstaltet vom Dresdner Zentrum für zeitgenössische Musik und der Hochschule für Musik »Carl Maria von Weber« Dresden, Teil I: 1900–1933, Teil II: 1933–1996, Teil III 1966–1999
- Kugele, Reiner: *Erwin Schulhoff und die Fortschrittskonzerte, Dresden 1919/20«,* in: Dresden und die avancierte Musik im 20. Jahrhundert, Teil I: 1900–1933, Laaber 1999
- ders.: *Überdada. Komponist und Expressionist. Erwin Schulhoff in Dresden,* Diplomarbeit Staatliche Hochschule für Musik Freiburg im Breisgau 1993, unveröffentlichtes Manuskript (archiviert im DZzM)

- Löscher, Friedrich Hermann: *Kreuzkantorat, Kreuzchor und Kreuzalumnat zu Dresden,* in: Zeitschrift der Savigny-Stiftung für Rechtsgeschichte, Kanonistische Abteilung, Band 41, 1955

- Mai, Hartmut: *Dreikönigskirche Dresden,* 2. überarb. Auflage, Regensburg 1998 (Schmal, Kunstführer Nr. 1956, Das Christl. Denkmal, Heft 141)
- Marianne-Vogelsang-Nachlass, in: Dresdner Neueste Nachrichten, (1935)
- Materialien des Historischen Archivs und der Dramaturgie der Sächsischen Staatsoper Dresden

- Müller, Hedwig: *Mary Wigman, Leben und Werk der großen Tänzerin,* Quadriga Verlag, Weinheim, Berlin 1984
- Müller, Hedwig; Peter, Frank-Manuel; Schuldt, Garnet: *Dore Hoyer, Tänzerin,* Edition Hentrich, Berlin 1992
- Müller, Werner: *Gottfried Silbermann. Persönlichkeit und Werk,* Leipzig 1982

- Nentwig, Franziska: *Christian Gottfried Körner – sein Wirken und seine Bedeutung für die Entfaltung der bürgerlichen Musikkultur in Dresden während der Jahre 1785 bis 1815,* Dresden 1992 (Technische Universität Dresden, Dissertation)
- Ottenberg, Hans-Günther: *Das Dresdner Singspiel – Anmerkungen zu seiner Entstehung, Wirkung und Verbreitung,* in: 11. Sonderheft der Schriftenreihe der Hochschule für Musik »Carl Maria von Weber«, Dresden 1987

- Peter, Frank-Manuel (Hrsg.): *Der Tänzer Harald Kreutzberg,* Edition Hentrich, Berlin 1997
- Praetorius, Michael: *Syntagma musicum. De organographia,* Wolfenbüttel 1619
- Programmbuch zur Reichstheaterwoche, Dresden 1934
- Programmheft: *Komponistenportrait Karl-Rudi Griesbach,* DZzM, 6.7.1996
- Programmhefte *1.–14. Dresdner Tage der zeitgenössischen Musik,* 1997–2000, Archiv des Europäischen Zentrums der Künste Hellerau

- Raasch, Anneliese: *Glockenspiele aus Meißner Porzellan,* Bremen 1994
- Rauhut, Michael: *Beat in der Grauzone. DDR-Rock 1964 bis 1972*
- *Politik und Alltag,* BasisDruck, Berlin 1993

- Sächsische Staatsoper Dresden (Hrsg.): *Szenen-Wechsel,* 2003
- Sadie, Stanley (Hrsg.): *The New Grove Dictionary of Music and Musicians,* Second Edition, London 2000
- Sandner, Henrike: *Performance in der DDR, Eine Kunstform als Spiegel der Zeit,* Magisterarbeit Fachbereich Theaterwissenschaft, Universität Leipzig 1997, unveröffentlichtes Manuskript (zugänglich über die Autorin)
- Scheier, Helmut: *Tänzer vor Gott: Die Problematik religiöser Themen im Werk von Harald Kreutzberg,* in: DTK Nr. 119
- Schmidt, Gerhard: *Dresden und seine Kirchen,* 3. veränderte Auflage, Berlin 1978
- Schramm, Carl Traugott: *Geschichte der Annenschule in Dresden bis zum Jahre 1850,* Dresden 1858

- Schünemann, Georg: *Geschichte des Dirigierens*, Leipzig 1913, Reprint Hildesheim 1987
- Schumann, Gerhard (Hrsg.): *Porträt einer Künstlerin*, Henschelverlag Kunst und Gesellschaft, Berlin 1972
- Steindorf, Eberhard: *Die sächsische Staatskapelle*, Berlin 1997
- Steude, Wolfram; Landmann, Ortrun; Härtwig, Dieter: *Musikgeschichte Dresdens in Umrissen*, Dresden 1978
- Stiftung Frauenkirche Dresden, Eberhard Burger, Heinz Wissenbach (Hrsg): *Die Glocken der Frauenkirche Dresden*, Festschrift anlässlich ihrer Weihe am 4. Mai 2003
- Stimmel, Folke: *Stadtlexikon Dresden*, Dresden 1998
- Strauss, Richard: *Der Strom der Töne trug mich fort. Die Welt um Richard Strauss in Briefen*, Tutzing 1967
- Streller, Friedbert: … *Unter dem Einfluss der verkalkenden Dresdner Luft, Nicodé, Draeseke und Büttner in der Bewährung*, in: Dresden und die avancierte Musik im 20. Jahrhundert, Teil I: 1900–1933, Laaber 1999

- Thrun, Martin: *Musik in Dresden – Stadtindividualität nach der Gleichschaltung*, in: Dresden und die avancierte Musik im 20. Jahrhundert, Teil II: 1933-1966, Veröffentlichung in Vorbereitung
- Thimothy, A. Burris: *Lute and theorbo in vocal music in 18th-century Dresden*, Durrham 1997

- Wapnewski, Peter: *Der traurige Gott. Richard Wagner in seinen Helden*, München 1978
- Weise, Heinz: *Finale: Der Fürstenzug*, in: Mark Meißen, Leipzig 1989
- ders.: *Pillnitz*, Monographie, Leipzig 1990
- Weiss, Stefan: *Neue Musik im Dresdner Musikleben der ersten Nachkriegsjahre*, in: Dresden und die avancierte Musik im 20. Jahrhundert, Teil II: 1933–1966
- Wermann, Friedrich Oscar: *Glockengutachten*, in: »Unsere Glocken«, o. Verf., Sonderdruck aus dem Dresdner Anzeiger, o. J., vor 1905
- Wolter, Andrea und Mosgraber, Torsten (Hrsg.): *25 Jahre Musikfestspiele*, Dresden 2002

- Zänsler, Anneliese: *Die Dresdner Stadtmusik, Militärmusikkorps und Zivilkapellen im 19. Jahrhundert*, Laaber 1997 (Musik in Dresden, Bd. 2).

Bildnachweis

Archiv Dresdner Musikfestspiele
  283 (2), 284 (2), 285 (2), 286, 288, 291, 292, 293, 306 (1), 312, 338 (1)
Archiv Dresdner Philharmonie
  56, 58, 59, 60, 62, 66, 68, 70, 71, 73, 74,
Archiv Europäisches Zentrum der Künste Hellerau
  307 (2), 314
Archiv Peter Gunold
  198 (1), 201 (3), 204 (1), 206 (1), 211
Archiv Klaus Herrich
  198 (1), 199 (2), 200 (2), 202 (2), 205, 206 (1), 207
Archiv Günter Hörig
  329
Archiv Heinrich-Schütz-Konservatorium Dresden e. V.
  380, 381 (2), 382, 383
Archiv Hochschule für Kirchenmusik – Steffen Giersch
  372, 373, 376
Archiv Hochschule für Musik »Carl Maria von Weber«
  364, 370 (2), 371
Archiv Sächsischer Musikrat e. V.
  374, 375
Archiv Sächsisches Landesgymnasium für Musik
  377
Archiv Staatsoperette Dresden
  204 (2), 208 (2), 209 (2), 212, 213 (1), 215 (3), 216, 217 (2)
Archiv Verlags- und Publizistikhaus
  15, 21 (2), 23, 37, 48, 65, 83, 93, 96, 100, 104, 105, 118, 119, 122, 123, 126, 138, 143, 152, 157, 168, 169, 186, 190, 202 (1), 220 (1), 225 (1), 227, 230, 247, 252, 260, 261 (2), 263, 266, 268, 269, 272, 298, 320, 322, 324, 365, 377
Mathias Bäumel
  339, 350
Chronik Bernd Aust
  352 (2), 353
Matthias Creutziger
  39, 167 (1), 170 (1), 171, 172 (2), 173 (3), 174 (3), 187, 188, 306 (1), 315, 333 (1), 334, 335 (1), 341, 346, 347, 348, 349

Deutsche Fotothek der Sächsischen Landesbibliothek – Staats- und Universitätsbibliothek Dresden
  14, 17, 18, 19, 20 (2), 22 (2), 23, 24, 28, 29, 30, 31, 32, 33 (2 x),
  34, 35, 36, 37, 42, 43, 45, 67, 68, 76, 77 (2), 78, 81, 82, 84, 85 (2),
  86, 87 (5), 88, 90, 91, 98, 99 (4), 102 (2), 103, 106, 107, 108, 109,
  112, 115 (2), 116, 117, 120, 121, 128, 129, 130, 131, 132, 133, 134,
  135, 137, 129 (2), 140, 141, 142, 143, 144 (2), 145 (2), 146 (2),
  147, 148, 149, 150, 151, 154 (2), 155 (2), 156, 158, 159, 160, 162,
  163, 164 (3), 165 (3), 167 (1), 177, 178, 179, 180 (2), 181 (3), 181,
  (2), 183, 184, 185, 194, 197, 213 (1), 219 (5), 220 (1), 222, 224,
  228, 231, 240, 241, 242, 243 (3), 244 (3), 245, 246, 248, 249, 264,
  299, 301, 304, 305, 309, 315, 366 (2), 368, 369 (2)
Thilo Fröbel
  286, 288 (1)
Tom Frohmader
  136
Fundus Karlheinz Drechsel
  338 (1)
Rosa Frank
  37
Bernd Gürtler
  356 (2), 357 (3)
Frank Höhler
  40, 65, 280, 287, 296
Eva Hoyer
  210
Kasskara
  275
Konzert-Duo »akkordeon virtuosi«
  191
Derevo/Elena Larovaia
  289
Frank Rüdiger
  335 (1)
David Schunack
  355, 360, 361
Wolfgang Socher
  53
The Associated Press
  38
wort & bild cornela, Dresden
  25, 26, 27, 28, 44, 46, 47, 49, 51, 52, 64, 69, 75, 79, 97, 101, 113,
  124, 127, 141, 153, 166, 170 (1), 175, 193, 196, 218, 221, 223, 225
  (1), 233, 236, 250, 251, 253, 255, 257, 258, 259, 265 (2), 270, 271,
  273, 276, 297, 303, 311, 318, 319, 327, 328, 331, 332, 333 (1),
  336, 337, 340, 343, 344, 378

Bei Abbildungen, deren Rechteinhaber bis zur Drucklegung nicht zu ermitteln waren, bleiben die Honoraransprüche der Autoren gewahrt.

Lieferbare Titel

Belletristik

Karl Gjellerup
Seit ich zuerst sie sah
Erzähltes Dresden – zum 150. Geburtstag
des Literatur-Nobelpreisträgers
Hardcover, 272 Seiten, 52 Vignetten
ISBN 3-9809954-9-8 · 19,90 Euro

Eva Hoyer
Auf der Suche nach der verlorenen Stadt
Dresden · gemalt und erzählt
Hardcover mit Schutzumschlag,
88 Seiten, 41 Hinterglasmalereien
ISBN 978-3-9810690-4-4 · 17,90 Euro

Holger Oertel
Die Reise nach A.
Roman-Rondo
Hardcover mit Schutzumschlag, 272 Seiten
ISBN 3-9806990-8-0 · 17,95 Euro

Holger Böhme
Klingel defekt!
Erzählungen
Paperback, 140 Seiten
ISBN 3-9809954-0-2 · 14,90 Euro

Dresdner Kuriosa
Merk- und denkwürdige Geschichten
aus dem 20. Jahrhundert
6. Auflage, Klappeinband,
488 Seiten, 16 Abbildungen
ISBN 3-9806990-0-5 · 15,00 Euro

Dresdner Liberey (1)
Theodor Körner
Die Reise nach Schandau
Hardcover, 80 Seiten
ISBN 978-3-9810690-3-7 · 9,95 Euro

Geistes-/Kultur-
geschichte

Hansjörg Schneider
Die Zeit ist aus den Fugen
Dresdens Schauspiel in den zwanziger Jahren
Hardcover mit Schutzumschlag,
120 Seiten, 38 Abbildungen
ISBN 978-3-9810690-2-0 · 19,90 Euro

Jürgen Helfricht
Sehnsucht nach dem alten Dresden
Zeitzeugen erinnern sich der
unzerstörten Stadt
Hardcover mit Schutzumschlag,
180 Seiten, 163 Fotografien
ISBN 3-9809954-7-X · 19,90 Euro

Siegfried Thiele
Lingner, Pfund und andere Renner
Bekannte Gründer Dresdner Unternehmen
3. Auflage, Klappeinband,
256 Seiten, 313 Abbildungen
ISBN 3-9806990-2-1 · 23,90 Euro

Siegfried Thiele
Dr. Esdens alte Kriminalfälle
Klappeinband, 177 Seiten, 53 Abbildungen
ISBN 3-9806990-3-X · 19,90 Euro

Kleine sächsische
Geheimbibliothek
(1–2)

Peter Lehmann
Ränke unterm Rautenkranz
Die großen Affären Sachsens und Thüringens
Hardcover, 88 Seiten,
12 Collagen, 8 Zeichnungen
ISBN 3-9809954-8-8 · 16,90 Euro

Peter Lehmann
Eisenfresser und Feuersprüher
Hardcover, 84 Seiten,
13 Collagen und 14 Stiche
ISBN 3-9805891-1-0 · 13,70 Euro

Sachsen-Souvenir (1–3)

Heinz Weise
»Mei Sechser« und meine Saxer
Alt-Dresdner Typen & Tatsachen
Leinen mit Schutzumschlag, 96 Seiten,
39 Abbildungen
ISBN 3-9806990-4-8 · 9,90 Euro

Susanna und Uwe Ullrich
Claus Narr
Der Eulenspiegel des sächsischen Hofes
Leinen mit Schutzumschlag,
120 Seiten, 39 Abbildungen
ISBN 3-9806990-5-6 · 9,90 Euro

Günter Klieme
Episoden um das Kurländer Palais
Leinen mit Schutzumschlag, 96 Seiten,
30 Abbildungen
ISBN 978-3-981069-0-6 · 9,90 Euro

Die politische Bibliothek (1–3)

Kurt Vetter
»Ein Held war ich nicht«
Kriegserlebnisse eines Deutschen 1942–1945
Herausgegeben von Hansjoachim Paech
Broschur mit transparenter Folie,
136 Seiten, 21 Abbildungen
ISBN 3-9806990-6-4 · 15,95 Euro

Hansjoachim Paech
Betrachtungen eines Politikverdrossenen
Broschur, 152 Seiten, 35 Abbildungen
ISBN 3-9809954-1-0 · 15,95 Euro

Reinhardt Eigenwill, Wilfrid Hahn,
Konstantin Hermann, Annett Schmerler
Dresden – Schauplatz großer Geschichte
Broschur, 122 Seiten, 82 Abbildungen
ISBN 3-9809954-2-9 · 15, 95 Euro

Literarisch Reisen (1–3)

Christian Klötzer
Ossi bei Osiris
Ein sächsischer Satiriker im Land am Nil
Leinen, 100 Seiten, 10 Grafiken
ISBN 3-9806990-7-2 · 11,95 Euro

Margrit Jütte
regenbogenfest
Bei kolumbianischen Indianern
Leinen, 96 Seiten, 10 Farbgrafiken
ISBN 3-9809954-6-1 · 11,95 Euro

Evelyn Kromer
Amazonas · Amazonien
Von Märkten, Moritaten und Manaus
Leinen, 80 Seiten, 24 Grafiken
ISBN 978-9810690-1-3 · 11,95 Euro

Verlags- und Publizistikhaus

1. Auflage – Dresden: Verlags- und Publizistikhaus, 2007
ISBN 978-3-9806990-9-9

Buchgestaltung: Sabine Frohmader

Grafiken: Karin Hunger

Druck: UNION Druckerei Dresden GmbH

Diese Buchausgabe wurde aus der Garamond und Univers gesetzt, im Bogenoffset gedruckt und in Klebeheftung gebunden.

Die Deutsche Nationalbibliothek verzeichnet diese Publikation in der Deutschen Nationalbibliografie; detaillierte bibliografische Daten sind im Internet abrufbar unter www.d-nb.de

Copyright © 2007 by Verlags- und Publizistikhaus
Calberlastraße 12, 01326 Dresden
weise@verlag-und-publizistik.de
www.verlag-und-publizistik.de

Alle Rechte vorbehalten.

Musik
in den Ohren
und zum Kaffee
die DNN.

Abo-Hotline: 01801 8075-80

(3,9 ct/Min. aus dem Festnetz der Deutschen Telekom)

www.dnn-online.de

DRESDNER NEUESTE NACHRICHTEN

Die Stimme in Dresden

DRESDNER**KREUZCHOR**

Heinrich-Schütz Konservatorium Dresden e.V.

Musik macht FreuNde

Unser Angebot für die ganze Familie

Elementarstufe 0–6 Jahre
- Mit Musik ins Leben • Piepmatzkurse
- Musikalische Früherziehung • Orientierungskurse

Instrumentalunterricht von A–Z
Klassisch - Modern
z. B. Akkordeon, Drums, E-Bass, Fagott, Harfe, Flöte, Keyboard, Klavier, Gitarre, Mandoline, Saxofon, Violine, Viola, Violoncello, Kontrabass, Pop-Piano

Tanzausbildung
- Tänzerische Früherziehung
- Tanzklassen: Klassisch-Modern-Improvisation
- Jazzdance • Tanztheate • Tanzcompany

Gesang
- Kindersingeklassen • Kinderstimmbildung
- Klassik, Jazz, Pop & Rock • Musiktheater

Integrative Arbeit
- Vielfältige Möglichkeiten zum Musizieren für Menschen mit Handicaps

Musik gemeinsam erleben
- Instrumental- und Gesangsensembles • Chöre
- Orchester • Bands

Informationen über:

Heinrich-Schütz-Konservatorium Dresden e. V.
Glacisstraße 30, 01099 Dresden
Tel. 0351 8282645, Fax 0351 8282699
E-Mail: HSKD@Musik-macht-FreuNde.de
www.Musik-macht-FreuNde.de

DRESDNER PHILHARMONIE

Wir haben Musik im Gepäck.
Seit 1870.

Ticketcentrale im Kulturpalast am Altmarkt
PF 120424 · 01005 Dresden · 0351/4 866 866

ticket@dresdnerphilharmonie.de
www.dresdnerphilharmonie.de

Dresdner Musikfestspiele

Intendant Prof. Hartmut Haenchen

DRESDNER MUSIK FESTSPIELE

Jährlich im Mai:

- Ein Fest der Musik und verwandter Künste
- Jedes Jahr ein neues Thema
- Unvergessliche Entdeckungen
- Große Stars und Geheimtipps
- Namenhafte Ensembles, Laienchöre und Nachwuchskünstler zu Gast
- Faszinierende Orte wie Semperoper und Frauenkirche sowie Perlen der Architektur im Umland von Dresden laden Sie ein!

Die Dresdner Musikfestspiele sind eine Einrichtung der Stadt Dresden und werden gefördert von dem Beauftragten der Bundesregierung für Kultur und Medien und dem Sächsischen Staatsministerium für Wissenschaft und Kunst.

Tel.: + 49 (0) 351- 486 66 66
bestellung@musikfestspiele.com
www.musikfestspiele.com

Melitta
Partner der Dresdner Musikfestspiele

BMW Niederlassung Dresden

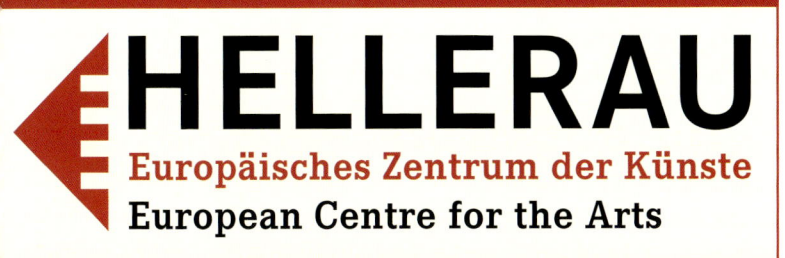

HELLERAU
Europäisches Zentrum der Künste
European Centre for the Arts

MUSIK | TANZ | THEATER | MEDIENKUNST | BILDENDE KUNST

Führungen durch das Festspielhaus Hellerau
in Zusammenarbeit mit dem Deutschen Werkbund Sachsen e.V.

Freitags 10.30 Uhr, jeden 1. Sonntag im Monat 13.30 Uhr, jeden 3. Sonntag im Monat 11.00 Uhr
Anmeldungen für Gruppen zu gesonderten Terminen möglich, Tel. 0351/8802007

werk bund

Europäisches Zentrum der Künste Hellerau | Einrichtung der Landeshauptstadt Dresden
Im Festspielhaus Hellerau | Karl-Liebknecht-Str. 56, D-01109 Dresden
Tel. 0351/26462-0 | Besucherdienst: 0351/2646246
Straßenbahnlinie 8 ab Hauptbahnhof oder Albertplatz, 3 Min. von der Haltestelle Festspielhaus Hellerau

www.kunstforumhellerau.de

Das exzellente Duo

akkordeon virtuosi

bietet Unterricht und

Konsultationen in den Fächern

- Akkordeon

- Knopfakkordeon (B-, C-Griff)

- Dirigat

- Akkordeon-Pädagogik

- Klavier

akkordeon virtuosi ·
Galina Bleuel · Wladimir Artimowitsch
Florian-Geyer-Str. 46 , 01307 Dresden
Tel./Fax : +49 (0) 351 41 71 882
Funk : 0177 415 20 07
www.akkordeonvirtuosi.de /
info@akkordeonvirtuosi.de

Vom Dresdner Klang inspiriert

Dresden-Hosterwitz
Schifferkirche „Maria am Wasser"
Urban Kreuzbach
erbaut 1863
restauriert 2004

Zörbig
Wilhelm Rühlmann
erbaut 1929
restauriert 2004

Jessen
Conrad Geissler
erbaut 1868
restauriert 1994

Restaurierung
Intonation
Orgelpflege
Neubau
Kammermusik-
instrumente

Postanschrift:
Kirchgasse 4
01326 Dresden
Telefon 0351/3179414
Mobil: 0172/3462036

www.orgelbau.net
wolter@orgelbau.net

Orgelbau- und Restaurierungs-Werkstatt Rainer Wolter

Fotos: André Rous

Gestaltung: www.atelier-stankowski.de

Von Menschen

ARTicolo

HANDARBEIT und **DESIGN**

Öffnungszeiten:
Montag - Samstag   10.00 Uhr - 20.00 Uhr
(bei Änderung des Ladenschlussgesetzes angepasste Öffnungszeiten)

Sie finden uns in der Einkaufspassage
An der Frauenkirche 13, 01067 Dresden

Tel. 0351/2176140, Fax 0351/2176510

mit Behinderungen

LÖSER & PARTNER

Wir hauen für Sie in die Tasten!

Löser & Partner · Werbeagentur · GbR
Turnerweg 6 · 01097 Dresden

Telefon (03 51) 8 29 42-0
Telefax (03 51) 8 29 42-15

ISDN Leonardo (03 51) 8 29 42-73
info@loeserundpartner.de
www.loeserundpartner.de

IHR WEG
ZUM EIGENEN BUCH ...

Lebenserinnerungen · Lyrik · Romane

Erotik · Krimis · Geschichten

Dramatik · Wissenschaften · Chroniken

Bildbände · Sachbücher · Jubiläen

Humor · Kalender

und vieles andere mehr

... IST KÜRZER,
ALS SIE DENKEN!

Schreiben Sie uns, rufen Sie uns an –
wir informieren Sie unverbindlich.

Dresdner ✎ Verlag
St. Petersburger Straße 15
D-01069 Dresden
Tel./Fax 0351-802 57 54
Dresdnerverlag@aol.com

Z & Z

Wir setzen Ihre Botschaft visuell in Szene

Werbeagentur

Print
Anzeigen
Plakate
Prospekte
Zeitschriften
Geschäftsberichte
...

Corporate Design
Logo
Typografie
Farbklima
...

Neue Medien
Webseiten
Datenbanken / CMS
Multimediale Präsentationen
...

Wir setzen Ihre Botschaft visuell in Szene

www.zzagentur.de

Micktner Straße 20   01139 Dresden
Telefon +49 351 8588137
Telefax +49 351 8588184
E-mail design@zzagentur.de

photographie
individuell

menschen
architektur
industrie
stillife

joerg-r.oesen

01445 - radebeul
thalheimstr.16
tel./fax: 0351-4727718
funk : 0172 -533 1918
joesen@t-online.de

Ein **druck** svoll
Komplett-Service für alle Drucksachen

Unser Leistungsangebot

Fachkundige Beratung · Satzherstellung

Bildbearbeitung · Grafik · Computer to Plate

Digitaldruck · Offsetdruck · Buchbinderei

Versand

Union Druckerei Dresden GmbH
Prießnitzstraße 39 · 01099 Dresden
Tel.: 0351/80 002-0 · Fax: 0351/80 002-28

www.udd-dd.de